Chouette

6e

11-12 ANS

Le Tout-en-un de la sixième

W0322506

Français
Thierry Marquetty

Mathématiques
Gérard Bonnefond
Daniel Daviaud
Bernard Revranche

Histoire-Géographie
Enseignement moral et civique
Cécile Gaillard

Sciences et Techno
Patrick Vermeulen
Martine Renaut
Bruno Hennoque

Anglais
Nicole Nemni-Nataf
Corinne Touati

Hatier

Table des illustrations

4 ph © Proehl Studios / Corbis
5 ph © Hervé Conge
121 ph © Proehl Studios / Corbis
123-b ph © Arnaud Guérin / Lithosphère
125 ph © Giraudon / Bridgemanart
127-h ph © G. Gester / Gamma - Rapho
127-bg ph © Album / Prisma / Akg-Images
127-bd ph © The British Museum, Londres, Dist. RMN-Grand Palais / The Trustees of the British Museum
131-g ph © Joerg Prigge / Digitaler Lumpensammler / Getty images
131-m ph © Religious Images / UIG / Getty images
131-d ph © ART on FILE / Getty images
135-hg ph © Costa / Leemage
135-hd ph © Musée de l'Arles et de la Provence Antique Cliché M. Lacanaud
137 ph © Aisa / Leemage
138-bg ph © Shutterstock
138-bm ph © Yvan Travert / Photononstop
138-bd ph © Chen Zhao / Wikipedia
141 ph © Proehl Studios / Corbis
142-1 ph © Anna Serrano / Sopa RF / Corbis
142-2 © Torrione Stefano / hemis.fr
142-3 ph © Imagebroker / hemis.fr
143 ph © Peter Dench / Corbis
144 © BUNKER ARQUITECTURA
146 ph © Pierre Lesage
147 © Nasa
148 ph © John Stanmeyer / VII / Corbis
151 ph © Tomohiro Ohsumi / Bloomberg *via* Getty-Images
152 ph © Hideo Kurihara / Alamy
155-1 ph © Frans Lanting / Frans Lanting Stock / National Geographic Creative
155-2 ph © Veri Sanovri / Xinhua News Agency / AFP
155-3 © nieuwsbrief.tmc-world.com/
157-h ph © Carolannefreeling / Dreamstime.com © Mary Mackey
157-b © Prix nonauharcelement.education.gouv.fr 2013 / Collège du Château, Morlaix
160 © www.printempsdelajupe.com, 2014
162 © http://www.collegesaintbenoit.fr/
166 ph © Giraudon / Bridgemanart
169-g ph © Costa / Leemage
169-d ph © Musée de l'Arles et de la Provence Antique Cliché M. Lacanaud
170 ph © Proehl Studios / Corbis
172-h ph © John Stanmeyer / VII / Corbis
172-b ph © Tomohiro Ohsumi / Bloomberg *via* Getty-Images
173 ph © Hideo Kurihara / Alamy
175 ph © Hervé Conge
180 ph © Belga / Icon Sport
185-g ph © Hervé Conge
185-d ph © Hervé Conge
189 © alimentation-generale.fr
190 ph © Hervé Conge/ISM
192 ph © Siepmann / Imagebroker / Biosphoto
194 ph © Pete Oxford/Minden Pictures/Biosphoto
195 ph © Matthieu Godbout/wikipédia
196 ph © Hervé Conge
196 ph © Hervé Conge
196 ph © Hervé Conge
196 ph © Hervé Conge
202 ph © Planet Observer / Gamma - Rapho
205-h ph © World Perspectives / Getty images
205-b ph © AP / Sipa Press
212-h ph © Hervé Conge
212-b ph © Hervé Conge

PAPIER À BASE DE FIBRES CERTIFIÉES

Hatier s'engage pour l'environnement en réduisant l'empreinte carbone de ses livres. Celle de cet exemplaire est de : 1.6 kg éq. CO_2
Rendez-vous sur www.hatier-durable.fr

Maquette de principe : Frédéric Jély
Mise en pages : STDI
Cartographie et schémas : Corédoc, Domino, Dominique Defranchi, STDI
Illustrations : Adrien Siroy (dessins de la chouette), Martin Maniez, Mathieu de Muizon, Axel Renaux, Vincent Landrin
Iconographie : Hatier illustration
Édition : Aude Marot, Jean-Marc Cheminée, assistés de Elisabeth Fainstein

---

ISBN 978-2-218-99774-7

Quand tu as terminé le travail sur un chapitre, reporte le score total obtenu aux exercices.

Sommaire

FRANÇAIS

GRAMMAIRE

	PAGE	SCORE
1 Utiliser des déterminants	8	...... / 20
2 Employer des pronoms personnels	9	...... / 29
3 Reconnaître un adjectif qualificatif	10	...... / 21
4 Identifier la fonction sujet	11	...... / 18
5 Identifier la fonction attribut du sujet	12	...... / 17
6 Reconnaître un complément du verbe	13	...... / 21
7 Identifier la fonction CC	14	...... / 21
8 Reconnaître le type d'une phrase	15	...... / 13
9 Reconnaître une phrase complexe	16	...... / 19

CONJUGAISON

	PAGE	SCORE
10 Conjuguer au présent un verbe du 1er ou du 2e groupe	17	...... / 20
11 Conjuguer au présent un verbe du 3e groupe	18	...... / 21
12 Conjuguer un verbe au futur simple	19	...... / 20
13 Conjuguer un verbe à l'imparfait	20	...... / 27
14 Conjuguer un verbe au passé simple	21	...... / 22
15 Conjuguer un verbe au passé composé et au plus-que-parfait	22	...... / 25
16 Conjuguer un verbe à l'impératif présent	23	...... / 18
17 Conjuguer un verbe au conditionnel présent	24	...... / 15

ORTHOGRAPHE

	PAGE	SCORE
18 Accorder un adjectif	25	...... / 19
19 Accorder le verbe avec son sujet	26	...... / 19
20 Distinguer un participe passé en *-é* d'un infinitif en *-er*	27	...... / 17
21 Accorder le participe passé	28	...... / 16
22 Distinguer *ce* et *se*, *ces* et *ses*	29	...... / 21
23 Mettre un *s* à *leur* si nécessaire	30	...... / 15
24 Mettre des majuscules	31	...... / 29

VOCABULAIRE

	PAGE	SCORE
25 Distinguer sens propre et sens figuré	32	...... / 23
26 Trouver un synonyme	33	...... / 21
27 Utiliser des préfixes	34	...... / 22
28 Utiliser des suffixes	35	...... / 33

LECTURE ET EXPRESSION ÉCRITE

	PAGE	SCORE
29 Choisir le bon niveau de langue	36	...... / 36
30 Utiliser le temps du passé qui convient	38	...... / 40
31 Écrire un récit	40	...... / 10

OUTILS

30 verbes modèles pour conjuguer sans faute 42

Corrigés de français 43

MATHS

NOMBRES ET CALCULS

	PAGE
1 Connaître les nombres décimaux	54
2 Comparer des nombres décimaux	56
3 Utiliser une droite graduée	58
4 Multiplier des nombres entiers et décimaux	60
5 Diviser avec des nombres décimaux	62
6 Considérer une fraction comme un quotient	64
7 Calculer une fraction d'une quantité	66
8 Utiliser des parenthèses	68
9 Traiter des problèmes de proportionnalités	70
10 Appliquer un taux de pourcentage	72

ESPACE ET GÉOMÉTRIE

	PAGE
11 Connaître et construire des droites	74
12 Construire des cercles	76
13 Connaître et construire la médiatrice d'un segment	78
14 Connaître les triangles particuliers	80
15 Connaître les quadrilatères particuliers	82
16 Construire des symétriques	84
17 Connaître les parallélépipèdes rectangles	86
18 Explorer des prismes et des pyramides	88

GRANDEURS ET MESURES

	PAGE
19 Calculer des durées	90
20 Mesurer des longueurs et des masses	92
21 Calculer la longueur d'un cercle	94
22 Calculer des aires	96
23 Mesurer des volumes	98
24 Mesurer et reporter des angles	100

OUTILS

	PAGE
Unités de mesure	102
Calculatrices : prise en main	103
Mot clés	104

	PAGE
Corrigés de maths	105

HISTOIRE-GEO/EMC

HISTOIRE

	PAGE	SCORE
1 Les débuts de l'humanité	122	..... / 13
2 La « révolution néolithique »	124	..... / 24
3 La naissance des cités-États	126	..... / 17
4 Le monde grec	128	..... / 19
5 Rome, du mythe à l'histoire	130	..... / 17
6 La naissance du monothéisme juif dans un monde polythéiste	132	..... / 23
7 Conquêtes, paix romaine et romanisation	134	..... / 24
8 Des chrétiens dans l'Empire romain	136	..... / 21
9 La route de la soie : de la Chine des Hans à l'Empire romain	138	..... / 24

HISTOIRE-GÉO/EMC

GÉOGRAPHIE

	PAGE	SCORE
10 Habiter Los Angeles, métropole d'un pays développé	140	...... / 15
11 Habiter Le Caire, métropole d'un pays en développement	142	...... / 13
12 Habiter la ville de demain	144	...... / 11
13 Habiter Bora Bora, un espace à fortes contraintes	146	...... / 11
14 Habiter le Mato Grosso (Brésil), un espace agricole de faible densité	148	...... / 9
15 Habiter Shanghai (Chine), un littoral industrialo-portuaire	150	...... / 19
16 Habiter la Gold Coast (Australie), un littoral touristique	152	...... / 13
17 Le monde habité	154	...... / 23

ENSEIGNEMENT MORAL ET CIVIQUE

	PAGE	SCORE
18 La sensibilité : soi et les autres	156	...... / 15
19 Comprendre et respecter les règles	158	...... / 22
20 Penser par soi-même	160	...... / 12
21 S'engager pour mieux vivre ensemble	162	...... / 14

OUTILS

Les cartes repères 164

Corrigés d'Histoire-Géo/EMC 165

SCIENCES ET TECHNO

MATIÈRES, MOUVEMENT, ÉNERGIE, INFORMATION

	PAGE	SCORE
1 Corps purs et mélanges	176	...... / 24
2 Séparer les constituants d'un mélange	178	...... / 15
3 Le mouvement d'un objet	180	...... / 14
4 Sources et conversions d'énergie	182	...... / 20

LE VIVANT, SA DIVERSITÉ ET LES FONCTIONS QUI LE CARACTÉRISENT

	PAGE	SCORE
5 La diversité et l'unité des êtres vivants	184	...... / 17
6 La classification scientifique des êtres vivants et l'évolution	186	...... / 58
7 La production d'aliments par l'élevage et la culture	188	...... / 7
8 La production d'aliments par transformation biologique	190	...... / 20
9 Le développement des êtres vivants	192	...... / 27
10 La production de matière par les êtres vivants	194	...... / 22
11 La transformation de la matière organique dans le sol	196	...... / 31

MATÉRIAUX ET OBJETS TECHNIQUES

	PAGE	SCORE
12 Les évolutions d'un objet technique	198	...... / 25
13 Fonctionnement d'un objet technique et choix des matériaux	200	...... / 15

LA PLANÈTE TERRE. LES ÊTRES VIVANTS DANS LEUR ENVIRONNEMENT

	PAGE	SCORE
14 Les conditions de la vie terrestre	202	...... / 13
15 L'activité interne et externe de la Terre	204	...... / 19
16 Le peuplement des milieux au cours des saisons	206	...... / 25
17 L'influence de l'Homme sur les peuplements	208	...... / 18

OUTILS

Les mots clés 210

Corrigés de sciences et techno 211

ANGLAIS

LE GROUPE NOMINAL

	PAGE	SCORE
1 Les articles	218	...../ 20
2 *Some, any, a lot of*	220	...../ 17
3 Les déterminants possessifs	222	...../ 26
4 Le génitif	224	...../ 18
5 Les pronoms personnels	226	...../ 20

LE GROUPE VERBAL

	PAGE	SCORE
6 *Be* au présent	228	...../ 22
7 *Have got*	230	...../ 13
8 *Can* et *can't*	232	...../ 17
9 Le présent simple	234	...../ 26
10 Le présent en *be* + V-*ing*	236	...../ 23
11 Présent simple ou présent en *be* + V-*ing* ?	238	...../ 30
12 *Be* au prétérit	240	...../ 21
13 Le prétérit : verbes réguliers et irréguliers	242	...../ 20
14 L'expression de l'avenir	244	...../ 22

LA PHRASE

	PAGE	SCORE
15 Les questions	246	...../ 18
16 Les phrases réduites	248	...../ 21

OUTILS

Mémento de conjugaison 250

Corrigés d'anglais 252

FRANÇAIS

Tu trouveras dans cette partie des rappels de cours et des exercices sur les principales **notions du programme** :

- la grammaire → **page 8**
- la conjugaison → **page 17**
- l'orthographe → **page 25**
- le vocabulaire → **page 32**
- la lecture et l'expression écrite → **page 36**

La partie comprend aussi :

- 30 verbes modèles pour **conjuguer sans faute** → **page 42**
- tous les **corrigés détaillés** → **page 43**

GRAMMAIRE

1 Utiliser des déterminants

Qu'est-ce qu'un déterminant ?

- Un déterminant est un **élément du groupe nominal**. Il se place devant le nom (ou devant l'adjectif qui caractérise le nom). Accordé avec ce nom, il permet le plus souvent d'en connaître le genre et le nombre : ***un** chien* (masc., sing.), ***les** chiens* (masc.,pl.).
- Parmi les déterminants, on distingue les catégories suivantes.

Article défini	Il introduit le nom d'une chose ou d'un être précis, dont on a déjà parlé.	*le, la, les, l'*
Article indéfini	Il introduit le nom d'une chose ou d'un être indéterminé, dont on n'a pas encore parlé.	*un, une, des, de*
Déterminant possessif	Il exprime une idée d'appartenance.	*mon, ma, mes, ton, ta, tes, son, sa, ses, notre, nos, votre, vos, leur, leurs*
Déterminant démonstratif	Il montre la chose ou l'être désigné par le nom, ou renvoie à un nom dont on vient de parler.	*ce, cet, cette, ces*

- On appelle **article défini contracté** la combinaison d'un article défini et d'une préposition : *au* (= *à* + *le*), *aux* (= *à* + *les*), *du* (= *de* + *le*), *des* (= *de* + *les*).

*Ce soir, nous allons **au** cinéma.*

★ 1 Réécris chaque phrase en remplaçant le nom en couleur par un nom de la liste :
cartes – gâteaux – argent.

1. Ils adorent manger de la glace. → ....
2. As-tu reçu des cadeaux pour ta fête ? → ....
3. Elle joue à la marelle. → ....

SCORE ..../ 3

ATTENTION
En changeant le nom, tu dois modifier le déterminant.

★ 2 Souligne les déterminants.

Pendant que la voiture ronflait, Adèle cherchait sur son GPS un itinéraire pour le voyage qu'elle avait en tête. Mais où se trouvait cette ville ? Avant ou après la traversée de la Loire ?

SCORE ..../ 7

★★ 3 Complète ce passage du *Chat botté* à l'aide des déterminants de la liste :
sa – le – leur – un – la – mon – du.

Le Chat botté aide son maître, le fils du meunier, à faire fortune.

.... jour, apercevant .... roi et .... fille dans .... carrosse, ... chat se précipite vers .... fils .... meunier.

— Déshabillez-vous, ... maître ! Plongez dans .... rivière qui longe .... route, et laissez-moi faire !

SCORE ..../ 10

COUP DE POUCE
Certains déterminants doivent être utilisés plusieurs fois.

Corrigés p. 43

TOTAL ..../ 20

GRAMMAIRE

2 Employer des pronoms personnels

Qu'est-ce qu'un pronom personnel ?

- Les pronoms personnels **varient en nombre et en personne**.

	Singulier	Pluriel
1re personne	*je, me, moi*	*nous*
2e personne	*tu, te, toi*	*vous*
3e personne	*il, elle, le, la, lui, soi, se, en, y*	*ils, elles, les, leur, eux, se, en, y*

- Les pronoms de la **3e personne** représentent un nom (ou un groupe nominal) qu'ils remplacent pour éviter une répétition.

  *Claire a un frère, **il** est plus jeune qu'**elle**.*

  Les pronoms des **1re et 2e personnes** désignent des personnes communiquant entre elles.

  ***Je t'**invite à mon anniversaire.*

1 **a. Souligne les pronoms personnels dans le texte suivant.**

> « S'il tombait une vieille étoile au fond du jardin, me dit Patachou, elle serait à moi.
> — Tu me la donnerais ?
> — Volontiers, mais qu'en ferais-tu ?
> — Je la ramasserais.
> — Tu te brûlerais. »

Tristan Derème, *Patachou petit garçon*, © J. & D., 1929.

b. Relève ceux qui reprennent un élément déjà évoqué. → ....

c. Relève ceux qui désignent les personnes qui communiquent entre elles.

→ ....

SCORE ..../ 21

ATTENTION
Un des pronoms ne désigne pas une personne.

Un pronom personnel peut-il changer selon sa fonction dans la phrase ?

- Oui, les pronoms personnels **varient selon la fonction** qu'ils occupent dans la phrase, sauf *nous*, *vous*, *en* et *y*.

  ***Je** joue.* → 1re pers. du sing. ; fonction : sujet de *joue*.

  *Pierre **me** parle.* → 1re pers. du sing. ; fonction : COI de *parle*.

2 **Remplace les mots en couleur par le pronom personnel qui convient, puis indique la fonction de ce pronom dans les parenthèses.**

1. Mon ami et moi sommes allés au cinéma. → ....(..................)
2. Ils ont fait la publicité de ce nouveau produit. → ....(..................)
3. Quand pensez-vous revoir cet ami ? → ....(..................)
4. Le Louvre propose un tarif réduit à ses adhérents. → ....(..................)

SCORE ..../ 8

COUP DE POUCE
Selon les cas, le pronom est sujet, COD, COI ou COS.

Corrigés p. 43

TOTAL ..../ 29

GRAMMAIRE

3 Reconnaître un adjectif qualificatif

Qu'est-ce qu'un adjectif qualificatif ?

- L'adjectif qualificatif est un mot qui est **employé avec un nom** et qui sert à donner des précisions sur la chose ou l'être désigné par le nom.

  Un vent ***chaud*** *balaie la ville* ***silencieuse****.*

  Ici, l'adjectif *chaud* qualifie le nom *vent* ; l'adjectif *silencieuse* précise le nom *ville*.

- L'adjectif qualificatif placé à côté du nom est **épithète**. Il fait alors partie du groupe nominal. *C'était une bête* ***superbe*** *évoluant avec une grâce* ***légère****.*

- L'adjectif qualificatif séparé du nom par un verbe d'état (*être*, *devenir*, *rester*...) est **attribut** du sujet. Il fait alors partie du groupe verbal. *Ce travail devient* ***pénible****.*

ATTENTION Un nom peut être caractérisé par un ou plusieurs adjectifs.

★ 1 Relève les adjectifs de ce texte, puis indique pour chacun le nom auquel il se rapporte.

Un jour vers midi du côté du parc Monceau, sur la plate-forme arrière d'un autobus à peu près complet de la ligne S (aujourd'hui 84), j'aperçus un personnage au cou fort long qui portait un feutre mou entouré d'un galon tressé au lieu de ruban.

Raymond Queneau, *Exercices de style* © Gallimard, 1947.

ex : arrière → plate-forme .... → ....

.... → .... → ....

.... → .... → ....

SCORE .... / 6

★ 2 Remplace chaque groupe de mots en couleur par un adjectif de même sens.

1. un plat qui met en appétit → ....

2. une revue qui paraît toutes les semaines → ....

3. une silhouette de femme → ....

4. un enfant qui n'a pas de parents → ....

SCORE .... / 4

★★ 3 Donne la fonction (épithète ou attribut) de chaque adjectif en couleur, puis souligne le nom qu'il caractérise.

Derrière nous, une forme humaine (................) était allongée (................), drapée (................) dans une longue (................) robe blanchie (................) par la poussière. [...] Le long des murs, une rangée de statues qui semblaient dormir, couchées (................) sur de lourds (................) cercueils de pierre.

Jean-Pascal Arrou-Vignod, *Enquête au collège* © Gallimard, coll. « Folio junior », 1991.

SCORE .... / 7

INFO Contrairement à l'adjectif attribut, l'adjectif épithète peut être placé avant le nom.

★★ 4 Relève, dans le texte de l'exercice 3, les participes passés employés comme adjectifs.

....

SCORE .... / 4

Corrigés p. 43

TOTAL .... / 21

GRAMMAIRE

4 Identifier la fonction sujet

Qu'est-ce qu'un sujet ? À quoi sert-il ?

- Le sujet des verbes d'action indique qui (ou ce qui) **fait l'action** exprimée par le verbe. Pour le trouver, pose la question ***qui est-ce qui… ?*** ou ***qu'est-ce qui… ?*** suivie du verbe.

  ***Mon frère** est parti en voyage.* → Qui est-ce qui est parti ? Mon frère. (= sujet)

- Le sujet **ne peut pas être supprimé**, sauf quand le verbe est à l'impératif. *Écoute !*
- Le sujet est le plus souvent un **nom**, un **GN** ou un **pronom** ; il peut être aussi un infinitif ou une proposition subordonnée. ***Conduire*** (infinitif) *est fatigant.*

★ 1 Remplace chaque sujet en couleur par le pronom personnel qui convient.

1. Mes amis et moi (.........) avons décidé de partir en camping. • **2.** Paul et sa sœur (.........) apporteront une tente, Jeanne et toi (.........) achèterez des provisions. • **3.** Adèle et Louise (...............) prépareront l'itinéraire et Adrien (.........) louera une voiture.

SCORE .... / 5

INFO
Le masculin l'emporte lorsque le pronom remplace plusieurs noms de genres différents.

★★ 2 Souligne le sujet des verbes en couleur, puis complète le tableau avec des croix.

1. Nous avons vu ce film en avant-première. • **2.** Peux-tu me prêter ton stylo ? • **3.** Lucie ouvrit la boîte aux lettres, prit la lettre et la décacheta. • **4.** Souffler n'est pas jouer. • **5.** Quand se présente un client, soyez aimable, je vous prie.

COUP DE POUCE
Dans la phrase 3, les trois verbes ont un sujet commun.

	Classe grammaticale du sujet			Place du sujet	
	nom ou GN	pronom	infinitif	avant le verbe	après le verbe
1					
2					
3					
4					
5					

SCORE .... / 10

Quel lien existe-t-il entre le verbe et son sujet ?

- Le sujet **commande l'accord du verbe**. Il précède le plus souvent le verbe mais peut également être inversé.

  *Dans le jardin poussent **des radis et des salades**.*

- **Attention !** Un verbe qui a plusieurs sujets se met au pluriel.

  ***Brigitte et Adèle** s'observaient en silence.*

★ 3 Coche la forme verbale qui convient.

1. À côté de nous ❑ flambaient ❑ flambait l'énorme cheminée où, par grand froid, ❑ se consumaient ❑ se consumait des troncs d'arbres entiers. • **2.** L'herbe sombre et une double ligne d'arbres ❑ délimite ❑ délimitent le bord de la rivière.

SCORE .... / 3

Corrigés p. 43

TOTAL .... / 18

5 Identifier la fonction attribut du sujet

Qu'est-ce qu'un attribut du sujet ?

- L'attribut du sujet est un mot ou un groupe de mots **relié au sujet par l'intermédiaire du verbe *être* ou d'un verbe équivalent** (*paraître, sembler, devenir, se trouver, etc.*).

  *Petit poisson deviendra **grand**.*

- L'attribut fait apparaître une **qualité** (physique, morale) du sujet. Dans la phrase, on ne peut pas le supprimer.

★★ 1 Dans ces phrases, souligne les attributs du sujet.

1. Si l'habit de Sérafina était fané, sa figure était fraîche, et, d'ailleurs, cette mise paraissait la plus éblouissante du monde au jeune baron de Sigognac. • **2.** Le Tranche-montagne, lui, était maigre, hâve, noir et sec comme un pendu d'été. Sa peau semblait un parchemin collé sur des os.

D'après Théophile Gautier, *Le Capitaine Fracasse*, 1863.

SCORE .... / 8

INFO

Un même sujet peut avoir plusieurs qualités, donc plusieurs attributs du sujet.

À quelles classes grammaticales un attribut du sujet peut-il appartenir ?

- Un attribut du sujet peut être :
  - un **adjectif** qualificatif ; *Jean est **sympathique**.*
  - un **nom** ou un groupe nominal ; *Mon père est **un grand sportif**.*
  - un **pronom**. *Gentille, elle **l'**est.*
- **Attention !** Il ne faut pas confondre l'attribut de sujet et le COD : il n'y a pas de relation d'identité entre le COD et le sujet.

  *Jeanne est devenue **médecin**.* (*médecin* est un attribut du sujet ; *Jeanne* et *médecin* désignent la même personne.)

  *Jeanne a vu **un médecin**.* (*un médecin* est un COD. *Jeanne* et *un médecin* sont deux personnes différentes.)

★ 2 Dans chaque phrase, souligne l'attribut du sujet, puis relie-le à sa classe grammaticale.

Mon objectif est de gagner. •	
Le judo et la lutte sont des sports de combat. •	• adjectif
Ce chien devient de plus en plus agressif. •	• nom ou GN
L'escargot est hermaphrodite. •	• infinitif
La chenille est devenue un papillon. •	

SCORE .... / 5

★★ 3 Entoure la fonction des mots en couleur : attribut du sujet (Att.) ou COD.

1. Avec cette nouvelle coiffure, elle se trouve plus séduisante. (Att. – COD) • **2.** Le résultat de cette opération semble faux. (Att. – COD) • **3.** Chaque automne, mon grand-père trouve de magnifiques champignons. (Att. – COD) • **4.** Ils sont tombés amoureux au premier regard. (Att. – COD)

SCORE .... / 4

COUP DE POUCE

Essaye de remplacer le verbe par *être*.

Corrigés p. 44

TOTAL .... / 17

GRAMMAIRE

6 Reconnaître un complément du verbe

Qu'est-ce qu'un COD ? Un COI ?

- Un **complément du verbe (COD)** est un complément essentiel qui fait partie du groupe verbal ; il ne peut pas être supprimé.

  *L'informatique intéresse **Élodie**.* → Le complément *Élodie* ne peut pas être supprimé.

- Le complément du verbe direct complète le verbe **directement**, c'est-à-dire **sans** l'intermédiaire d'une **préposition** (*à*, *de*, *par*...).

  Il écrit une lettre. → *Il écrit **quoi** ?* **Une lettre**. (= COD)

- Un **complément du verbe indirect (COI)** est un complément essentiel introduit par une **préposition** : le plus souvent *à* ou *de*.

  *Il écrit **à ses parents**.* → *Il écrit **à qui** ? À ses parents.* (= COI)

★ 1 **a. Souligne en rouge les groupes nominaux COD des verbes en couleur.**

> Alors vous imaginez ma surprise, au lever du jour, quand une drôle de petite voix m'a réveillé. Elle disait :
> – S'il vous plaît… dessine-moi un mouton ! […] J'ai bien frotté mes yeux. J'ai bien regardé. Et j'ai vu un petit bonhomme tout à fait extraordinaire qui me considérait gravement.

Antoine de Saint-Exupéry, *Le Petit Prince* © Gallimard, 1945.

b. Souligne en bleu les pronoms COD.

SCORE ..../ 6

COUP DE POUCE
Les pronoms COD représentent le narrateur.

★★ 2 **Complète chaque phrase avec le COD qui convient :** l'imprimerie – la pomme de terre – sa monture – le corbeau – la charrue.

1. Le renard trompe .... • **2.** Gutenberg a inventé .... • **3.** Il ne faut pas mettre .... avant les bœufs. • **4.** Parmentier introduisit en France .... • **5.** Qui veut voyager loin ménage ....

SCORE ..../ 5

★★ 3 **Indique, pour chaque verbe, avec quelle préposition il se construit.**

1. obéir .... • **2.** appartenir .... • **3.** accéder.............. • **4.** se nourrir .... • **5.** s'apercevoir .... • **6.** se décider ....

SCORE ..../ 6

★ 4 **Souligne les COI.**

1. Les hiboux se nourrissent de rongeurs. • **2.** La grenouille appartient à la classe des batraciens. • **3.** C'est décidé : j'arrête de fumer. • **4.** Ce chien n'obéit plus à son maître.

SCORE ..../ 4

ATTENTION
L'une des phrases contient deux COI.

Corrigés p. 44

TOTAL ..../ 21

FRANÇAIS

GRAMMAIRE

7 Identifier la fonction complément circonstanciel

Qu'est-ce qu'un complément circonstantiel (CC) ?

- Les **compléments circonstanciels** (CC) sont des compléments **facultatifs** : on peut les déplacer, les supprimer, sans que la phrase devienne incorrecte.

  *Nous sommes partis **après le déjeuner**. → **Après le déjeuner**, nous sommes partis.*
  → Nous sommes partis.

- Ils indiquent les **circonstances de l'action** : le lieu, le temps, la manière, le moyen, etc.

1 Indique si les groupes de mots en couleur sont des compléments d'objet (CO) ou des compléments circonstanciels (CC).

La barque dévalait à grand bruit (..............), fendait l'écume (..............), montait sur la vague (..............), se balançait quelques instants (..............), ouvrait ses ailes brunes (..............) et disparaissait dans la nuit (..............).

SCORE .... / 6

COUP DE POUCE
Tu dois trouver deux compléments d'objet et quatre compléments circonstanciels.

Quelles questions permettent d'identifier un CC ?

- Pour reconnaître un CC, pose la question : *quand ? comment ? de quelle manière ?*

  *Le hibou chasse **la nuit**. → Le hibou chasse quand ? La nuit.* (= CC de temps)
  *Il manie les cartes **avec adresse**.*
  → Il manie les cartes comment ? Avec adresse (= CC de manière)
  *Nous construisons notre cabane **avec des planches**.*
  → Nous construisons notre cabane au moyen de quoi ? Avec des planches. (= CC de moyen)

2 Souligne les compléments circonstanciels, puis complète.

1. Il joue au loto toutes les semaines.
→ question : .... CC de ....

2. Il entre sans faire de bruit.
→ question : .... CC de ....

3. Il ouvre avec sa clé.
→ question : .... CC de ....

SCORE .... / 6

3 Complète les phrases à l'aide des compléments circonstanciels de la liste et indique pour chacun s'il s'agit d'un CC de moyen (Mo) ou de manière (Ma) : avec grand plaisir – avec ta fourchette – difficilement – avec son argent de poche – du bon côté.

1. Tiens-toi bien ! Mange .... (........)

2. Avec toute cette pollution, on respire .... (........)

3. Il faut prendre la vie .... (........)

4. Paul s'est acheté un livre .... (........)

SCORE .... / 9

ATTENTION
Le complément circonstanciel de moyen suppose l'utilisation d'un objet pour réaliser l'action.

Corrigés p. 44

TOTAL .... / 21

8 Reconnaître le type d'une phrase

Qu'est-ce qu'une phrase ?

- Une phrase est une **suite ordonnée** de mots qui a un sens.
  À l'écrit, elle commence par une **majuscule** et se termine par un **point** (point, point d'interrogation ou point d'exclamation).
- Il existe quatre types de phrase :
  – la phrase **déclarative** énonce un **fait** et se termine par un **point** ;
  Elle a dansé toute la nuit.
  – la phrase **exclamative** exprime avec force un **sentiment** et se termine par un **point d'exclamation** ;
  Comme elle danse bien !
  – la phrase **interrogative** pose une **question** et se termine par un **point d'interrogation** ;
  Danse-t-elle le rock ?
  – la phrase **impérative** (ou **injonctive**) exprime un **ordre** ou un **conseil** et se termine par un **point** ou un **point d'exclamation**.
  Eh bien dansez maintenant !

★ 1 Indique le type de chaque phrase : déclaratif (D), interrogatif (IN), exclamatif (E) ou impératif (IM).

> Elle s'appelait Mme Henri d'Hubières. (........) Un matin, en arrivant, elle pénétra dans la demeure des paysans. (........)
>
> — Mes braves gens, je viens vous trouver parce que je voudrais bien... je voudrais bien emmener avec moi votre... votre petit garçon... (........)
>
> Elle reprit haleine et continua. (........)
>
> — Nous n'avons pas d'enfants ; nous sommes seuls, mon mari et moi... (........) Nous le garderions... voulez-vous ? (........)
>
> — Vous voulez nous prend'e Charlot ? (........) Ah ! mais non ; c'est pas des choses qu'on d'mande à une mère çà ! (........) Allez-vous-en ! (........)

D'après Guy de Maupassant, *Aux champs*, 1882.

SCORE ..../ 9

COUP DE POUCE
La ponctuation peut t'informer sur le type de la phrase.

★★ 2 Indique, pour chaque phrase exclamative, le sentiment exprimé :
surprise – joie – frayeur – colère.

1. Je n'arrive pas à croire que tu sois venu ! (......................)
2. Il a menacé de tout révéler ! (......................)
3. J'ai gagné un voyage en Italie ! (......................)
4. Je ne peux plus supporter tes retards ! (......................)

SCORE ..../ 4

INFO
Les phrases exclamatives peuvent exprimer des sentiments multiples que tu dois rendre à l'oral en donnant l'intonation qui convient.

Corrigés p. 44

TOTAL ..../ 13

GRAMMAIRE

9 Reconnaître une phrase complexe

Qu'est-ce qu'une phrase simple ?

▸ Une phrase simple comporte **un seul verbe conjugué**, noyau d'une proposition. Attention, elle n'est pas toujours courte.

*Hier soir, Pierre et Nadia, fatigués mais heureux, **sont revenus** de leur excursion.*

★ 1 Sépare chaque phrase par une barre oblique et souligne les verbes conjugués.

Mon père, qui s'appelait Joseph, était alors un jeune homme brun, de taille médiocre, sans être petit. […] Il rencontra un dimanche une petite couturière brune qui s'appelait Augustine, et il la trouva si jolie qu'il l'épousa aussitôt. Je n'ai jamais su comment ils s'étaient connus, car on ne parlait pas de ces choses-là à la maison. […] Ils étaient mon père et ma mère, de toute éternité et pour toujours.

Marcel Pagnol, *La Gloire de mon père*, Éditions de Fallois, © Marcel Pagnol, 2004.

SCORE ..../ 9

COUP DE POUCE
Une phrase commence par une majuscule et se termine par un point.

Qu'est-ce qui distingue une phrase simple d'une phrase complexe ?

▸ Une phrase complexe comporte **plusieurs verbes conjugués**, donc plusieurs propositions. Celles-ci peuvent être reliées de trois façons différentes.

Juxtaposition	Les propositions sont reliées par un signe de ponctuation (virgule, deux-points…).	*[Un vif plaisir l'envahit]* **:** *[il avait gagné].*
Coordination	Les propositions sont reliées par une conjonction de coordination (*mais*, *ou*, *et*, *donc*, *or*, *ni*, *car*).	*[Un vif plaisir l'envahit]* ***car*** *[il avait gagné].*
Subordination	Une proposition subordonnée introduite par un pronom relatif (*qui*, *que*, *dont*, *où*…) ou une conjonction de subordination (*parce que*, *lorsque*…) est reliée à une proposition principale.	*[Un vif plaisir l'envahit]* *[**parce qu**'il avait gagné].*

★★ 2 Transforme en quatre phrases simples la phrase complexe en couleur dans le texte de l'exercice 1.

....

....

SCORE ..../ 4

INFO
On peut remplacer les outils de liaison de la juxtaposition et de la coordination sans changer le sens.

★★ 3 Encadre les signes ou les mots qui relient les propositions, puis indique si elles sont reliées par juxtaposition (J), coordination (C) ou subordination (S).

1. C'est bientôt le printemps et la nature renaît. (.....) – **2.** L'hiver prive parfois les oiseaux de nourriture, il faut penser à leur installer des mangeoires. (.....) – **3.** Les inondations et la sécheresse sont des phénomènes naturels qui sont redoutés par les agriculteurs. (.....)

SCORE ..../ 6

Corrigés p. 45

TOTAL ..../ 19

CONJUGAISON

10 Conjuguer au présent un verbe du 1er ou du 2e groupe

Comment distinguer les verbes du 1er et du 2e groupe ?

- Le **1er groupe** rassemble tous les verbes qui se terminent par ***-er*** à l'infinitif (sauf *aller*). Le **2e groupe** rassemble les verbes qui se terminent par ***-ir*** à l'infinitif et dont le participe présent se termine par ***-issant***. (ex. : *finir → finissant*)
- Les **terminaisons** du présent de l'indicatif varient selon les groupes.
  Pour les verbes du 1er groupe : *-e, -es, -e, -ons, -ez, -ent*.
  Pour les verbes du 2e groupe : *-is, -is, -it, -issons, -issez, -issent*.

1 ★ **Dans cette liste de verbes en *-ir*, barre ceux qui ne sont pas du 2e groupe.**

servir – découvrir – trahir – devenir – grossir – mincir – sentir – vomir – choisir – mentir.

> **COUP DE POUCE** Mets les verbes au participe présent.

SCORE ..../ 5

2 ★★ **Lis ce texte, puis réponds aux questions.**

> Martin a un secret : il cache un jeune faucon qu'il réussit à apprivoiser. C'est une aventure dangereuse car, en ce temps-là, un petit paysan risque la prison s'il garde pour lui l'oiseau réservé aux chasses du seigneur. Mais Martin s'en moque, il refuse de se soumettre et rien ne l'arrêtera.
>
> Jean-Côme Noguès, *Le Faucon déniché*, coll. « Pleine Lune » © Nathan, 2003.

> **COUP DE POUCE** Il y a sept verbes du premier groupe, dont un à l'infinitif.

1. Relève les verbes du 1er groupe et indique leur infinitif lorsqu'ils sont conjugués.

....

2. Parmi ces verbes, lequel n'est pas conjugué au présent ? ....

3. Quel verbe de ce texte appartient au 2e groupe ? ....

SCORE ..../ 9

Certains verbes du 1er groupe changent-ils de radical ?

- Les verbes en ***-eler***, ***-eter*** prennent un accent grave (è) lorsque le **e** se prononce [ɛ] : *tu achètes, nous achetons* ; *je gèle, nous gelons*... Mais attention aux verbes *appeler*, *jeter* et leurs dérivés qui doublent la consonne *l* ou *t* : *je jette, vous jetez* ; *tu appelles, nous appelons*.
- Les verbes en ***-oyer*** ou ***-uyer*** changent le ***y*** en ***i*** devant un **e** muet :
  je ploie, nous ployons ; *tu essuies, nous essuyons*
  Les verbes en ***-ayer***, eux, gardent le ***y*** ou le changent en ***i*** devant un **e** muet (sauf *rayer*) :
  je paie ou *je paye*

3 ★★ **Conjugue les verbes suivants au présent et à la personne demandée.**

1. appeler (il) : ....
2. balayer (nous) : ....
3. remplir (tu) : ....
4. jeter (vous) : ....
5. trier (tu) : ....
6. appuyer (tu) : ....

SCORE ..../ 6

Corrigés p. 45

TOTAL ..../ 20

CONJUGAISON

11 Conjuguer au présent un verbe du 3e groupe

Comment reconnaît-on un verbe du 3e groupe ?

- Le 3e groupe rassemble tous les verbes qui n'appartiennent ni au 1er ni au 2e groupe ; ils sont peu nombreux mais **très courants** et ont une **conjugaison irrégulière**.

  *savoir : il **sai**t, tu **sau**ras, je **su**s* (le radical change)

1 Classe les verbes suivants dans le tableau :

prendre – aller – confier – connaître – tirer – se blottir – conduire – vêtir – tanguer.

1er groupe	2e groupe	3e groupe
....	....	....
....	....	....
....	....	....

SCORE .... / 9

COUP DE POUCE
Il y a trois verbes du 1er groupe, un du 2e groupe et cinq du 3e groupe.

Comment conjugue-t-on au présent les verbes du 3e groupe ?

- Les **terminaisons** du présent de l'indicatif des verbes du 3e groupe sont : *-s*, *-s*, *-t* (ou *-d*), *-ons*, *-ez*, *-ent*.

  *je conclu**s**, tu conclu**s**, il conclu**t**, nous conclu**ons**, vous conclu**ez**, ils conclu**ent***
  *je prend**s**, tu prend**s**, il pren**d**, nous pren**ons**, vous pren**ez**, ils prenn**ent***

- Aux personnes du singulier, les terminaisons de ***pouvoir***, ***valoir*** et ***vouloir*** sont : ***-x***, ***-x***, ***-t***.

  *je peu**x**, tu peu**x**, il peu**t***

- Le verbe ***aller*** est particulièrement irrégulier.

  je vais, tu vas, il va, nous allons, vous allez, ils vont

2 Écris l'infinitif de chaque verbe.

1. il croît : ....
2. ils vont : ....
3. tu redis : ....
4. nous battons : ....
5. elles surprennent : ....
6. il croit : ....

SCORE .... / 6

ATTENTION
Ne confonds pas *croire* et *croître*.

3 Conjugue les verbes entre parenthèses au présent.

1. Aux Jeux olympiques, les athlètes (venir) .... de tous les pays.
2. Les coureurs (devoir) .... se placer sur les starting-blocks avant le départ.
3. Il ne (savoir) .... pas s'il a gagné, il (attendre) .... le résultat final.
4. Nous (prendre) .... en photo le podium des vainqueurs.
5. Pour lutter contre le dopage, ils (faire) .... des contrôles fréquents.

SCORE .... / 6

Corrigés p. 45

TOTAL .... / 21

CONJUGAISON

12 Conjuguer un verbe au futur simple

Comment conjuguer un verbe au futur simple ?

- Au futur, tous les verbes prennent les mêmes **terminaisons**, toujours précédées de la lettre *r* : *-ai, -as, -a, -ons, -ez, -ont*.
- Les verbes des 1er et 2e groupes **conservent l'infinitif** en entier. Il ne faut pas oublier le *e* de l'infinitif en *-er*, même si on ne le prononce pas : *je crierai (crier), tu joueras (jouer).*
- Les verbes *jeter*, *appeler* et leurs dérivés doublent le *t* ou le *l* du radical : *je jetterai, j'appellerai.*
  D'autres, comme *mourir* ou *voir*, doublent le *r* du radical : *je mourrai, je verrai.*

★ 1 Pour chaque verbe, coche la bonne orthographe.

1. s'apitoyer : nous nous ❑ apitoirons ❑ apitoierons ❑ apitoyerons
2. secourir : il ❑ secouera ❑ secourira ❑ secourra
3. voir : tu ❑ verras ❑ voiras ❑ voieras
4. avouer : vous ❑ avourrez ❑ avouerez ❑ avourez

SCORE ..../ 4

INFO
Devant un *e* muet, le *y* se transforme en *i*.

★★ 2 Réécris le texte en conjuguant les verbes en couleur au futur.

> Au printemps, quand les neiges fondent dans les Alpes, d'autres eaux apparaissaient. Les digues craquaient sous leur poids et de nouveau les prairies à perte de vue ne formaient qu'un seul étang. Mais, en été, sous la chaleur torride, la rivière s'évaporait.
>
> Henri Bosco, *L'Enfant et la rivière* © Gallimard, 1945.

....

....

....

....

SCORE ..../ 5

★★ 3 Conjugue les verbes entre parenthèses au futur.

1. Nous (courir) .... plus vite au championnat. • **2.** J'espère qu'à l'avenir les usines ne (rejeter) .... plus leurs déchets dans les rivières. • **3.** Au petit matin, le jardinier (cueillir) .... les fleurs encore fraîches. • **4.** (Rire) .... bien qui (rire) .... le dernier.

SCORE ..../ 5

COUP DE POUCE
Dans deux cas, n'oublie pas de doubler la consonne du radical.

★★ 4 Conjugue les verbes au futur, à la 2e personne du singulier.

1. construire : ....
2. essuyer : ....
3. peler : ....
4. secouer : ....
5. publier : ....
6. racheter : ....

SCORE ..../ 6

Corrigés p. 45

TOTAL ..../ 20

CONJUGAISON

13 Conjuguer un verbe à l'imparfait

Comment conjugue-t-on les verbes à l'imparfait ?

- Les **terminaisons** de l'imparfait de l'indicatif sont les mêmes pour tous les groupes : *-ais, -ais, -ait, -ions, -iez, -aient*.
- Attention à ne pas oublier le *i* des terminaisons ***-ions*** et ***-iez*** pour les verbes :
  - en ***-yer*** : *nous payions, vous payiez*
  - en ***-ier*** : *nous riions, vous riiez*
  - en ***-illir*** : *nous cueillions, vous cueilliez*
  - en ***-gner*** : *nous soignions, vous soigniez*

★ 1 Conjugue les verbes à l'imparfait pour retrouver le texte original.

C'(être) .... midi. Les voyageurs (monter) .... dans l'autobus. On (être) .... serré. Un jeune monsieur (porter) .... sur sa tête un chapeau qui (être) .... entouré d'une tresse et non d'un ruban. Il (avoir) .... un long cou. Il (se plaindre) .... auprès de son voisin des heurts que ce dernier lui (infliger) .... Dès qu'il (apercevoir) .... une place libre, il (se précipiter) .... vers elle et (s'asseoir) ...... y .... Je l'(apercevoir) .... plus tard, devant la gare Saint-Lazare.

Raymond Queneau, « Imparfait », in *Exercices de style* © Gallimard, 1947.

SCORE .... / 12

★★ 2 Conjugue les verbes suivants à la personne demandée, au présent puis à l'imparfait.

1. copier (vous) : ...., ...

2. griller (nous) : ...., ...

3. soigner (vous) : ...., ...

4. envoyer (vous) : ...., ...

SCORE .... / 8

ATTENTION
Pense au i des terminaisons *-ions* et *-iez*.

★★ 3 Conjugue les verbes entre parenthèses à l'imparfait.

1. Tu m'(agacer) .... tout le temps. • **2.** Je (déménager) .... souvent. • **3.** Il (distinguer) .... mal les couleurs.

SCORE .... / 3

ATTENTION
Pense à la cédille pour les verbes en *-cer*, et au e pour les verbes en *-ger*.

★★ 4 Conjugue le verbe au présent ou à l'imparfait selon le sens de la phrase.

1. Molière (être) .... mort depuis plus de trois siècles. • **2.** Il (écrire) .... des comédies pour le roi Louis XIV. • **3.** Tout le monde ne les (apprécier) .... pas. • **4.** Depuis longtemps, ses œuvres (être) .... au programme du collège.

SCORE .... / 4

Corrigés p. 46

TOTAL .... / 27

CONJUGAISON

14 Conjuguer un verbe au passé simple

Comment conjuguer les verbes des 1er et 2e groupes au passé simple ?

- **1er groupe**, terminaisons : *-ai, -as, -a, -âmes, -âtes, -èrent.*
  *je jet**ai**, tu jet**as**, il jet**a**, nous jet**âmes**, vous jet**âtes**, ils jet**èrent***
- **2e groupe**, terminaisons : *-is, -is, -it, -îmes, -îtes, -irent.*
  *je rempl**is**, tu rempl**is**, il rempl**it**, nous rempl**îmes**, vous rempl**îtes**, ils rempl**irent***

FRANÇAIS

1 **Forme des verbes en *-ir* à partir des adjectifs suivants, puis conjugue-les au passé simple, à la personne demandée.**

COUP DE POUCE
Tu dois trouver des verbes du 2e groupe.

Ex : rouge : rougir — 2e pers. du singulier : tu rougis

1. riche : .... 1re pers. du singulier : ....
2. vieux : .... 3e pers. du singulier : ....
3. doux : .... 3e pers. du pluriel : ....

SCORE .... / 6

Les verbes du 3e groupe se conjuguent-ils différemment ?

- Oui, selon le verbe, on peut utiliser **trois systèmes de terminaisons** :
  *fuir : je fu**is**, tu fu**is**, il fu**it**, nous fu**îmes**, vous fu**îtes**, ils fu**irent***
  *savoir : je s**us**, tu s**us**, il s**ut**, nous s**ûmes**, vous s**ûtes**, ils s**urent***
  *tenir : je t**ins**, tu t**ins**, il t**int**, nous t**înmes**, vous t**întes**, ils t**inrent***

2 **Barre les verbes qui ne sont pas conjugués au passé simple.**

COUP DE POUCE
Les verbes qui ne sont pas au passé simple sont au présent.

mentirent – viens – dit – voulus – lis – vendirent – disent – lus – dirent

SCORE .... / 3

3 **Conjugue les verbes au passé simple, aux personnes demandées.**

	2e pers. du singulier	3e pers. du singulier	3e pers. du pluriel
boire	....	il but	....
changer	....	....	ils changèrent
joindre	tu joignis	....	....
devenir	tu devins	....	....

SCORE .... / 8

4 **Conjugue les verbes entre parenthèses au temps demandé.**

Nous (*marcher*, imparfait) .... dans le parc, quand un énorme chien (*surgir*, passé simple) .... Il (*avoir*, imparfait) .... l'air méchant. Finalement, il (*s'éloigner*, passé simple) .... Mon cœur (*battre*, imparfait) .... à tout rompre.

SCORE .... / 5

Corrigés p. 46

TOTAL .... / 22

CONJUGAISON

15 Conjuguer un verbe au passé composé et au plus-que-parfait

Comment forme-t-on les temps composés ?

- Les temps composés sont formés de l'auxiliaire *avoir* ou *être* et du participe passé du verbe conjugué.
  - Le **passé composé** est formé de l'auxiliaire *avoir* ou *être* au présent de l'indicatif et du participe passé du verbe conjugué : *j'**ai** joué* ; *il **est** tombé*.
  - Le **plus-que-parfait** est formé de l'auxiliaire *avoir* ou *être* à l'imparfait et du participe passé du verbe conjugué : *j'**avais** joué* ; *il **était** tombé*.
- **Attention !** Le participe passé de certains verbes du 3e groupe se termine par une **lettre muette** ; pour la retrouver, pense au féminin : *j'ai mis* (*mise au féminin*).

★ 1 Souligne le (ou les) verbe(s) conjugué(s) à un temps composé.

J'ai lu sur Internet que 35 % des Français ne lisaient jamais aucun livre : je n'y ai pas cru.

SCORE ..../ 2

★★ 2 Conjugue ces verbes au passé composé et à la 3e personne du singulier.

1. rigoler : il ....
2. offrir : il ....
3. rejoindre : il ....
4. rentrer : il ....
5. savoir : il ....
6. permettre : elle ....
7. boire : elle ....
8. mourir : elle ....
9. apprendre : elle ....
10. peindre : elle ....

SCORE ..../ 10

COUP DE POUCE
N'oublie pas les lettres muettes à la fin de cinq participes passés.

★★ 3 Réécris ces deux phrases en conjuguant tous les verbes au plus-que-parfait.

> M. des Lourdines se baissa et ramassa un cèpe magnifique. Il retourna le champignon, l'examina, le sentit, chassa la terre qui y adhérait et le glissa dans un sac.
>
> Alphonse de Châteaubriant, *Monsieur des Lourdines*, 1911.

....

....

SCORE ..../ 8

COUP DE POUCE
Un verbe se conjugue avec l'auxiliaire *être*.

★★ 4 Conjugue les verbes entre parenthèses au temps demandé.

1. Les étudiants (*réussir*, passé composé) .... leurs examens.
2. J'(*serrer*, plus-que-parfait) .... cet écrou au maximum.
3. Le maître (*féliciter*, passé composé) .... ses élèves.
4. Il (*partir*, passé composé) .... très tôt ce matin.
5. Les randonneurs (*faire*, plus-que-parfait) .... une pause dans un refuge.

SCORE ..../ 5

INFO
La plupart des verbes forment leur temps composé avec l'auxiliaire *avoir*.

Corrigés p. 46

TOTAL ..../ 25

16 Conjuguer un verbe à l'impératif présent

À quoi l'impératif sert-il ?

- On utilise l'impératif pour exprimer un **ordre**, un **conseil** ou une **interdiction**. *Tais-toi !*

1 Réécris les phrases à la 2e personne du pluriel, puis indique par une initiale ce qu'elles expriment : un ordre (O), un conseil (C) ou une interdiction (I).

1. Ouvre ton livre. → .... → .....
2. Ne cours pas dans les escaliers ! → .... → .....
3. Tiens-toi bien, cela vaudra mieux. → .... → .....

SCORE ..../ 6

Comment conjugue-t-on un verbe à l'impératif présent ?

Le présent de l'impératif ne comporte que **trois personnes** : 2e personne du singulier (*tu*), 1re personne et 2e personne du pluriel (*nous, vous*). Le sujet n'est jamais exprimé.

- Les terminaisons varient selon le groupe du verbe.
  1er groupe : *-e, -ons, -ez* (*chant**e**, chant**ons**, chant**ez***).
  2e groupe : *-is, -issons, -issez* (*rempl**is**, rempl**issons**, rempl**issez***).
  3e groupe : *-s, -ons, -ez* (*descend**s**, descend**ons**, descend**ez***).
  Certains verbes sont irréguliers : *aller* (*va, allons, allez*), *savoir* (*sache, sachons, sachez*)...
- Pour les verbes qui se terminent par une voyelle à la 2e personne du singulier, on ajoute un ***s*** **devant** ***en*** **et** ***y*** pour faciliter la prononciation. *Achète. Achète**s**-en.*

2 Conjugue les verbes de cette recette à l'impératif présent, à la 2e personne du pluriel.

Moelleux au chocolat

(Faire) .... fondre le chocolat avec le beurre. (Mélanger) .... le sucre et la farine. (Battre) .... bien avant de poursuivre. (Incorporer) .... les œufs. (Remuer) .... vigoureusement le tout. (Verser) .... dans un moule. (Faire) .... cuire 8 minutes au four préchauffé à 180 °C. (Servir) .... le moelleux accompagné d'une boule de glace vanille.

SCORE ..../ 8

INFO
L'adverbe *bien* tempère l'ordre et le transforme en conseil.

3 Conjugue les verbes en couleur à la 2e personne du singulier de l'impératif présent, et remplace chaque complément par un des pronoms suivants : y – le – la.

1. Réfléchir à cette question. → ....
2. Retourner chez tes parents. → ....
3. Essuyer la vaisselle. → ....
4. Attendre ton frère. → ....

SCORE ..../ 4

ATTENTION
À l'impératif, on relie le verbe et le pronom par un trait d'union.

Corrigés p. 47

TOTAL ..../ 18

CONJUGAISON

17 Conjuguer un verbe au conditionnel présent

Comment conjuguer un verbe au conditionnel présent ?

- Au conditionnel présent, tous les verbes prennent les mêmes terminaisons, toujours précédées de la lettre *r* : *-ais, -ais, -ait, -ions, -iez, -aient.*
Comme au futur, les verbes des 1er et 2e groupes conservent l'infinitif en entier.
*je **crier**ais* ; *nous **finir**ions*

ATTENTION
Les verbes du 3e groupe comme *pouvoir* et *devoir* ne conservent pas l'infinitif dans leur conjugaison.

★ 1 Conjugue les verbes entre parenthèses au conditionnel présent.

1. J'(aimer) .... savoir jouer au tennis. • **2.** Vous (pouvoir) .... passer ce soir ? • **3.** Je (se plaire) .... certainement ici. • **4.** Tu (devoir) .... relire ce livre.

SCORE ..../ 4

COUP DE POUCE
Tu dois mettre sept verbes au conditionnel présent.

★★ 2 Réécris ce texte en conjuguant les verbes au conditionnel présent.

> Sonia ferme les volets et, comme à l'habitude, le couinement des charnières alerte le chat. Il saute d'un bond sur l'étagère, puis il essaie de se glisser entre les battants. Sonia le saisit vivement par le train arrière. Il tourne la tête, miaule de colère en découvrant ses dents.
>
> D'après Didier Daeninckx, *Le Chat de Tigali*, coll. « Mini Syros » © Syros, 1990.

....

....

....

SCORE ..../ 7

Quand doit-on employer le conditionnel ?

- Le conditionnel s'emploie, comme mode, pour exprimer :
  - une action soumise à une condition ; *Si je gagnais au loto, j'**achèterais** une maison.*
  - une action simplement imaginée ; *Je **serais** le méchant ; tu **serais** la gentille !*
  - une demande polie ; ***Pourrais**-tu me donner un peu de pain ?*
  - un conseil ou un souhait ; *Tu **devrais** y aller à pied. **J'aimerais** y aller à pied.*
  - une affirmation indignée. *Toi, tu **ferais** cela !*

★★ 3 Conjugue les verbes suivants au futur ou au conditionnel selon le sens de la phrase.

1. Je (revenir) .... bientôt • **2.** Si je le pouvais, je (changer) .... de vie. • **3.** Si tu veux rester en forme, tu (devoir) .... faire du sport. • **4.** Merci de tes conseils, j'en (tenir) .... compte.

SCORE ..../ 4

Corrigés p. 47

TOTAL ..../ 15

ORTHOGRAPHE

18 Accorder un adjectif

Quelles sont les règles d'accord pour les adjectifs ?

- Quelle que soit sa fonction dans la phrase, l'adjectif qualificatif s'accorde **en genre et en nombre avec le nom** ou le pronom auquel il se rapporte.

  *Marthe avait mis sa plus **jolie** robe ; **intriguées** qu'elle soit si bien **habillée**, ses amies la questionnèrent.*
  (*Jolie* s'accorde avec *robe* ; *habillée* avec *elle* ; *intriguées* avec *amies*.)

- L'adjectif se met au pluriel lorsqu'il se rapporte à **plusieurs noms** ; il se met au masculin pluriel lorsque les noms sont de genres différents.

  *Jules portait une chemise et une veste **blanches** et, pour trancher, des chaussures et un pantalon **noirs**.*

★ 1 Accorde correctement les adjectifs entre parenthèses pour retrouver le texte original.

Mais la (dernier) .... vitrine surtout les retint. Une exposition de soies, de satins et de velours y épanouissait, dans une gamme (souple) .... et (vibrant) .... , les tons les plus (délicat) .... des fleurs : au sommet, les velours, d'un noir (profond) .... , d'un blanc de lait (caillé) .... ; plus bas, les satins, les roses, les bleus, aux cassures (vif) ...., se décolorant en pâleurs d'une tendresse (infini) ....

Émile Zola, *Au Bonheur des Dames*, 1883.

SCORE ..../ 8

ATTENTION
Avant d'accorder l'adjectif, souligne le nom auquel il se rapporte et détermine son genre et son nombre.

★★ 2 Complète les phrases à l'aide des adjectifs suivants : neuf – neuve – neufs – neuves.

1. Ma voiture .... est déjà en panne.
2. Quoi de .... ?
3. Il a des chaussures .... mais il préfère mettre les vieilles.
4. As-tu pensé à acheter une chemise et un pantalon .... ?
5. Est-ce que cette scie électrique et cette perceuse sont .... ?

SCORE ..../ 5

COUP DE POUCE
À deux reprises, l'adjectif s'accorde avec deux noms coordonnés.

★★ 3 Entoure la bonne orthographe des adjectifs entre parenthèses.

1. des bonnets de laine (bleue – bleus)
2. un coupon de toile (écrue – écru)
3. des pantalons de toile (déchirée – déchirés)
4. de la confiture de fraises (sucrées – sucrée)
5. des éclats de verre (brisés – brisé)
6. un tas de feuilles (mort – mortes)

SCORE ..../ 6

COUP DE POUCE
Demande-toi quel nom qualifie l'adjectif.

Corrigés p. 47

TOTAL ..../ 19

ORTHOGRAPHE

19 Accorder le verbe avec son sujet

Comment trouve-t-on le sujet d'un verbe ?

- Le verbe s'accorde **avec le sujet** que l'on trouve en posant la question : *qui est-ce qui ?* ou *qu'est-ce qui ?* suivie du verbe.
- Le sujet peut être un **nom**, un **groupe nominal** ou un **pronom**.

1 **Souligne les sujets des verbes en couleur.**

De retour chez lui après des années de guerre et d'errance, Ulysse est reconnu par sa nourrice Euryclée, devenue aveugle.

« Bien des hôtes malheureux sont venus ici, mais je n'en ai pas encore vu qui ressemble autant que toi à Ulysse, pour l'allure, la voix, les pieds. » [...] Or, la vieille, tâtant du plat de la main, reconnut la cicatrice d'Ulysse au palper. [...] La joie et la souffrance s'emparèrent de son esprit ; ses yeux se remplirent de larmes.

Homère, *L'Odyssée*, trad. M. Woronoff © Casterman. Avec l'aimable autorisation des Éditions Casterman.

SCORE ..../ 6

COUP DE POUCE
L'un des sujets est un pronom.

Comment faut-il accorder le verbe ?

- Mets le verbe au **singulier** quand :
  - le sujet est au singulier : *Dans les arbres chante l'oiseau.*
  - la forme est impersonnelle : *Il tombait de larges gouttes.*
  - le sujet est *on, chacun, aucun, personne, rien* : *On ignore tout.*
- Mets le verbe au **pluriel** quand :
  - le sujet est au pluriel : *Les passants le regardaient.*
  - il y a plusieurs sujets : *Vouloir et pouvoir **sont** deux choses différentes.*
  - le sujet est *beaucoup, trop, peu (de)* : *Beaucoup comptent sur lui.*

2 **Relie chaque sujet au groupe verbal qui convient.**

Plusieurs de mes amis •	
Jean, mon frère, •	
On •	• aime chanter.
Jules et sa sœur •	
Tout le monde •	• aiment chanter.
Beaucoup •	
Jean, Anne et leurs enfants •	
Toute la famille •	

SCORE ..../ 8

3 **Complète chaque phrase avec le sujet qui convient :**
ouvrir et fermer – tu – les touristes – Marie – la plupart des gens.

1. Penses-.......... pouvoir venir demain ? • **2.** .... les attend pour dîner. • **3.** .... pensent que tu as tort. • **4.** .... sont des verbes de sens contraire. • **5.** La tour Eiffel est un monument qu'adorent ....

SCORE ..../ 5

COUP DE POUCE
Il y a deux sujets inversés.

Corrigés p. 47

TOTAL ..../ 19

ORTHOGRAPHE

20 Distinguer un participe passé en -*é* d'un infinitif en -*er*

Pourquoi confond-on le participe passé en -*é* et l'infinitif en -*er* ?

- À l'oral, l'infinitif en -*er* et le participe passé en -*é*, -*és*, -*ée*, -*ées* des verbes du premier groupe se prononcent de la même façon même si leur usage est différent.

  *Essouf**lé*** (participe passé à valeur d'adjectif), *je suis arriv**é*** (temps composé) *en retard.*
  *Il est parti sans s'inquiét**er*** (infinitif) *des encombrements, il va arriv**er*** (infinitif) *en retard.*

★ 1 Réécris les phrases en remplaçant les verbes en couleur par des verbes de sens contraire.

1. Cette maison est à vendre. → ....
2. Jeanne a perdu ses boucles d'oreille. → ....
3. Il faut ouvrir la porte de ta chambre. → ....
4. Je fais refroidir la tarte aux pommes. → ....

SCORE ..../ 4

COUP DE POUCE
Tu dois trouver des verbes du 1er groupe.

Comment les distinguer ?

- L'**infinitif** se trouve en général soit **après une préposition**, soit **après un verbe conjugué**, ce qui n'arrive jamais avec un participe passé.
- Quand tu hésites entre l'infinitif et le participe passé, remplace la forme douteuse par un **verbe du 3e groupe**, par exemple *prendre* : si tu entends *pris*, c'est un participe passé (écrit -*é*) ; si tu entends *prendre*, c'est un infinitif (écrit -*er*).

  *Il veut gagn**er*** (prendre) *la course.* → infinitif *L'oiseau fut foudroy**é*** (pris). → participe passé

★ 2 Entoure le verbe en italique par lequel tu pourrais remplacer la forme en couleur, puis complète par la bonne terminaison : -*é* ou -*er*.

1. À force de (*voir* – *vu*) regard...... des films d'horreur, il fait des cauchemars. • **2.** Ses enfants vont lui (*offrir* – *offert*) donn...... un cadeau pour sa fête. • **3.** Ce que tu fais là n'est pas (*permettre* – *permis*) autoris....... • **4.** C'est difficile, mais il faut (*vaincre* – *vaincu*) domin...... ta peur. • **5.** Le bûcheron a (*abattre* – *abattu*) coup...... ce vieil arbre.

SCORE ..../ 5

★★ 3 Complète les verbes en couleur avec la terminaison qui convient : -*é* ou -*er*.

> « Je sais que Meaulnes est parti. Plus exactement, je le soupçonne de s'être échapp....... Sitôt le déjeuner termin......, il a dû saut...... le petit mur et fil...... à travers champs. Il aura demand...... la jument pour all...... cherch...... M. et Mme Charpentier. Il fait attel...... en ce moment. »
>
> Alain-Fournier, *Le Grand Meaulnes*, 1913.

SCORE ..../ 8

COUP DE POUCE
Tu dois trouver trois participes passés.

Corrigés p. 48

TOTAL ..../ 17

ORTHOGRAPHE

21 Accorder le participe passé

Comment accorder un participe passé employé comme adjectif ?

- Le participe passé employé comme **adjectif épithète** s'accorde en genre et en nombre avec le nom auquel il se rapporte : *une feuille fan**ée*** – *des hommes corromp**us***.
- Le participe passé employé comme **adjectif attribut du sujet** avec le verbe *être* ou un verbe d'état (*paraître*, *sembler*, *devenir*…) s'accorde en genre et en nombre avec le sujet du verbe. *La feuille était fan**ée**. – Ils semblaient corromp**us***.

★ 1 Souligne tous les participes passés employés comme adjectifs qualificatifs épithètes, puis encadre les noms auxquels ils se rapportent.

> Elle demeura saisie d'étonnement. Elle apercevait mille bibelots connus jadis, et disparus tout à coup, ces petits objets insignifiants qui avaient traîné quinze ans à côté d'elle, et qui prenaient une importance soudaine de témoins oubliés, d'amis retrouvés. Ils lui faisaient l'effet de ces gens qu'on a fréquentés pendant longtemps sans qu'ils se soient jamais révélés et qui soudain se mettent à bavarder sans fin. Elle allait de l'un à l'autre se disant : « Tiens, c'est moi qui ai fêlé cette tasse de Chine. »

D'après Guy de Maupassant, *Une vie*, 1883.

SCORE ……… / 7

COUP DE POUCE
Il y a quatre participes passés employés comme adjectifs épithètes.

Comment accorder un participe passé employé dans un temps composé ?

- Le participe passé employé avec l'**auxiliaire *être*** s'accorde en genre et en nombre avec le sujet. *Ils sont ven**us**. – Elle a été agress**ée***.
- Le participe passé employé avec l'**auxiliaire *avoir*** s'accorde en genre et en nombre avec le COD, seulement si le COD est placé avant le participe passé ; dans les autres cas, il reste invariable. *Je vois les traces qu'a laiss**ées** le cambrioleur.* → Le participe passé *laissées* s'accorde avec le COD *qu'* (qui représente *traces*, féminin pluriel), placé avant lui.

★★ 2 Explique l'accord des participes passés mis en couleur dans le texte de l'exercice 1.

1. traîné : ……………………………………………………………
2. fréquentés : ……………………………………………………………
3. fêlé : ……………………………………………………………

SCORE ……… / 3

★★ 3 Accorde les participes passés des verbes entre parenthèses.

Mon grand-père a (faire) ………… la plus belle chose du monde : il a (élever) …………… quatre garçons et trois filles ; et il les a bien (élever) ……………. De nombreuses personnes ont (pleurer) ……………………… à son enterrement et son souvenir est (rester) ………………… vivace dans la mémoire de ceux qui l'avaient (aimer) ………………….

SCORE ……… / 6

COUP DE POUCE
Seuls deux participes passés sont au pluriel.

Corrigés p. 48

TOTAL ……… / 16

ORTHOGRAPHE

22 Distinguer ce et se, ces et ses

FRANÇAIS

Ce ou se ?

- *Ce*, déterminant démonstratif, se trouve toujours devant un nom ou un adjectif qualificatif.
  Ce garçon est gentil. → On peut dire : ***Le** garçon est gentil.*
- *Ce* (*c'*), pronom démonstratif, se trouve toujours devant le verbe *être*.
  Ce n'est pas prévu. → On peut dire : ***Cela** n'est pas prévu.*
- *Se* (*s'*), pronom personnel réfléchi, se trouve toujours devant un verbe.
  *Il **se** lève.* → On peut dire : *Je **me** lève.*

1 **Complète les phrases avec les mots qui conviennent :** *ce – se – c' – s'*.

1. .... chaton .... tenait blotti sous .... carton.
2. .... est aujourd'hui qu'il .... marie.
3. Il .... entend assez bien avec .... camarade : .... est une chance !
4. .... sera toi ou .... sera moi : .... est un choix difficile !

SCORE ..../ 11

COUP DE POUCE
Tu dois utiliser trois fois le pronom c' (= *cela*).

Ces ou ses ?

- *Ces* est le pluriel des déterminants démonstratifs ***ce***, ***cet***, ***cette***.
  *J'ai jeté **ces** boîtes.* → On peut dire : *J'ai jeté **cette** boîte.*
- *Ses* est le pluriel des déterminants possessifs ***son*** et ***sa***.
  *Il a oublié **ses** livres* →. On peut dire : *Il a oublié **son** livre.*

2 ***Se** ou **ce**, **ses** ou **ces** ?* **Coche le mot qui convient.**

Le marquis de Carabas fit ❑ se ❑ ce que son chat lui conseillait, sans savoir à quoi cela serait bon. Pendant qu'il ❑ se ❑ ce baignait, le roi vint à passer, et le chat ❑ se ❑ ce mit à crier de toutes ❑ ses ❑ ces forces : « Au secours, au secours, voilà monsieur le marquis de Carabas qui ❑ se ❑ ce noie ! »
À ❑ se ❑ ce cri, le roi mit la tête à la portière et, reconnaissant le chat qui lui avait apporté tant de fois du gibier, il ordonna à ❑ ses ❑ ces gardes qu'on allât vite au secours de monsieur le marquis de Carabas. Pendant qu'on retirait le pauvre marquis de la rivière, le chat s'approcha du carrosse et dit au roi que, dans le temps que son maître ❑ se ❑ ce baignait, il était venu des voleurs qui avaient emporté ❑ ses ❑ ces habits, quoiqu'il eût crié au voleur de toutes ❑ ses ❑ ces forces.

Charles Perrault, « Le Chat botté » *in Contes*, 1697.

SCORE ..../ 10

COUP DE POUCE
Vérifie que tu as coché deux démonstratifs (un pronom et un déterminant).

Corrigés p. 48

TOTAL ..../ 21

ORTHOGRAPHE

23 Mettre un *s* à *leur* si nécessaire

Comment distinguer le pronom *leur* du déterminant *leur* ?

- *Leur* est un **pronom personnel** lorsque, placé avant ou juste après le verbe, il peut être remplacé par son équivalent au singulier *lui*.

  Nous ***leur*** *donnons à manger.* → *Nous* ***lui*** *donnons à manger.*

- *Leur* (ou *leurs*) est un **déterminant possessif** lorsqu'il introduit un nom en indiquant une idée de possession.

  Ils ont oublié ***leurs*** *manteaux.* → *Il a oublié* ***son*** *manteau.*

1 **Indique si les mots en couleur sont des déterminants (D) ou des pronoms (P).**

> Tandis que les frégates surprises dans leur (.......) sommeil, hachées par nos boulets, pointaient leurs (.......) pièces sur le nuage de fumée qui stagnait entre elles, se canonnant mutuellement sans s'en apercevoir, le *Walrus* passait en proue des vaisseaux, leur (.......) déchargeait par le travers une volée des pièces du château-arrière. Nous leur (.......) avions envoyé dans leurs (.......) œuvres vives assez de fonte pour les rendre inoffensifs.

D'après Robert Margerit, *L'Île des perroquets*, © Phébus, 1946.

SCORE ..../ 5

COUP DE POUCE
Il y a trois déterminants et deux pronoms.

Quand met-on un *s* à *leur* ?

- Si *leur* est un **pronom personnel**, il reste invariable.
- Si *leur* est un **déterminant possessif**, il peut se mettre **au singulier ou au pluriel** :
  – si tu peux le remplacer par *son*, *sa*, écris *leur* ;
  – si tu peux le remplacer par *ses*, écris *leurs*.

  J'aime les forêts : ***leurs*** *couleurs,* ***leur*** *beauté.*
  → *J'aime la forêt :* ***ses*** *couleurs,* ***sa*** *beauté.*

2 ***Leur*** **ou** ***leurs*** **? Coche la forme qui convient.**

1. Je réponds à ❑ leur ❑ leurs courrier. • **2.** ❑ Leur ❑ Leurs amis sont charmants.
3. Il ❑ leur ❑ leurs a dit merci. • **4.** Il ❑ leur ❑ leurs a réparé ❑ leur ❑ leurs voiture.

SCORE ..../ 5

COUP DE POUCE
Il n'y a qu'un seul déterminant au pluriel.

3 **Complète avec** ***leur*** **ou** ***leurs*****.**

> Il était une fois un bûcheron et une bûcheronne qui avaient sept enfants, tous garçons : .... aîné n'avait que dix ans, et le plus jeune n'en avait que sept. Si .... enfants étaient si nombreux, c'est que la femme du bûcheron allait vite en besogne, et n'en avait pas moins de deux à la fois. Ils étaient fort pauvres, et .... sept enfants .... causaient du souci parce qu'aucun d'eux ne pouvait encore .... apporter de l'aide en gagnant sa vie.

D'après Charles Perrault, « Le Petit Poucet » *in Contes*, 1836.

SCORE ..../ 5

Corrigés p. 48

TOTAL ..../ 15

ORTHOGRAPHE

24 Mettre des majuscules

FRANÇAIS

Quand emploie-t-on une majuscule ?

- On emploie une majuscule dans les cas suivants :
  - pour marquer le **début d'une phrase** ;

    Je vais au cinéma. J'aime les films de science-fiction.
  - pour indiquer le **début d'un vers** en poésie classique ;

    Il pleure dans mon cœur / Comme il pleut sur la ville.
  - pour signaler un **nom propre** : noms de personnes ou d'animaux (*Brigitte, Dupond, Médor*) ; noms de peuples (*les Anglais, les Wallons*) ; noms géographiques (*la Loire, les États-Unis, Toulouse*) ; noms de fêtes (*Noël, la Saint-Valentin*) ;
  - dans certaines appellations officielles, pour exprimer le **respect**, la considération (*Monsieur le Président*).

★ 1 Les majuscules ont disparu ! À toi de les rétablir (tu peux recopier le texte au brouillon).

c'est en cherchant à se rendre aux indes par le plus court chemin possible que christophe colomb découvrit un nouveau continent : l'amérique. de ce fait, il appela les habitants des îles où il accosta : les indiens. il prit possession de ces nouvelles terres au nom du roi d'espagne et baptisa tout naturellement l'île principale du nom d'« hispaniola » qui signifie « petite espagne ». cette partie occidentale de l'île s'appelle aujourd'hui haïti.

SCORE ..../ 14

COUP DE POUCE
Repère les débuts de phrase et les noms propres.

Dans quels cas faut-il bien faire attention à utiliser une minuscule ?

- On utilise une minuscule et non une majuscule :
  - pour tous les **adjectifs** (*l'industrie française*) ;
  - pour les noms de **langues** et de **religions** (*le chinois, le bouddhisme*) ;
  - après le **point-virgule** (*Il est content ; cela se voit.*) ;
  - après le **deux-points**, sauf s'il est suivi d'une citation.

    J'ai acheté : des poires, des pommes.

    Il dit toujours : « Petit à petit, l'oiseau fait son nid. ».

★★ 2 Majuscule ou minuscule ? Entoure la lettre qui convient.

(M / m)onsieur le (M / m)aire,

(J' / j')ai lu dans le magazine *(B / b)ien vivre au quotidien* que vous souhaitiez développer les cours de langues : « (Il / il) est important que chacun puisse découvrir une langue étrangère, l'(A / a)nglais ou le (R / r)usse, par exemple. » (L / l)es (R / r)usses de mon quartier et moi-même sommes ravis de cette initiative. (J / j)e tiens à me proposer pour animer différents ateliers : cuisine russe, chant traditionnel... ; l'idée de conférences sur des auteurs tels que (G / g)ogol ou (T / t)olstoï peut également être envisagée.

(V / v)euillez agréer, (M / m)onsieur le (M / m)aire, mes respectueuses salutations.

SCORE ..../ 15

COUP DE POUCE
Tu dois choisir la majuscule treize fois.

Corrigés p. 49

TOTAL ..../ 29

VOCABULAIRE

25 Distinguer sens propre et sens figuré

Qu'est-ce qu'un mot polysémique ?

- Un mot est dit « polysémique » quand il a au moins **deux sens différents**.
  chambre : 1. une chambre dans une maison ; 2. la chambre à air d'un vélo
- Un mot polysémique peut avoir un sens propre et un sens figuré :
  – **le sens propre** d'un mot est son sens premier, habituel, le plus souvent concret ;
  une rue très ***large***
  – **le sens figuré** est un second sens du mot, imagé et le plus souvent abstrait.
  avoir les idées ***larges***

1 ★ **Quel est le sens de l'adjectif *merveilleux* dans chaque phrase ? Choisis le synonyme qui convient :** remarquable – magique – beau.

1. La chorégraphie des deux patineurs était merveilleuse ! ....

2. Les bottes de sept lieues sont dotées de pouvoirs merveilleux. ....

3. Le soleil qui se reflète sur la mer crée de merveilleuses harmonies. ....

SCORE ..../ 3

INFO
Merveilleux est un mot polysémique. À chaque sens correspond un synonyme différent.

2 ★★ **Dans quel sens le mot *opération* est-il employé dans chaque phrase?**

Le général a pris le commandement des opérations. •	• calcul
Le travail à la chaîne est une suite d'opérations ordonnées. •	• manœuvre militaire
Que d'opérations à faire pour trouver le résultat du problème ! •	• acte chirurgical
Il a subi une opération à cœur ouvert. •	• action qui produit un effet

SCORE ..../ 4

3 ★★ **Indique si les mots en couleur sont employés au sens propre (P) ou au sens figuré (F).**

1. Ce plat manque de sel (....). – Cette histoire manque de sel (....).

2. Le vent mugit (....) dans les arbres. – La vache mugit (....) pour appeler son petit.

3. Il brûle (....) de partir. – Je me brûle (....) la main en cuisinant.

4. La moutarde me monte (....) au nez. – Il monte (....) au premier étage.

5. Il ne faut pas laisser bouillir (....) le café. – Si cela continue, je vais bouillir (....) de rage.

6. Il sème (....) la zizanie dans le groupe. – L'horticultrice sème (....) les graines de chaque fleur à différentes périodes.

7. Il a parfois des éclairs (....) de génie. – Les éclairs (....) zèbrent le ciel.

8. Ouvre les volets, cette pièce est trop sombre (....). – Il est de sombre (....) humeur.

SCORE ..../ 16

COUP DE POUCE
À chaque mot correspond un emploi au sens propre et un emploi au sens figuré.

Corrigés p. 49

TOTAL ..../ 23

VOCABULAIRE

26 Trouver un synonyme

FRANÇAIS

Qu'est-ce qu'un synonyme ?

- On appelle synonymes des mots qui ont le **même sens** et qui appartiennent à la **même classe grammaticale** (le synonyme d'un nom est un nom, celui d'un verbe est un verbe, etc.) : *aliment – nourriture* ; *aider – secourir*.

1 ★ **Groupe deux par deux les mots qui sont synonymes :** achat – abattre – emplette – lâche – détresse – poltron – misère – détruire.

1. .... – ....
2. .... – ....
3. .... – ....
4. .... – ....

SCORE ..../ 8

2 ★★ **Donne un synonyme à chacun des mots suivants.**

1. vitesse → ra..............................
2. craindre → re..............................
3. incorrect → f..............................
4. calmer → tr..............................
5. agaçant → én..............................
6. célèbre → il..............................

SCORE ..../ 6

ATTENTION
N'oublie pas que le synonyme d'un nom est un nom et que celui d'un verbe est un verbe !

Le sens de deux synonymes est-il exactement le même ?

- Souvent, deux synonymes n'ont pas exactement le même sens.

*Il fait exprès de m'**inquiéter**. – Il fait exprès de me **terroriser**.*
→ *Inquiéter* a un sens moins fort que *terroriser*.

3 ★ **Vrai ou faux ? Coche la bonne réponse.**

1. *Hurler* et *crier* sont synonymes, mais *hurler* a un sens plus fort que *crier*.
❑ Vrai ❑ Faux
2. *Se gausser* et *se moquer* sont synonymes, mais *se gausser* appartient à un langage plus soutenu que *se moquer*.
❑ Vrai ❑ Faux
3. *Audace* et *culot* sont synonymes, mais *audace* appartient à un langage plus familier que *culot*.
❑ Vrai ❑ Faux

SCORE ..../ 3

4 ★★ **Remplace chaque mot en couleur par l'un des synonymes suivants :** supplice – boîte – tonneau – épée.

1. la cassette de Pandore → ....
2. le fût des Danaïdes → ....
3. le châtiment de Tantale → ....
4. le fleuret de Damoclès → ....

SCORE ..../ 4

INFO
En faisant ces remplacements, tu retrouves des expressions tirées de la mythologie.

Corrigés p. 49

TOTAL ..../ 18

VOCABULAIRE

27 Utiliser des préfixes

Comment la langue française crée-t-elle des mots nouveaux ?

- Pour créer des mots nouveaux, le français utilise le système de la **dérivation**. À partir du **radical**, partie qui exprime l'idée essentielle du mot, on ajoute un ou plusieurs éléments **affixes**. On en distingue deux sortes : les **préfixes** et les **suffixes**.

1 **Trouve le nom qui correspond à chaque définition en utilisant les préfixes suivants : *anti-* ; *bi-* ; *co-* ; *sur-*. Les mots en couleur te renseignent sur le radical du nom à trouver.**

Définition	Nom	Préfixe
Personne qui fait équipe avec d'autres.	....	....
Enchère au-dessus d'une autre.	....	....
Personne qui parle deux langues.	....	....
Objet qui empêche le vol.	....	....

SCORE .... / 8

Qu'est-ce qu'un préfixe ?

- Un **préfixe** est un élément qui se place **avant le radical**.
- Les préfixes ont un sens précis : *pro-* a le sens de « en avant » (***pro**jeter*) ; *super-* a le sens de « au-dessus » (***super**poser*)...

2 **Relie chaque préfixe à son sens.**

déca- •	• nombreux
multi- •	• dix
mono- •	• mille
super- •	• seul, unique
mini- •	• au-dessus
kilo- •	• plus petit

SCORE .... / 6

COUP DE POUCE

Pour t'aider, lis les mots suivants, qui sont construits avec ces préfixes :
- *décaèdre* ;
- *multicolore* ;
- *supersonique* ;
- *monologue* ;
- *minibus* ;
- *kilomètre*.

3 **Classe les mots de la liste selon le sens du préfixe *in-* :** influence – infiltration – infatigable – incessant – incorporer – infini – incarcérer – infusion.

1. ***in-*** a le sens de « dans » dans les mots : ....

....

2. ***in-*** a un sens négatif dans les mots : ....

....

SCORE .... / 8

Corrigés p. 50

TOTAL .... / 22

28 Utiliser des suffixes

Qu'est-ce qu'un suffixe ?

- Un suffixe est un élément qui se place **après le radical**.
- Le suffixe renseigne souvent sur la classe grammaticale du mot.
  tirer (verbe) → *tir**oir*** (nom) ; *siffler* (verbe) → *siffle**ment*** (nom) ;
  aimer (nom) → *aim**able*** (adjectif)

1 Donne le nom de métier dérivé de chaque mot.

1. dent → ....
2. dessin → ....
3. poisson → ....
4. chœur → ....
5. ébène → ....
6. papier → ....
7. chirurgie → ....
8. danse → ....

SCORE ..../ 8

INFO
Les noms de métiers sont souvent formés à partir d'un mot qui désigne le domaine d'activité auquel on ajoute un suffixe.

2 Transforme ces mots en utilisant des suffixes qui expriment la petitesse.

1. statue → ....
2. rue → ....
3. brin → ....
4. nappe → ....
5. table → ....
6. botte → ....

SCORE ..../ 6

COUP DE POUCE
Deux mots ont un suffixe en *-ette*.

3 Donne le sens des mots suivants, sachant que la terminaison *-ite* signifie « inflammation ».

1. otite : inflammation ....
2. gingivite : inflammation ....
3. hépatite : inflammation ....
4. bronchite : inflammation ....

SCORE ..../ 4

4 Ajoute un suffixe aux mots suivants en tenant compte des indications.

1. Forme un nom à partir d'un adjectif.	fier →	beau →	difficile → ....
2. Forme un adjectif à partir d'un nom.	exemple →	dépense →	enfant → ....
3. Forme un nom à partir d'un verbe.	atterrir →	livrer →	évoluer → ....
	croître →	inscrire →	paraître → ....
4. Forme un adverbe à partir d'un adjectif.	fou →	évident →	abondant → ....

SCORE ..../ 15

ATTENTION
L'ajout d'un suffixe entraîne souvent des modifications dans l'orthographe du radical.

Corrigés p. 50

TOTAL ..../ 33

LECTURE ET EXPRESSION ÉCRITE

29 Choisir le bon niveau de langue

À quoi reconnaît-on le langage familier ou vulgaire ?

- On reconnaît le langage familier ou vulgaire aux caractéristiques suivantes :
  - un **vocabulaire pauvre**, limité ou déformé ;
  - des phrases construites de manière **peu élaborée**, voire incorrecte ;
  - l'emploi dominant du **présent**.

  J'le kiffe pas ! – C'est quoi l'embrouille ? – Il a piqué ma bagnole !

★ 1 À quel niveau de langage appartient ce texte ? Coche la bonne réponse.

> Cruift file le long de la touche, feinte un adversaire, shoote dans la foulée sur l'avant-centre qui contrôle impec de la tête, reprend du pied gauche et marque. Un à zéro après sept minutes de jeu ! C'est pas pour rire ! Ce sont des artistes, ces mecs. Je rigole doucement en plus parce que Franck, il est pas jouasse du tout.
>
> Patrick Cauvin, *Monsieur Papa* © Éditions Jean-Claude Lattès, 1976.

❏ soutenu ❏ courant ☒ familier

SCORE 1 / 1

COUP DE POUCE
Pour répondre, regarde bien la construction des phrases et le vocabulaire utilisé.

★★ 2 Les phrases suivantes, extraites du texte, sont mal construites. Corrige les erreurs, en conservant le même vocabulaire.

1. C'est pas pour rire ! → ....
2. Ce sont des artistes ces mecs. → ....
3. Je rigole doucement en plus parce que Franck, il est pas jouasse du tout.

→ ....

SCORE .... / 3

INFO
On appelle syntaxe ce qui concerne l'ordre des mots, la construction des phrases...

Quelles sont les caractéristiques du langage courant et du langage soutenu ?

- Les caractéristiques du **langage courant** : un vocabulaire commun ; une syntaxe simple, mais correcte ; l'emploi des temps les plus fréquents (pas de passé simple...).

  Je ne l'aime pas ! – Quel est le problème ? – Il a volé ma voiture !

- Les caractéristiques du **langage soutenu** : un vocabulaire recherché ; une syntaxe complexe ; un emploi de tous les modes et temps.

  Je ne l'apprécie guère ! – Quelle est la difficulté ? – Il a dérobé mon véhicule !

★★ 3 Dans le texte de l'exercice 1, relève trois mots qui appartiennent au langage familier. Propose, pour chacun, un synonyme appartenant au langage courant ou soutenu.

1. jouasse → joyeux
2. impec → impécable
3. feinte → driblé

SCORE .... / 6

ATTENTION
Le verbe feinter, employé dans un contexte sportif comme ici, n'appartient pas au langage familier.

4 Pour chacun des synonymes suivants du mot *mec*, indique s'il appartient au langage soutenu (S), courant (C), ou familier (F).

1. gars → (F) • **2.** type → (C) • **3.** homme → (C) • **4.** individu → (S) • **5.** personne → (C) • **6.** bonhomme → (F) • **7.** bougre → (S)

SCORE .... / 7

5 L'expression *rigoler doucement* évoque l'idée de moquerie.
Relie chacun de ces mots synonymes au niveau de langue auquel il appartient.

se moquer •	• familier
se gausser •	• courant
se ficher •	• soutenu

SCORE .... / 3

6 Réécris le texte de l'exercice 1 dans un langage plus soutenu en utilisant les mots de la liste suivante : joueurs – plaisanter – courir – impeccablement – faire rire – content – excellents – tirer.

....

SCORE .... / 8

7 Complète le tableau suivant.

Langage familier	Langage courant	Langage soutenu
piquer	voler	dérober
fringue	vétements	habits
bagnole	voiture	automobile
bouffer	manger	se repètre

SCORE .... / 8

COUP DE POUCE
Quatre mots appartiennent à un niveau de langue familier.

INFO
Le langage familier relève de la langue orale ; le langage soutenu, de la langue écrite.
Le langage courant est utilisé dans les deux langues.

COUP DE POUCE
Un des mots à trouver appartient à la famille de *restaurant*.

Corrigés p. 51

TOTAL .... / 36

LECTURE ET EXPRESSION ÉCRITE

30 Utiliser le temps du passé qui convient

Quels sont les deux principaux temps du passé utilisés dans un récit ?

- Dans un récit au passé, on utilise traditionnellement le **passé simple** et l'**imparfait**.

> Lorsque le prince **s'approcha** de la haie d'épines, il **vit** de magnifiques fleurs qui **s'écartaient** d'elles-mêmes sur son passage et lui **laissaient** le chemin.
>
> Les frères Grimm, « La Belle au bois dormant », *in Contes merveilleux*, 1697.

★ 1 **Lis cet extrait de *La Belle au bois dormant*. Souligne en bleu les verbes conjugués à l'imparfait et en rouge les verbes conjugués au passé simple.**

> Lorsque le prince s'approcha de la haie d'épines, il vit de magnifiques fleurs qui s'écartaient d'elles-mêmes sur son passage et lui laissaient le chemin. Derrière lui, elles reformaient une haie. Dans le château, il vit les chevaux et les chiens de chasse qui dormaient. Sur le toit, les pigeons se tenaient la tête sous l'aile. Et, lorsqu'il pénétra dans le palais, il vit les mouches qui dormaient contre le mur. En haut, sur les marches du trône, le roi et la reine étaient endormis. Le prince poursuivit son chemin, et le silence était si profond qu'il entendait son propre souffle. Enfin, il arriva à la tour et poussa la porte de la petite chambre où dormait la belle.

D'après Les frères Grimm, « La Belle au bois dormant », *in Contes merveilleux*, 1697.

SCORE ..../ 18

Quelle différence y a-t-il entre l'imparfait et le passé simple ?

- L'**imparfait** est le **temps de la description**, de l'explication : il permet de décrire le décor, d'expliquer les impressions, les sentiments.
- Le **passé simple** est le **temps de la narration** : il permet de rapporter les actions qui font progresser l'histoire, les actions de premier plan.

★★ 2 **Lis ce passage et coche les verbes qui conviennent.**

Je ❑ marchai ☒ marchais depuis près d'une demi-heure dans la campagne, lorsque ☒ j'aperçus ❑ j'apercevais, au détour du chemin, une bâtisse isolée. Un calme étrange ☒ se dégagea ❑ se dégageait de l'endroit.
Une envie irrésistible de jouer les Sherlock Holmes me ☒ saisit ❑ saisissait.
Je ❑ m'approchai ☒ m'approchais de la maison, ❑ traversai ☒ traversais rapidement le jardin et ❑ m'adossai ☒ m'adossais contre un mur, tout près d'une fenêtre. Le cœur battant, je ❑ scrutai ☒ scrutais quelques secondes à l'intérieur.
Derrière le voile blanc des rideaux, je ☒ découvris ❑ découvrais un spectacle terrifiant : au centre de la pièce, un cadavre de chat ❑ baigna ☒ baignait dans une mare de sang.

COUP DE POUCE
Vérifie que tu as mis trois verbes à l'imparfait.

SCORE ..../ 10

3 Les actions de premier plan

Dans l'extrait de *La Belle au bois dormant*, le fils du roi fait les actions de premier plan.

a. Relève, dans l'ordre, tous les verbes qui relatent ces actions.

s'approcha, vit, s'écartaient, laissaient, reformaient, pénétra, étaient, arriva et dormaient

b. À quel temps sont ces verbes ?

passé simple

SCORE .... / 6

ATTENTION
Il y a seulement cinq verbes d'action.

FRANÇAIS

4 Les actions d'arrière-plan

À travers le regard du fils du roi apparaissent les différents éléments du décor.

a. Quels sont les cinq éléments du décor plongés dans le sommeil ?

b. À quel temps sont les verbes décrivant ces éléments ?

SCORE .... / 6

COUP DE POUCE
Demande-toi ce que font les fleurs : dorment-elles ?

5 Comme tout le monde, tu connais la suite de cette histoire : le baiser du prince réveille la Belle au bois dormant, ainsi que toute la Cour. Et si le baiser du prince ne réveillait pas la Belle, quelle fin imaginerais-tu alors ?

Écris, au brouillon, une autre fin à cette histoire en utilisant l'imparfait et le passé simple.

COUP DE POUCE
Pour t'aider à trouver des idées, réponds à ces questions : que fait le prince ? Trouve-t-il un autre moyen pour réveiller la Belle ou abandonne-t-il ? De nouveaux personnages apparaissent-ils ? Le décor reste-t-il le même ? La fin du récit est-elle heureuse ?

Corrigés p. 51

TOTAL .... / 40

31 Écrire un récit

Quelles sont les caractéristiques du récit ?

- Écrire un **texte narratif**, c'est raconter une **suite d'événements réels ou imaginaires** formant une histoire cohérente que l'on appelle un **récit**.
- Un récit **raconte l'histoire** de **personnages** qui agissent, au gré de circonstances favorables ou défavorables, pour atteindre des **objectifs**. Le personnage principal est le **héros**.
- On trouve des textes narratifs dans tous les genres d'écrits : romans, contes, nouvelles, lettres... Les buts d'une narration sont variés : amuser, surprendre, inquiéter, transmettre une leçon, donner une image du monde ou de la vie...

★ 1 Lis le texte puis réponds aux questions.

COUP DE POUCE
Le héros est le personnage présent tout au long de l'histoire.

Assise à côté de sa sœur sur le talus, Alice commençait à être fatiguée de n'avoir rien à faire. Une fois ou deux, elle avait jeté un coup d'œil sur le livre que lisait sa sœur ; mais il n'y avait dans ce livre ni images ni dialogues. Elle était donc en train de se demander si le plaisir de tresser une guirlande de pâquerettes valait la peine de se lever pour aller cueillir les pâquerettes, quand soudain un lapin blanc aux yeux roses vint à passer auprès d'elle en courant.

Il n'y avait là rien de particulièrement remarquable pourtant, quand le lapin s'avisa de tirer de son gousset une montre, de consulter cette montre, puis de se remettre à courir de plus belle, Alice se dressa d'un bond. Brûlant de curiosité, elle s'élança à travers champs à la poursuite de l'animal et elle eut la chance de le voir s'engouffrer dans un large terrier qui s'ouvrait sous la haie. Un instant plus tard, elle s'y enfonçait à son tour, sans du tout s'inquiéter de savoir comment elle en pourrait ressortir. Le terrier était creusé d'abord horizontalement comme un tunnel, puis il présentait une pente si brusque et si raide qu'Alice n'eut même pas le temps de songer à s'arrêter avant de se sentir tomber dans ce qui semblait être un puits très profond.

D'après Lewis Carroll, *Les Aventures d'Alice au pays des Merveilles* traduit de l'anglais par Henri Parisot, © Flammarion, 2000.

1. Où les événements racontés dans ce texte se déroulent-ils ?

....

....

2. Quels sont les personnages évoqués ? ....

....

3. Qui est le héros ?

....

SCORE ..../ 3

Comment un récit s'organise-t-il ?

- Un texte narratif s'organise en cinq étapes :
  – la **situation initiale**, qui présente les personnages, définit un cadre (temps, espace…) ;
  – l'**élément perturbateur**, fait ou action qui permet à l'action de démarrer ;
  – les **péripéties**, suite de rebondissements ou d'actions qui s'enchaînent ;
  – le **dénouement**, dernier événement qui permet à l'action de s'achever, à l'intrigue de se « dénouer » ;
  – la **situation finale**, sorte de conclusion, état des personnages à la fin de l'histoire.

FRANÇAIS

2 **1. À partir du texte de l'exercice 1, résume la situation initiale.**

....

....

2. À ton avis, quel est l'élément perturbateur ?

....

....

SCORE .... / 2

INFO
L'élément déclencheur met fin à la situation initiale.

3 **Écris une péripétie qui met en scène Alice. Utilise les mots clés ci-dessous pour construire ton texte :** soif – flacon – boire – changer de taille.

....

....

....

....

....

....

....

....

SCORE .... / 5

COUP DE POUCE
La péripétie fait rebondir l'action. Utilise des verbes qui vont la rendre vivante.

4 **Alice est tombée dans un puits profond qui lui a fait découvrir le pays des Merveilles. Pourra-t-elle quitter ce pays et retrouver sa sœur ? Imagine un dénouement et une fin à cette histoire.**

....

....

....

....

....

....

....

....

COUP DE POUCE
La fin de l'histoire peut se dérouler dans le monde réel ou dans le monde imaginaire.

Corrigés p. 52

TOTAL .... / 10

30 verbes modèles pour conjuguer sans faute

	Indicatif					Subjonctif
	présent	**futur**	**imparfait**	**passé simple**	**passé composé**	**présent**
avoir	j'ai il a ils ont	j'aurai il aura ils auront	j'avais il avait ils avaient	j'eus il eut ils eurent	j'ai eu il a eu ils ont eu	que j'aie qu'il ait qu'ils aient
être	je suis il est ils sont	je serai il sera ils seront	j'étais il était ils étaient	je fus il fut ils furent	j'ai été il a été ils ont été	que je sois qu'il soit qu'ils soient
aimer	j'aime il aime ils aiment	j'aimerai il aimera ils aimeront	j'aimais il aimait ils aimaient	j'aimai il aima ils aimèrent	j'ai aimé il a aimé ils ont aimé	que j'aime qu'il aime qu'ils aiment
lancer	il lance nous lançons	il lancera	il lançait	il lança	il a lancé	qu'il lance
manger	il mange nous mangeons	il mangera	il mangeait	il mangea	il a mangé	qu'il mange
appeler	il appelle	il appellera	il appelait	il appela	il a appelé	qu'il appelle
geler	il gèle	il gèlera	il gelait	il gela	il a gelé	qu'il gèle
jeter	il jette	il jettera	il jetait	il jeta	il a jeté	qu'il jette
acheter	il achète	il achètera	il achetait	il acheta	il a acheté	qu'il achète
essuyer	il essuie nous essuyons	il essuiera	il essuyait	il essuya	il a essuyé	qu'il essuie
envoyer	il envoie	il enverra	il envoyait	il envoya	il a envoyé	qu'il envoie
aller	je vais il va	j'irai il ira	j'allais il allait	j'allai il alla	je suis allé il est allé	que j'aille qu'il aille
finir	je finis il finit ils finissent	je finirai il finira ils finiront	je finissais il finissait ils finissaient	je finis il finit ils finirent	j'ai fini il a fini ils ont fini	que je finisse qu'il finisse qu'ils finissent
partir	je pars il part	je partirai il partira	je partais il partait	je partis il partit	je suis parti il est parti	que je parte qu'il parte
venir	il vient	il viendra	il venait	il vint	il est venu	qu'il vienne
courir	il court	il courra	il courait	il courut	il a couru	qu'il coure
cueillir	il cueille	il cueillera	il cueillait	il cueillit	il a cueilli	qu'il cueille
voir	il voit	il verra	il voyait	il vit	il a vu	qu'il voie
devoir	il doit	il devra	il devait	il dut	il a dû	qu'il doive
pouvoir	je peux il peut	il pourra	il pouvait	il put	il a pu	qu'il puisse
savoir	il sait	il saura	il savait	il sut	il a su	qu'il sache
s'asseoir	il s'assied/ il s'assoit	il s'assiéra/ il s'assoira	il s'asseyait	il s'assit	il s'est assis	qu'il s'asseye/ qu'il s'assoie
croire	il croit	il croira	il croyait	il crut	il a cru	qu'il croie
dire	il dit vous dites	il dira	il disait	il dit	il a dit	qu'il dise
faire	il fait vous faites	il fera	il faisait	il fit	il a fait	qu'il fasse
vivre	il vit	il vivra	il vivait	il vit	il a vécu	qu'il vive
prendre	je prends il prend	il prendra	il prenait	il prit	il a pris	qu'il prenne
peindre	il peint	il peindra	il peignait	il peignit	il a peint	qu'il peigne
résoudre	il résout	il résoudra	il résolvait	il résolut	il a résolu	qu'il résolve
mettre	je mets il met	il mettra	il mettait	il mit	il a mis	qu'il mette

Corrigés

1 Utiliser des déterminants

1 **1.** Ils adorent manger de la *glace*.
→ Ils adorent manger des gâteaux.
2. As-tu reçu des *cadeaux* pour ta fête ?
→ As-tu reçu de l'argent pour ta fête ?
3. Elle joue à la *marelle*. → Elle joue aux cartes.

2 Pendant que la voiture ronflait, Adèle cherchait sur son GPS un itinéraire pour le voyage qu'elle avait en tête. Mais où se trouvait cette ville ? Avant ou après la traversée de la Loire ?

EXPLICATION
Dans certaines expressions comme « avoir quelque chose en tête », le nom *tête* n'est pas précédé par un déterminant, mais seulement par la préposition *en*.

3 Un jour, apercevant le roi et sa fille dans leur carrosse, le chat se précipite vers le fils du meunier.
— Déshabillez-vous, mon maître ! Plongez dans la rivière qui longe la route, et laissez-moi faire !

EXPLICATION
Cet extrait évoque des personnages et des lieux précis, d'où une majorité d'articles définis.

2 Employer des pronoms personnels

1 **a.** « S'il tombait une vieille étoile au fond du jardin, me dit Patachou, elle serait à moi.
– Tu me la donnerais ?
– Volontiers, mais qu'en ferais-tu ?
– Je la ramasserais.
– Tu te brûlerais. »

EXPLICATION
Il tombait est une tournure impersonnelle : le pronom *il* ne désigne aucune chose ni aucune personne précises.

b. elle, la, en.
c. me, moi, tu, je, te.

2 **1.** Mon ami et moi sommes allés au cinéma.
→ Nous sommes allés au cinéma (sujet).
2. Ils ont fait la publicité de ce nouveau produit.
→ Ils en ont fait la publicité (COI).
3. Quand pensez-vous revoir cet ami ?
→ Quand pensez-vous le revoir ? (COD)
4. Le Louvre propose un tarif réduit à ses adhérents.
→ Le Louvre leur propose un tarif réduit (COS).

EXPLICATION
Les pronoms ont la même fonction grammaticale que les groupes de mots qu'ils remplacent.

3 Reconnaître un adjectif qualificatif

1 complet → autobus
long → cou
mou → feutre
entouré → feutre
tressé → galon

2 **1.** un plat *qui met en appétit* → appétissant
2. une revue *qui paraît toutes les semaines*
→ hebdomadaire
3. une silhouette *de femme* → féminine
4. un enfant *qui n'a pas de parents* → orphelin

3 Derrière nous, une forme *humaine* (épithète) était *allongée* (attribut), *drapée* (attribut) dans une *longue* (épithète) robe *blanchie* (épithète) par la poussière. […] Le long des murs, une rangée de statues qui semblaient dormir, *couchées* (épithète) sur de *lourds* (épithète) cercueils de pierre.

EXPLICATION
Plusieurs adjectifs placés avant ou après le nom peuvent être épithètes de ce même nom ; ici, *robe* a deux adjectifs épithètes (*longue* et *blanchie*).

4 allongée, drapée, blanchie, couchées

EXPLICATION
Certains verbes ont un participe passé qui peut être utilisé comme adjectif. Exemple : *blanchir*. On peut *blanchir* une robe (action du verbe) et la robe est *blanchie* (qualification de la couleur de la robe).

4 Identifier la fonction sujet

1 **1.** *Mes amis et moi* (nous) avons décidé de partir en camping. • **2.** *Paul et sa sœur* (ils) apporteront une tente, *Jeanne et toi* (vous) achèterez des provisions. • **3.** *Adèle et Louise* (elles) prépareront l'itinéraire et *Adrien* (il) louera une voiture.

EXPLICATION
Si le sujet est constitué de plusieurs noms de genres différents, le masculin l'emporte et le pronom est pluriel : *Paul et sa sœur* → *ils*.

2 **1.** Nous *avons vu* ce film en avant-première. • **2.** *Peux*-tu me prêter ton stylo ? • **3.** Lucie *ouvrit* la boîte aux lettres, *prit* la lettre et la *décacheta*. • **4.** Souffler *n'est* pas jouer. • **5.** Quand *se présente* un client, soyez aimable, je vous prie.

	Classe grammaticale du sujet			Place du sujet	
	nom ou GN	pronom	infinitif	avant le verbe	après le verbe
1.		X		X	
2.		X			X
3.	X			X	
4.			X	X	
5.	X				X

EXPLICATION
Le sujet est généralement placé avant le verbe ; il se trouve après le verbe dans les phrases interrogatives (*phrase 2*), mais pas seulement (*phrase 5*, sujet inversé).

3 **1.** À côté de nous ☐ flambaient ☒ flambait l'énorme cheminée où, par grand froid, ☒ se consumaient ☐ se consumait des troncs d'arbres entiers. • **2.** L'herbe sombre et une double ligne d'arbres ☐ délimite ☒ délimitent le bord de la rivière.

5 Identifier la fonction attribut du sujet

1 **1.** Si son habit était <u>fané</u>, sa figure était <u>fraîche</u>, et, d'ailleurs, cette mise paraissait <u>la plus éblouissante du monde</u> au jeune baron de Sigognac. • **2.** Le Tranche-montagne, lui, était <u>maigre</u>, <u>hâve</u>, <u>noir</u> et <u>sec</u> comme un pendu d'été. Sa peau semblait <u>un parchemin collé sur des os</u>.

2

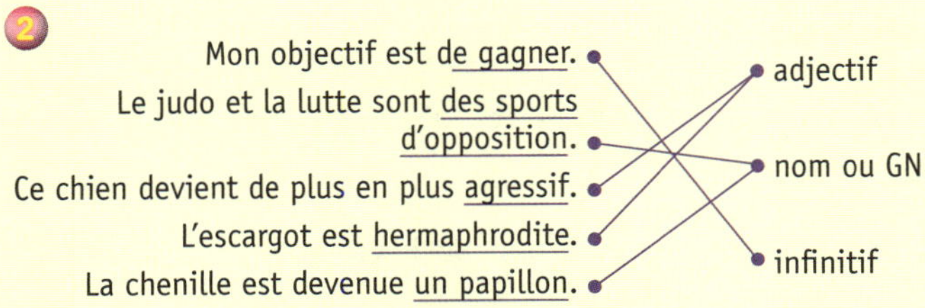

EXPLICATION
Lorsque l'attribut du sujet est un adjectif, il s'accorde avec le sujet : *chien ... agressif* ; dans les autres cas, il n'y a pas d'accord, on peut, par exemple, qualifier un sujet au masculin par un attribut au féminin : *une chenille... un papillon*.

3 **1.** Avec cette nouvelle coiffure, elle se trouve plus séduisante. (Att. – COD) • **2.** Le résultat de cette opération semble faux. (Att. – COD) • **3.** Chaque automne, mon grand-père trouve de magnifiques champignons. (Att. – COD) • **4.** Ils sont tombés amoureux au premier regard. (Att. – COD)

EXPLICATION
Trouver est un verbe transitif suivi d'un COD (*de magnifiques champignons*) ; *se trouver* est un verbe pronominal qui « attribue » la qualité *séduisante* au sujet *elle*.

6 Reconnaître un complément du verbe

1 **a.** Alors vous imaginez <u>ma surprise</u>, au lever du jour, quand une drôle de petite voix <u>m'</u>a réveillé. Elle disait :
— S'il vous plaît... dessine-moi <u>un mouton</u> !
J'ai bien frotté <u>mes yeux</u>. J'ai bien regardé. Et j'ai vu <u>un petit bonhomme tout à fait extraordinaire</u> qui <u>me</u> considérait gravement.
b. Voir ci-dessus (pronoms soulignés en bleu).

EXPLICATION
On dit *réveiller quelqu'un*, *considérer quelqu'un* : m' et me sont bien COD. Ils sont placés avant le verbe.

2 **1.** Le renard trompe le corbeau. • **2.** Gutenberg a inventé l'imprimerie. • **3.** Il ne faut pas mettre la charrue avant les bœufs. • **4.** Parmentier introduisit en France la pomme de terre. • **5.** Qui veut voyager loin ménage sa monture.

3 **1.** obéir à • **2.** appartenir à • **3.** accéder à • **4.** se nourrir de • **5.** s'apercevoir de • **6.** se décider à

4 **1.** Les hiboux se nourrissent <u>de rongeurs</u>. • **2.** La grenouille appartient <u>à la classe des batraciens</u>. • **3.** C'est décidé : je m'arrête <u>de fumer</u>. • **4.** Ce chien n'obéit plus <u>à son maître</u>.

7 Identifier la fonction complément circonstanciel

1 La barque dévalait à grand bruit (CC), fendait l'écume (CO), montait sur la vague (CC), se balançait quelques instants (CC), ouvrait ses ailes brunes (CO) et disparaissait dans la nuit (CC).

EXPLICATION
Les CC apportent des précisions sur l'action du verbe, mais ils ne sont pas indispensables dans la phrase, contrairement aux CO.

2 **1.** Il joue au loto <u>toutes les semaines</u>.
question : quand ? CC de temps.
2. Il entre <u>sans faire de bruit</u>.
question : comment ? CC de manière.
3. Il ouvre <u>avec sa clé</u>.
question : avec quoi ? CC de moyen.

3 **1.** Tiens-toi bien ! Mange avec ta fourchette. (CC Mo) • **2.** Avec toute cette pollution, on respire difficilement. (CC Ma) • **3.** Il faut prendre la vie du bon côté. (CC Ma) • **4.** Paul s'est acheté un livre avec son argent de poche. (CC Mo)

EXPLICATION
Le CC introduit par la préposition *avec* indique le moyen lorsqu'il a le sens de « avec quoi ? à l'aide de quoi ? » (1, 4) ou la manière lorsqu'il a le sens de « comment ? » (5).

8 Reconnaître le type d'une phrase

1 Elle s'appelait Mme Henri d'Hubières. (D) Un matin, en arrivant, elle pénétra dans la demeure des paysans. (D)
— Mes braves gens, je viens vous trouver parce que je voudrais bien... je voudrais bien emmener avec moi votre... votre petit garçon... (D)
Elle reprit haleine et continua. (D)
— Nous n'avons pas d'enfants ; nous sommes seuls, mon mari et moi... (D) Nous le garderions... voulez-vous ? (IN)
— Vous voulez nous prend'e Charlot ? (IN) Ah ! mais non ; c'est pas des choses qu'on d'mande à une mère çà ! (E) Allez-vous-en ! (IM)

EXPLICATION
Dans un dialogue, le verbe qui suit ou précède la réplique (*demander, ordonner, dire, admettre, s'exclamer...*) peut t'informer sur le type de la phrase et l'intonation à donner à la lecture.

2 **1.** Je n'arrive pas à croire que tu sois venu ! (surprise) • **2.** Il a menacé de tout révéler ! (frayeur) • **3.** J'ai gagné un voyage en Italie ! (joie) • **4.** Je ne peux plus supporter tes retards ! (colère)

9 Reconnaître une phrase complexe

1 Mon père, qui s'appelait Joseph, était alors un jeune homme brun, de taille médiocre, sans être petit./ [...] *Il rencontra un dimanche une petite couturière brune qui s'appelait Augustine, et il la trouva si jolie qu'il l'épousa aussitôt.*/ Je n'ai jamais su comment ils s'étaient connus, car on ne parlait pas de ces choses-là à la maison./ [...] Ils étaient mon père et ma mère, de toute éternité et pour toujours.

2 Il rencontra un dimanche une petite couturière brune. Elle s'appelait Augustine. Il la trouva jolie. Il l'épousa aussitôt.

EXPLICATION
La transformation nécessite de rajouter certains mots, notamment des pronoms sujets.

3 **1.** C'est bientôt le printemps et la nature renaît. (C) • **2.** L'hiver prive parfois les oiseaux de nourriture, il faut penser à leur installer des mangeoires. (J) • **3.** Les inondations et la sécheresse sont des phénomènes naturels qui sont redoutés par les agriculteurs. (S)

EXPLICATION
Les conjonctions de subordination et les pronoms relatifs introduisent des propositions subordonnées qui sont dépendantes d'une proposition dite « principale ».

10 Conjuguer au présent un verbe du 1er ou du 2e groupe

1 ~~servir~~ – ~~découvrir~~ – trahir – ~~devenir~~ – grossir – mincir – ~~sentir~~ – vomir – choisir – ~~mentir~~.

2 **1.** cache (cacher), apprivoiser, risque (risquer), garde (garder), se moque (se moquer), refuse (refuser), arrêtera (arrêter). • **2.** arrêtera. • **3.** réussit (réussir).

EXPLICATION
- Le verbe *arrêter* est au futur.
- Au participe présent, on dit *réussissant* : *réussir* est donc bien un verbe du 2e groupe.

3 **1.** appeler (il) : il appelle
2. balayer (nous) : nous balayons
3. remplir (tu) : tu remplis
4. jeter (vous) : vous jetez
5. trier (tu) : tu tries
6. appuyer (tu) : tu appuies

EXPLICATION
Quand tu conjugues un verbe en -uyer ou -oyer, n'oublie pas de changer le y en i devant le e muet : *il emploie.*

11 Conjuguer au présent un verbe du 3e groupe

1

1er groupe	2e groupe	3e groupe
confier – tirer – tanguer	se blottir	prendre – aller – connaître – conduire – vêtir

EXPLICATION
- Le verbe *aller* est du 3e groupe car il est irrégulier.
- Les verbes du 2e groupe forment leur participe présent en *-issant*, ceux du 3e groupe dont l'infinitif se termine par *-ir* forment leur participe présent en *-ant* (*vêtir* → *vêtant*).

2 **1.** il croît : croître
2. ils vont : aller
3. tu redis : redire
4. nous battons : battre
5. elles surprennent : surprendre
6. il croit : croire

EXPLICATION
Pour trouver l'infinitif d'un verbe, utilise l'expression *en train de*. *Ils vont* → *ils sont en train d'aller.*

3 **1.** Aux Jeux olympiques, les athlètes viennent de tous les pays. • **2.** Les coureurs doivent se placer sur les starting-blocks avant le départ. • **3.** Il ne sait pas s'il a gagné, il attend le résultat final. • **4.** Nous prenons en photo le podium des vainqueurs. • **5.** Pour lutter contre le dopage, ils font des contrôles fréquents.

EXPLICATION
Devoir et *savoir* ne sont pas de la famille de *voir* et ne se conjuguent pas de la même façon.

12 Conjuguer un verbe au futur simple

1 **1.** s'apitoyer : nous nous ☐ apitoirons ☒ apitoierons ☐ apitoyerons.
2. secourir : il ☐ secouera ☐ secourira ☒ secourra.
3. voir : tu ☒ verras ☐ voiras ☐ voieras.
4. avouer : vous ☐ avourrez ☒ avouerez ☐ avourez.

EXPLICATION
Secouera est le futur du verbe *secouer* et non du verbe *secourir.*

2 Au printemps, quand les neiges fondront dans les Alpes, d'autres eaux apparaîtront. Les digues craqueront sous leur poids et de nouveau les prairies à perte de vue ne formeront qu'un seul étang. Mais, en été, sous la chaleur torride, la rivière s'évaporera.

3 **1.** Nous courrons plus vite au championnat. • **2.** J'espère qu'à l'avenir les usines ne rejetteront plus leurs déchets dans les rivières. • **3.** Au petit matin, le jardinier cueillera les fleurs encore fraîches. • **4.** Rira bien qui rira le dernier.

EXPLICATION
Rejeter est un dérivé du verbe *jeter* : il se conjugue donc de la même façon.

4 **1.** construire : tu construiras.
2. essuyer : tu essuieras.
3. peler : tu pèleras.
4. secouer : tu secoueras.
5. publier : tu publieras.
6. racheter : tu rachèteras.

13 Conjuguer un verbe à l'imparfait

1 C'était midi. Les voyageurs montaient dans l'autobus.
On était serré. Un jeune monsieur portait sur sa tête un chapeau qui était entouré d'une tresse et non d'un ruban. Il avait un long cou. Il se plaignait auprès de son voisin des heurts que ce dernier lui infligeait.
Dès qu'il apercevait une place libre, il se précipitait vers elle et s'y asseyait.
Je l'apercevais plus tard, devant la gare Saint-Lazare.

EXPLICATION
Le verbe *s'asseoir* peut se conjuguer *s'asseyait* ou *s'assoyait* à l'imparfait.

2 **1.** copier (vous) : vous copiez, vous copiiez.
2. griller (nous) : nous grillons, nous grillions.
3. soigner (vous) : vous soignez, vous soigniez.
4. envoyer (vous) : vous envoyez, vous envoyiez.

EXPLICATION
La prononciation au présent et à l'imparfait est presque semblable, mais la différence existe à l'écrit.

3 **1.** Tu m'agaçais tout le temps.
2. Je déménageais souvent.
3. Il distinguait mal les couleurs.

EXPLICATION
Les verbes en *-cer* prennent une cédille devant le *a* (1). Les verbes en *-ger* prennent un *e* devant le *a* (2).

4 **1.** Molière est mort depuis plus de trois siècles. • **2.** Il écrivait des comédies pour le roi Louis XIV. • **3.** Tout le monde ne les appréciait pas. • **4.** Depuis longtemps, ses œuvres sont au programme du collège.

EXPLICATION
Lorsqu'on évoque des faits qui ont commencé dans le passé mais qui durent encore, on utilise le présent.

14 Conjuguer un verbe au passé simple

1 **1.** riche : enrichir 1re pers. du singulier : j'enrichis
2. vieux : vieillir 3e pers. du singulier : il vieillit
3. doux : adoucir 3e pers. du pluriel : ils adoucirent

EXPLICATION
Pour les verbes *enrichir* et *adoucir*, tu aurais pu aussi choisir de former des verbes pronominaux : *je m'enrichis, ils s'adoucirent.*

2 mentirent – ~~viens~~ – dit – voulus – ~~lis~~ – vendirent – ~~disent~~ – lus – dirent

EXPLICATION
Le verbe *dire* prend la même forme à la 3e personne du singulier du présent et du passé simple : *il dit.*

3

	2e pers. du singulier	3e pers. du singulier	3e pers. du pluriel
boire	tu bus	il but	ils burent
changer	tu changeas	il changea	ils changèrent
joindre	tu joignis	il joignit	ils joignirent
devenir	tu devins	il devint	ils devinrent

4 Nous marchions dans le parc, quand un énorme chien surgit. Il avait l'air méchant. Finalement, il s'éloigna. Mon cœur battait à tout rompre.

EXPLICATION
On utilise le passé simple pour rapporter des actions ponctuelles et qui forment le premier plan du récit ; l'imparfait permet de décrire l'arrière-plan du récit ou de rapporter des actions habituelles, répétitives.

15 Conjuguer un verbe au passé composé et au plus-que-parfait

1 J'ai lu sur Internet que 35 % des Français ne lisaient jamais aucun livre : je n'y ai pas cru.

2 **1.** rigoler : il a rigolé
2. offrir : il a offert
3. rejoindre : il a rejoint
4. rentrer : il est rentré
5. savoir : il a su
6. permettre : elle a permis
7. boire : elle a bu
8. mourir : elle est morte
9. apprendre : elle a appris
10. peindre : elle a peint

EXPLICATION
Pour trouver la lettre finale du participe passé, mets-le au féminin, puis enlève le *e* : *offerte* → *offert* ; *permise* → *permis*...

3 M. des Lourdines s'était baissé et avait ramassé un cèpe magnifique. Il avait retourné le champignon, l'avait examiné,

l'avait senti, avait chassé la terre qui y avait adhéré et l'avait glissé dans un sac.

EXPLICATION
On dit *il s'était baissé* (voix pronominale) mais *il avait baissé quelque chose* ; tous les verbes pronominaux forment leurs temps composés avec l'auxiliaire *être*.

4 **1.** Les étudiants ont réussi leurs examens.
2. J'avais serré cet écrou au maximum.
3. Le maître a félicité ses élèves.
4. Il est parti très tôt ce matin.
5. Les randonneurs avaient fait une pause dans un refuge.

16 Conjuguer un verbe à l'impératif présent

1 **1.** Ouvre ton livre.
→ Ouvrez votre (vos) livre(s). → O
2. Ne cours pas dans les escaliers !
→ Ne courez pas dans les escaliers ! → I
3. Tiens-toi bien, cela vaudra mieux.
→ Tenez-vous bien, cela vaudra mieux. → C

EXPLICATION
La 2e personne du pluriel indique que l'on s'adresse soit à plusieurs personnes, soit à une personne que l'on vouvoie.

2 **Moelleux au chocolat**
Faites fondre le chocolat avec le beurre. Mélangez avec le sucre et la farine. Battez bien avant de poursuivre. Incorporez les œufs. Remuez vigoureusement le tout. Versez dans un moule. Faites cuire 8 minutes au four préchauffé à 180 °C. Servez le moelleux accompagné d'une boule de glace vanille.

EXPLICATION
Attention au verbe *faire* qui a une conjugaison irrégulière : *fais, faisons, faites.*

3 **1.** Réfléchis-y. • **2.** Retournes-y. • **3.** Essuie-la. • **4.** Attends-le.

17 Conjuguer un verbe au conditionnel présent

1 **1.** J'aimerais savoir jouer au tennis. • **2.** Vous pourriez passer ce soir ? • **3.** Je me plairais certainement ici. • **4.** Tu devrais relire ce livre.

2 Sonia fermerait les volets et, comme à l'habitude, le couinement des charnières alerterait le chat. Il sauterait d'un bond sur l'étagère, puis il essaierait de se glisser entre les battants. Sonia le saisirait vivement par le train arrière. Il tournerait la tête, miaulerait de colère en découvrant ses dents.

EXPLICATION
Le verbe *essayer* (comme tous les verbes en *-ayer*) peut soit changer le *y* en *i* devant le *e* muet, soit garder le *y* : *il essaierait/essayerait.*

3 **1.** Je reviendrai bientôt • **2.** Si je le pouvais, je changerais de vie. • **3.** Si tu veux rester en forme, tu devras faire du sport. • **4.** Merci de tes conseils, j'en tiendrai compte.

EXPLICATION
Dans une proposition subordonnée au présent introduite par si, le verbe de la principale est au futur (*devras*).

18 Accorder un adjectif

1 Mais la dernière vitrine surtout les retint. Une exposition de soies, de satins et de velours y épanouissait, dans une gamme souple et vibrante, les tons les plus délicats des fleurs : au sommet, les velours, d'un noir profond, d'un blanc de lait caillé ; plus bas, les satins, les roses, les bleus, aux cassures vives, se décolorant en pâleurs d'une tendresse infinie.

2 **1.** Ma voiture neuve est déjà en panne. • **2.** Quoi de neuf ? • **3.** Il a des chaussures neuves mais il préfère mettre les vieilles. • **4.** As-tu pensé à acheter une chemise et un pantalon neufs ? • **5.** Est-ce que cette scie électrique et cette perceuse sont neuves ?

EXPLICATION
Lorsque l'adjectif s'accorde avec deux noms de genre différent, on place le nom masculin en 2e position : *une chemise et un pantalon neufs* et non *un pantalon et une chemise neufs.*

3 **1.** des bonnets de laine (bleue – bleus) • **2.** un coupon de toile (écrue – écru) • **3.** des pantalons de toile (déchirée – déchirés) • **4.** de la confiture de fraises (sucrées – sucrée) • **5.** des éclats de verre (brisés – brisé) • **6.** un tas de feuilles (mort – mortes).

EXPLICATION
Lorsque l'adjectif suit un nom déterminé par un complément du nom, l'accord se fait avec le déterminé ou le déterminant selon le sens : *un coupon de toile écrue, la toile est écrue, des pantalons de toile déchirés, les pantalons sont déchirés.*

19 Accorder le verbe avec son sujet

1 « Bien des hôtes malheureux *sont venus* ici, mais je n'en *ai* pas encore *vu* qui *ressemble* autant que toi à Ulysse, pour l'allure, la voix, les pieds. » Or, la vieille, tâtant du plat de la main, *reconnut* la cicatrice d'Ulysse au palper. La joie et la souffrance *s'emparèrent* de son esprit ; ses yeux *se remplirent* de larmes.

2

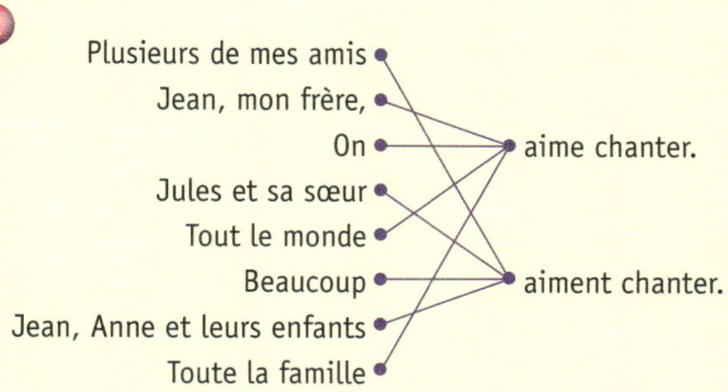

EXPLICATION
L'expression *Jean, mon frère*, ne comporte pas deux sujets mais un seul puisqu'il s'agit de la même personne.
Quand le sujet est un groupe de mots de sens collectif (*toute la famille*), le verbe se met au singulier.

3 **1.** Penses-tu pouvoir venir demain ? • **2.** Marie les attend pour dîner. • **3.** La plupart des gens pensent que tu as tort. • **4.** Ouvrir et fermer sont des verbes de sens contraire. • **5.** La tour Eiffel est un monument qu'adorent les touristes.

20 Distinguer un participe passé en -é d'un infinitif en -er

1 **1.** Cette maison est à *vendre*.
→ Cette maison est à acheter.
2. Jeanne a *perdu* ses boucles d'oreille.
→ Jeanne a retrouvé ses boucles d'oreille.
3. Il faut *ouvrir* la porte de ta chambre.
→ Il faut fermer la porte de ta chambre.
4. Je fais *refroidir* la tarte aux pommes.
→ Je fais (ré)chauffer la tarte aux pommes.

EXPLICATION
Un infinitif remplace un infinitif, un participe passé remplace un participe passé.

2 **1.** À force de (voir – *vu*) regarder des films d'horreur, il fait des cauchemars. • **2.** Ses enfants vont lui (offrir – *offert*) donner un cadeau pour sa fête. • **3.** Ce que tu fais là n'est pas (*permettre* – permis) autorisé. • **4.** C'est difficile, mais il faut (vaincre – *vaincu*) dominer ta peur. • **5.** Le bûcheron a (*abattre* – abattu) coupé ce vieil arbre.

3 « Je sais que Meaulnes est parti. Plus exactement, je le soupçonne de s'être *échappé*. Sitôt le déjeuner *terminé*, il a dû *sauter* le petit mur et *filer* à travers champs. Il aura *demandé* la jument pour *aller chercher* M. et Mme Charpentier. Il fait *atteler* en ce moment. »

EXPLICATION
Attention à ne pas confondre le verbe conjugué et l'auxiliaire de conjugaison. *Il aura demandé* : le verbe conjugué est *demander*, conjugué au futur antérieur, et non *avoir*.

21 Accorder le participe passé

1 **a.** Elle demeura saisie d'étonnement. Elle apercevait mille bibelots connus jadis, et disparus tout à coup, ces petits objets insignifiants qui avaient traîné quinze ans à côté d'elle, et qui prenaient une importance soudaine de témoins oubliés, d'amis retrouvés. Ils lui faisaient l'effet de ces gens qu'on a fréquentés pendant longtemps sans qu'ils se soient jamais révélés et qui soudain se mettent à bavarder sans fin. Elle allait de l'un à l'autre se disant : « Tiens, c'est moi qui ai fêlé cette tasse de Chine. »

EXPLICATION
Plusieurs participes passés employés comme adjectifs épithètes peuvent qualifier le même nom : *connus* et *disparus* qualifient tous deux *bibelots*.

2 **1.** traîné : pas de COD, donc pas d'accord.
2. fréquentés : COD *qu'* (mis pour *ces gens*) placé avant, donc accord avec ce COD (masculin pluriel).
3. fêlé : COD *cette tasse de Chine* placé après, donc pas d'accord.

3 Mon grand-père a fait la plus belle chose du monde : il a élevé quatre garçons et trois filles ; et il les a bien élevés.
De nombreuses personnes ont pleuré à son enterrement et son souvenir est resté vivace dans la mémoire de ceux qui l'avaient aimé.

EXPLICATION
Élevés s'accorde avec le COD *les* (mis pour *quatre garçons et trois filles*).
Aimé s'accorde avec le COD *l'* (mis pour *mon grand-père*).

22 Distinguer *ce* et *se*, *ces* et *ses*

1 **1.** Ce chaton se tenait blotti sous ce carton.
2. C'est aujourd'hui qu'il se marie.
3. Il s'entend assez bien avec ce camarade : c'est une chance !
4. Ce sera toi ou ce sera moi : c'est un choix difficile !

2 Le marquis de Carabas fit ❑ se ☒ ce que son chat lui conseillait, sans savoir à quoi cela serait bon. Pendant qu'il ☒ se ❑ ce baignait, le roi vint à passer, et le chat ☒ se ❑ ce mit à crier de toutes ☒ ses ❑ ces forces : « Au secours, au secours, voilà monsieur le marquis de Carabas qui ☒ se ❑ ce noie ! »
À ❑ se ☒ ce cri, le roi mit la tête à la portière, et reconnaissant le chat qui lui avait apporté tant de fois du gibier, il ordonna à ☒ ses ❑ ces gardes qu'on allât vite au secours de monsieur le marquis de Carabas. Pendant qu'on retirait le pauvre marquis de la rivière, le chat s'approcha du carrosse et dit au roi que, dans le temps que son maître ☒ se ❑ ce baignait, il était venu des voleurs qui avaient emporté ☒ ses ❑ ces habits, quoiqu'il eût crié au voleur de toutes ☒ ses ❑ ces forces.

EXPLICATION
• Lorsque tu hésites entre ces et ses, pose-toi la question : *est-ce que ce sont les siens, les siennes ?* Si la réponse est oui, écris ses, sinon écris ces.
• Se, pronom réfléchi, précède toujours un verbe.

23 Mettre un *s* à *leur* si nécessaire

1 Tandis que les frégates surprises dans *leur* (D) sommeil, hachées par nos boulets, pointaient *leurs* (D) pièces sur le nuage de fumée qui stagnait entre elles, se canonnant mutuellement sans s'en apercevoir, le *Walrus* passait en proue des vaisseaux, *leur* (P) déchargeait par le travers une volée des pièces du château-arrière. Nous *leur* (P) avions envoyé dans *leurs* (D) œuvres vives assez de fonte pour les rendre inoffensifs.

EXPLICATION
Le pronom personnel *leur* est généralement placé avant le verbe, comme ici. On le trouve après le verbe quand celui-ci est à l'impératif (donne-*leur*).

2 **1.** Je réponds à ☒ leur ☐ leurs courrier. • **2.** ☐ Leur ☒ Leurs amis sont charmants. • **3.** Il ☒ leur ☐ leurs a dit merci. • **4.** Il ☒ leur ☐ leurs a réparé ☒ leur ☐ leurs voiture.

3 Il était une fois un bûcheron et une bûcheronne qui avaient sept enfants, tous garçons : <u>leur</u> aîné n'avait que dix ans, et le plus jeune n'en avait que sept. Si <u>leurs</u> enfants étaient si nombreux, c'est que la femme du bûcheron allait vite en besogne, et n'en avait pas moins de deux à la fois. Ils étaient fort pauvres, et <u>leurs</u> sept enfants <u>leur</u> causaient du souci parce qu'aucun d'eux ne pouvait encore <u>leur</u> apporter de l'aide en gagnant sa vie.

24 Mettre des majuscules

1 C'est en cherchant à se rendre aux Indes par le plus court chemin possible que Christophe Colomb découvrit un nouveau continent : l'Amérique. De ce fait, il appela les habitants des îles où il accosta : les Indiens. Il prit possession de ces nouvelles terres au nom du roi d'Espagne et baptisa tout naturellement l'île principale du nom d'« Hispaniola » qui signifie « Petite Espagne ». Cette partie occidentale de l'île s'appelle aujourd'hui Haïti.

EXPLICATION
Indiens est ici le nom du peuple indien, il faut une majuscule.
Petite, dans « Petite Espagne » prend une majuscule car il s'agit de la traduction du nom propre Hispanolia.

2 (M / m)onsieur le (M / m)aire,
(J' / j')ai lu dans le magazine (B / *b*)*ien vivre au quotidien* que vous souhaitiez développer les cours de langues : « (I / i)l est important que chacun puisse découvrir une langue étrangère, l'(A / a)nglais ou le (R / r)usse, par exemple. » (L / l)es (R / r)usses de mon quartier et moi-même sommes ravis de cette initiative. (J / j)e tiens à me proposer pour animer différents ateliers : cuisine russe, chant traditionnel... ; l'idée de conférences sur des auteurs tels que (G / g)ogol ou (T / t)olstoï peut également être envisagée.
(V / v)euillez agréer, (M / m)onsieur le (M / m)aire, mes respectueuses salutations.

EXPLICATION
Peuples et langue sont souvent désignés par le même mot, comme ici *Russes* et *russe* : la majuscule est réservée au nom du peuple.
Le sens du texte nous informe sur la fonction des mots en italique et entre guillemets : un titre de magazine d'une part, et une citation d'autre part. Dans les deux cas, la majuscule est nécessaire.

25 Distinguer sens propre et sens figuré

1 **1.** La chorégraphie des deux patineurs était merveilleuse ! remarquable
2. Les bottes de sept lieues sont dotées de pouvoirs merveilleux. magique
3. Le soleil qui se reflète sur la mer crée de merveilleuses harmonies. beau

EXPLICATION
Le mot *merveilleux* désigne également un genre littéraire : les contes de fées, par exemple, appartiennent au genre merveilleux.

2

Le général a pris le commandement des opérations.	manœuvre militaire
Le travail à la chaîne est une suite d'opérations ordonnées.	action qui produit un effet
Que d'opérations à faire pour trouver le résultat du problème !	calcul
Il a subi une opération à cœur ouvert.	acte chirurgical

3 **1.** Ce plat manque de *sel* (P).
– Cette histoire manque de *sel* (F).
2. Le vent *mugit* (F) dans les arbres.
– La vache *mugit* (P) pour appeler son petit.
3. Il *brûle* (F) de partir.
– Je me *brûle* (P) la main en cuisinant.
4. La moutarde me *monte* (F) au nez.
– Il *monte* (P) au premier étage.
5. Il ne faut pas laisser *bouillir* (P) le café.
– Si cela continue, je vais *bouillir* (F) de rage.
6. Il *sème* (F) la zizanie dans le groupe.
– L'horticultrice *sème* (P) les graines de chaque fleur à différentes périodes.
7. Il a parfois des *éclairs* (F) de génie.
– Les *éclairs* (P) zèbrent le ciel.
8. Ouvre les volets, cette pièce est trop *sombre* (P).
– Il est de *sombre* (F) humeur.

EXPLICATION
Le sens figuré détourne le sens premier du mot en retenant une de ses caractéristiques : le sens figuré de *semer*, par exemple, retient l'idée de dispersion qui est contenue dans le sens propre.

26 Trouver un synonyme

1 **1.** achat – emplette
2. abattre – détruire
3. lâche – poltron
4. détresse – misère

EXPLICATION
Tu peux constater que les mots d'une même paire appartiennent à la même classe grammaticale.

2 **1.** vitesse → rapidité
2. craindre → redouter
3. incorrect → faux
4. calmer → tranquilliser
5. agaçant → énervant
6. célèbre → illustre

3 **1.** *Hurler* et *crier* sont synonymes, mais *hurler* a un sens plus fort que *crier*. ☒ Vrai ❑ Faux
2. *Se gausser* et *se moquer* sont synonymes, mais *se gausser* appartient à un langage plus soutenu que *se moquer*. ☒ Vrai ❑ Faux
3. *Audace* et *culot* sont synonymes, mais *audace* appartient à un langage plus familier que *culot*. ❑ Vrai ☒ Faux

EXPLICATION
Quand on parle ou quand on écrit un texte, le choix entre les synonymes n'est pas indifférent ; les synonymes peuvent appartenir à des niveaux de langage différents et présenter des nuances d'intensité : il faut choisir celui qui est le plus approprié.

4 **1.** la *cassette* de Pandore → la boîte de Pandore.
2. le *fût* des Danaïdes → le tonneau des Danaïdes.
3. le *châtiment* de Tantale → le supplice de Tantale.
4. le *fleuret* de Damoclès → l'épée de Damoclès.

EXPLICATION
Ces expressions tirées de la mythologie sont utilisées dans le langage courant pour caractériser certaines situations : on dit par exemple que l'on subit le *supplice de Tantale* quand on est proche de quelque chose que l'on désire sans jamais parvenir à l'obtenir.

27 Utiliser des préfixes

1

Définition	Nom	Préfixe
Personne qui fait équipe avec d'autres.	coéquipier	co-
Enchère au-dessus d'une autre.	surenchère	sur-
Personne qui parle deux langues.	bilingue	bi-
Objet qui empêche le vol.	antivol	anti-

EXPLICATION
Le préfixe *im-* a le même sens que le préfixe *in-* (*à ou vers l'intérieur, dans, en*) ; il s'emploie devant les lettres *m*, *b* ou *p*.

2
déca- — dix
multi- — nombreux
mono- — seul, unique
super- — au-dessus
mini- — plus petit
kilo- — mille

EXPLICATION
Tous ces préfixes expriment une quantité ou une mesure.

3 **1.** ***in-*** a le sens de « dans » dans les mots :
influence – infiltration – incorporer – incarcérer – infusion.
2. ***in-*** a un sens négatif dans les mots :
infatigable – incessant – infini.

EXPLICATION
Parfois, il faut revenir à l'étymologie pour comprendre le préfixe. Par exemple, *influence* vient de *in* + *fluere* (verbe latin) et signifie « couler dans ».

28 Utiliser des suffixes

1 **1.** dent → dentiste
2. dessin → dessinateur
3. poisson → poissonnier
4. chœur → choriste
5. ébène → ébéniste
6. papier → papetier
7. chirurgie → chirurgien
8. danse → danseur

2 **1.** statue → statuette
2. rue → ruelle
3. brin → brindille
4. nappe → napperon
5. table → tablette
6. botte → bottine

EXPLICATION
Le suffixe *-ette* est utilisé pour former de nombreux mots : *murette*, *maisonnette*..., mais aussi des prénoms (*Juliette*).

3 **1.** otite : inflammation de l'oreille
2. gingivite : inflammation des gencives
3. hépatite : inflammation du foie
4. bronchite : inflammation des bronches

EXPLICATION
Le radical *ot(o)-* vient du grec *ôtos* (oreille), *gingiv-* du latin *gingivas* (gencive), *hépat-* du grec *hêpar* (foie).

4 **1.** Forme un nom à partir d'un adjectif :
fier → fierté
beau → beauté
difficile → difficulté
2. Forme un adjectif à partir d'un nom :
exemple → exemplaire
dépense → dépensier
enfant → enfantin
3. Forme un nom à partir d'un verbe :
atterrir → atterrissage
livrer → livraison
évoluer → évolution
croître → croissance
inscrire → inscription
paraître → parution
4. Forme un adverbe à partir d'un adjectif :
fou → follement
évident → évidemment
abondant → abondamment

EXPLICATION
Les adjectifs en *-ent* ont leur adverbe en *-emment* ; les adjectifs en *-ant* ont leur adverbe en *-amment* ; mais ils se prononcent tous *-amment*.

29 Choisir le bon niveau de langue

1 ❑ soutenu ❑ courant ☒ familier

2 **1.** C'est pas pour rire ! → Ce n'est pas pour rire !
2. Ce sont des artistes ces mecs.
→ Ces mecs sont des artistes.
3. Je rigole doucement en plus parce que Franck, il est pas jouasse du tout. → En plus, je rigole doucement parce que Franck n'est pas jouasse du tout.

> **EXPLICATION**
> *Phrase* 1 : une syntaxe correcte exige l'adverbe de négation *ne*.
> Phrase 3 : la juxtaposition *en plus parce que* n'est pas correcte : il fallait soit ajouter des virgules, soit déplacer *en plus*.

3 On peut relever cinq mots familiers. **1.** shoote → tire • **2.** impec → impeccablement • **3.** mecs → hommes • **4.** rigole → ris • **5.** jouasse → content

4 **1.** gars → F • **2.** type → F • **3.** homme → C • **4.** individu → S • **5.** personne → C • **6.** bonhomme → F • **7.** bougre → F

> **EXPLICATION**
> On peut aussi considérer que le mot *individu* appartient au langage courant.

5
se moquer • — • courant
se gausser • — • soutenu
se ficher • — • familier

> **EXPLICATION**
> D'autres expressions expriment cette même idée (*railler, rire de, charrier*) : il faut choisir celle qui convient, en fonction du niveau de langue du texte.

6 Voici une proposition de réécriture.
Cruift court le long de la ligne de touche, feinte un adversaire, puis tire sur l'avant-centre qui contrôle impeccablement de la tête. Celui-ci reprend du pied gauche et marque. Un à zéro après sept minutes de jeu ! Je ne plaisante pas. Ces joueurs sont excellents. Franck me fait rire car il n'est vraiment pas content.

> **EXPLICATION**
> Vérifie que tu as utilisé une syntaxe correcte (tu peux t'aider de l'exercice 2) et que tu as employé tous les mots de la liste.

7

Langage familier	Langage courant	Langage soutenu
piquer	voler	dérober
fringues	vêtements	habits
bagnole	voiture	automobile
bouffer	manger	se restaurer

30 Utiliser le temps du passé qui convient

1 Lorsque le prince s'approcha de la haie d'épines, il vit de magnifiques fleurs qui s'écartaient d'elles-mêmes sur son passage et lui laissaient le chemin. Derrière lui, elles reformaient une haie. Dans le château, il vit les chevaux et les chiens de chasse qui dormaient. Sur le toit, les pigeons se tenaient la tête sous l'aile. Et, lorsqu'il pénétra dans le palais, il vit les mouches qui dormaient contre le mur. En haut, sur les marches du trône, le roi et la reine étaient endormis. Le prince poursuivit son chemin, et le silence était si profond qu'il entendait son propre souffle. Enfin, il arriva à la tour et poussa la porte de la petite chambre où dormait la belle.

2 Je ❑ marchai ☒ marchais depuis près d'une demi-heure dans la campagne, lorsque ☒ j'aperçus ❑ j'apercevais, au détour du chemin, une bâtisse isolée. Un calme étrange ❑ se dégagea ☒ se dégageait de l'endroit. Une envie irrésistible de jouer les Sherlock Holmes me ☒ saisit ❑ saisissait. Je ☒ m'approchai ❑ m'approchais de la maison, ☒ traversai ❑ traversais rapidement le jardin et ☒ m'adossai ❑ m'adossais contre un mur, tout près d'une fenêtre. Le cœur battant, je ☒ scrutai ❑ scrutais quelques secondes à l'intérieur. Derrière le voile blanc des rideaux, je ☒ découvris ❑ découvrais un spectacle terrifiant : au centre de la pièce, un cadavre de chat ❑ baigna ☒ baignait dans une mare de sang.

> **EXPLICATION**
> Observe que les verbes au passé simple expriment une action complètement achevée.

3 **a.** s'approcha – pénétra – poursuivit – arriva – poussa.
b. Ces verbes sont au passé simple.

> **EXPLICATION**
> Le verbe vit peut également être cité, même s'il ne désigne pas une action, à proprement parler.

4 **a.** les chevaux et les chiens de chasse qui dormaient – les pigeons se tenaient la tête sous l'aile – les mouches qui dormaient – le roi et la reine étaient endormis – dormait la belle.
b. Ces verbes sont à l'imparfait.

5 *Voici une fin possible.* Lorsqu'il la vit, étendue sur son lit, il se pencha vers elle et lui donna un baiser. À cet instant, espérait-il quelque chose ? Mais la Belle au bois dormant ne s'éveilla pas. Nul frémissement sur son visage, nul craquement dans la chambre, nul murmure du vent par la fenêtre. Le silence demeurait absolu.
Presque surpris, il sentit la déception l'envahir. Au bout d'un moment, s'écartant du lit, il fit distraitement quelques pas dans la vaste chambre encore éclairée par le soleil. Des questions sans réponse tournaient dans sa tête : pourquoi la haie d'épines qui cerne le château l'avait-elle laissé entrer ? Comment rompre ce sortilège ?

Toujours songeur, il vint s'asseoir sur le bord du lit, la tête au-dessus du beau visage de la princesse. Perdu dans sa contemplation, il comprit soudain qu'il ne pourrait plus vivre sans elle. Sur ses joues commencèrent à couler des larmes et l'une d'elle vint à s'écraser sur les lèvres rouges de sa bien-aimée. Alors celle-ci s'éveilla, ouvrit les yeux et le regarda en souriant.

EXPLICATION
Il y a bien sûr d'autres fins possibles. En te relisant, vérifie que ton récit s'enchaîne bien et que tu as bien distingué les actions de premier plan au passé simple (*pencha, donna, s'éveilla...*) et les actions d'arrière-plan à l'imparfait (*demeurait, tournaient...*).

31 Écrire un récit

1 **1.** Les événements racontés se déroulent à la campagne comme le suggère le champ lexical utilisé : *talus, pâquerettes, champs, terrier, haie*.
2. Les personnages évoqués sont Alice, sa sœur et le lapin.
3. On devine qu'Alice est l'héroïne car ses pensées et ses réactions sont au cœur de l'extrait.

2 **1.** Deux petites filles, Alice et sa sœur, sont assises en bordure d'un champ : l'une lit pendant que l'autre s'ennuie.
2. L'élément perturbateur est un lapin blanc aux yeux roses qui passe près d'Alice en courant. Cela va éveiller en elle une grande curiosité.

3 Elle regrettait d'avoir suivi le lapin : il faisait chaud dans ce puits et elle avait très soif. Soudain, son pied heurta un petit flacon qu'elle n'avait pas vu. Était-il vide ? Non ! Elle allait pouvoir boire ! Oui, mais si c'était du poison ? Que faire ? Elle amena le flacon au niveau de son nez : cela ne sentait rien. Elle décida juste de tremper ses lèvres. Le goût était délicieux et lui rappelait la crème à la vanille. Alors elle but jusqu'à la dernière goutte. Maintenant elle n'avait plus soif, mais une drôle de sensation la gagnait. Le petit flacon grandissait ! Non ! C'était elle qui changeait de taille : elle ne mesurait plus que vingt centimètres !...

EXPLICATION
Il faut commencer par définir les grandes lignes de l'action : le puits est chaud - Alice a soif - trouve un flacon - poison ? - bon goût - elle boit tout - sensation - Alice rapetisse.

4 *Voici une fin possible.*

Alice commençait à s'habituer à toutes ces choses étranges qui lui arrivaient. Puis vint ce goûter avec un loir dans une théière, où elle croqua dans une tarte aux cerises. Tout lui semblait normal ! « C'est exactement comme à la maison » se dit-elle.

L'instant d'après, elle se retrouvait dans le champ où sa sœur, toujours sur le talus, lisait son livre sans images ni dialogues. Tournant la tête, elle vit le lapin blanc aux yeux roses lui faire un petit signe de la patte, avant de disparaître dans le terrier.

MATHÉMATIQUES

Cette partie te propose un **entraînement guidé** avec des rappels de cours et des exercices sur les principales notions du programme :

- nombres et calculs → page 54
- espace et géométrie → page 74
- grandeurs et mesures → page 90

Elle comprend aussi :

- les **unités de mesure** → page 102
- les **calculatrices** → page 103
- les **mots clés** → page 104
- tous les **corrigés détaillés** → page 105

1 Connaître les nombres décimaux

Que signifie l'écriture à virgule d'un nombre décimal ?

partie entière : 2 347 , 0 2 5

- 2 milliers 2 000
- 3 centaines 300
- 4 dizaines 40
- 7 unités 7
- 0 dixième 0,0
- 2 centièmes 0,02
- 5 millièmes 0,005

2 347,025

Les chiffres écrits après la virgule sont les **décimales**.
Exemple : 5 est la troisième décimale de 2 347,025.

★ 1 Additions mentales

Sans poser d'opérations, trouver les nombres qui manquent.

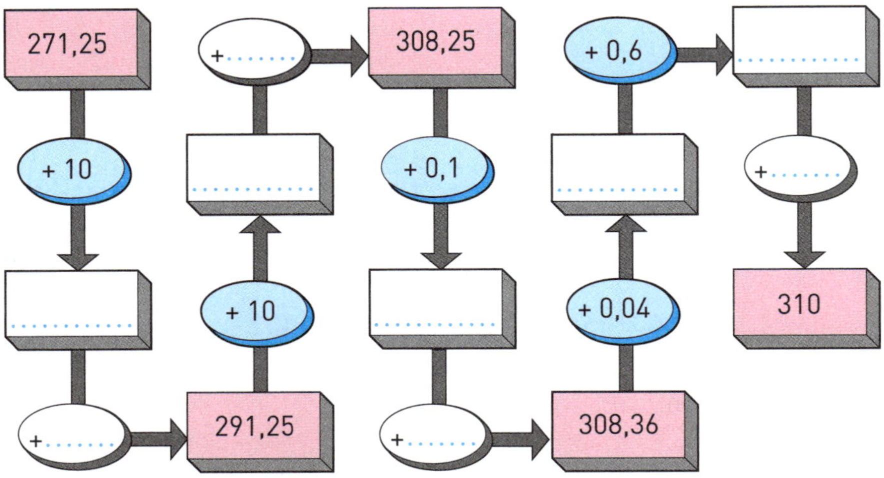

COUP DE POUCE
Il faut réfléchir. Que se passe-t-il quand on ajoute 10 ? Etc.

★ 2 Des zéros inutiles

Réécrire les nombres suivants en supprimant les zéros inutiles (lorsqu'il y en a).

003,8 = ...	040 = ...	013,50 = ...	040,0 = ...
13,508 = ...	10,07 = ...	75,0 = ...	1,001 0 = ...
057,040 = ...	0,000 30 = ...	0,000 1 = ...	020,020 = ...

COUP DE POUCE
Exemples :
054,7 = 54,7
15,10 = 15,1.
Mais :
4,02 ≠ 4,2.

★ 3 Nombres décimaux égaux

Joindre par un trait les nombres décimaux égaux.

03,70	30,70	03,07
3,070	3,700	030,70

4 Partie entière d'un nombre décimal

Inscrire, au bout de chaque flèche, la partie entière du nombre donné.

a. 6,38 → ....

b. 6,99 → ....

c. 0,715 → ....

d. 5 → ....

e. $7{,}28 \times 10$ → ....

f. $15{,}3 + 0{,}9$ → ....

ATTENTION Pour les deux derniers calculs, effectue l'opération avant de chercher la partie entière.

5 Dizaines et dixièmes, etc.

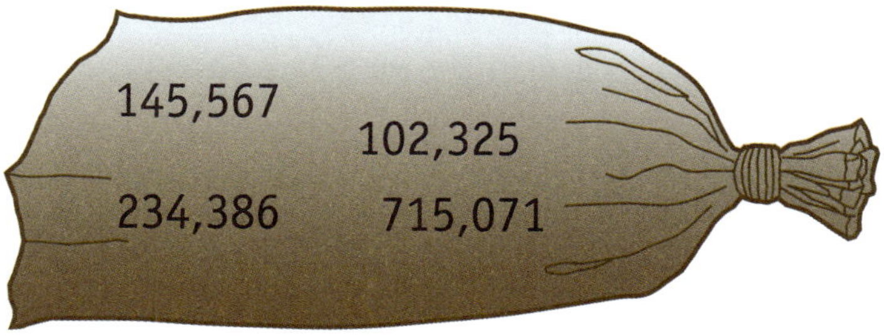

Parmi les quatre nombres enfermés dans ce sac,

a. celui qui a le chiffre des dizaines égal au chiffre des dixièmes est : ....

b. celui qui a le chiffre des centaines égal au chiffre des centièmes est : ....

6 Fractions décimales

a. Écrire les nombres suivants avec une virgule.

$34 + \frac{1}{10} + \frac{2}{100} =$ ....

$70 + \frac{9}{10} + \frac{1}{100} =$ ....

$5 + \frac{5}{100} =$ ....

$25 + \frac{7}{10} + \frac{2}{1\,000} =$ ....

$\frac{1}{10} + \frac{8}{100} =$ ....

$\frac{9}{10} =$ ....

b. Écrire les nombres suivants avec des fractions décimales.

15,78 = ...

3,195 = ...

30,04 = ...

78,102 = ...

53,700 = ...

0,248 = ...

INFO Une fraction est décimale lorsque son dénominateur est 10, 100, 1 000…

7 L'entier le plus proche

Inscrire, au bout de chaque flèche, le nombre entier le plus proche du nombre décimal donné.

a. 2,35 → ....

b. 0,9 → ....

c. 17,51 → ....

d. 0,4 → ....

e. 25,099 → ....

f. 25,990 → ....

INFO Comme tu le verras dans la double page suivante, l'entier le plus proche est « l'arrondi à 1 près. »

Corrigés p. 105

MATHS

NOMBRES ET CALCULS

2 Comparer des nombres décimaux

Comment comparer des nombres décimaux ?

Les symboles $<$, $>$, $\leqslant$ et $\geqslant$

- Quand je vois $<$, je dis « **est strictement inférieur à** ».
- Quand je vois $>$, je dis « **est strictement supérieur à** ».
- Quand je vois $\leqslant$, je dis « **est inférieur ou égal à** ».
- Quand je vois $\geqslant$, je dis « **est supérieur ou égal à** ».
- L'**ordre croissant** va du plus petit au plus grand : $2 < 4 < 5 < 10$.
- L'**ordre décroissant** va du plus grand au plus petit : $100 > 90 > 70 > 50$.

Méthode

5,24
4,351

On a $5 > 4$, donc $5{,}24 > 4{,}351$.

74,256
74,293

On a $5 < 9$, donc $74{,}256 < 74{,}293$.

1 Compléter avec le signe $>$ ou le signe $<$

a. 13,9 3,9
b. 21,01 12,99
c. 36,71 36,84
d. 36,7 36,081
e. 157,127 157,13
f. 18,001 18,01

INFO
C'est ce qu'on appelle « comparer » deux nombres.

2 Ordre croissant

Écrire les lettres B, R, T, E, O, U dans l'ordre croissant des nombres (on obtient ainsi un mot de la langue française).
Les trois questions **a.**, **b.** et **c.** sont indépendantes.

a. B = 1,234 56 R = 12,345 6 T = 12 345,6
E = 123 456 O = 123,456 U = 1 234,56 ....

b. B = 123,456 R = 234,561 T = 612,345
E = 561,234 O = 345,612 U = 456,123 ....

c. B = 0,11111 R = 1,11101 T = 1,11011
E = 1,11110 O = 1,01111 U = 1,10111 ....

COUP DE POUCE
Indications de solution :
a. Meuh !
b. Miam !
c. Ohé matelot !

3 Ordre décroissant

Même exercice dans l'ordre décroissant.

a. B = 3,21 R = 1,23 T = 2,13
E = 1,32 O = 3,12 U = 2,31 ....

b. B = 50 R = 0,08 T = 6
E = 0,009 O = 400 U = 0,7 ....

c. B = 12,12 R = 12,21 T = 22,11
E = 11,22 O = 21,21 U = 21,12 ....

COUP DE POUCE
Indications de solution :
a. Dehors !
b. Fermé !
c. Ça chauffe !

Comment encadrer, arrondir, tronquer ?

Encadrement d'un nombre décimal

3 < 3,141 59 < 4 est un encadrement **à 1 près**.
3,1 < 3,141 59 < 3,2 est un encadrement **à 0,1 près**.
3,14 < 3,141 59 < 3,15 est un encadrement **à 0,01 près**.

Arrondi d'un nombre décimal

On arrondit **par défaut** lorsque la décimale qui suit est 0, 1, 2, 3, ou 4, et **par excès** lorsque la décimale est 5, 6, 7, 8, ou 9.

Exemples :

Nombre donné	6,348	1,61	4,75
Arrondi à 1 près	6	2	5
Arrondi à 0,1 près	6,3	1,6	4,8

« Tronquer » signifie « couper ».

Remarques :
- Quand on arrondit par défaut, on obtient une « troncature ».
- L'arrondi à 1 près est l'entier le plus proche.
- La troncature à 1 près est la partie entière.

MATHS

4 Trouver l'inconnu

Compléter les encadrements.

a. 19,92 < ☐☐,☐☐ < 19,94

b. 5 < 6,☐23 < 6,1

COUP DE POUCE
Inscris un chiffre dans chaque rectangle.

5 Trouver les inconnus

a. Trouver tous les nombres de la forme ☐☐,☐ tels que 12,3 < ☐☐,☐ < 12,8.

....

b. Donner la liste des nombres de la forme 3,☐☐1 compris entre 3,18 et 3,22.

....

6 Encadrer par des entiers et arrondir

a. Encadrer chacun des nombres ci-dessous par deux entiers consécutifs.

.... < 36,2 < .... ; .... < 315,9 < .... ; .... < 999,03 < ....

b. L'arrondi à 1 près de 36,2 est : ....

Celui de 315,9 est : ....

Celui de 999,03 est : ....

INFO
« Consécutifs » signifie « qui se suivent ».

7 Troncatures

Inscrire, au bout de chaque flèche, la troncature à 0,1 près du nombre donné.

a. 9,81 → ....

b. 4,18 → ....

c. 6,023 → ....

d. 6,559 57 → ....

e. 1,47 + 1,73 → ....

f. 2,759 + 3,18 → ....

Corrigés p. 105

NOMBRES ET CALCULS

3 Utiliser une droite graduée

Comment repère-t-on un point sur une droite graduée ?

- Chaque point d'une droite graduée correspond à un nombre et vice versa : on dit que le nombre est l'**abscisse** du point.
  Ce nombre permet de situer le point sur la droite.

Exemple :

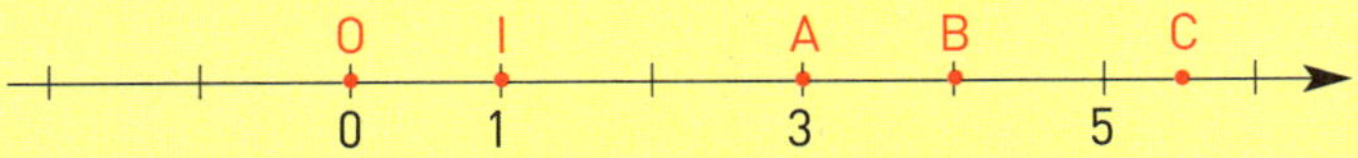

Le point O a pour abscisse 0 ; c'est le point « origine ».
L'abscisse de I est 1.
A, B et C ont pour abscisses 3, 4 et 5,5.

★ 1 Afficher des abscisses (1)

Inscrire dans chaque case le nombre entier qui convient.

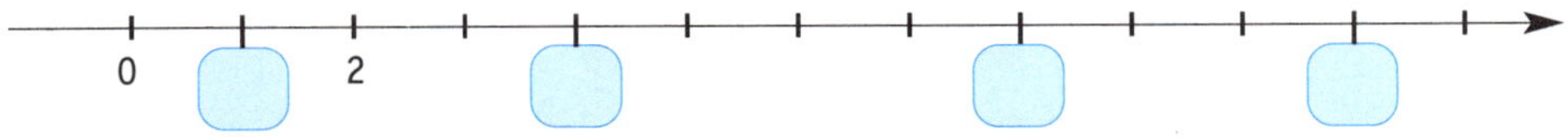

★★ 2 Afficher des abscisses (2)

Inscrire dans chaque case le nombre décimal qui convient.

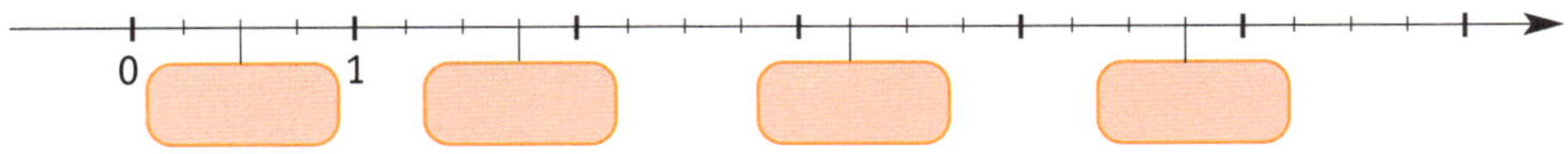

COUP DE POUCE
Pense que $\frac{1}{4} = 0{,}25$

★★ 3 Marquer des points

Sur la droite graduée suivante, marquer les points A, B, C et D.

Point	A	B	C	D
Abscisse	0,2	1,4	2,6	3,8

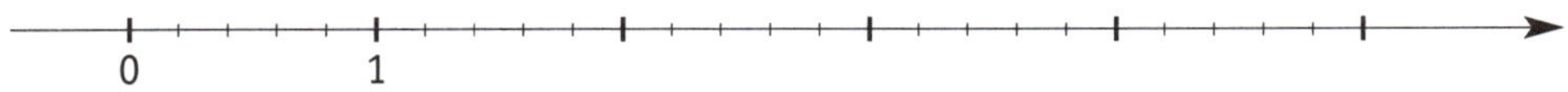

★ 4 Marquer des points pour comparer des nombres

INFO
Deux points confondus ont la même abscisse.

a. Placer le point A qui a pour abscisse $\frac{1}{2}$ et le point B qui a pour abscisse 0,5.

Que peut-on dire des points A et B ? Que peut-on dire des nombres $\frac{1}{2}$ et 0,5 ?

....

b. Placer le point C qui a pour abscisse $\frac{7}{2}$ et le point D qui a pour abscisse 3,5.

Que peut-on dire des points C et D ? Que peut-on dire des nombres $\frac{7}{2}$ et 3,5 ?

....

5 Encadrer des abscisses (1)

Encadrer les abscisses des points B, C et D par deux entiers consécutifs.

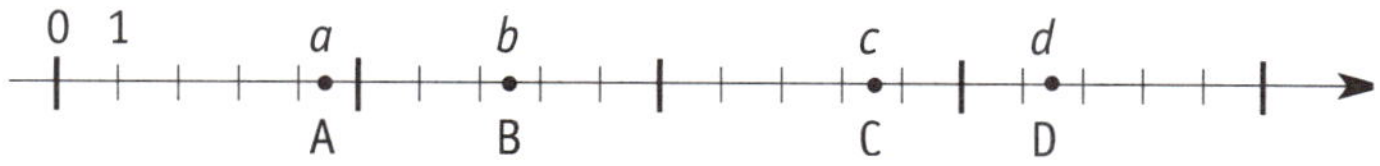

.... $< b <$ ....

.... $< c <$ ....

.... $< d <$ ....

> **COUP DE POUCE**
> D'abord, il faut repérer les points ayant pour abscisse 0 et 1.
> *Exemple :*
> Pour le point A,
> $4 < a < 5$

6 Encadrer des abscisses (2)

Encadrer les abscisses des points B, C et D par deux nombres décimaux ayant un chiffre après la virgule.

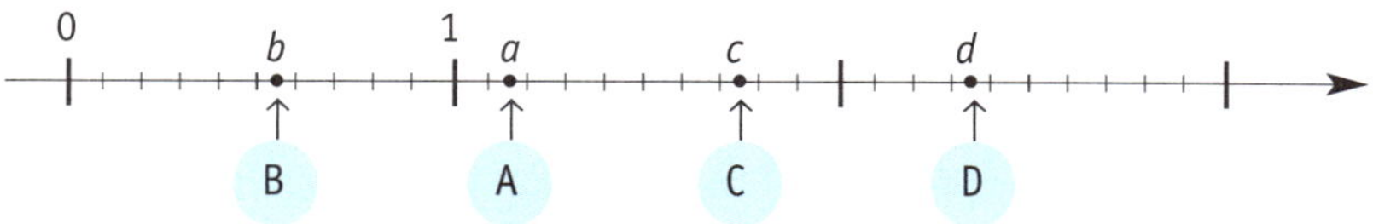

.... $< b <$ ....

.... $< c <$ ....

.... $< d <$ ....

> **COUP DE POUCE**
> *Exemple :*
> Pour le point A,
> $1{,}1 < a < 1{,}2$

7 La grippe de Maxou

Cette semaine, Maxou a eu la grippe :

- le 1er jour, il se portait bien, sa température était de 37 °C,
- le 2e jour, il avait un peu de fièvre : 38 °C,
- le 3e jour, sa température est montée à 41 °C et le médecin a dit qu'il avait la grippe,
- le 4e jour il semblait guéri car sa température était redescendue à 38 °C,
- le 5e jour, la fièvre a repris : 41 °C à nouveau,
- le 6e jour, la température est retombée à 37 °C et le voilà guéri pour de bon.

Marquer sur le graphique les points correspondant au récit et rejoindre ces points par des segments.

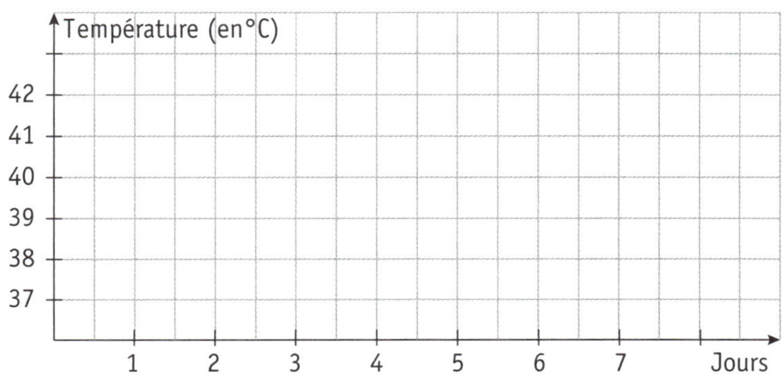

> **INFO**
> Deux droites graduées perpendiculaires permettent de construire un graphique qui illustre les variations de température.

Corrigés p. 106

4 Multiplier des nombres entiers et décimaux

Quels sont les mots à connaître ?

41 × 7 = 287

(facteurs : 41 et 7 ; produit : 287)

On dit que 287 est **multiple** de 7 et de 41.

★ 1 Multiples

a. Les multiples de 17 s'obtiennent en multipliant 17 par des nombres entiers quelconques. Par exemple, 51 et 170 sont des multiples de 17 car 51 = 17 × 3 et 170 = 17 × 10.
Trouver tous les multiples de 17 inférieurs à 100.

....

b. Dans la liste suivante, rayer les nombres qui ne sont pas multiples de 13.
26 ; 23 ; 91 ; 130 ; 113 ; 42.

Comment poser une multiplication ?

```
    4 , 2 7     ← 2 chiffres  } après la virgule
  ×   5 , 3     ← 1 chiffre   }
  ---------
    1 2 8 1
  2 1 3 5
  ---------
  2 2, 6 3 1    ← 3 chiffres après la virgule
```

★★ 2 Opérations à trous

```
a.   □ 3 □ 1        b.     2 9        c.     □ □        d.       3 9
   ×       □           × □ □             ×  2 3             ×   □ □
   ---------           -----             ------             -------
   3 0 □ 4 7             □ 8                □ 9                 □ 9
                       □ 7                4 □               □ □ 6
                       -----             ------             -------
                       □ □ □              □ □ □             □ □ □ □
```

COUP DE POUCE
Commence par chercher le chiffre des unités qui manque.
Profite de cette occasion pour réviser les tables de multiplication.

★ 3 Calcul posé

Effectuer les multiplications suivantes.

```
a.  6,15     b.  0,125     c.   1,4     d.  4,05     e.  20,6
  ×    7       ×     8        × 1,4       × 3,2        × 4,01
```

COUP DE POUCE
Vérifie ensuite avec une calculatrice.

Comment multiplier par 10, par 100..., par 0,1, par 0,01... ?

- $36{,}52 \times 10 = 365{,}2$
- $1{,}8 \times 100 = 180$

On décale la virgule vers la droite :
- d'un rang,
- de deux rangs.

- $72{,}5 \times 0{,}1 = 7{,}25$
- $19 \times 0{,}01 = 0{,}19$

On décale la virgule vers la gauche :
- d'un rang,
- de deux rangs.

MATHS

4 Multiplications par 10, par 100...

Compléter les égalités suivantes.

a. $258 \times 10 =$ ....

b. $2{,}7 \times 1\,000 =$ ....

c. $0{,}015 \times 10 =$ ....

d. $19{,}92 \times 100 =$ ....

e. $20 \times 1\,000 =$ ....

f. $0{,}3 \times 100 =$ ....

5 Multiplications par 0,1, par 0,01...

Compléter les égalités suivantes.

a. $3\,600 \times 0{,}01 =$ ....

b. $15 \times 0{,}1 =$ ....

c. $0{,}07 \times 0{,}01 =$ ....

d. $31{,}41 \times 0{,}1 =$ ....

e. $100 \times 0{,}01 =$ ....

f. $1{,}6 \times 0{,}1 =$ ....

6 Multiplications par 0,001...

Compléter les égalités suivantes.

a. $10\,000 \times 0{,}001 =$ ....

b. $34\,800 \times 0{,}001 =$ ....

c. $4\,359{,}1 \times 0{,}001 =$ ....

d. $123\,456 \times 0{,}001 =$ ....

7 Perrette et le bol de lait

Perrette boit chaque jour 0,25 L de lait. Combien de litres de lait aura-t-elle bu en 3 ans ?

(On considère des années de 365 jours.) ....

....

8 Va prendre l'aire dans le jardin

Calculer l'aire, en mètres carrés, d'un jardin rectangulaire ayant 10,50 m de longueur et 7,10 m de largeur.

....

INFO

Pour calculer l'aire d'un rectangle, on multiplie la longueur par la largeur, qu'elles soient entières ou décimales.

Corrigés p. 106

5 Diviser avec des nombres décimaux

Comment effectuer une division décimale ?

Division de 27 par 4 (cas d'un quotient exact)

Les chiffres en couleur montrent comment on continue la division pour trouver un quotient décimal.
Ici, on trouve un reste nul, donc le quotient obtenu est exact.
Vérification : 4 × 6,75 = 27.

```
 2 7   | 4
  3 0  |----
   2 0 | 6,75
     0 |
```

Lorsqu'on écrit ce zéro, on place la virgule dans le quotient.
reste
quotient exact

Division de 44 par 3 (cas d'un quotient approché)

Le quotient est compris entre 14 et 15.
Son arrondi à 0,01 près est 14,67.
Sa troncature à 0,1 près est 14,6.
(Arrondi et troncature : voir page 57).

```
4 4       | 3
1 4       |--------
  2 0     | 1 4, 6 6 6
    2 0   |
      2 0 |
        2 |
```

quotient approché

Division d'un nombre décimal par un entier

Lorsqu'on abaisse la première décimale (qui est ici le 6), on place la virgule dans le quotient.
Vérification : 48 × 5,7 = 273,6.

```
2 7 3 , 6 | 4 8
  3 3   6 |------
    0   0 | 5 , 7
```

quotient exact

1 Divisions décimales

Effectuer au brouillon les divisions décimales suivantes et donner un quotient approché par défaut à 0,01 près.

a. 19 ÷ 11 ≈ ....

b. 100 ÷ 7 ≈ ....

c. 71 ÷ 70 ≈ ....

COUP DE POUCE
On veut deux décimales au quotient.

2 Divisions qui s'arrêtent

Poursuivre les divisions suivantes jusqu'à ce qu'elles s'arrêtent.

a. 7 0 | 25

b. 1 | 8

c. 1 5, 7 5 | 9

COUP DE POUCE
• Une division s'arrête lorsque le reste est zéro.
• Vérifie à la calculatrice !

3 ...et à un milligramme près

On partage 3 000 g de beurre en 7 parts égales. Chaque part pèse :

a. à 1 g près : ....

b. à 1 dg près : ....

c. à 1 cg près : ....

d. à 1 mg près : ....

COUP DE POUCE
• Divise d'abord 3 000 par 7 en allant assez loin après la virgule puis arrondis.
• 1 g = 10 dg = 100 cg = 1 000 mg

Comment diviser par 10, par 100, par 1 000 ?

- $39,5 \div 10 = 3,95$
- $250 \div 100 = 2,50$

On décale la virgule vers la gauche :
- d'un rang ;
- de deux rangs.

Pour vérifier : $3,95 \times 10 = 39,5$ et $2,50 \times 100 = 250$.

Remarques :
Diviser par 10, c'est multiplier par 0,1.
Diviser par 100, c'est multiplier par 0,01.
Diviser par 1 000, c'est multiplier par 0,001.

4 Diviser par 10, par 100, par 1 000

a. 378 ÷ 10 = ...
b. 93,5 ÷ 10 = ...
c. 75 ÷ 1 000 = ...
d. 500,5 ÷ 100 = ...
e. 18,3 ÷ 1 000 = ...
f. 36 000 ÷ 100 = ...

COUP DE POUCE
D'après les remarques ci-dessus, il est inutile que tu poses les divisions !

MATHS

5 Le prix des patates douces

Pour 115 €, j'ai 100 kg de patates. Le prix du kilogramme est : ....

6 Rangée de rosiers

Le long d'un mur de 23 m, j'ai planté 11 rosiers régulièrement espacés, en mettant un rosier à chaque bout du mur. Calculer la distance qui sépare deux rosiers.

....

ATTENTION
Réfléchis avant de calculer. Tu peux faire un schéma !

Quels sont les critères de divisibilité (pour les nombres entiers) ?

- Le reste de la division de deux nombres entiers est parfois nul.
  Voici la division de 75 par 5.
  On dit alors que 75 est **divisible** par 5, ou que 75 est un **multiple** de 5.

```
7 5 | 5
2 5 | 1 5
  0 |
```

- **Critères de divisibilité.**
  Un nombre entier est divisible par :
  - 10 si son dernier chiffre est **0**.
  - 2 si son dernier chiffre est pair (**0 ; 2 ; 4 ; 6 ; 8**).
  - 5 si son dernier chiffre est **0** ou **5**.
  - 4 si ses deux derniers chiffres forment un nombre divisible par **4**.
  - 3 si la somme de ses chiffres est divisible par **3**.
  - 9 si la somme de ses chiffres est divisible par **9**.

7 Divisibilité

Compléter le tableau suivant.

On met une croix car 36 est divisible par 2.

est divisible par	105	36	74	75	270	360	243	30	17
2		✕							
3									
4									
5									
9									

COUP DE POUCE
Ça ira vite avec les critères de divisibilité.

Corrigés p. 107

6 Considérer une fraction comme un quotient

Comment désigner les termes d'une fraction ?

- $\frac{5}{8}$ est une fraction.

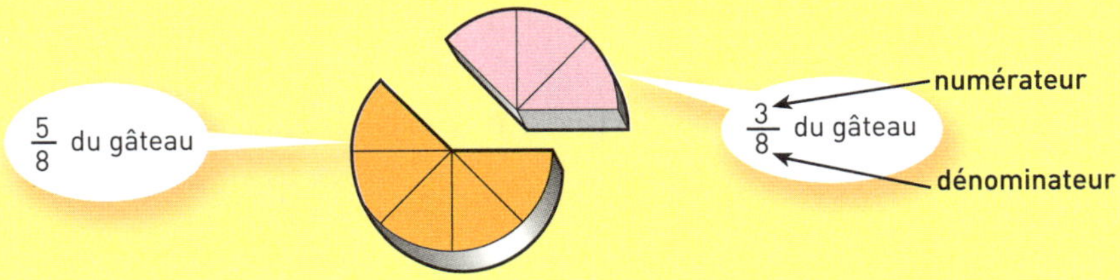

★ 1 Fractions d'aire

Pour chaque partie ①, ② et ③ du rectangle, écrire la fraction du rectangle que représente cette partie.

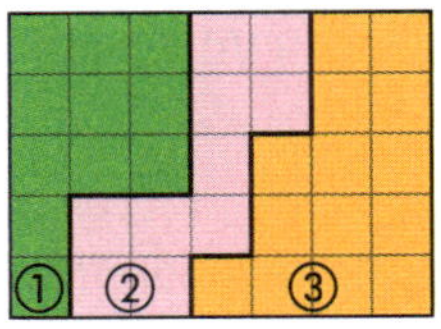

....

★★ 2 À l'heure

Quelle fraction d'heure représente 45 min ? 20 min ? 10 min ? 6 min ? 5 min ?

....

COUP DE POUCE
On sait déjà que :
30 min = ½ h
15 min = ¼ h.

Fractions et quotients : est-ce pareil ?

- Oui ; en voici deux exemples :
  - Le quotient 705 ÷ 99 peut s'écrire $\frac{705}{99}$.

  Il vaut **environ** 7,121.
  - Le quotient 3 ÷ 4 peut s'écrire $\frac{3}{4}$.

  Il vaut **exactement** 0,75.

  On a donc $3 \div 4 = \frac{3}{4} = 0{,}75$.

```
705   | 99
 120  |------
  210 | 7,121...
   120|
    21|
     :|
```

```
30 | 4
 20|-----
  0| 0,75
```

★ 3 Quotients et fractions (1)

Écrire les quotients suivants avec une fraction puis avec un nombre décimal.

a. 35 ÷ 56 = ... = ...

b. 51 ÷ 34 = ... = ...

c. 29 ÷ 8 = ... = ...

d. 8 ÷ 100 = ... = ...

★ 4 Quotients et fractions (2)

Écrire les quotients suivants avec une fraction puis en donner une valeur approchée arrondie à 0,01 près.

a. 37 ÷ 55 = ... ≈ ....

b. 52 ÷ 33 = ... ≈ ....

c. 2 ÷ 3 = ... ≈ ....

d. 10 ÷ 9 = ... ≈ ....

5 Abscisse fractionnaire (1)

Compléter les cases en y inscrivant une fraction égale à l'abscisse de A, B, C et D.

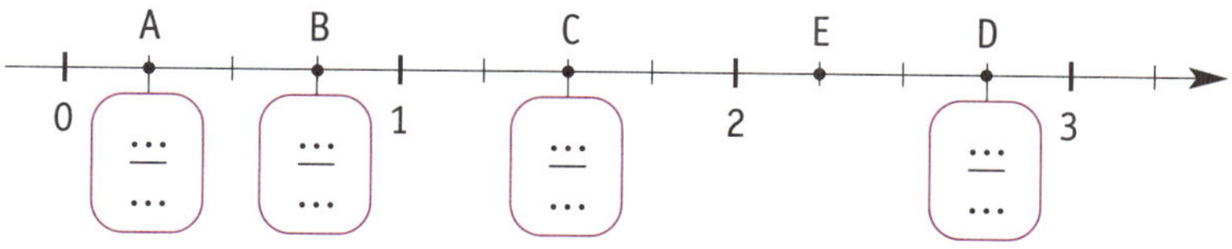

6 Abscisse fractionnaire (2)

Sur la droite graduée ci-dessous, placer les points :

Point	A	B	C	D	E	F
Abscisse	$\frac{2}{3}$	$\frac{4}{3}$	$\frac{3}{3}$	$\frac{6}{3}$	$\frac{5}{3}$	$\frac{10}{3}$

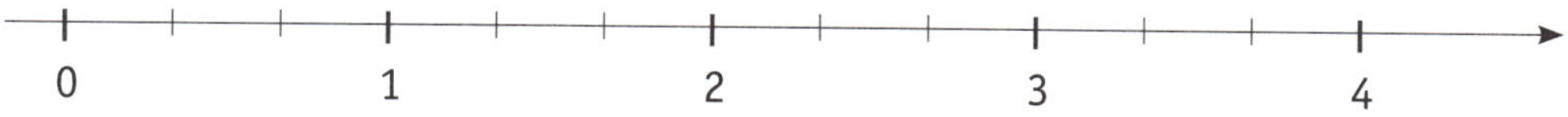

Un nombre décimal peut-il toujours s'écrire sous forme de fraction ?

- Oui ; en voici trois exemples : $0{,}3 = \frac{3}{10}$; $2{,}37 = \frac{237}{100}$; $3 = \frac{3}{1}$.

7 Bizarre ?

Quels sont les nombres décimaux représentés par les deux fractions $\frac{5}{4}$ et $\frac{15}{12}$?

....

Que remarque-t-on ? ....

Comment trouver une fraction égale à une autre ?

- On ne change pas une fraction quand on multiplie son numérateur et son dénominateur par un même nombre.
  - *Exemple 1 :* $\frac{3}{4} = \frac{3 \times 2}{4 \times 2} = \frac{6}{8}$ $\left(\text{en effet } \frac{3}{4} = 0{,}75 \text{ et } \frac{6}{8} = 0{,}75\right)$.
  - *Exemple 2 :* $\frac{3{,}2}{1{,}71} = \frac{3{,}2 \times 100}{1{,}71 \times 100} = \frac{320}{171}$ (ainsi un quotient de nombres décimaux est toujours égal à un quotient de nombres entiers, c'est-à-dire une fraction).

8 Fractions égales

Compléter.

a. $\frac{1{,}3}{5} = \frac{13}{\dots}$ **b.** $\frac{\dots}{4} = \frac{9}{12}$ **c.** $\frac{30}{60} = \frac{\dots}{2}$ **d.** $\frac{75}{100} = \frac{3}{\dots}$

9 Quotients égaux

Dans chaque cas, trouver un quotient d'entiers égal au quotient suivant.

a. $\frac{0{,}5}{1} =$ .... **b.** $\frac{3{,}5}{1{,}7} =$ .... **c.** $\frac{0{,}75}{0{,}1} =$ .... **d.** $\frac{16}{6{,}4} =$ ....

COUP DE POUCE

Les unités sont partagées en 4 quarts. Cherche le nombre de quarts depuis zéro. *Exemple* : l'abscisse de E est $\frac{9}{4}$.

MATHS

Corrigés p. 107

7 Calculer une fraction d'une quantité

Comment multiplier un nombre par une fraction ?

Exemple

Calculer les $\frac{3}{8}$ de 548, c'est multiplier 548 par $\frac{3}{8}$.

On peut procéder de deux façons :

$(548 \div 8) \times 3 = 68{,}5 \times 3 = 205{,}5$

On divise d'abord par 8 pour calculer la valeur d'un huitième puis on multiplie par 3.

ou bien :

$(548 \times 3) \div 8 = 1644 \div 8 = 205{,}5$

On multiplie d'abord par 3 puis on divise par 8.

Règle générale

Multiplier un nombre par $\frac{a}{b}$ $(b \neq 0)$ c'est :

- le diviser par b puis multiplier le résultat obtenu par a ;

ou bien

- le multiplier par a puis diviser le résultat obtenu par b.

1 Calculer

Calculer de deux façons les produits $21 \times \frac{3}{7}$ et $2{,}1 \times \frac{5}{3}$.

....

....

2 Calculer

Calculer les deux produits $2{,}24 \times \frac{3}{8}$ et $\frac{5}{3} \times 0{,}51$.

....

....

3 Compléter les schémas de calcul suivants

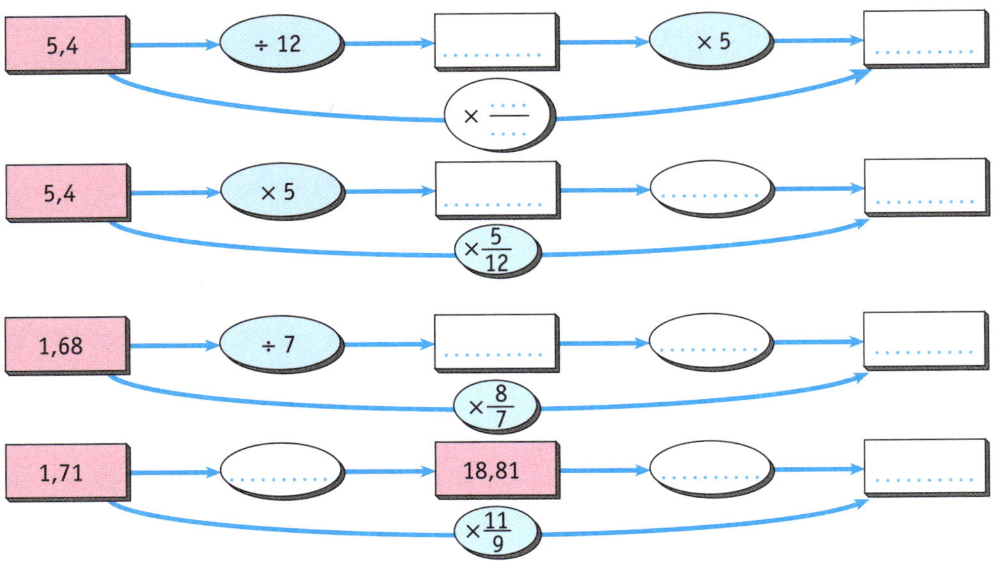

COUP DE POUCE
Entraîne-toi. Comme les meilleurs athlètes !

4 Calculer

a. $0 \times \dfrac{3}{4} =$ ....

b. $1 \times \dfrac{3}{4} =$ ....

c. $100 \times \dfrac{1}{4} =$ ....

d. $100 \times \dfrac{4}{1} =$ ....

e. $100 \times \dfrac{0}{4} =$ ....

f. $300 \times \dfrac{4}{3} =$ ....

ATTENTION
À calculer mentalement (autant que possible).

5 Avec les tiers

Combien valent les deux tiers puis les cinq tiers de 12,3 ?

....

6 Avec les quarts

Combien valent les trois quarts puis les neuf quarts de 5,6 ?

....

MATHS

Comment prendre une fraction d'une quantité ?

- Les $\dfrac{2}{3}$ de 33 kg, c'est 22 kg, car $33 \times \dfrac{2}{3} = (33 \div 3) \times 2 = 11 \times 2 = 22$.
- Les $\dfrac{4}{5}$ de 17,50 €, c'est 14 €, car $17{,}5 \times \dfrac{4}{5} = (17{,}5 \div 5) \times 4 = 3{,}5 \times 4 = 14$.

7 Exprimer en minutes

$\dfrac{3}{4}$ d'heure : ....

$\dfrac{5}{6}$ d'heure : ....

COUP DE POUCE
Calcule mentalement si possible.

8 Exprimer en centimètres

$\dfrac{3}{4}$ de mètre : ....

$\dfrac{7}{5}$ de mètre : ....

9 Exprimer en kilogrammes

$\dfrac{3}{8}$ d'une tonne : ....

$\dfrac{31}{25}$ d'un quintal : ....

INFO
Tonne ? Quintal ? Voir tableau p. 102.

10 Taille

a. Je mesure 171 cm. Calculer les $\dfrac{10}{9}$ de la taille d'un homme qui mesure 9 cm de plus que moi. ....

....

b. Je mesure 171 cm. Calculer la taille d'un homme qui mesure 9 cm de plus que les $\dfrac{10}{9}$ de ma taille. ....

Corrigés p. 108

8 Utiliser des parenthèses

Comment calculer une expression où figurent des parenthèses ?

On commence par calculer à l'intérieur des parenthèses.

Exemple : $a = (2 \times 11) - \left[\left(4 \times \frac{3}{8}\right) + \frac{6}{5}\right]$

$= 22 - (1{,}5 + 1{,}2)$

$= 22 - 2{,}7$

$= 19{,}3$

1 **Calcul mental**

Effectuer, sans poser d'opérations.

a. $(2 \times 17) - (3 \times 11) =$ ....

b. $2 \times (4 - 0{,}4) =$ ....

c. $(5 - 2{,}1 + 0{,}1) \times 5 =$ ....

d. $21 - [(4 \times 3) + 5] =$ ....

COUP DE POUCE
Tu peux vérifier avec ta calculatrice, à condition qu'elle accepte les parenthèses.

Comment calculer en ligne ?

- Calculer **« en ligne »**, c'est présenter les calculs sans poser les opérations.
  Exemple : calculer « en ligne » $(5 \times 9) - [12 + (7 \div 2)]$.
  $(5 \times 9) - [12 + (7 \div 2)] = 45 - (12 + 3{,}5) = 45 - 15{,}5 = 29{,}5$

2 **Avec des 2**

Calculer « en ligne ».

a. $(222 + 2) - (22 \times 2) =$ ....

b. $[(2 + 22) \times 2] - 22 =$ ....

3 **Avec des 3**

Calculer « en ligne ».

a. $333 - [(3 \times 33) - 3] + (3{,}3 \times 3) =$ ....

b. $(3 \times 3{,}33) + \dfrac{3{,}3}{3} =$ ....

4 **Avec des 6**

Dans les égalités suivantes, les parenthèses ont été supprimées. Les replacer.

a. $6 \times 6 + 6 \times 6 = 72$

b. $6 + 6 \times 6 + 6 = 48$

COUP DE POUCE
Si tu ne vois pas directement la solution, fais des essais.

5 Avec des 5

Dans les égalités suivantes, les parenthèses ont été oubliées. Les replacer.

a. $5 \times 5 + 5 \times 5 = 250$ **b.** $5 \times 5 + 5 \times 5 = 150$

6 Remise en place

Placer convenablement les nombres 5, 6, 7 et 8 dans les cases, pour que les égalités proposées soient exactes.

a. $(\square \times \square) + \square - \square = 33$

b. $(\square \times \square) - \square + \square = 29$

7 Au marché

Alex revient du marché avec 5 kg de pommes à 1,20 € le kg, 10 kg de haricots à 0,90 € le kg et 4 salades à 1,10 € pièce. Combien a-t-il déboursé ?

....

....

8 Musique

J'ai acheté deux DVD à 19 € l'un, trois CD à 7,30 € l'un et un livre à 11,40 €. J'avais 100 € dans mon portefeuille, combien me reste-t-il ?

....

....

9 Vive la rose

Les roses coûtent 0,45 € pièce pour les deux premières douzaines et 0,40 € pour les suivantes. Combien paiera-t-on 50 roses ?

....

....

10 Compter fleurette

Comment « combiner les feuilles pour trouver la fleur » ? Écrire l'expression trouvée avec des parenthèses.

....

MATHS

COUP DE POUCE

Pour les exercices 7, 8 et 9, écris une seule expression avec des parenthèses puis calcule-la.

ATTENTION

Pour la dernière fleur, deux réponses sont possibles.

Corrigés p. 109

9 Traiter des problèmes de proportionnalité

Comment traiter un problème de proportionnalité par la méthode du « passage à l'unité » ?

- Si le prix d'un kilo de tomates est le même, quelles que soient les quantités achetées, et si je sais que 3 kg ont coûté 2,55 €, alors je peux calculer le prix de 8 kg de tomates (par exemple).
  - Prix de 1 kg : $2{,}55 \div 3 = 0{,}85$.
  Donc 1 kg coûte 0,85 €.
  - Prix de 8 kg : $0{,}85 \times 8 = 6{,}80$.
  Donc 8 kg coûtent 6,80 €.
  - On dit alors que le prix est **proportionnel** à la quantité.

C'est la méthode du « passage à l'unité » (on passe par le prix de 1 kg).

★ 1 À la bonne tomate !

On sait que 3 kg de tomates coûtent 2,55 €.
Calculer au brouillon et remplir le tableau suivant.

Nombre de kg	0	1	2	3	4	5
Prix en euros				2,55		

★ 2 Le prix des chemises

Six chemises coûtent 93 €. Combien coûtent 11 chemises ?

★★ 3 À vitesse constante

On a chronométré les temps mis par un bolide sur un circuit de course.
Or, il manque deux données dans le tableau. Retrouver ces données.

Nombre de tours parcourus	7	13	
Temps mis (en secondes)	196		252

COUP DE POUCE
Le nombre de tours est proportionnel à la durée car la vitesse est supposée constante.

★★ 4 Partage

Yannis, Clara et Alizée sont passionnés de mangas. Ils en ont acheté 12 (tous au même prix) pour 33 €. Yannis en a pris 5, Clara 3 et Alizée le reste. Combien vont-ils payer chacun ?

Comment traiter un problème de proportionnalité par la méthode du « coefficient de proportionnalité » ?

- L'exemple du prix des tomates (voir exercice 1) montre que les nombres de la seconde ligne peuvent se calculer en multipliant ceux de la première ligne par un même facteur (qui est ici le prix d'un kg de tomates : 2,55 ÷ 3 = 0,85 €).

Nombre de kg	2	**3**	6
Prix en euros	1,70	**2,55**	5,10

× 0,85 — Coefficient de proportionnalité

5 Chez un second marchand de tomates

Ce marchant affiche 5 kg de tomates pour 4,50 €.
Déterminer le coefficient de proportionnalité et remplir le tableau.

Nombre de kg	5	7		0,5
Prix en euros	4,50		11,70	

(……)

Le coefficient de proportionnalité est : ……………………………………………

……………………………………………………………………………

Comment traiter un problème de proportionnalité dans des cas simples ?

- Prix des crevettes : 100 g pour 4,60 €.
Combien coûtent 300 g, 50 g, puis 350 g ?
  - 300 g, c'est 3 fois 100 g
    4,60 × 3 = 13,80
    donc 300 g coûtent 13,80 €.
  - 50 g, c'est la moitié de 100 g
    4,60 ÷ 2 = 2,30
    donc 50 g coûtent 2,30 €.
  - 350 g, c'est 300 g + 50 g
    13,80 + 2,30 = 16,10
    donc 350 g coûtent 16,10 €.

Chaque hectogramme de crevettes coûte 4,60 €. Le prix est donc proportionnel à la quantité.

On aurait pu calculer le prix d'un gramme (passage à l'unité), mais ici il y a beaucoup plus simple.

6 Consommation d'essence

Une voiture a consommé 13 litres d'essence pour parcourir 200 km.
Dans les mêmes conditions, combien consommera-t-elle pour parcourir 100 km, 50 km, puis 350 km ?

……………………………………………………………………………

……………………………………………………………………………

COUP DE POUCE
Inutile de chercher la consommation pour 1 km !

7 À bicyclette

En roulant toujours à la même vitesse, Paulette parcourt 50 km en 3 heures.
Quelle distance parcourt-elle en 1 h 30 ? en 6 h ? en 4 h 30 ?

……………………………………………………………………………

……………………………………………………………………………

Corrigés p. 109

10 Appliquer un taux de pourcentage

Comment appliquer un taux de pourcentage ?

Première méthode

Exemple : calculer 22 % de 400,

c'est effectuer $400 \times \frac{22}{100} = (400 \div 100) \times 22 = 4 \times 22 = 88$. On obtient 88.

Seconde méthode

22	?
100	400

(× 4)

Lorsque les nombres en présence sont simples, il est souvent plus rapide de penser à la proportionnalité. Ici on remarquera que 400 c'est 4 fois 100 ; donc 22 % de 400 c'est 4 × 22, c'est-à-dire 88.

1 Prix du service

Compléter ce ticket de caisse.

CRÊPERIE FIFI

Crêpe à la sardine	3,40 €
Crêpe au fromage	2,40 €
Crêpe au sorbet	2,80 €
Sous-total :	.... €
+ service 15 % :	.... €
Total :	.... €

2 Station-service

Compléter cette facture.

Station Dubois

4 litres d'huile	15,20 €
joint de vidange	0,60 €
filtre à huile	9,20 €
Sous-total:	...... €
+ T.V.A. 20 %:	...... €
Total:	...... €

COUP DE POUCE
Effectue les calculs au brouillon !

3 Appliquer un pourcentage

Compléter le tableau.

Les \ de	5	10	200	750
50 %	2,5			
70 %				
200 %				

COUP DE POUCE
Tu peux presque tout faire de tête !

4 Un questionnaire à choix multiples (un Q.C.M.)

Entourer, dans chaque cas, la bonne réponse.

a. Les 30 % de 300, c'est : 30 60 90

b. Les 80 % de 200, c'est : 16 160 280

c. Les 100 % de 55, c'est : 55 550 5,5

COUP DE POUCE
Pense à la deuxième méthode exposée ci-dessus.

5 De toutes les couleurs

Dans un collège de 500 élèves, il y a 50 % de bruns, 25 % de blonds, 20 % de châtains et 5 % de roux. Calculer le nombre d'élèves de chaque catégorie.

....

....

6 Au supermarché

Pour la semaine commerciale, le supermarché Rubin propose une réduction de 8 % à sa clientèle. Jade achète un livre marqué 24 €. Combien va-t-elle le payer ?

....

....

ATTENTION
Calcule d'abord la réduction !

7 Espace vert

Enzo prend livraison d'une tondeuse coûtant 1 100 €.
Il a déjà versé 30 % à la commande. Combien lui reste-t-il à payer ?

....

....

MATHS

8 Hausse des prix

Dans un pays imaginaire, les prix ont augmenté de 6,3 % en un an.
Combien coûte aujourd'hui un objet qui valait 220 € il y a un an ?

....

....

COUP DE POUCE
Calcule d'abord l'augmentation !

9 Achat par correspondance

J'achète un jouet par correspondance.
Un fournisseur A le propose à 45 euros, frais de port inclus.
Un fournisseur B propose le même jouet à 40 euros, mais il faut ajouter 15 % pour le port.

Que choisir ? ....

....

10 Les bonnes affaires

Qu'est-ce qui est le moins cher : un short à 25 € avec une remise de 40 %, ou un polo à 20 € avec une remise de 20 % ?

....

....

....

11 Négociations

a. Tu veux acheter un smartphone dont le prix affiché est 120 €.
Le vendeur te dit : « Je t'accorde un rabais de 20 % ; cela fera donc 100 € tout rond ».

Es-tu d'accord ? ....

b. Finalement, le smartphone de la question précédente ne te plaît pas. Tu en choisis un autre dont le prix affiché est 90 €. Alors le vendeur te dit : « J'allais justement mettre le prix à jour, il a augmenté de 10 %. Donc il vaut maintenant 100 € pile ».

Es-tu d'accord ? ....

Corrigés p. 110

11 Connaître et construire des droites

Que signifient les mots « parallèles », « perpendiculaires », « sécantes » ?

Vocabulaire

- d et d' sont **parallèles** : $d \parallel d'$
- d et D sont **perpendiculaires** : $d \perp D$
- d' et D' sont **sécantes** en S.

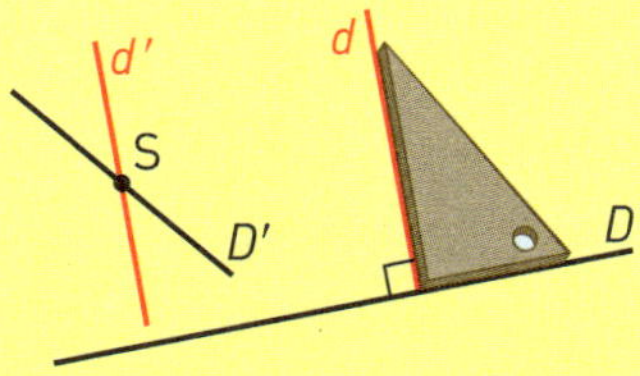

Propriétés

- Si deux droites d et d' sont perpendiculaires à une même troisième D, alors ces deux droites sont parallèles.
- Si deux droites d et d' sont parallèles, alors toute droite perpendiculaire à l'une est perpendiculaire à l'autre.

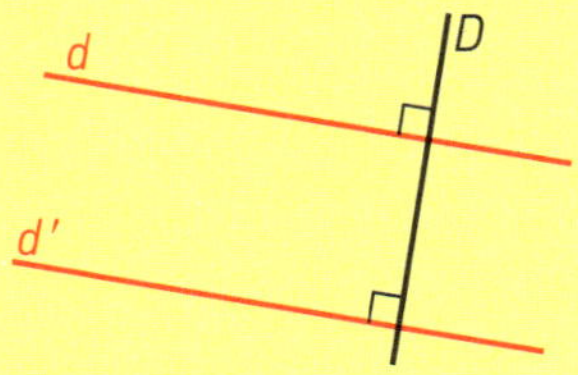

1 Vocabulaire

Dans la figure ci-contre :

a. Deux droites sont parallèles.

Lesquelles ? ....

b. Citer deux droites perpendiculaires.

....

c. Citer deux droites sécantes sans être perpendiculaires. ....

d. Les droites c et d sont-elles sécantes ? ....

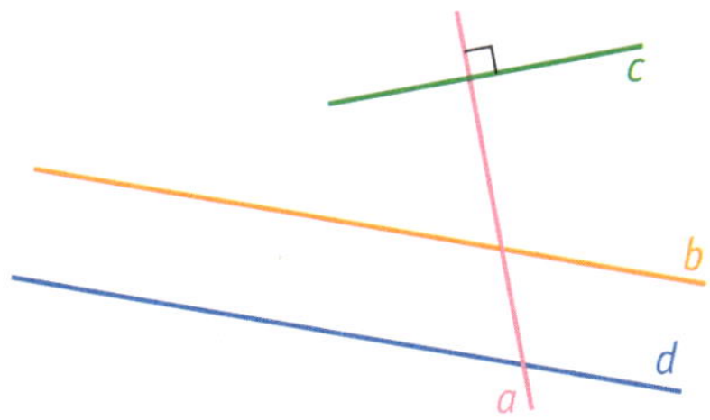

ATTENTION
Deux droites sécantes ne se coupent pas toujours sur la feuille !

2 Sans équerre, ni compas

Dans chacun des cas :

- placer un point B tel que les droites (AB) et d soient parallèles.
- placer un point C tel que les droites (AC) et d soient perpendiculaires.
- placer un point D tel que (AD) et d soient sécantes sans être perpendiculaires.

a.

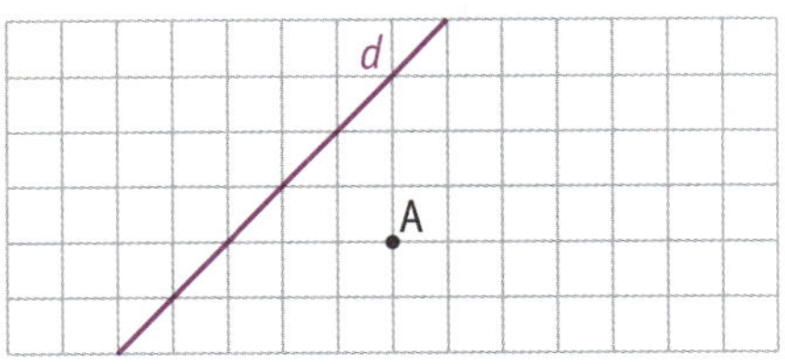

b.

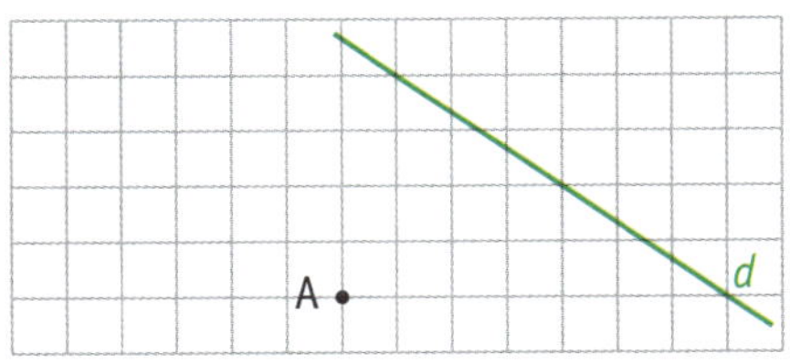

COUP DE POUCE
Il y a souvent plusieurs réponses possibles.

Comment construire une parallèle avec une équerre ?

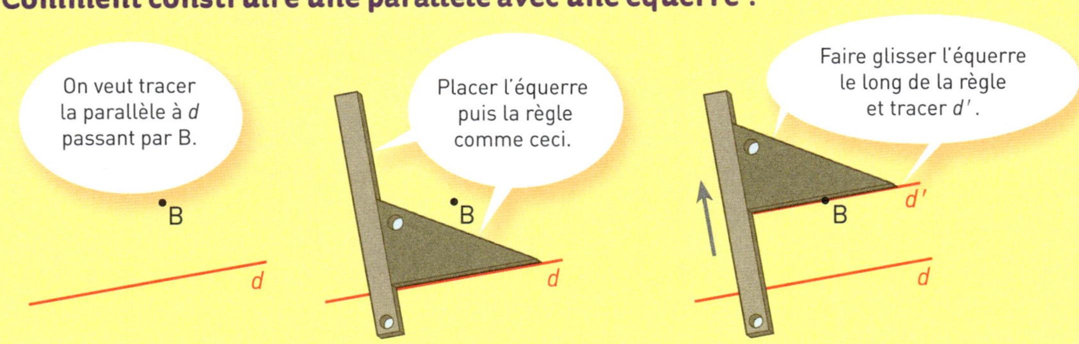

3 Avec une équerre

- Tracer la droite *D* passant par A et perpendiculaire à *d*.
- Tracer la droite *d'* passant par A et perpendiculaire à *D*.

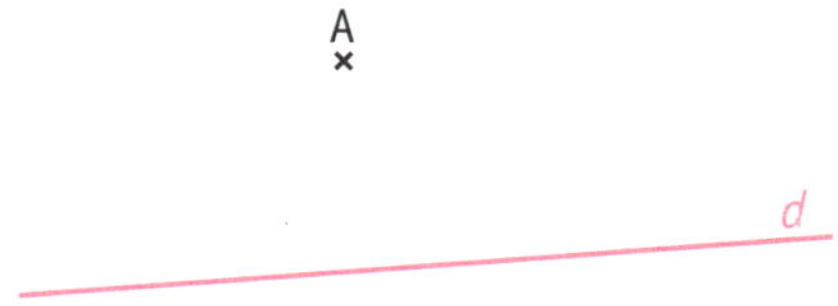

Que peut-on dire des droites *d* et *d'* ? ....

COUP DE POUCE

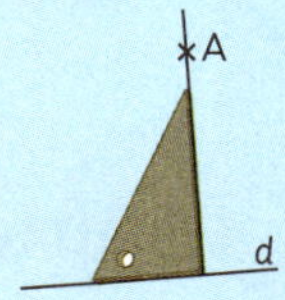

Que signifient les mots « segment » et « demi-droite » ?

- En rouge, le **segment** [AB] d'extrémités A et B :

- En bleu, la **demi-droite** [O*x*) d'origine O :

4 Segments et demi-droites

ATTENTION
Ne confonds pas AB, [AB] et [AB).

a. À l'aide d'un compas, placer sur la demi-droite [J*x*) le point C tel que JC = AB. Puis, sur [J*y*), placer le point D tel que JD = AB.

b. Quelle est la position de J dans le segment [CD] ? ....

5 Distance d'un point à une droite

Une route droite (AB) relie les points A et B.
Un piéton part du point P pour rejoindre la route (AB) en parcourant la plus courte distance possible.
Il atteint ainsi un point H.

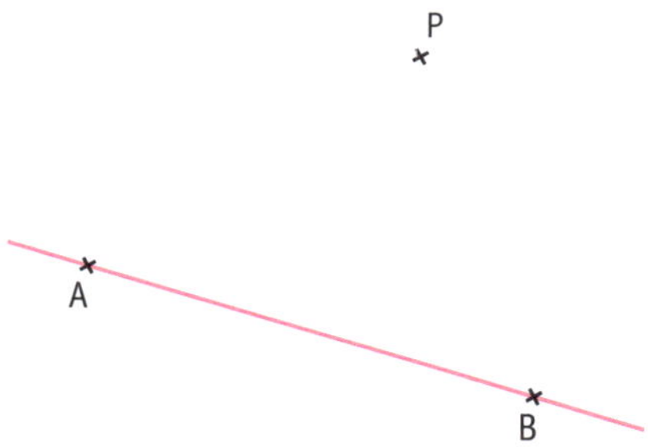

a. Construire le point H. Quel est l'instrument de cette construction ? ....

b. Mesurer sur le dessin la distance du point P à la droite (AB) : ....

6 Points alignés

On dit que des points sont **alignés** quand ils sont situés sur une même droite (tracée ou non).

Parmi les 8 points ci-dessous, trouver 3 points alignés : ....

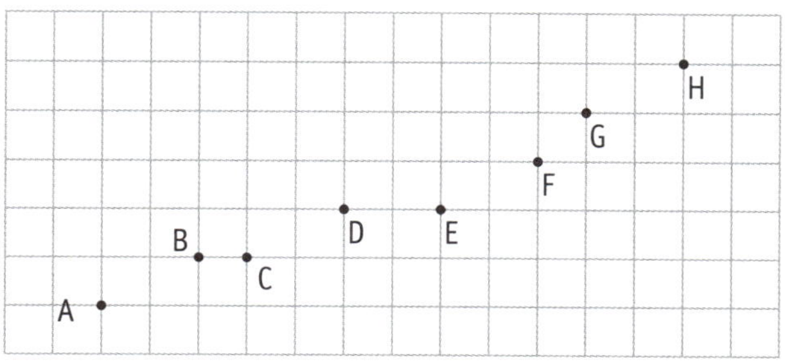

Corrigés p. 111

12 Construire des cercles

Comment s'imaginer le cercle, le centre, le rayon, le diamètre ?

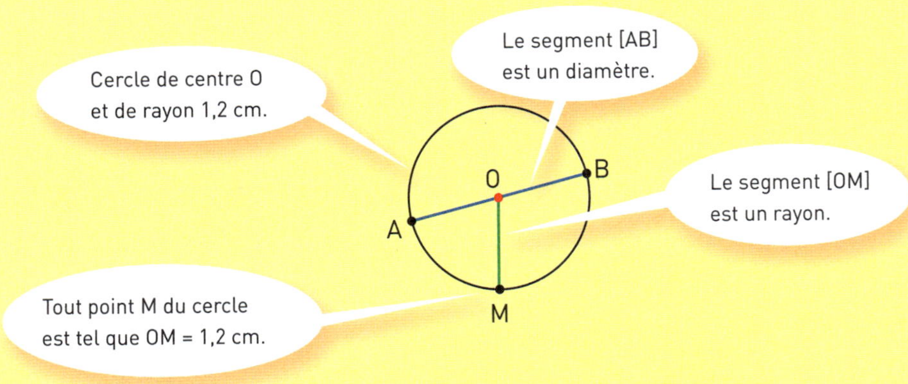

Un point N tel que ON = 1,2 est sur le cercle.

★ 1 Couronne

Construire et colorier la région des points situés à plus de 1,5 cm de A et à moins de 2 cm de A.

•A

COUP DE POUCE
Il y a deux cercles à tracer.

★★ 2 Hexagone régulier

a. Tracer un cercle de centre C et de 3 cm de rayon. Marquer un point H sur ce cercle. Construire au compas, sur ce cercle, les points E, X, A, G et O tels que HEXAGO soit un hexagone régulier.

•C

b. Calculer le périmètre de cet hexagone.

....

....

c. Joindre C aux six sommets de l'hexagone.
Que peut-on dire des six triangles ainsi dessinés ?

....

....

INFO
a. Hexagone régulier :

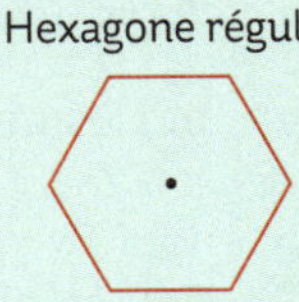

COUP DE POUCE
Voir chapitre 14.

3 Partage d'un triangle

A, B et C sont trois points d'un cercle de centre O.
Comment partager le triangle ABC en trois triangles isocèles ?

Justifier ....

....

....

....

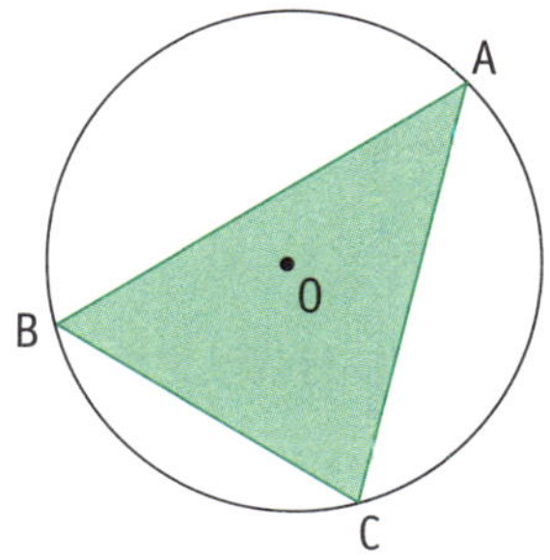

COUP DE POUCE
Voir chapitre 14.

4 Construire un triangle ayant trois côtés de longueurs connues

a. Construire un triangle ABC tel que AB = 3,5 cm, AC = 4 cm et BC = 6 cm.

COUP DE POUCE
Utilise le compas pour reporter une longueur.

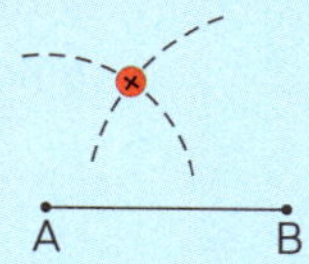

b. Calculer le périmètre du triangle ABC.

....

....

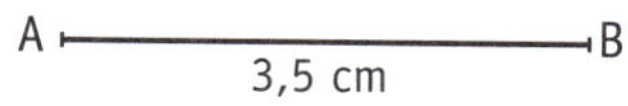

5 Le ballon de rugby et l'œuf

a. Construire un ballon ovale en suivant le modèle ci-dessous.

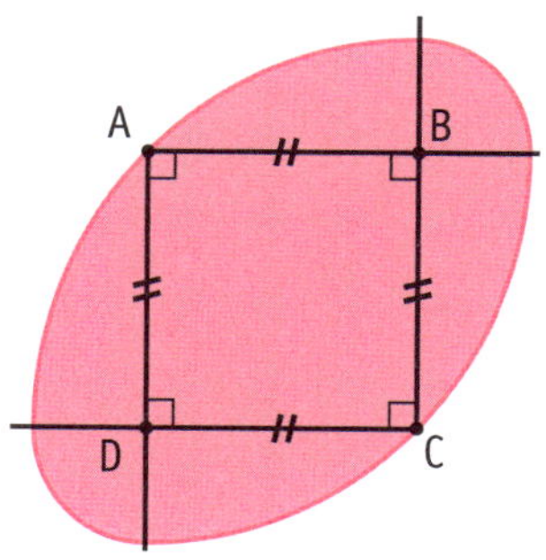

ATTENTION
Pour chaque arc de cercle, repère bien le centre et le rayon.

b. Même question avec un œuf.

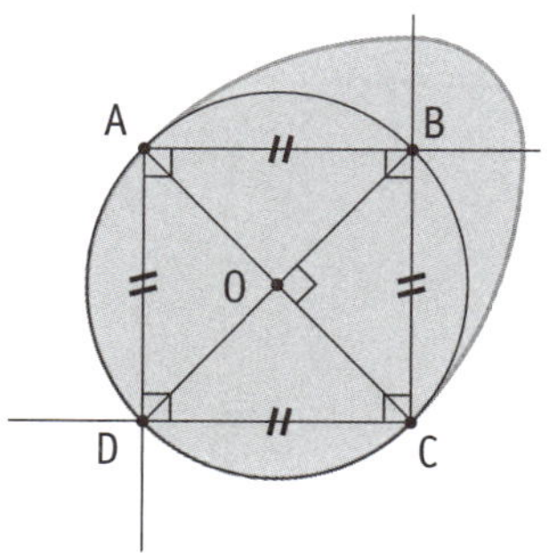

COUP DE POUCE
Construis d'abord un carré ABCD.

Corrigés p. 111

MATHS

13 Connaître et construire la médiatrice d'un segment

Qu'est-ce que la médiatrice d'un segment ?

Définition et propriété

- La **médiatrice** du segment [AB] est la perpendiculaire à (AB) passant par le milieu de [AB].
- La médiatrice de [AB] est constituée des points situés à égale distance de A et de B. On dit que ces points sont **équidistants** de A et B.

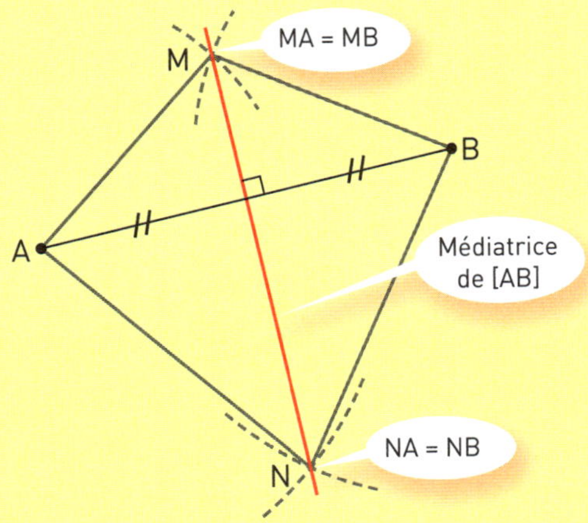

Construction

- Choisir un écartement de compas (ni trop grand, ni trop petit).
- Tracer deux arcs de cercle de centre A, de part et d'autre de [AB].
- Avec le même écartement, tracer deux arcs de cercle de centre B, de part et d'autre de [AB].
- Ces arcs se coupent en M et N.

Tracer la droite (MN) : c'est la médiatrice de [AB].

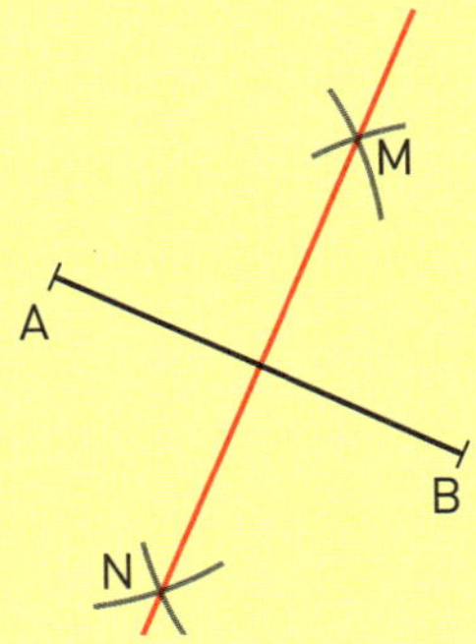

1 Médiatrices de deux segments

a. Construire les médiatrices de [AB] et [AC].
b. Y a-t-il un point à égale distance de A, B et C ?

Pourquoi ? ....

....

....

....

....

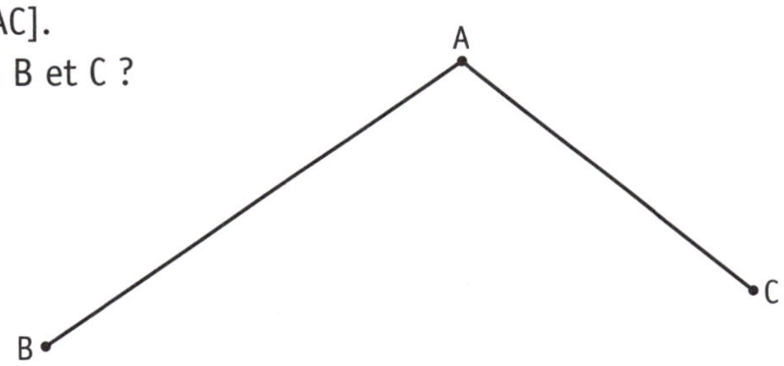

COUP DE POUCE
a. Prends ton compas.
b. Chaque point de la médiatrice de [AB] est équidistant de A et B.

2 Avec trois points alignés A, B et C

a. Construire les médiatrices de [AB] et [BC].
b. Que peut-on dire de ces deux médiatrices ?

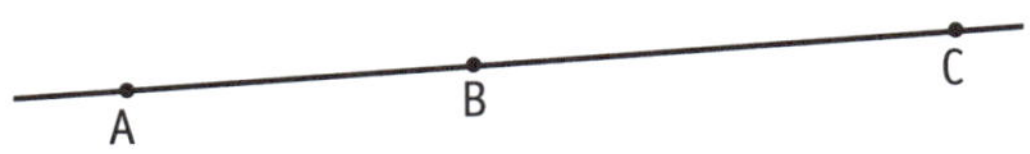

Justifier : ....

....

....

3 Cercle « circonscrit » à un triangle

a. Construire les médiatrices des trois côtés du triangle ABC.

b. On appelle O le point commun aux trois médiatrices.
Expliquer pourquoi O est à égale distance des trois sommets.

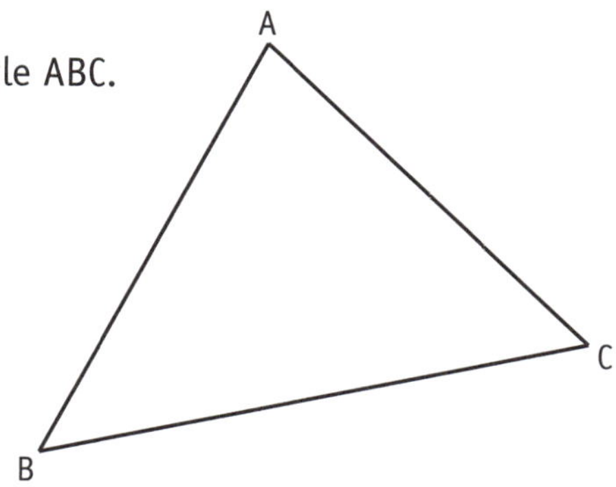

....

....

....

c. Tracer le cercle de centre O passant par A, B et C.

4 Une médiatrice dans un rectangle

a. Construire la médiatrice de la diagonale [BD].

b. Cette médiatrice passe-t-elle par A ? Pourquoi ?

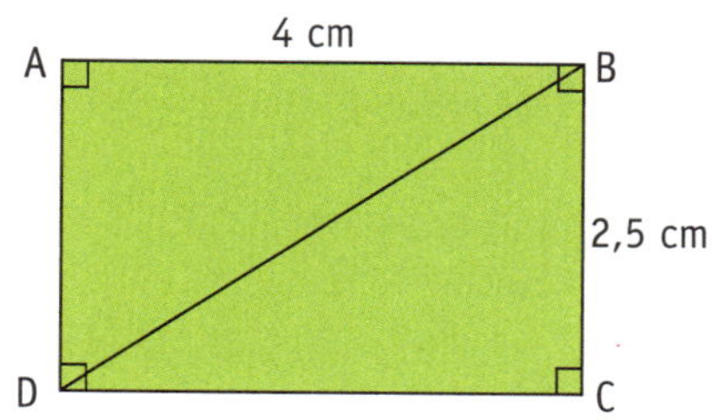

....

....

5 Une médiatrice dans un carré

a. Construire la médiatrice de la diagonale [BD].

b. Cette médiatrice passe-t-elle par A ? Pourquoi ?

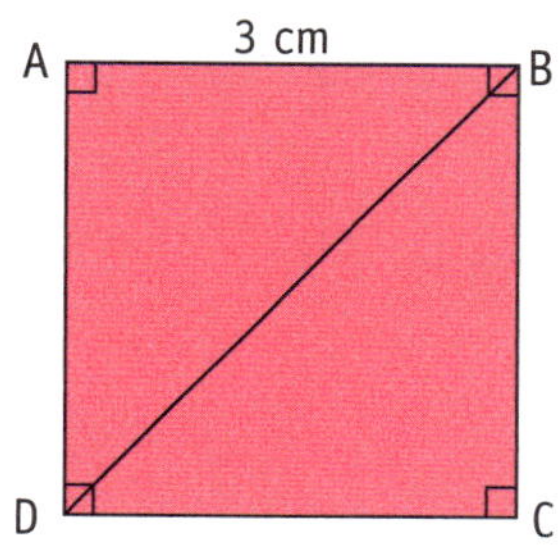

....

....

6 Chacun chez soi

Dans une île, il y a deux villages A et B. Malheureusement, les moutons de A vont brouter dans les prairies de B et vice versa. Alors les habitants ont décidé de construire une clôture pour séparer les deux territoires.
Le territoire du village A est constitué des points qui sont plus près de A que de B.
Le territoire de B est constitué des points qui sont plus près de B que de A.
Quelle est la frontière ?
La construire.

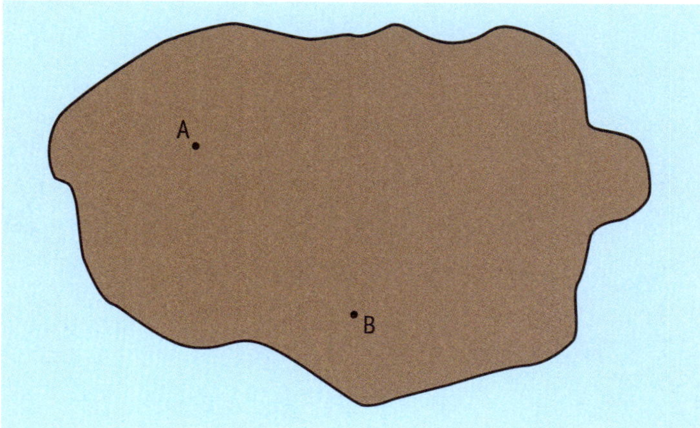

....

COUP DE POUCE
Si la construction est précise, on voit les trois médiatrices se couper en un même point.

MATHS

Corrigés p. 112

ESPACE ET GÉOMÉTRIE

14 Connaître les triangles particuliers

Quels sont les triangles particuliers ?

Triangle isocèle

Triangle ABC isocèle en A

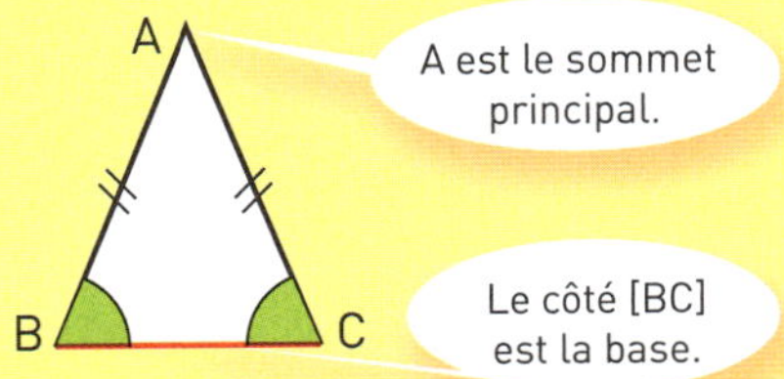

- Deux côtés ont la même longueur : ici, AB = AC.
- Les deux angles « à la base » ont même mesure : ici, $\widehat{ABC} = \widehat{ACB}$.

Triangle équilatéral

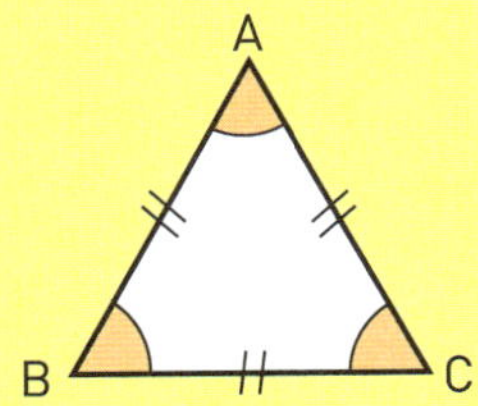

- Les trois côtés ont la même longueur.
- Les trois angles ont la même mesure : 60°.

Triangle rectangle

Triangle ABC **rectangle en A** : l'angle $\widehat{BAC}$ est droit.

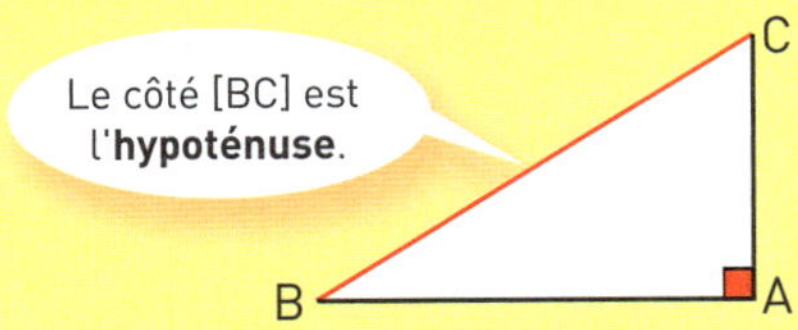

Triangle rectangle isocèle

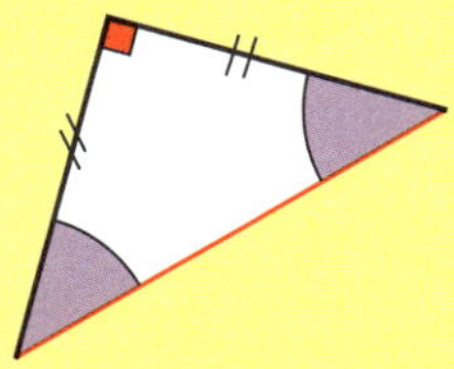

- Triangle à la fois rectangle et isocèle.
- Les angles aigus mesurent 45°.

★★ 1 Triangles rectangles

Citer les six triangles rectangles tracés sur cette figure.

....

....

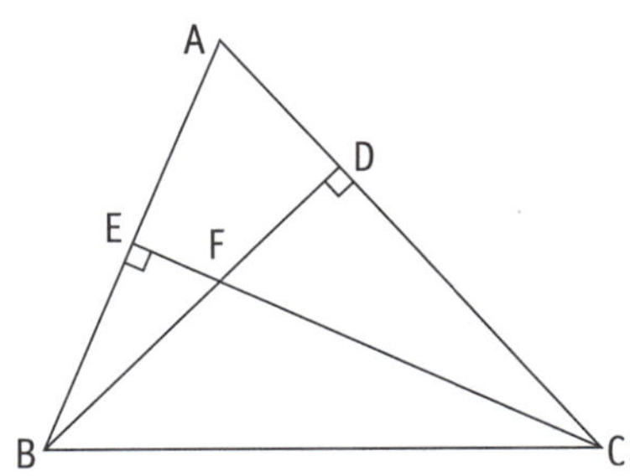

★★ 2 Triangles isocèles

Citer les huit triangles isocèles de cette figure.

....

....

....

....

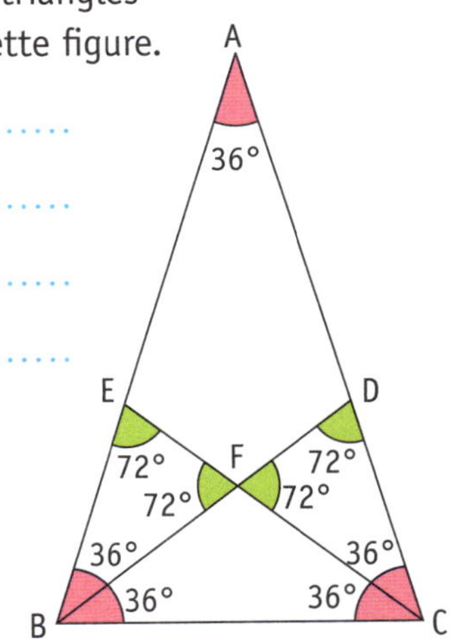

ATTENTION

Avant de faire ces exercices, tu peux revoir la mesure des angles au chapitre 24.

INFO

Un triangle ayant deux angles de même mesure est isocèle.

★ 3 Construction d'un triangle équilatéral

Construire, à l'aide du compas, un triangle ABC équilatéral (les sommets A et B sont donnés).

A •

B •

4 Construction de triangles isocèles

En s'inspirant des petits modèles en marge, construire un triangle…

a. …PIF isocèle en I, tel que PF = 6 cm et PI = 5 cm.

P 6 cm F

b. …ZEN isocèle en Z, tel que EN = 4 cm et $\widehat{NEZ} = 65°$.

E 4 cm N

c. Quel est le périmètre de PIF ? ……………………………………

COUP DE POUCE

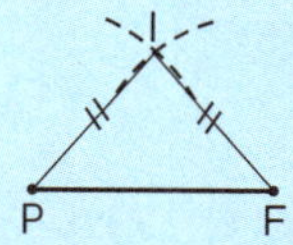

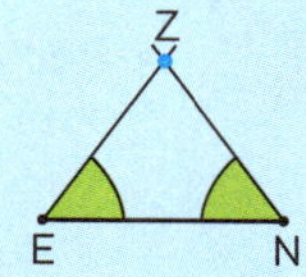

5 Construction de triangles rectangles

En s'inspirant des petits modèles en marge, construire un triangle…

a. …EAU rectangle en A, tel que AU = 4,2 cm et AE = 3,5 cm.

A U

b. …VIN rectangle en I, tel que VI = 5 cm et VN = 6 cm.

V I

COUP DE POUCE

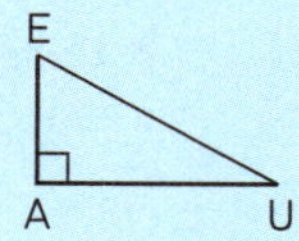

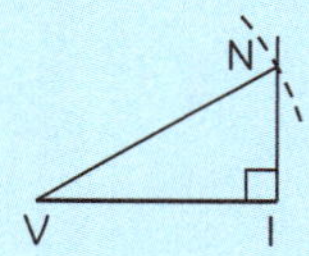

c. …KIR rectangle en I, tel que KI = 4 cm et $\widehat{IKR} = 30°$.

K I

d. …LIE rectangle en I, tel que LE = 5,5 cm et $\widehat{ILE} = 35°$.

L E

COUP DE POUCE

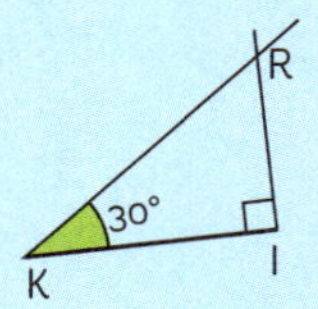

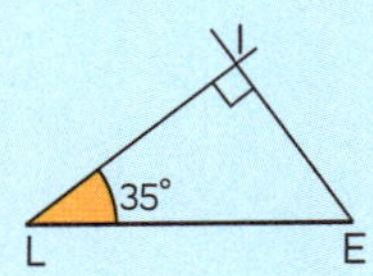

Corrigés p. 113

15 Connaître les quadrilatères particuliers

Quels sont les quadrilatères particuliers ?

Rectangle

Un rectangle est un quadrilatère ayant 4 angles droits.

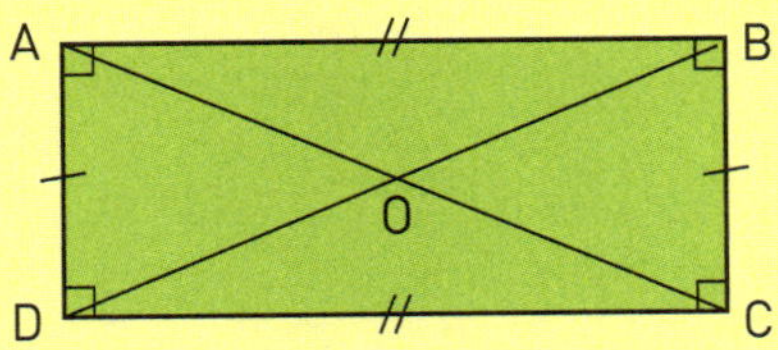

- Côtés opposés parallèles et de même longueur.
- Diagonales de même longueur et se coupant en leur milieu.

Losange

Un losange est un quadrilatère ayant tous ses côtés de même longueur.

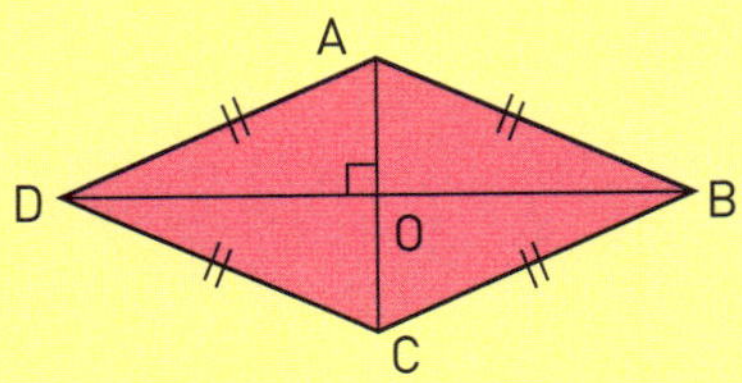

- Côtés opposés parallèles.
- Diagonales perpendiculaires et se coupant en leur milieu.
- Angles opposés de même mesure.

Carré

Un carré est un quadrilatère qui est à la fois un rectangle et un losange.

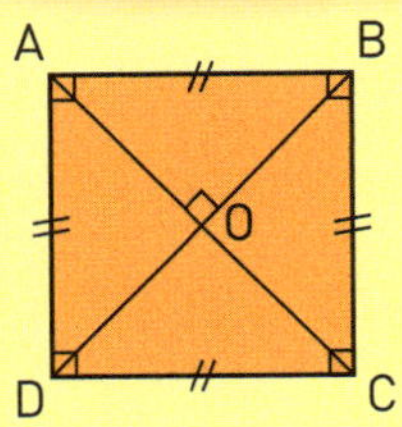

Le carré a toutes les propriétés du rectangle et du losange.

Parallélogramme

Un parallélogramme est un quadrilatère ayant ses côtés opposés parallèles.

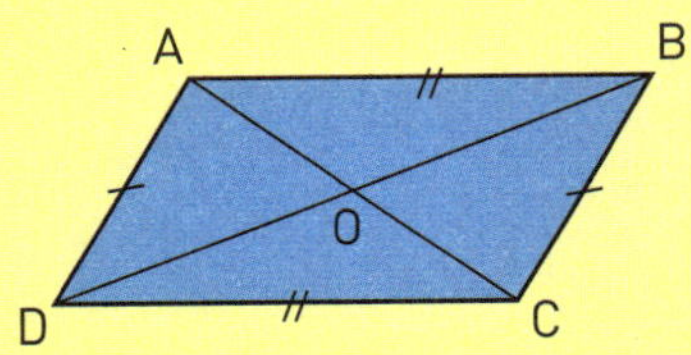

- Côtés opposés parallèles et de même longueur.
- Diagonales se coupant en leur milieu.

1 Carré (1)

Construire un carré ROND tel que O soit sur *d* et D sur *d'*.

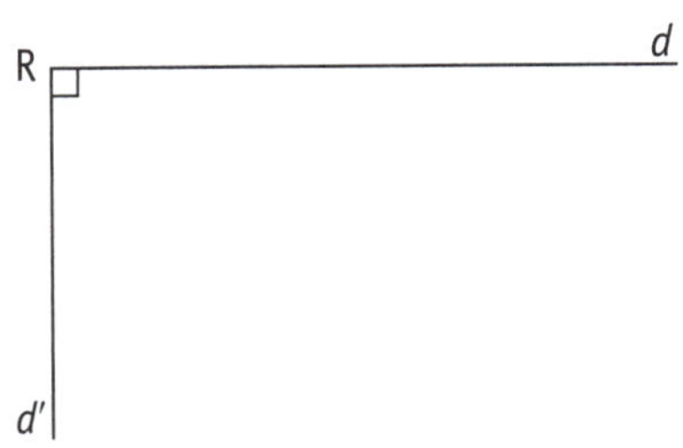

2 Carré (2)

Compléter le carré SNCF dont on a dessiné la diagonale [SC].

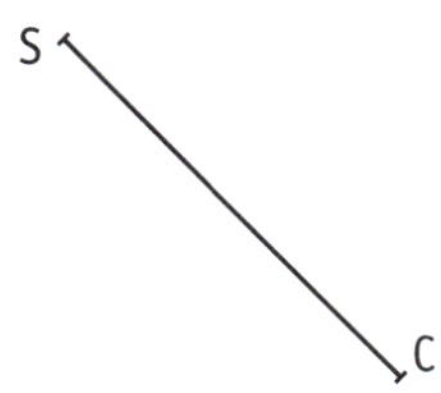

COUP DE POUCE

Pour l'exercice 2, que sais-tu des diagonales d'un carré ?

3 Carré dans un cercle

a. Tracer un cercle de centre O et marquer un point A sur le cercle.

b. Construire un carré ABCD ayant ses 4 sommets sur le cercle.

4 D'un rectangle à un...

a. Construire un rectangle ABCD.

b. Déterminer les milieux des quatre côtés.
Former un quadrilatère en joignant ces quatre milieux.

c. Quelle est la nature de ce dernier quadrilatère ?

....

> **COUP DE POUCE**
> Pour déterminer le milieu d'un segment sans mesurer, tu peux construire la médiatrice de ce segment.

5 Dans un carré

ABCD est un carré.
Citer les huit triangles rectangles isocèles de cette figure.

....

....

....

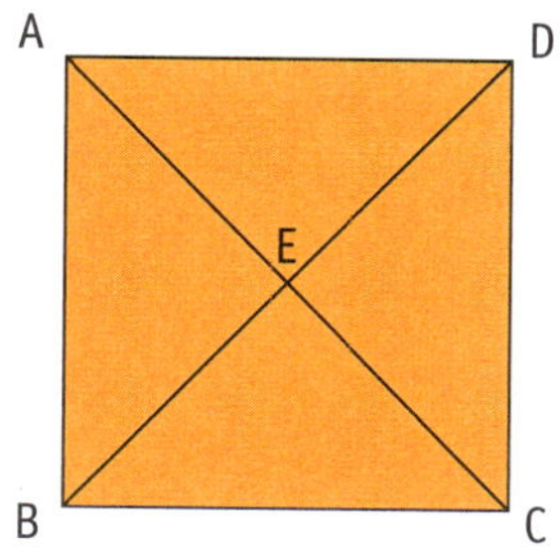

MATHS

6 Parallélogramme

Construire le sommet D du parallèlograme ABCD.

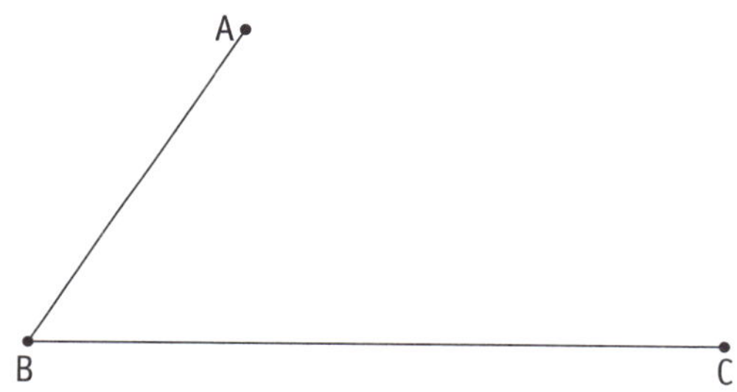

7 Partages

a. Partager ce rectangle en 2 triangles rectangles.

b. Partager ce rectangle en 4 triangles isocèles.

c. Partager ce parallélogramme en un losange et un autre parallélogramme.

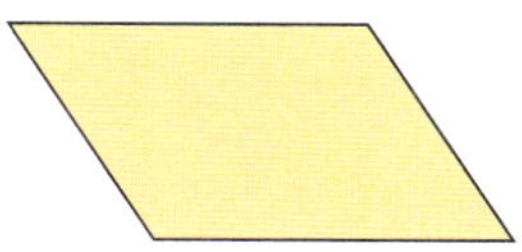

d. Partager ce losange en 2 triangles isocèles.

e. Partager ce losange en 4 triangles rectangles.

> **COUP DE POUCE**
> Tu peux utiliser les propriétés des diagonales. Les solutions ne sont pas toujours uniques.

Corrigés p. 114

16 Construire des symétriques

Qu'appelle-t-on « points symétriques » par rapport à une droite ?

- A′ est le symétrique du point A par rapport à la droite *d*.
- A et A′ sont superposables par pliage autour de *d*.
- **La droite *d* est la médiatrice du segment [AA′].**
- Seuls les points de la droite *d* sont confondus avec leur symétrique.

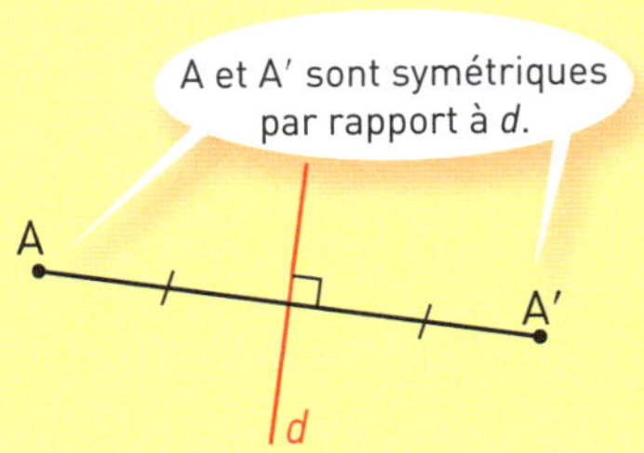

1 Ai-je bien compris ?

a. Placer le symétrique P′ du point P par rapport à la droite *d*.

b. Compléter les phrases suivantes.

- La droite *d* est la .... du segment [PP′].
- Le symétrique de I par rapport à *d* est ....
- Le point I est .... de P et de P′. Donc le triangle PP′I est ....

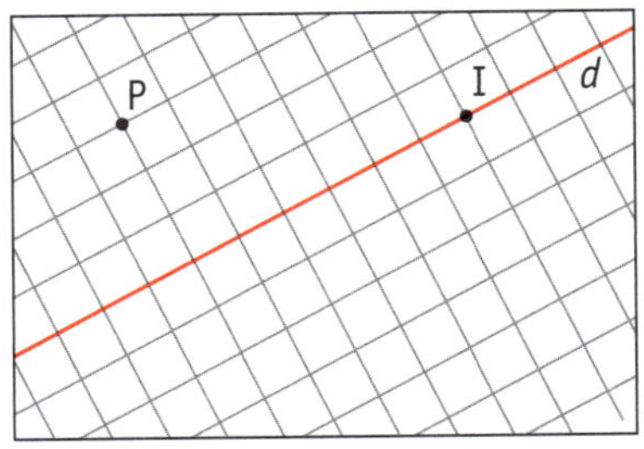

2 Sur un quadrillage

Marquer les symétriques A′, B′, C′ et D′ des points A, B, C et D par rapport à la droite *d*.

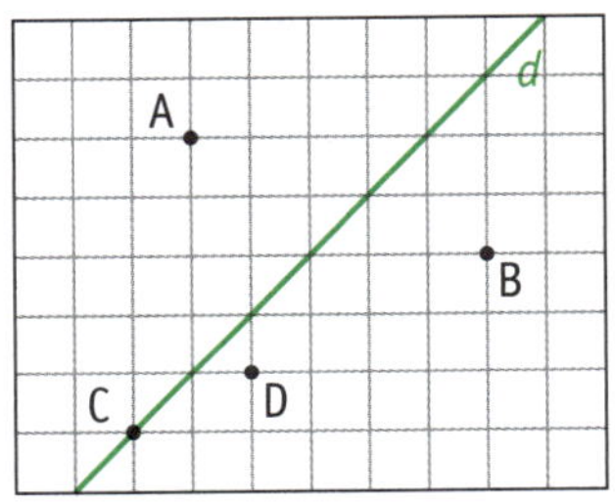

Qu'appelle-t-on « figures symétriques » par rapport à une droite ?

- $\mathcal{M}'$ est la figure symétrique de la figure $\mathcal{M}$ par rapport à la droite *d*.
- $\mathcal{M}$ et $\mathcal{M}'$ sont superposables par pliage autour de *d*.
- On dit aussi que *d* est : l'**axe de symétrie** de la figure obtenue en réunissant $\mathcal{M}$ et $\mathcal{M}'$.

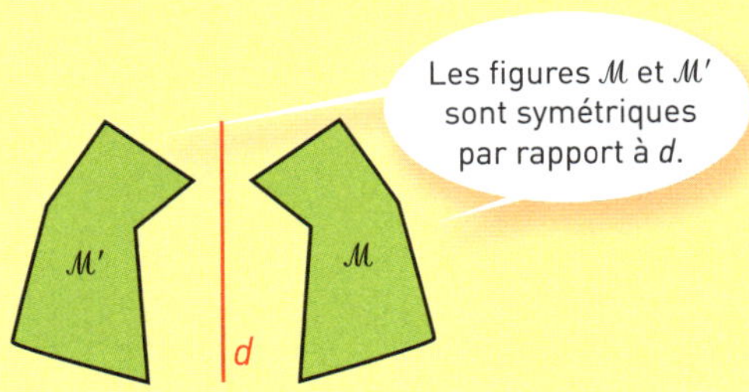

3 Figure sur quadrillage (1)

Compléter la figure coloriée pour que *d* soit son axe de symétrie.

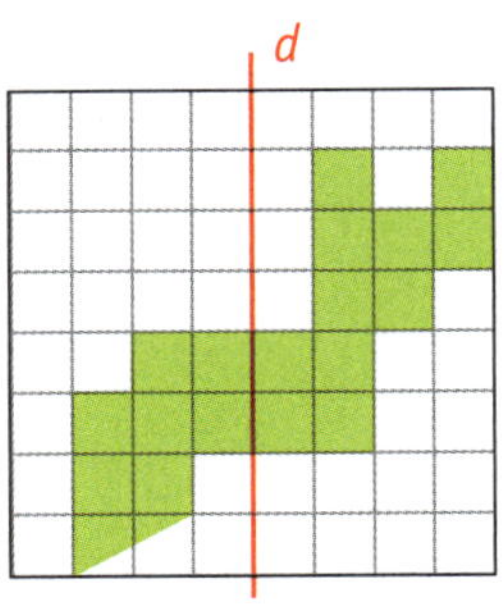

4 Figure sur quadrillage (2)

Compléter la figure coloriée pour que d_1 et d_2 soient ses axes de symétrie.

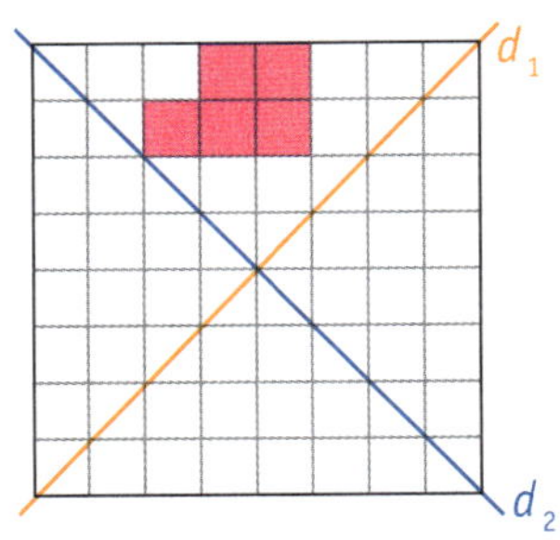

ATTENTION

Pour les exercices 3 et 4, tu dois colorier le moins de cases possible.

COUP DE POUCE

Exercice 4 : commence par compléter de façon que d_1 soit un axe de symétrie.

Comment construire le symétrique d'un point M par rapport à une droite *d* ?

▶ **1re étape**

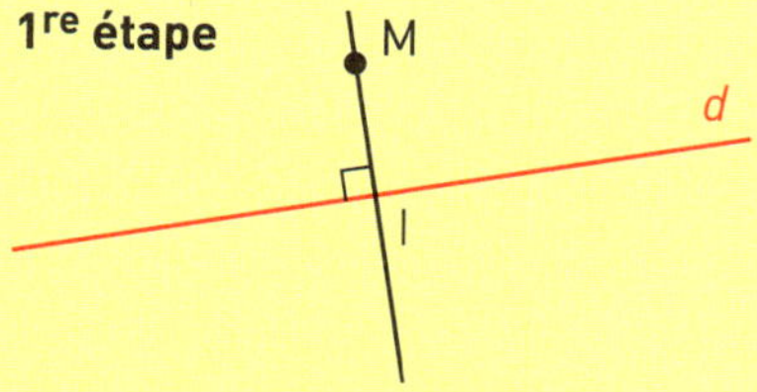

On trace (avec l'équerre)
la perpendiculaire à *d* passant par M.
Elle coupe *d* en I.

▶ **2e étape**

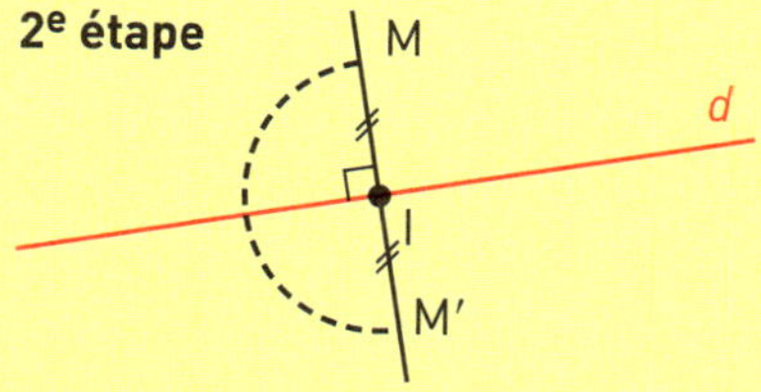

Sur cette perpendiculaire, on marque
(avec le compas piqué en I) le point M′
tel que : IM′ = IM.

MATHS

★ 5 Triangle isocèle

Construire le triangle isocèle FOC sachant que (O*x*) est son axe de symétrie.

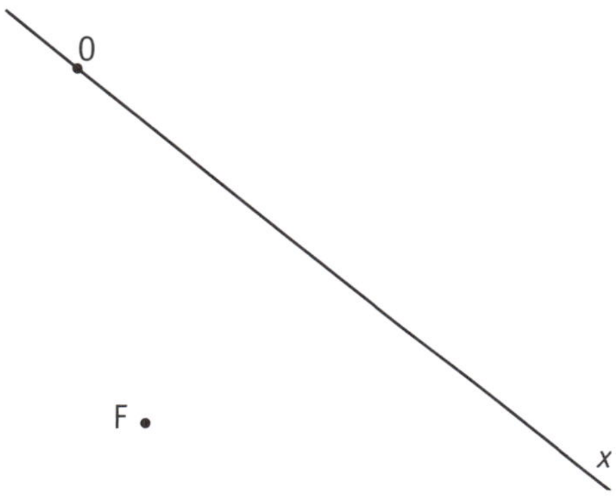

★★ 6 Triangle équilatéral

a. Construire un triangle équilatéral SPI sachant que *d* est l'un de ses axes de symétrie et que P est sur *d*.

b. Construire ses deux autres axes de symétrie.

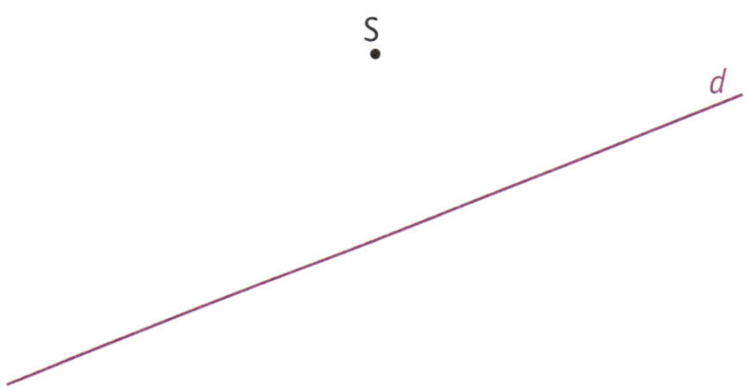

★ 7 Rectangle

a. Construire le rectangle SURF sachant que *d* est l'un de ses axes de symétrie.

b. Construire son second axe de symétrie *d*′.

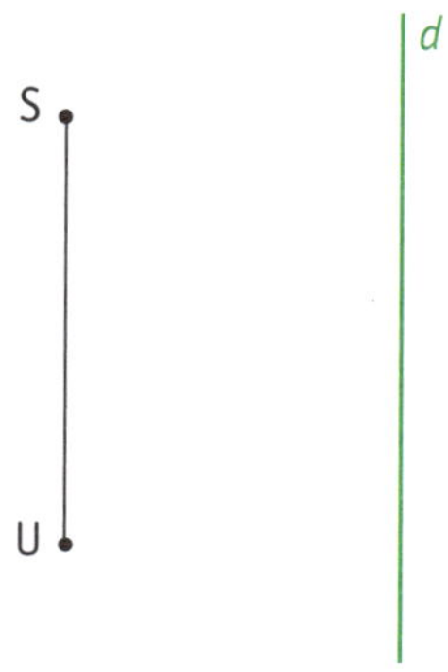

★ 8 Losange

a. Construire le losange PING sachant que *d* est l'un de ses axes de symétrie.

b. Tracer son second axe de symétrie *d*′.

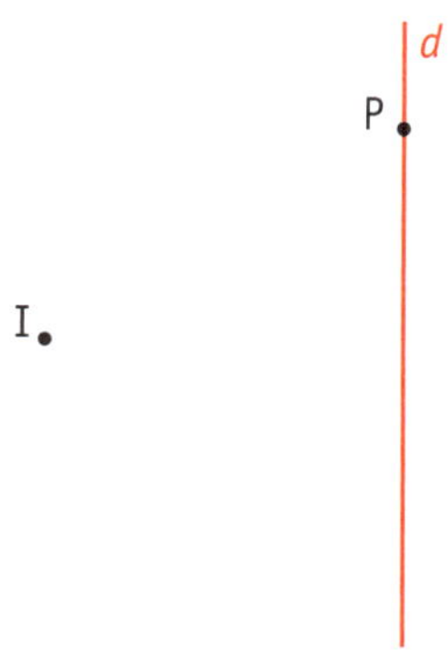

Corrigés p. 114

17 Connaître les parallélépipèdes rectangles

Qu'est-ce qu'un parallélépipède rectangle ?

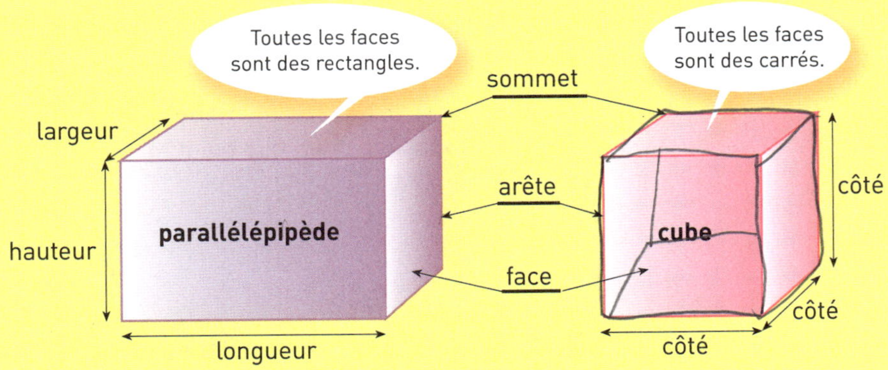

Remarques : • Le cube est un parallélépipède rectangle particulier.
• On peut dire « **pavé droit** » au lieu de « parallélépipède rectangle ».

★ 1 Combien ?

Dans un parallélépipède, il y a ..6.. faces, ..14.. arêtes et ..8.. sommets.

> **ATTENTION**
> Ne te limite pas à ce qui apparaît sur un dessin. Pense aux faces cachées…

★★ 2 Longueur des arêtes

a. Un cube a 10 cm d'arête.
Calculer la longueur totale de toutes ses arêtes.

12 × 10 = 1020

b. Un parallélépipède a pour dimensions : 15 cm ; 12 cm ; 8 cm.
Calculer la longueur totale de toutes ses arêtes.

1680

> **COUP DE POUCE**
> **b.** N'hésite pas à manipuler un cube ou un parallélépipède. C'est parfois une aide très utile.

★ 3 Le paquet cadeau

Quelle longueur de ruban faut-il pour ficeler ce paquet sachant qu'on emploie 40 cm pour le nœud ? (voir figure)

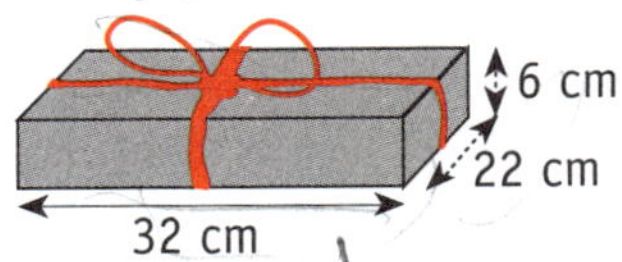

32 × 2 = 64 ; 22 × 2 = 44 ; 6 × 4 = 26 ; 64 + 44 + 26 + 40 = 174 cm

★ 4 Perspective

Compléter ces dessins représentant deux pavés droits en perspective.

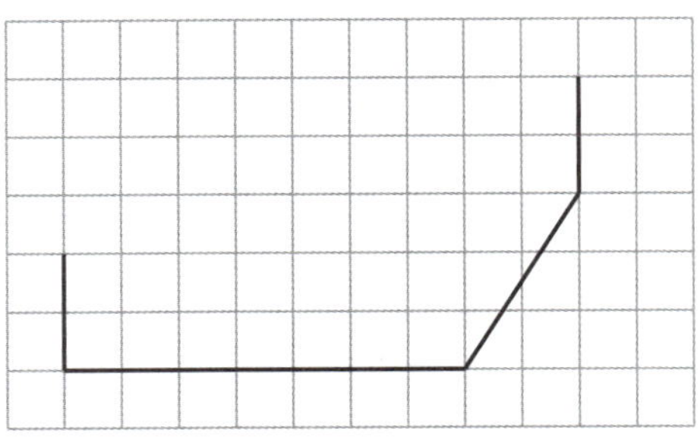

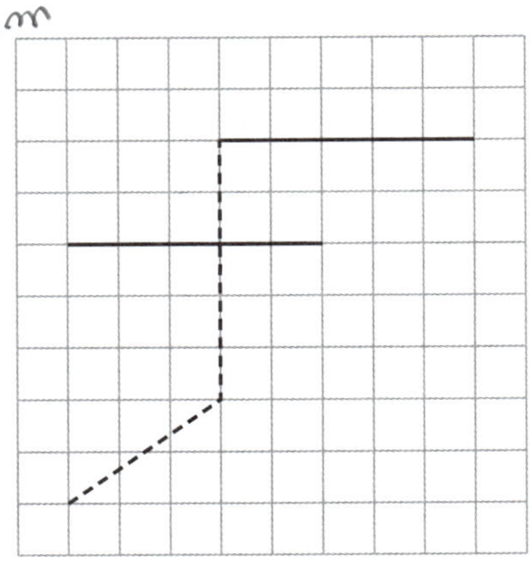

> **COUP DE POUCE**
> Les arêtes cachées sont en pointillés.

Comment construire un parallélépipède à partir d'un patron ?

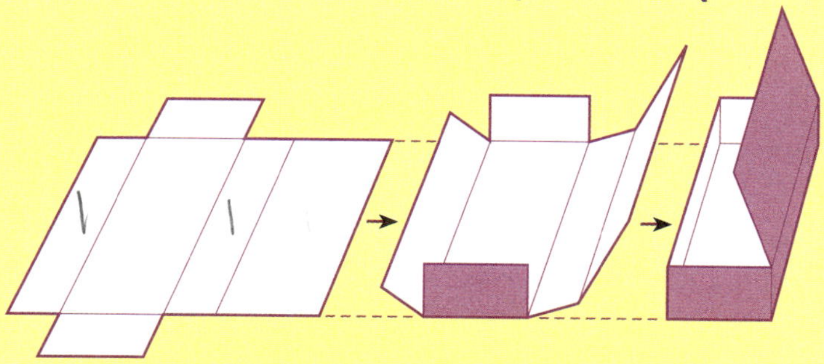

MATHS

5 Un patron à compléter

Voici un patron incomplet d'un parallélépipède.
Ajouter les faces manquantes sans dépasser le quadrillage.

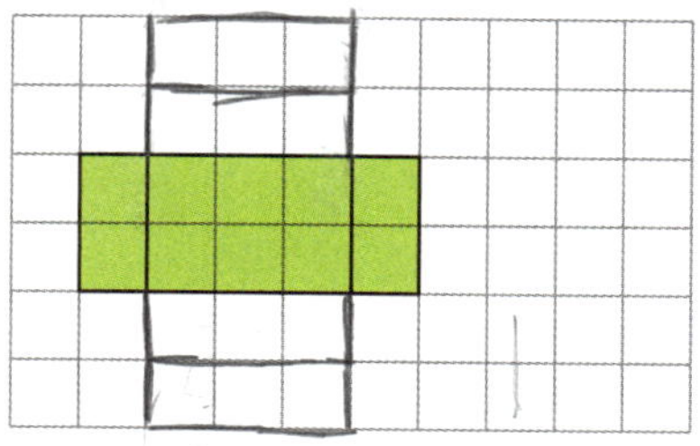

COUP DE POUCE
Il y a quatre manières de le faire. Essaie de les trouver sur un brouillon.

6 Patron, pas patron ?

Parmi les dessins suivants, indiquer ceux qui sont des patrons de cubes.

A ; D

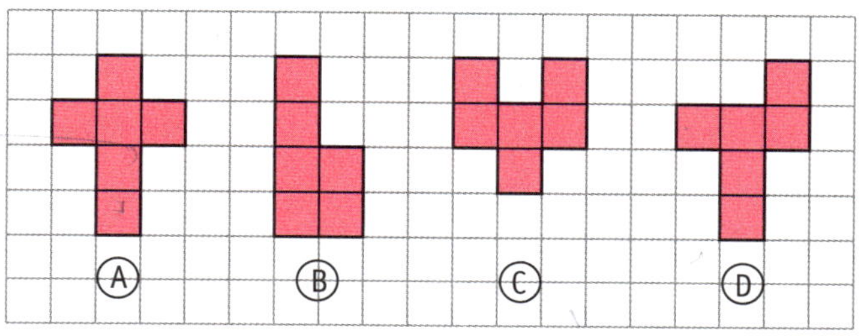

7 De quoi se sucrer !

Des morceaux de sucre ont la forme de petits parallélépipèdes ayant 3 cm de long, 2 cm de large et 1 cm de haut.

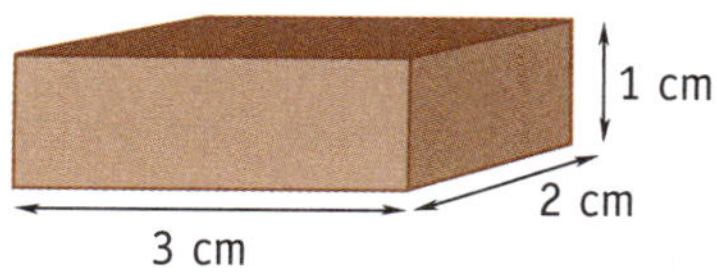

On les range dans une boîte dont les dimensions intérieures sont 18 cm, 12 cm et 7 cm (voir dessin).

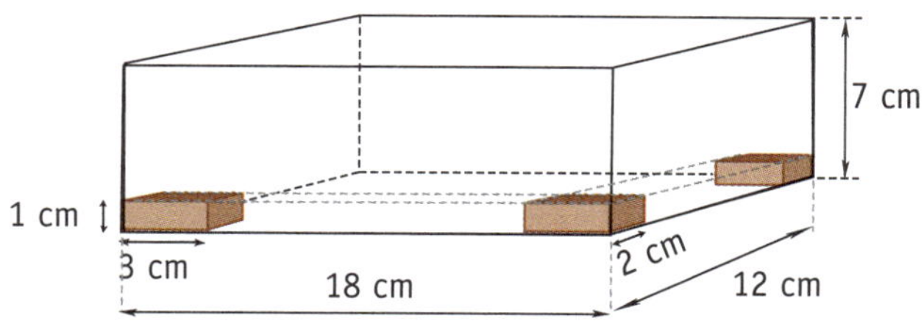

a. Combien peut-on aligner de morceaux « en longueur » ? ....

b. Combien peut-on aligner de morceaux « en largeur » ? ....

c. Combien peut-on aligner de morceaux « en hauteur » ? ....

d. Combien peut-on ranger de morceaux de sucre dans la boîte ? ....

....

e. Pourrait-on en mettre davantage en rangeant les morceaux autrement ?

....

COUP DE POUCE
d. Combien de morceaux dans une couche ?

Corrigés p. 115

18 Explorer des prismes et des pyramides

Comment reconnaître un prisme droit et une pyramide régulière ?

En voici deux exemples.

▶ Un prisme droit à base pentagonale (5 côtés)

▶ Une pyramide régulière à base carrée

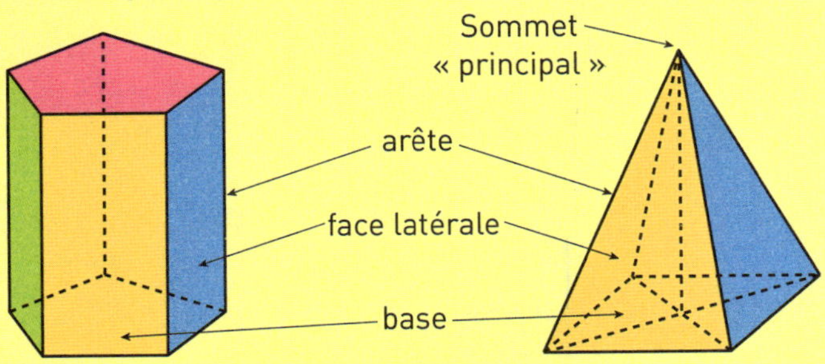

Il a deux bases opposées et superposables.
On dit que le prisme est **droit** lorsque les faces latérales sont des rectangles.
(« Latéral » veut dire : « sur un côté ».)

Remarque : les pavés droits sont des prismes à base rectangulaire.

Elle a une seule base et un sommet « principal ».
On dit que la pyramide est **régulière** lorsque les faces latérales sont des triangles isocèles et que les côtés de la base sont égaux.

★ 1 Sommets, faces et arêtes de prismes

a. Examiner le prisme à base pentagonale ci-dessus.

Il a ...10..... sommets, ...7..... faces et ...15.... arêtes.

b. Imaginer un prisme droit à base triangulaire.

Il a .... sommets, ... faces et .... arêtes.

c. Si un prisme a 12 sommets, que peut-on dire de sa base ?

....

d. Si un prisme a 10 faces, que peut-on dire de sa base ?

....

e. Si un prisme a 30 arêtes, que peut-on dire de sa base ?

....

COUP DE POUCE
Aux questions **a.** et **b.** des exercices 1 et 2 tu réponds par des nombres.

★ 2 Sommets, faces et arêtes de pyramides

a. Examiner la pyramide à base carrée ci-dessus.

Elle a .... sommets, ... faces et .... arêtes.

b. Imaginer une pyramide à base pentagonale.

Elle a .... sommets, ... faces et .... arêtes.

c. Si une pyramide a 4 faces, que peut-on dire de sa base ?

....

d. Si une pyramide a 7 sommets, que peut-on dire de sa base ?

....

e. Si une pyramide a 24 arêtes, que peut-on dire de sa base ?

....

Comment réaliser un patron de prisme ou de pyramide ?

◗ Prisme droit à base triangulaire

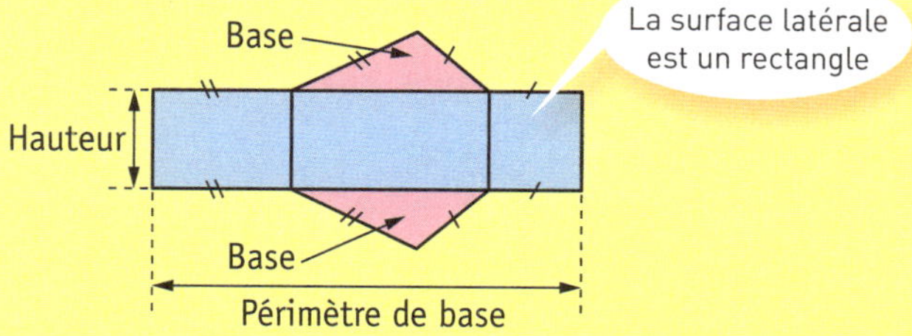

Construction :

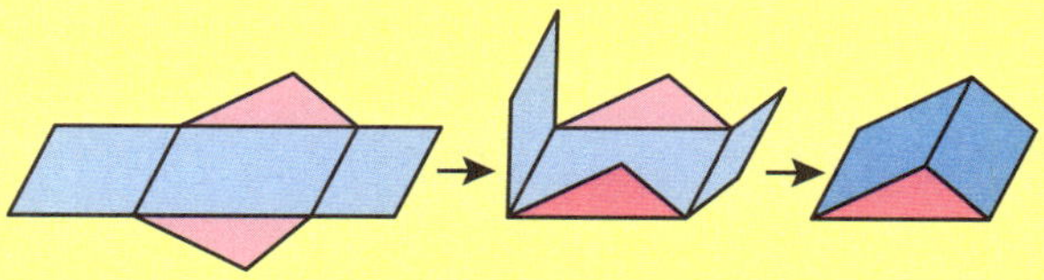

◗ Pyramide régulière à base carrée

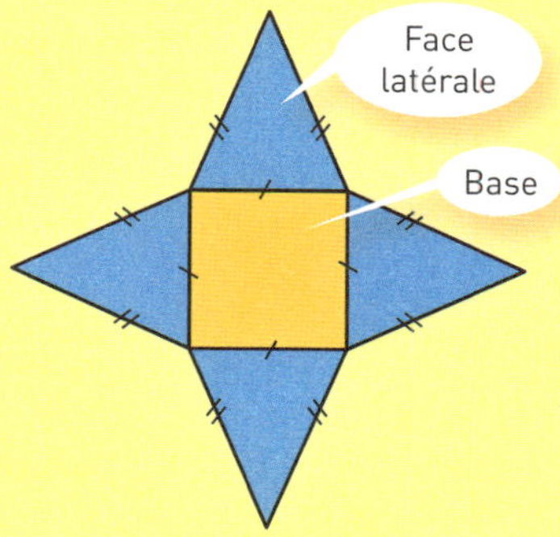

Construction :
On replie les quatre triangles isocèles pour que les quatre sommets se rejoignent.

★ 3 Un patron qui dit tout

Voici un patron de prisme droit.

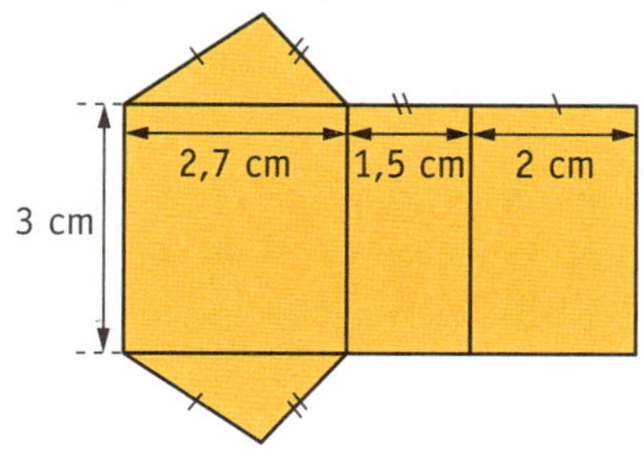

a. Calculer le périmètre de la base de ce prisme. ....

b. Calculer son aire latérale.

....

....

★★ 4 Pyramides cachées

HAUTFOND est un cube de centre K.

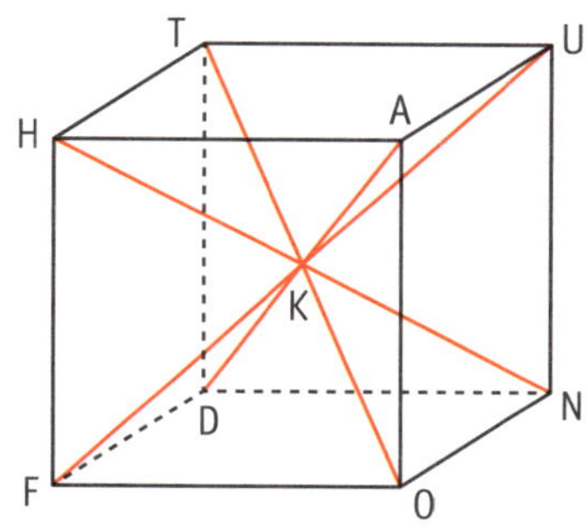

Citer les six pyramides régulières à base carrée tracées sur ce dessin.

....

....

★ 5 Les faces effacées

Ce patron de prisme a perdu plusieurs faces.

a. Combien la base a-t-elle de côtés ? ....

b. Dessiner les faces manquantes de façon qu'elles aient chacune un côté commun avec le rectangle ABCD.

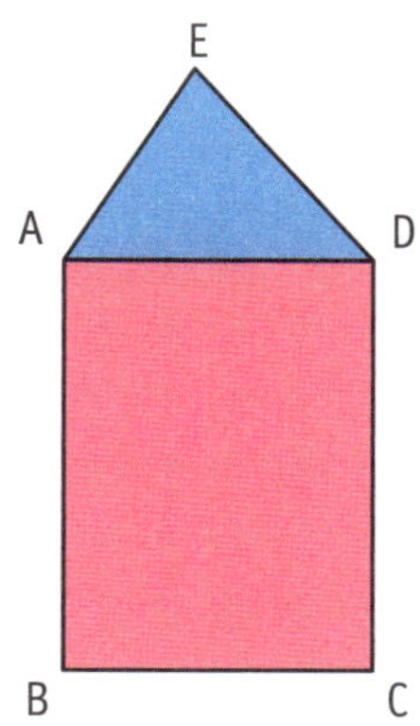

MATHS

Corrigés p. 116

19 Calculer des durées

Quelles sont les unités de durée ?

- la **seconde** : s
- la **minute** : 1 min = 60 s
- l'**heure** : 1 h = 60 min = 3600 s
- le **jour** : 1 j = 24 h

1 Combien de secondes ?

Convertir en secondes. *Exemple :* 3 min 5 s : (3 × 60) + 5 = 185 s.

a. 4 min 20 s : ....

b. 30 min : ....

c. 1 h 40 min : ....

d. 2 h 59 s : ....

2 Vrai ou faux ?

a. Il y a plus de 10 000 secondes dans 3 heures. ....

b. Il y a plus de 1 000 000 secondes dans deux semaines. ....

COUP DE POUCE
Fais les calculs au brouillon.

Comment additionner ou soustraire deux durées ?

Additionner

Exemple :

	3 h	30 min	15 s
+	1 h	40 min	12 s
	4 h	70 min	27 s

= 5 h 10 min 27 s

On a transformé 60 min en 1 h.

Soustraire

On veut calculer (3h 30 min 15 s) – (1 h 40 min 12 s).

- **Première méthode** : on raisonne sur un **axe chronologique**.

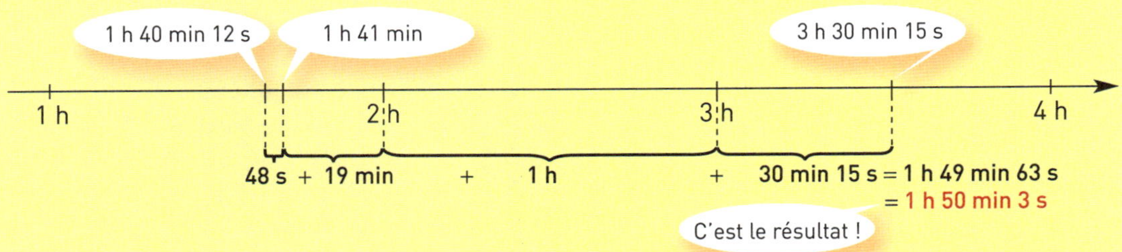

- **Seconde méthode** : on pose la soustraction.

	3 h	30 min	15 s
–	1 h	40 min	12 s
		?	

Problème car 40 > 30

On remplace 3 h 30 min par 2 h 90 min.

	2 h	90 min	15 s
–	1 h	40 min	12 s
	1 h	50 min	3 s

Maintenant, on peut soustraire.

3 Additions

a.

	7 h	18 min	30 s
+	2 h	30 min	19 s

....

b.

	3 h	12 min	50 s
+	1 h	13 min	35 s

....

= ....

c.

	1 h	55 min	30 s
+	4 h	12 min	17 s

....

= ....

4 Soustractions

a.
3 h 41 min 19 s
– 2 h 20 min 4 s
= ....

b.
2 h 8 min 25 s
– 1 h 18 min 5 s
= ....
→ ....
– ....
= ....

c. Vérifier la soustraction **b.** à l'aide d'un axe chronologique.

....

1 h — 2 h — 3 h

.... + ... + ... = ...

> **COUP DE POUCE**
> **b.** Tu ne peux pas calculer 8 min – 18 min. Alors transforme 2 h 8 min en…

5 Le banquet

a. À 10 h 44 min, Tata Leptipla programmait son four pour 1 h 35 min de cuisson. À quelle heure le four s'est-il arrêté ?

....

....

b. À 11 h 17 min, Tonton Marmiton avait chaud car il avait surveillé son cochon de lait à la broche pendant 2 h 28 min. À quelle heure avait-il commencé ?

....

....

c. À la fin de la journée, Marcel a fait la vaisselle entre 23 h 12 min 27 s et 1 h 28 min 17 s du matin. Pendant combien de temps a-t-il travaillé ?

....

....

> **COUP DE POUCE**
> Opération posée ou axe chronologique ? À toi de choisir !

Comment exprimer une durée en heures, minutes et secondes ?

- Combien y a-t-il d'heures, minutes et secondes dans 17 000 s ?

```
17000 | 60
  500 |----
  200 | 283
   20 |
```

Il y a 283 min.
Il reste 20 s.

```
283 | 60
 43 |----
    | 4
```

Il y a 4 h.
Il reste 43 min.
On a effectué 2 divisions euclidiennes.

Donc 17 000 s = 4 h 43 min 20 s.
Vérification : $4 \times 3600 + 43 \times 60 + 20 = 17\,000$.

6 Combien d'heures, minutes et secondes ?

a. Combien d'heures, minutes et secondes dans 5 000 s ? ....

b. Même question pour 2 100 s. ....

> **COUP DE POUCE**
> Pose les divisions et ne néglige pas les restes.

Corrigés p. 116

MATHS

20 Mesurer des longueurs et des masses

Quelles sont les unités de longueur et de masse ?

Unités de longueur

Elles servent à exprimer une distance, une longueur, une largeur, une hauteur, une épaisseur, une profondeur, une taille, un périmètre…
En France (et dans bien d'autres pays) on utilise le **mètre** et ses dérivés.
Le tableau suivant aide à effectuer des changements d'unités.

kilomètre	hectomètre	décamètre	mètre	décimètre	centimètre	millimètre	
km	**hm**	**dam**	**m**	**dm**	**cm**	**mm**	
			1	0	0	0	← 1 m = 10 dm = 100 cm = 1 000 mm
4	8	0	7				← 4 807 m = 4,807 km
			0	0	5	0	← 5 cm = 0,05 m = 50 mm

Unités de masse

Elles servent à exprimer le résultat d'une pesée.
En France on utilise le gramme et ses dérivés.
Pour changer d'unité, le tableau suivant peut aider.

kg	hg	dag	g	dg	cg	mg	
1	0	0	0				← 1 kg = 1 000 g
0	9	3	0				← 930 g = 0,93 kg
		3	5	4	7		← 35,47 g = 3 547 cg

Pour les grandes masses, on utilise souvent la **tonne** (1 t = 1 000 kg) ou le **quintal** (1 q = 100 kg).

Un quintal, des quintaux.

COUP DE POUCE
Fais des tableaux si tu as des difficultés.

★ 1 Changement d'unités de longueur

a. 2 km = ... m   35 cm = ... m   3,5 hm = ... m

18 dm = ... m   50 dam = ... m   5 mm = ... m

b. 0,3 m = ... cm   35 mm = ... cm   10,5 m = ... cm

5 dm = ... cm   0,9 km = ... cm   1,5 mm = ... cm

★ 2 Changement d'unités de masse

a. 5 kg = ... g   3 hg = ... g   500 cg = ... g

50 mg = ... g   2,54 kg = ... g   5 dg = ... g

b. 3 000 g = ... kg   250 g = ... kg   20 dag = ... kg

70 hg = ... kg   7,3 t = ... kg   50 quintaux = ... kg

★ 3 Pots de yaourt

J'ai un paquet de 8 pots contenant chacun 125 g de yaourt. Combien y a-t-il de kg de yaourt dans ce paquet ? ....

4 **La plus longue distance**

Qui a parcouru la plus longue distance : une souris qui a fait 600 fois la longueur de sa cage (80 cm) ou un nageur qui a fait 16 longueurs de sa piscine (25 m) ?

....

....

5 **La plus lourde charge**

Qu'est-ce qui est le plus lourd : 350 paquets de 40 g ou 3 paquets de 5 kg ?

....

....

6 **Tours de brouette**

Jules doit déplacer un tas de gravier pesant une tonne avec une brouette pouvant contenir 35 kg de gravier. Combien fera-t-il de tours ?

....

....

7 **Périmètre d'un triangle**

Calculer, en mètres, le périmètre de ce triangle.

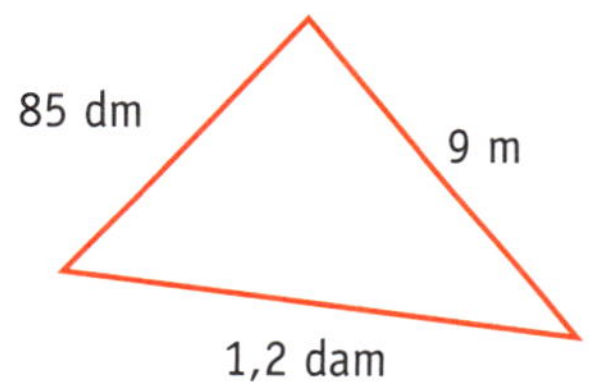

....

....

ATTENTION
C'est malin de donner les longueurs avec des unités différentes !

8 **Comparer deux périmètres (1)**

Le rectangle ABCD est partagé en 2 parcelles par la ligne courbe AC.
Quelle est la parcelle qui a le plus grand périmètre ?

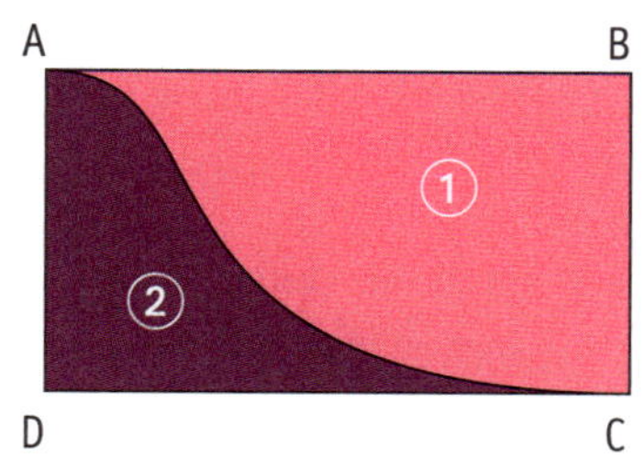

....

....

ATTENTION
Il y a un piège !

9 **Comparer deux périmètres (2)**

Comparer les périmètres de ces deux triangles en reportant leurs côtés sur une droite.

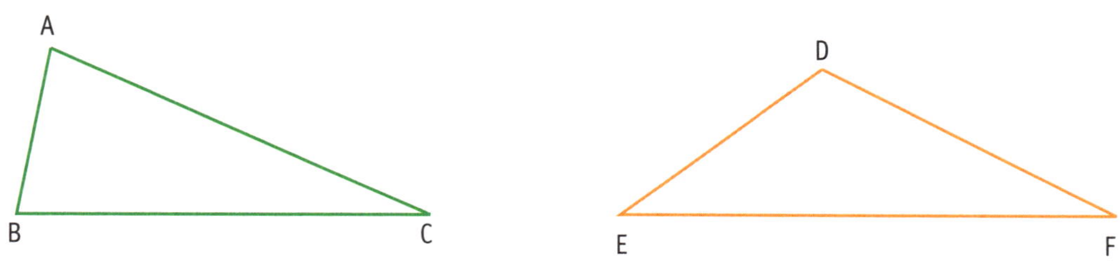

ABC ⊢————————————————————

DEF ⊢————————————————————

Conclusion : ....

COUP DE POUCE
Utilise le compas cela évite de mesurer.

Corrigés p. 117

GRANDEURS ET MESURES

21 Calculer la longueur d'un cercle

Comment calculer la longueur d'un cercle ?

Formule

La **longueur** d'un cercle de rayon R est :

$2 \times \pi \times R$ ou bien $\pi \times 2 \times R$ ou bien encore $\pi \times$ diamètre

La lettre grecque π se prononce « pi ».

Le nombre π vaut approximativement 3,141 592 7.
Dans la pratique, on utilise souvent une valeur approchée à 0,01 près : 3,14.

Vérifier avec la touche (π) d'une calculatrice.

Exercice résolu

Énoncé : Calculer la longueur d'un cercle de 4 cm de rayon.
Solution : La longueur du cercle est $\pi \times 2 \times R$.

• **Première méthode**
En remplaçant R par 4 et π par 3,14 on obtient : $3,14 \times 2 \times 4 = 25,12$.
La longueur du cercle est donc 25,12 cm environ.

• **Seconde méthode** (*plus précise*)
Sur une calculatrice on tape (π)(×)(8)(=), et on obtient : 25,132 741.
La longueur du cercle est donc 25,13 cm environ.

★ **1 Calculs**

Compléter le tableau ci-contre avec des résultats calculés à 0,01 près.

	A	B	C	D
Rayon	3 cm			0,7 cm
Diamètre		5 cm		
Longueur du cercle			6 cm	

COUP DE POUCE
Utilise la touche (π).

★ **2 Au stade**

Quelle est, à 1 cm près, la longueur de la piste ?

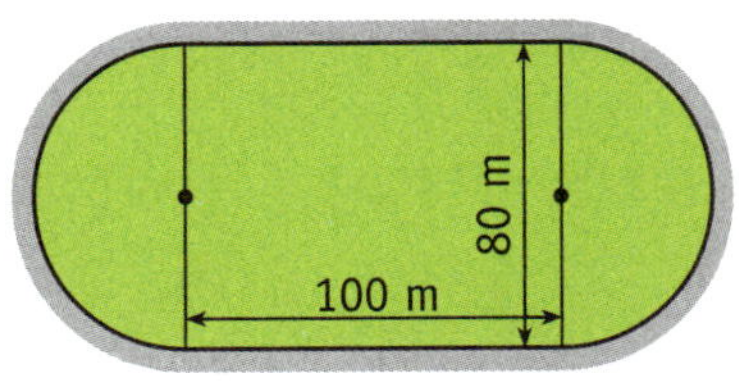

....
....
....

★★ **3 Cercle et carré**

Sachant que le périmètre du carré mesure 17 cm, calculer à 1 mm près la longueur du cercle.

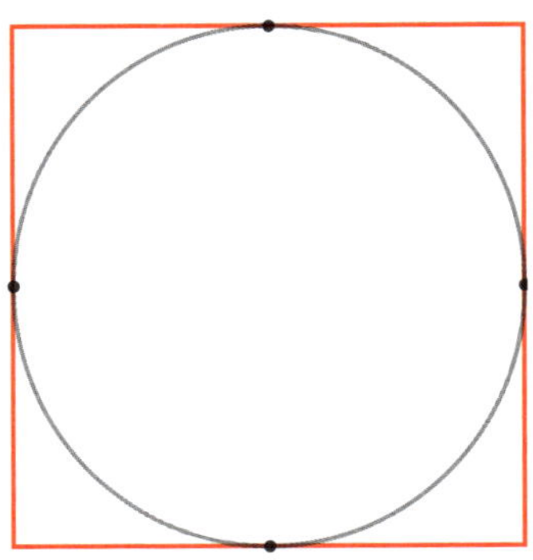

....
....
....
....

4 Comparaison

Laquelle de ces deux figures a le plus long périmètre ?

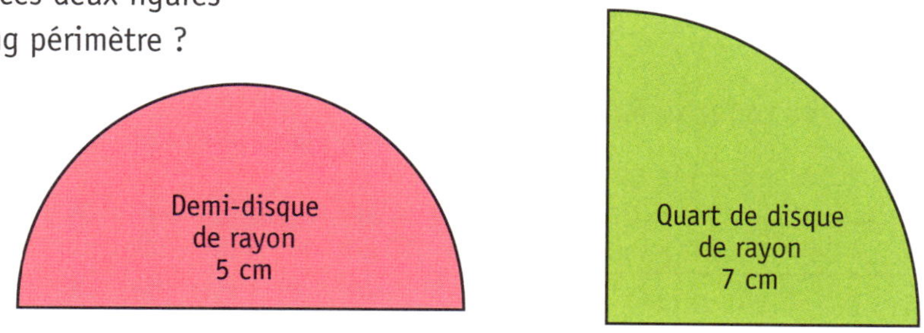

....

....

....

5 Le circuit

Tous les cercles ont 10 m de rayon.
Quelle est, à 1 cm près, la longueur du circuit en couleur ?

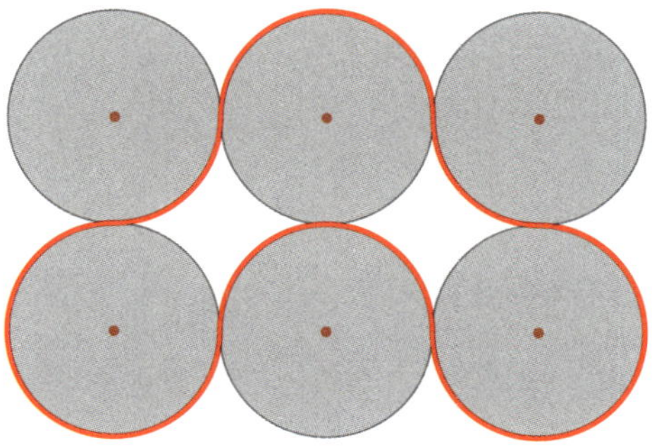

....

....

....

> **COUP DE POUCE**
> Il y a des demi-cercles, des quarts de cercle et des trois quarts de cercle.

6 Le trèfle à quatre feuilles

TREF est un carré de 3 cm de côté.
Combien mesure, à 1 mm près, le tour de ce trèfle à 4 feuilles ?

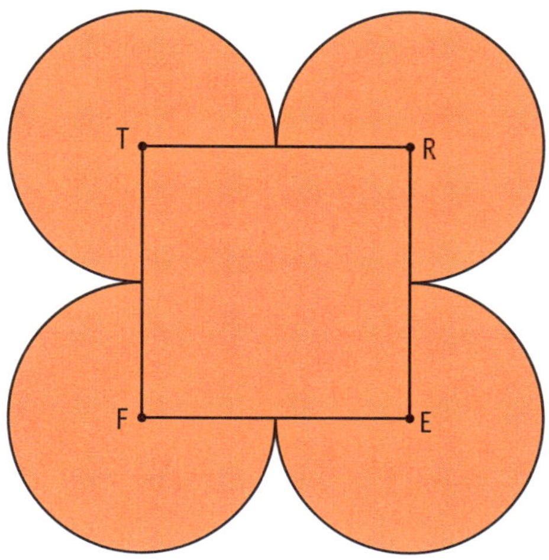

....

....

....

....

....

7 La fraction $\frac{22}{7}$

a. Donner une valeur décimale approchée de $\frac{22}{7}$ à 0,01 près.

....

b. Calculer le périmètre d'un cercle de 28 cm de diamètre en remplaçant π par $\frac{22}{7}$.

....

> **INFO**
> On obtient parfois des calculs très simples en remplaçant π par $\frac{22}{7}$ (qui en est proche).

Corrigés p. 118

GRANDEURS ET MESURES

22 Calculer des aires

Quelles relations y a-t-il entre les unités d'aire ?

- Les unités d'aire sont le mètre carré (m^2) et ses dérivés :

km^2	hm^2	dam^2	m^2	dm^2	cm^2	mm^2

1 m = 10 dm et $1\ m^2 = 100\ dm^2$

Explication :

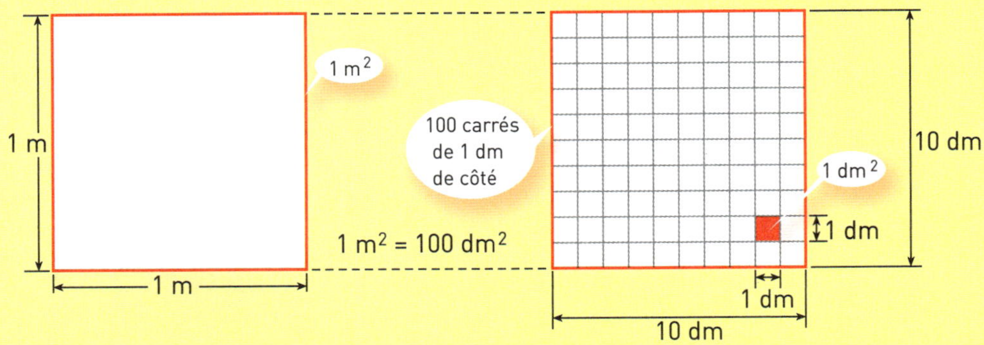

- Et plus généralement :

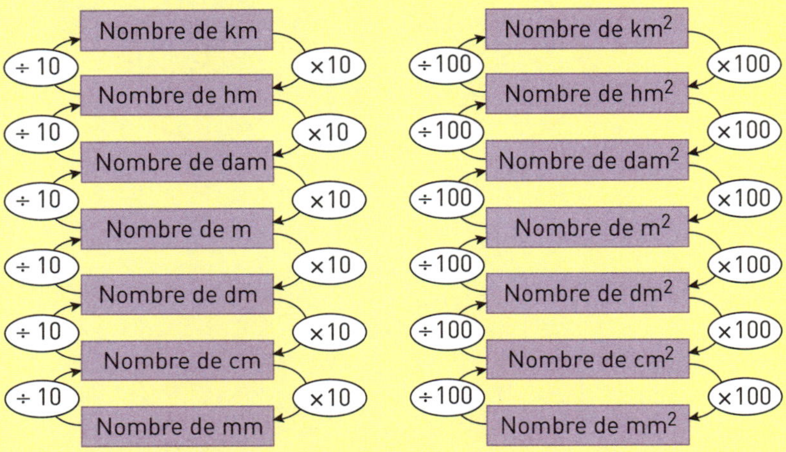

Exemple :
$1\ km^2 = 100\ hm^2$
$1\ hm^2 = 0{,}01\ km^2$
$1\ cm^2 = 100\ mm^2$
$1\ mm^2 = 0{,}01\ cm^2$

D'après ce qui précède, $153\ 000\ mm^2 = 1\ 530\ cm^2 = 15{,}3\ dm^2$;
$0{,}005\ 4\ km^2 = 0{,}54\ hm^2 = 54\ dam^2$.

1 Convertir en m^2

a. $35\ dam^2$ = ...

b. $50\ dm^2$ = ...

c. $2\ 001\ dam^2$ = ...

d. $3\ 650\ dm^2$ = ...

e. $5\ hm^2$ = ... dam^2 = ... m^2

f. $11\ 200\ cm^2$ = ... dm^2 = ... m^2

g. $0{,}23\ hm^2$ = ... = ... m^2

h. $100\ 000\ cm^2$ = ... = ... m^2

COUP DE POUCE
Pour les dernières conversions, passe par une unité intermédiaire.

2 Convertir en dm²

a. $3{,}7\ m^2 =$ ……………………

b. $68{,}5\ cm^2 =$ ……………………

c. $0{,}25\ m^2 =$ ……………………

d. $3\ 740\ cm^2 =$ ……………………

e. $0{,}12\ dam^2 =$ …………… $m^2 =$ …………… dm^2

f. $36\ 500\ mm^2 =$ …………… $cm^2 =$ …………… dm^2

g. $3\ dam^2 =$ …………… $=$ …………… dm^2

h. $105\ 000\ mm^2 =$ …………… $=$ …………… dm^2

COUP DE POUCE
Pour les dernières conversions, passe par une unité intermédiaire.

MATHS

Quelles sont les formules d'aire à connaître ?

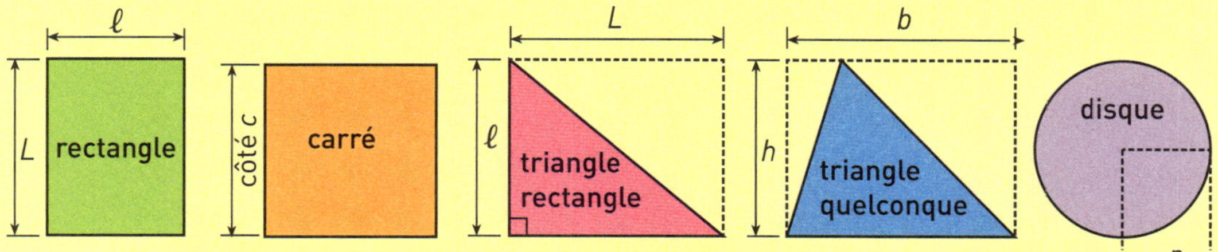

aire $= L \times \ell$

aire $= c \times c = c^2$

On prononce : « c au carré ».

aire $= \dfrac{L \times \ell}{2}$

On dit : $\dfrac{\text{base} \times \text{hauteur}}{2}$

aire $= \dfrac{b \times h}{2}$

aire $= \pi \times r \times r$
$= \pi \times r^2$

3 Dallage

On veut recouvrir une place de $320\ m^2$ avec des dalles de $20\ dm^2$.

Est-ce que 1 500 dalles suffiront ? ……………………

……………………

4 Quelle est l'aire

a. d'un carré de 6,5 cm de côté ? ……………………

b. d'un rectangle de 14 dm de long sur 9,5 dm de large. ……………………

c. d'un disque de 4 dam de rayon (valeur exacte puis valeur approchée à 0,1 près).

……………………

5 L'aire d'un terrain

Calculer l'aire (en m²) du terrain représenté ci-contre.

……………………

……………………

……………………

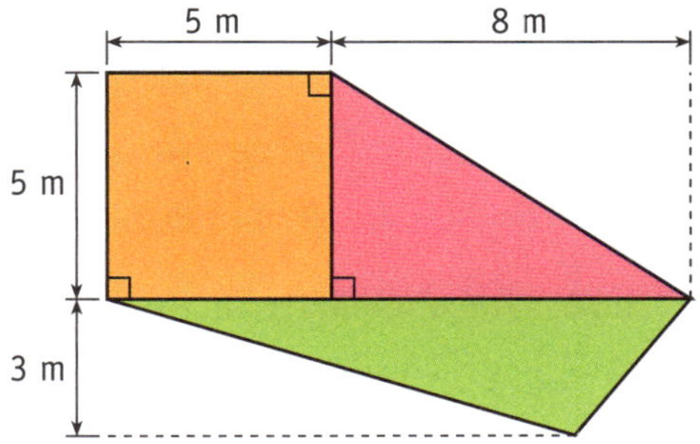

COUP DE POUCE
Calcule d'abord l'aire de chaque partie !

Corrigés p. 119

23 Mesurer des volumes

Comment peut-on calculer un volume ?

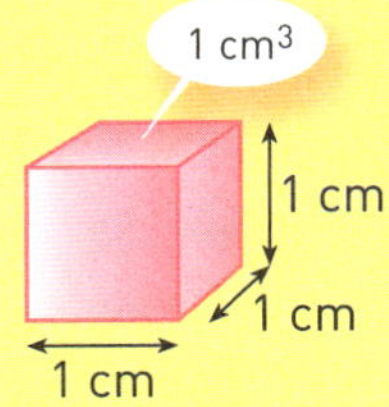

- **Le centimètre cube**
  Le volume d'un cube de 1 cm d'arête est 1 centimètre cube (on note : 1 cm^3).
- **Exemple de calcul de volume**
  Combien y-a t-il de cm^3 dans un parallélépipède de dimensions 4 cm, 3 cm et 2 cm ?
  Remplissons le parallélépipède avec des cubes de 1 cm^3.
  Pour faire la première couche, on utilise $4 \times 3 = 12$ cm^3.
  Or, il faut 2 couches pour remplir le parallélépipède.
  Donc, le volume du parallélépipède est de $4 \times 3 \times 2 = 24$ cm^3.

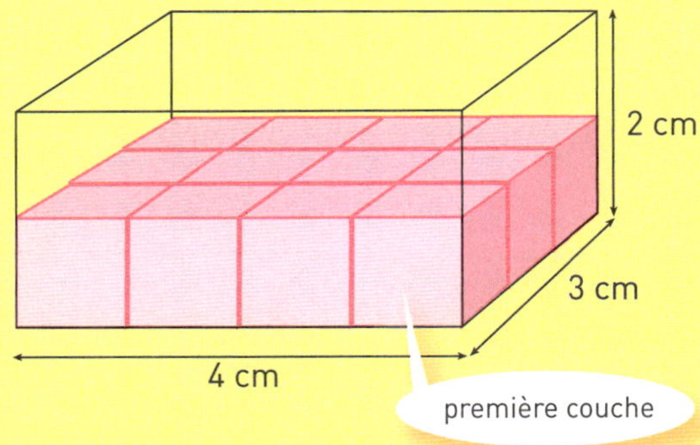

- **Formule pour calculer le volume d'un pavé droit**
  Volume = longueur × largeur × hauteur
  Si les dimensions sont en m, le volume est en m^3. Si elles sont en cm, il est en cm^3, etc.

★ 1 Volume d'un cube

Voici un cube de 2 cm d'arête. Combien contient-il de cm^3 ?

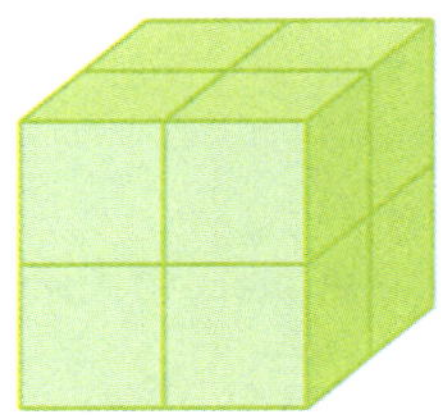

....

On dit que son volume est : ....

ATTENTION
Il ne suffit pas de compter les cm^3 apparents.

★ 2 Volume d'une boîte d'allumettes

Les arêtes mesurent 7 cm, 5 cm et 2 cm.
Calculer le volume de la boîte en cm^3 :

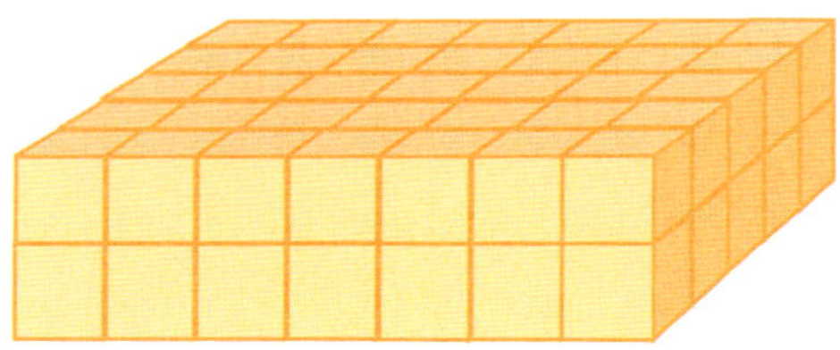

....

COUP DE POUCE
Cherche d'abord le nombre de cm^3 dans une couche.

★★ 3 Boîtes de cubes

a. Eliott a reçu une grande boîte de cubes, tous de mêmes dimensions. Tout près de sa boîte, il a réalisé trois alignements de cubes correspondant à la largeur, la longueur et la hauteur de la boîte. Combien de cubes peut contenir la boîte d'Eliott ?

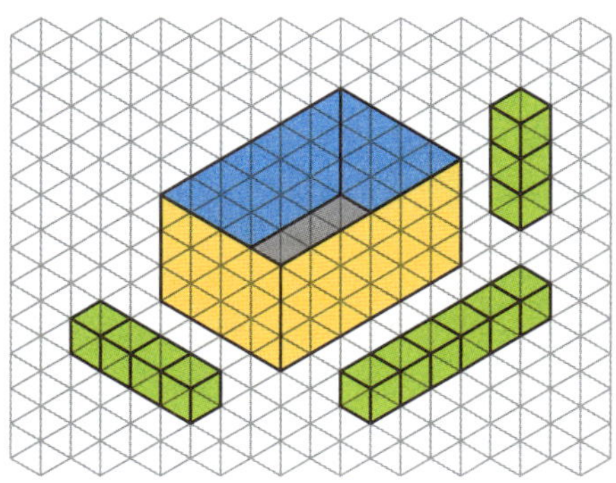

....

....

b. Séréna, la sœur d'Eliott, a reçu une autre boîte qui accepte 5 cubes en largeur, 7 cubes en longueur et 2 cubes en hauteur. Qui a la plus grande boîte, Eliott ou Séréna ?

....

4 Les petits cubes dans les grands

a. Observer la figure et calculer le nombre de cm^3 dans 1 dm^3.

....

....

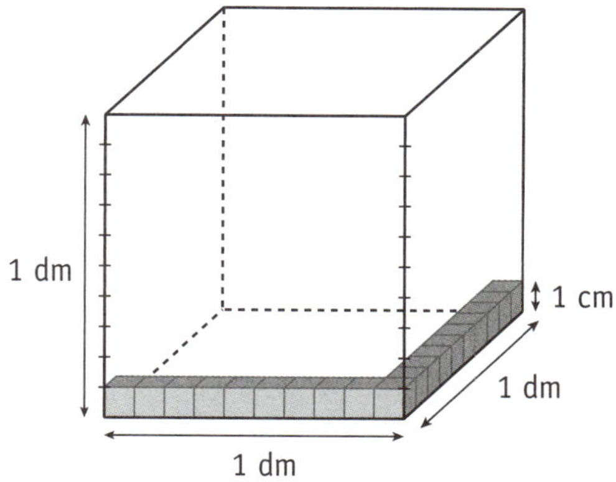

b. En changeant l'échelle de la figure, on pourrait remplacer cm par mm et dm par cm. Cela montrerait que :

1 cm^3 = ... mm^3.

De la même façon, on prouverait que :

1 m^3 = 1 000 ....

INFO
Les égalités (re)découvertes ici sont à retenir.

MATHS

Quelles unités pour les volumes et les contenances ?

- **Unités de volume**
  Ce sont le mètre cube (m^3) et ses dérivés (dm^3 ; cm^3 ; mm^3).
  Les unités de volume vont de 1 000 en 1 000 :
  1 m^3 = 1 000 dm^3 ; 1 dm^3 = 1 000 cm^3 ; 1 cm^3 = 1 000 mm^3.
- **Unités de contenance**
  Ce sont le litre (L), le décilitre (dL), le centilitre (cL) et le millilitre (mL).
  Les unités de contenance vont de 10 en 10 (comme celles de longueur et de masse) :
  1 L = 10 dL ; 1 dL = 10 cL ; 1 cL = 10 mL.
  Il y a aussi le décalitre et l'hectolitre : 1 dal = 10 L ; 1 hl = 100 L.
- **Lien entre volume et contenance**
  1 L = 1 dm^3 ; 1 mL = 1 cm^3 ; 1000 L = 1 m^3.

5 Pour casser la graine

a. On stocke du grain dans une caisse ayant 1,2 m de longueur, 70 cm de largeur et 50 cm de hauteur. Combien cette caisse contient-elle de dm^3 ?

....

b. Après avoir rempli la caisse, on y prélève chaque jour 2 litres de grain pour soigner les volailles. Au bout de combien de jours la caisse sera-t-elle vide ?

....

6 À tire-larigot

Un tonneau contient un demi-mètre cube de grenadine. Chaque jour de la semaine, Gaston va tirer 2 magnums de 1,5 litre pour désaltérer sa famille. Le dimanche, il en tire le double. Dans combien de semaines le tonneau sera-t-il vide ?

....

....

....

Corrigés p. 119

24 Mesurer et reporter des angles

Comment mesure-t-on un angle ?

Unité de mesure d'angle

Le **degré** est une unité d'angle :
un angle droit mesure 90 degrés (90°).

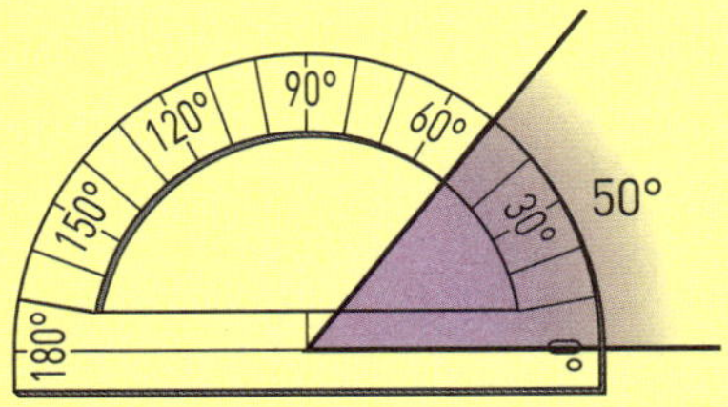

On mesure un angle avec un **rapporteur**.

Les différents angles à connaître

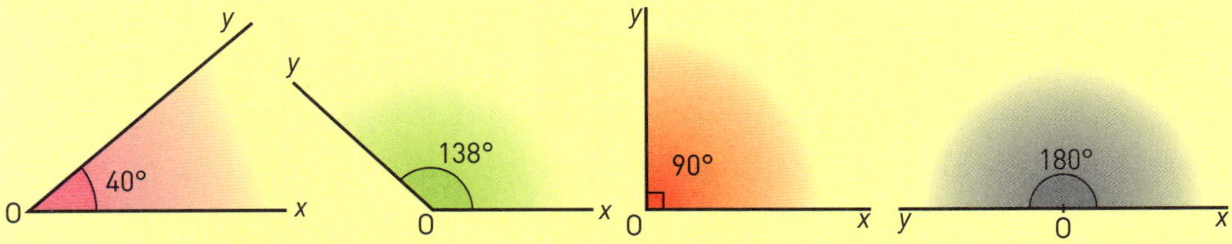

Angle **aigu** $0° < \widehat{xOy} < 90°$

Angle **obtus** $90° < \widehat{xOy} < 180°$

Angle **droit**

Angle **plat**

1 Mots et mesures

Compléter chaque phrase par l'un des mots : **obtus, aigu, plat, droit** et indiquer la mesure de chaque angle.

a. $\widehat{BEC}$ est .... $\widehat{BEC}$ = ...

b. $\widehat{BEL}$ est .... $\widehat{BEL}$ = ...

c. $\widehat{LEC}$ est .... $\widehat{LEC}$ = ...

d. $\widehat{CBE}$ est .... $\widehat{CBE}$ = ...

e. $\widehat{ECB}$ est .... $\widehat{ECB}$ = ...

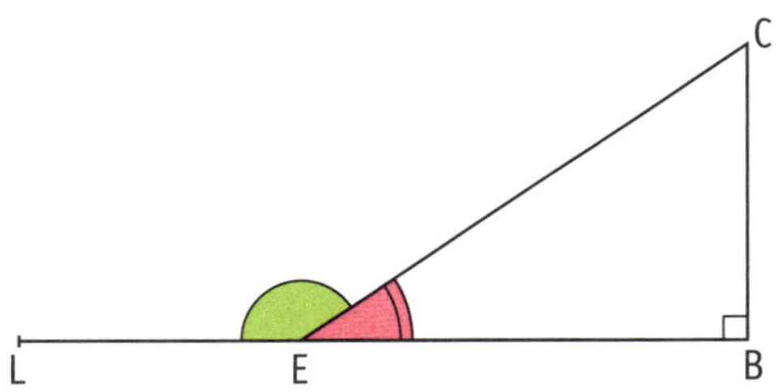

COUP DE POUCE
Pour les exercices 1 à 3, utilise le rapporteur et prolonge les côtés de l'angle s'ils sont trop courts !

2 Bien droit

a. Construire les angles $\widehat{xOy}$ et $\widehat{yOz}$ tels que $\widehat{xOy} = 63°$ et $\widehat{yOz} = 27°$.
Les angles ne doivent pas se superposer.

b. Que dire de l'angle $\widehat{xOz}$?

....

3 Bien plat

a. Construire les angles $\widehat{xOy}$ et $\widehat{yOz}$ tels que $\widehat{xOy} = 73°$ et $\widehat{yOz} = 107°$.
Les angles ne doivent pas se superposer.

b. Que dire de l'angle $\widehat{xOz}$?

....

4 Construction d'un triangle

a. Construire un triangle ABC tel que $\hat{A} = 50°$ et $\hat{B} = 55°$.

b. On sait que la somme des angles d'un triangle vaut 180°.
Calculer la mesure de $\hat{C}$ et vérifier sur la figure avec le rapporteur.

....

> **COUP DE POUCE**
> On ne précise pas les longueurs des côtés. Essaie d'occuper toute la place disponible.

MATHS

5 Construction d'un quadrilatère

a. Construire un quadrilatère ABCD tel que :
AB = 8 cm (déjà dessiné)
$\hat{A} = 50°$, $\hat{B} = 80°$,
BC = 4 cm et $\hat{C} = 110°$.

b. On sait que la somme des angles d'un quadrilatère vaut 360°.
Calculer la mesure de $\hat{D}$ et vérifier avec le rapporteur.

....

....

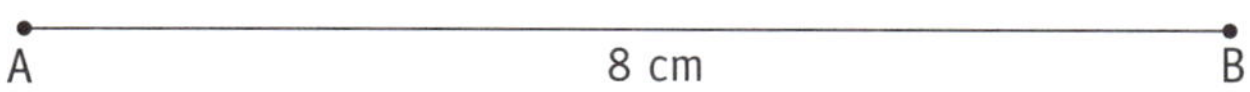

6 Élection cantonale

Sur 3 500 votants, M. Propre a obtenu 25 % des voix, M. Rétro en a obtenu 35 % et Mme Rose 40 %.

a. Calculer le nombre de voix obtenu par chacun des candidats.

M. Propre : ....

M. Rétro : ....

Mme Rose : ....

b. Sur un diagramme circulaire (ou « camembert »), on veut construire 3 secteurs représentant le vote.

> **COUP DE POUCE**
> **b.** Calcule 25 %, 35 % puis 40 % de 360°.

Pourcentage	25	35	40	100
Angle				360°

Angle de M. Propre : ....

Angle de M. Rétro : ....

Angle de Mme Rose : ....

c. Construire les 3 secteurs et les colorier de 3 couleurs différentes.

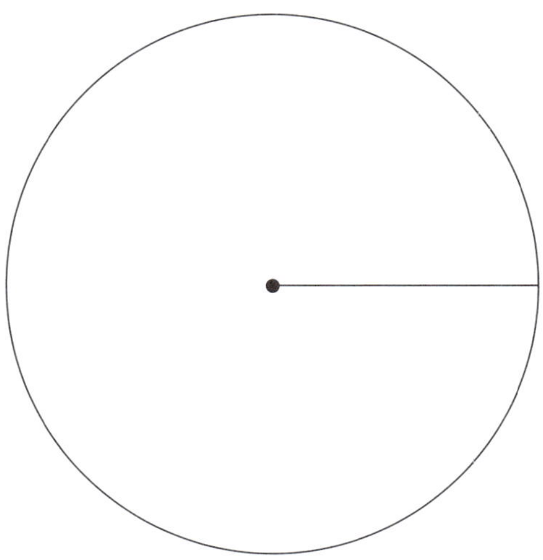

Corrigés p. 120

Unités de mesure

Longueurs

- L'unité de référence est le **mètre (m)**.

Unité	Symbole	
kilomètre	km	1 km = 1 000 m
hectomètre	hm	1 hm = 100 m
décamètre	dam	1 dam = 10 m
mètre	**m**	
décimètre	dm	1 dm = 0,1 m
centimètre	cm	1 cm = 0,01 m
millimètre	mm	1 mm = 0,001 m

Les unités de longueur vont de 10 en 10.

Aires

- L'unité de référence est le **mètre carré (m^2)**.

Unité	Symbole	
kilomètre carré	km^2	
hectomètre carré	hm^2	1 hm^2 = 10 000 m^2
décamètre carré	dam^2	1 dam^2 = 100 m^2
mètre carré	**m^2**	
décimètre carré	dm^2	1 dm^2 = 0,01 m^2
centimètre carré	cm^2	1 cm^2 = 0,000 1 m^2
millimètre carré	mm^2	

Les unités d'aire vont de 100 en 100.

- En agriculture, on utilise aussi :

Unité	Symbole	
hectare	ha	1 ha = 100 a = 10 000 m^2
are	a	1 a = 100 m^2

Volumes

- L'unité de référence est le **mètre cube (m^3)**.

Unité	Symbole	
kilomètre cube	km^3	
hectomètre cube	hm^3	
décamètre cube	dam^3	1 dam^3 = 1 000 m^3
mètre cube	**m^3**	
décimètre cube	dm^3	1 dm^3 = 0,001 m^3
centimètre cube	cm^3	
millimètre cube	mm^3	

Les unités de volume vont de 1 000 en 1 000.

- Dans la vie courante, on utilise aussi les unités de contenance. L'unité de référence est le **litre (L)**.

Unité	Symbole	
		1 000 L = 1 m^3
hectolitre	hL	1 hL = 100 L = 0,1 m^3
décalitre	daL	1 daL = 10 L = 0,01 m^3
litre	**L**	1 L = 1 dm^3
décilitre	dL	1 dL = 0,1 L
centilitre	cL	1 cL = 0,01 L
millilitre	mL	1 mL = 0,001 L = 1 cm^3

Les unités de contenance vont de 10 en 10.

Masses

- L'unité de référence est le **kilogramme (kg)**.

Unité	Symbole	
kilogramme	**kg**	1 kg = 1 000 g
hectogramme	hg	1 hg = 100 g
décagramme	dag	1 dag = 10 g
gramme	g	
décigramme	dg	1 dg = 0,1 g
centigramme	cg	1 cg = 0,01 g
milligramme	mg	1 mg = 0,001 g

Les unités de masse vont de 10 en 10.

- On utilise aussi :
  – la tonne (t) ; 1 t = 1 000 kg ;
  – le quintal (q) ; 1 q = 100 kg.

Durées

- L'unité de référence est la **seconde (s)**.

Unité	Symbole	
seconde	**s**	
minute	min	1 min = 60 s
heure	h	1 h = 60 min = 3 600 s
jour	j	1 j = 24 h = 86 400 s

On utilise aussi les divisions décimales de l'heure.
Exemple : 3,5 h = 3 h 30 min.

Angles

Unité	Symbole
degré	°

Exemples :
Un angle droit mesure 90°.
Un angle plat mesure 180°.
Un angle plein mesure 360°.

Calculatrices : prise en main

Attention ! La calculatrice est très utile pour exécuter des calculs non évidents ; mais, si tu peux calculer de tête, il faut profiter de l'occasion pour t'entraîner au calcul mental.

Utiliser la calculatrice

	Texas Instruments, TI-Collège Plus	Casio, Fx-92 Spéciale Collège
Allumer	touche on	touche on●
Utiliser les deux fonctions d'une touche La seconde fonction est inscrite au-dessus de la touche. Elle s'obtient en pressant d'abord :	2nde	SECONDE●
Éteindre	fonction off : d'abord 2nde puis on	fonction off : d'abord SECONDE● puis AC
Effacer l'écran	touche annul	touche AC
Corriger une faute de frappe Les flèches horizontales déplacent le curseur sur la ligne écrite.	Si le curseur est en fin de ligne, la touche suppr efface en arrière, sinon elle efface sous le curseur.	La touche SUPPR efface en arrière du curseur.
Remettre la calculatrice dans son état initial	Taper réinit puis taper 2 pour confirmer. Pour réinit taper 2nde 0.	Taper EFF puis taper 3 pour tout initialiser. Pour EFF taper SECONDE● 9.

Faire des calculs

	Texas Instruments, TI-Collège Plus	Casio, Fx-92 Spéciale Collège
Effectuer une division décimale Calculer 23 ÷ 4 Passer de l'écriture décimale à l'écriture fractionnaire pour le quotient de cette division	Taper : 23 ÷ 4 entrer On lit : 5,75 ou $\frac{575}{100}$ touche ◀▶	Taper : 23 ÷ 4 EXE On lit : 5,75 ou $\frac{23}{4}$ touche S⇔D
Effectuer une division entière (ou euclidienne) Trouver le quotient et le reste de la division de 23 par 4.	Taper : 23 2nde ÷ 4 entrer On lit : Q = 5, R = 3	Taper : 23 ⊢ 4 EXE On lit : Q = 5 ; R = 3
Calculer avec des parenthèses $7 \times (3 + 5)$ $1 + [4 \times (2 + 5) + 8] - 6$ En présence de crochets, on tape des parenthèses à la place.	Taper comme on écrit. On lit : 56 On lit : 31	Taper comme on écrit. On lit : 56 On lit : 31
Appliquer un taux de pourcentage Calculer 13 % de 250. (On peut calculer 250 × 13 ÷ 100, mais on peut aussi utiliser la touche %.)	Taper : 250 × 13 % entrer On lit : 32,5	Taper : 250 × 13 % EXE On lit : 32,5 Pour % taper SECONDE● Rép
Calculer la longueur d'un cercle Cercle de rayon 7 cm. (Formule : $2 \times \pi \times R$.)	Taper : 2 × π × 7 entrer On lit : 14π ou 43,982...	Taper : 2 × π × 7 EXE On lit : 14π ou 43,982... Pour π taper SECONDE● ×10ˣ

Mots clés

A

abscisse 58
addition (de durées) 90
aigu (angle) 100
aire 96, 97, 102
alignés (points) 75
angle 100, 102
approché (quotient) 62
are 102
arête 86, 88
arrondi 57
axe chronologique 90

B

base 80, 88, 97

C

calculatrice 103
carré 82, 97
centaine 54
centième 54
centilitre 99, 102
centre (d'un cercle) 76
cercle 76, 94
coefficient de proportionnalité 71
comparaison (de nombres) 56
contenance 99, 102
critère de divisibilité 63
croissant (ordre) 56
cube 86

D

décalitre 99, 102
décamètre 92, 102
décilitre 99, 102
décimal (nombre) 54
décimale 54
décroissant (ordre) 56
défaut (par) 57
degré 100, 102
demi-droite 75
dénominateur 64
diagonale 82
diagramme circulaire 101
diamètre 76, 94
disque 97
divisibilité (critère de) 63
divisible 63
division décimale 62
dixième 54
dizaine 54
droit (angle) 100
droite 74
durée 90, 102

E

encadrement 57
entière (partie) 54
équerre 74
équidistant 78
équilatéral 80
excès (par) 57

F

face 86, 88
facteur 60
fraction 64
fractions égales 65

G

graduée (droite) 58
gramme 92, 102

H

hauteur d'un parallélépipède 86, 98
hauteur d'un triangle 97
hectare 102
hectolitre 99, 102
heure 90, 102
hexagone régulier 76
hypoténuse 80

I

inférieur 56
isocèle 80

L

largeur d'un parallélépipède 86, 98
ligne (calcul en) 68
litre 99, 102
longueur 92, 94, 102
longueur d'un parallélépipède 86, 98
losange 82

M

masse 92, 102
médiatrice 78, 84
mètre 92, 102
milieu 78, 82
millième 54
millier 54
millilitre 99, 102
minute 90, 102
multiple 63
multiplication 60, 66
numérateur 64

O

obtus (angle) 100
origine 58

P

parallèle 74, 82
parallélépipède 86, 98
parallélogramme 82
parenthèses 68
passage à l'unité 70
patron 87, 89
pavé (droit) 86
perpendiculaire 74, 82
pi (π) 94, 97
plat (angle) 100
pourcentage 72
prisme 88
produit 60
proportionnalité 70
pyramide 88

Q

quadrilatère 82
quintal 92, 102
quotient 62, 64

R

rang 61
rapporteur 100
rayon 76, 94, 97
rectangle 82, 97
rectangle (triangle) 80, 97
reste 62

S

sécante 74
seconde 90, 102
segment 75
sommet 80, 86, 88
soustraction (de durées) 90
strictement 56
supérieur 56
symétrique 84

T

taux 72
tonne 92, 102
triangle 80, 97
troncature 57

U

unité 54
unités de mesure 92, 96, 97, 102

V

volume 98, 102

Corrigés

1 Connaître les nombres décimaux

1

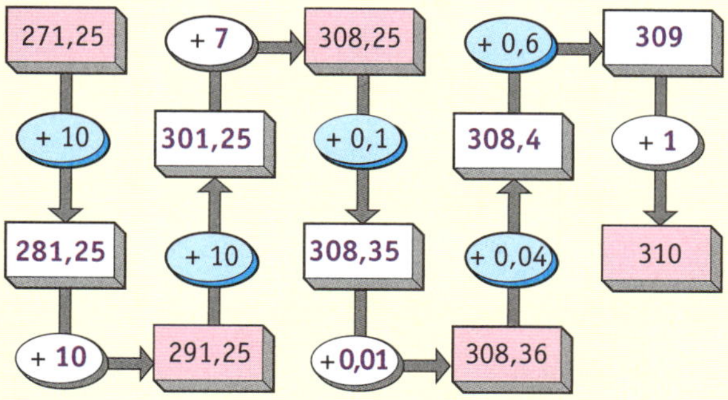

2

003,8 = 3,8
013,50 = 13,5
13,508 = 13,508
75,0 = 75
057,040 = 57,04
0,000 1 = 0,000 1

040 = 40
040,0 = 40
10,07 = 10,07
1,001 0 = 1,001
0,000 30 = 0,000 3
020,020 = 20,02

EXPLICATION
Les zéros inutiles sont placés avant la partie entière et après la dernière décimale non nulle.

3 En enlevant les zéros inutiles, on voit les nombres égaux.

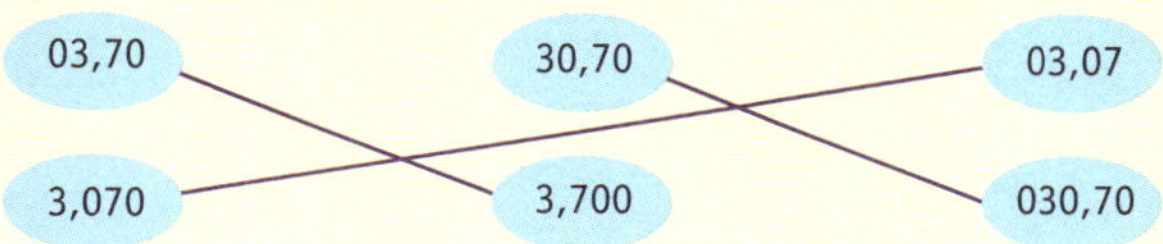

03,70 = 3,700 = 3,7
30,70 = 030,70 = 30,7
3,070 = 03,07 = 3,07

4 **a.** 6,38 → 6
b. 6,99 → 6
c. 0,715 → 0
d. 5 → 5
e. 7,28 × 10 → 72
f. 15,3 + 0,9 → 16

EXPLICATION
e. 7,28 × 10 = 72,8 donc la partie entière est 72.
f. 15,3 + 0,9 = 16,2 donc la partie entière est 16.

5 **a.** 234,386 a 3 dizaines et 3 dixièmes.
b. 715,071 a 7 centaines et 7 centièmes.

6 **a.** $34 + \frac{1}{10} + \frac{2}{100} = 34,12$ $70 + \frac{9}{10} + \frac{1}{100} = 70,91$

$5 + \frac{5}{100} = 5,05$ $25 + \frac{7}{10} + \frac{2}{1\,000} = 25,702$

$\frac{1}{10} + \frac{8}{100} = 0,18$ $\frac{9}{10} = 0,9$

b. $15,78 = 15 + \frac{7}{10} + \frac{8}{100}$

$3,195 = 3 + \frac{1}{10} + \frac{9}{100} + \frac{5}{1\,000}$

$30,04 = 30 + \frac{4}{100}$

$78,102 = 78 + \frac{1}{10} + \frac{2}{1\,000}$

$53,700 = 53 + \frac{7}{10}$

$0,248 = \frac{2}{10} + \frac{4}{100} + \frac{8}{1\,000}$

EXPLICATION
Les dixièmes donnent la première décimale.
Les centièmes donnent la seconde décimale.
Les millièmes donnent la troisième décimale.

7 **a.** 2,35 → 2
b. 0,9 → 1
c. 17,51 → 18
d. 0,4 → 0
e. 25,099 → 25
f. 25,990 → 26

2 Comparer des nombres décimaux

1 **a.** 13,9 > 3,9
b. 21,01 > 12,99
c. 36,71 < 36,84
d. 36,7 > 36,081
e. 157,127 < 157,13
f. 18,001 < 18,01

2 **a.** 1,234 56 < 12,345 6 < 123,456 < 1 234,56 < 12 345,6 < 123 456
BROUTE
b. BROUET
c. BOUTRE

3 **a.** 3,21 > 3,12 > 2,31 > 2,13 > 1,32 > 1,23
BOUTER
b. OBTURE
c. TOURBE

4 **a.** 19,92 < 1 9 , 9 3 < 19,94
b. 5 < 6, 0 23 < 6,1

EXPLICATION
Il s'agit ici d'intercaler un nombre décimal entre deux autres.

5 **a.** Les nombres de la forme ❑❑ , ❑ tels que :
12,3 < ❑❑ , ❑ < 12,8 sont :
12,4 12,5 12,6 et 12,7

b. Les nombres de la forme 3, ❑❑ 1 compris entre 3,18 et 3,22 sont :
3,181 3,191 3,201 et 3,211

EXPLICATION
Il s'agit ici d'intercaler quatre nombres décimaux entre deux autres.

6 **a.** 36 < 36,2 < 37 ; 315 < 315,9 < 316 ;
999 < 999,03 < 1 000

Remarque : le plus petit des deux entiers est la partie entière du nombre encadré.
b. L'arrondi à 1 près de 36,2 est : 36
Celui de 315,9 est : 316
Celui de 999,03 est : 999

7 **a.** 9,81 → 9,8
b. 4,18 → 4,1
c. 6,023 → 6
d. 6,559 57 → 6,5
e. 1,47 + 1,73 → 3,2
f. 2,759 + 3,18 → 5,9

EXPLICATION
e. 1,47 + 1,73 = 3,2
f. 2,759 + 3,18 = 5,939

3 Utiliser une droite graduée

1
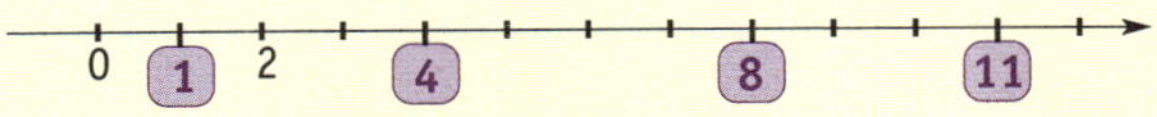

EXPLICATION
Ici, chaque petit segment correspond à une unité entière.

2
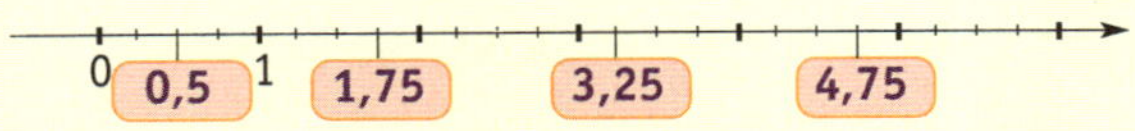

EXPLICATION
Les unités sont coupées en 4 et :
$\frac{1}{2} = 0,5 \quad \frac{1}{4} = 0,25 \quad \frac{3}{4} = 0,75.$

3

Point	A	B	C	D
Abscisse	0,2	1,4	2,6	3,8

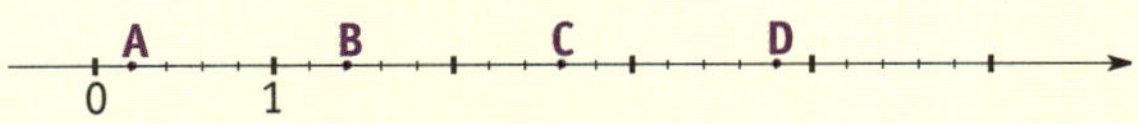

EXPLICATION
Les unités sont coupées en 5 et :
$\frac{1}{5} = 0,2 \quad \frac{2}{5} = 0,4 \quad \frac{3}{5} = 0,6 \quad \frac{4}{5} = 0,8.$

4
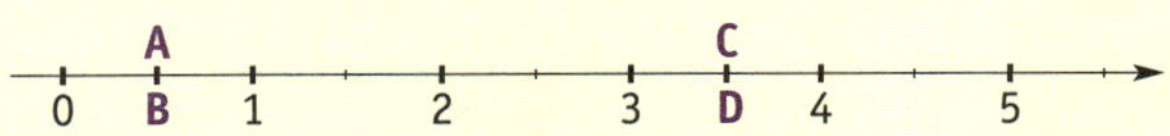

a. A et B sont confondus : $\frac{1}{2} = 0,5$.

b. C et D sont confondus : $\frac{7}{2} = 3,5$.

5
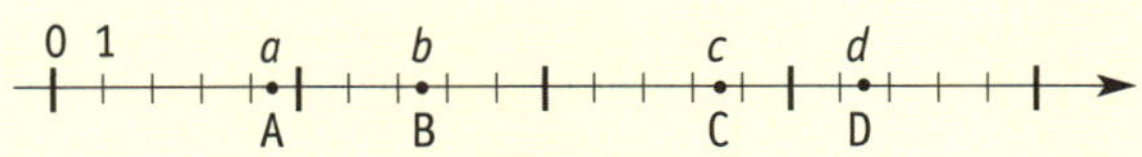

$7 < b < 8 \qquad 13 < c < 14 \qquad 16 < d < 17.$

Remarque : 7 est la partie entière de *b*,
13 est celle de *c*, 16 est celle de *d*.

6
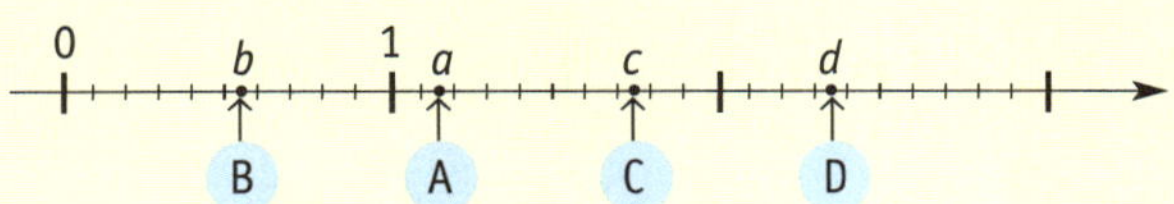

$0,5 < b < 0,6 \qquad 1,7 < c < 1,8 \qquad 2,3 < d < 2,4.$

EXPLICATION
Cette droite est graduée en dixièmes. Alors on compte les dixièmes.

7
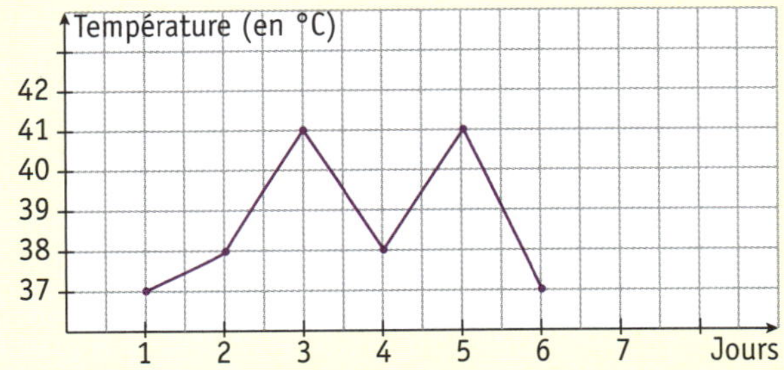

Remarque : ce graphique montre parfaitement les deux poussées de fièvre qui caractérisent la grippe.

4 Multiplier des nombres entiers et décimaux

1 **a.** Les multiples de 17 inférieurs à 100 sont :
0, 17, 34, 51, 68 et 85.
En effet, 0 × 17 = 0 ; 1 × 17 = 17 ; 2 × 17 = 34 ; etc.
b. 26 ; ~~23~~ ; 91 ; 130 ; ~~113~~ ; ~~42~~.

EXPLICATION
26 = 2 × 13 ; 91 = 7 × 13 ; 130 = 10 × 13.
Mais quand on divise 23, 113 et 42 par 13, la division ne tombe pas juste.

2 **a.**

```
   4 3 2 1
×        7
----------
 3 0 2 4 7
```

b.

```
    2 9
×   3 2
-------
    5 8
  8 7
-------
  9 2 8
```

c.

```
    2 3
×   2 3
-------
    6 9
  4 6
-------
  5 2 9
```

d.

```
      3 9
×     4 1
---------
      3 9
  1 5 6
---------
  1 5 9 9
```

3 **a.**

```
   6,15
×     7
-------
  43,05
```

b.

```
  0,125
×     8
-------
  1,000 = 1
```

c.

```
   1,4
× 1,4
-----
    56
   14
-----
  1,96
```

d.

```
   4,05
×   3,2
-------
    810
  1 215
-------
 12,960 = 12,96
```

e.

```
   20,6
×  4,01
-------
    206
   000
  824
-------
 82,606
```

4 a. 258 × 10 = 2 580
b. 2,7 × 1 000 = 2 700
c. 0,015 × 10 = 0,15
d. 19,92 × 100 = 1 992
e. 20 × 1 000 = 20 000
f. 0,3 × 100 = 30

5 a. 3 600 × 0,01 = 36
b. 15 × 0,1 = 1,5
c. 0,07 × 0,01 = 0,0007
d. 31,41 × 0,1 = 3,141
e. 100 × 0,01 = 1
f. 1,6 × 0,1 = 0,16

6 a. 10 000 × 0,001 = 10
b. 34 800 × 0,001 = 34,8
c. 4 359,1 × 0,001 = 4,3591
d. 123 456 × 0,001 = 123,456

7 En 3 ans, Perrette aura bu :
0,25 × 365 × 3 = 273,75 litres de lait.

8 10,50 × 7,10 = 74,55.
L'aire du jardin est donc 74,55 m².

5 Diviser avec des nombres décimaux

1

CONSEIL
Il faut veiller à placer correctement la virgule dans le quotient (relire éventuellement les rappels sur fond jaune).

a.
```
1 9  | 11
 8 0 |------
  3 0| 1,72
    8|
```

b.
```
1 0 0 | 7
 3 0  |------
  2 0 | 14,28
   6 0|
     4|
```

c.
```
7 1  | 70
 1 0 |------
 1 0 0| 1,01
   3 0|
```

2

CONSEIL
Suivre les exemples de la page 62.

a.
```
  7 0 | 25
2 0 0 |------
  0 0 | 2,8
```

b.
```
1     | 8
1 0   |------
  2 0 | 0,125
   4 0|
     0|
```

c.
```
1 5, 7 5 | 9
  6 7    |------
    4 5  | 1,75
      0  |
```

3 En divisant 3 000 g par 7, on trouve des grammes.
Il faut donc 4 chiffres après la virgule pour un résultat arrondi au mg près.

```
3 000 | 7
 20   |---------
  60  | 428,5714
   40 |
    50|
    10|
    30|
     2|
```

a. à 1 g près : 429 g.
b. à 1 dg près : 428,6 g.
c. à 1 cg près : 428,57 g.
d. à 1 mg près : 428,571 g.

4

CONSEIL
Déplacer la virgule comme il est indiqué page 63.

a. 378 ÷ 10 = 37,8
b. 93,5 ÷ 10 = 9,35
c. 75 ÷ 1 000 = 0,075
d. 500,5 ÷ 100 = 5,005
e. 18,3 ÷ 1 000 = 0,0183
f. 36 000 ÷ 100 = 360

5 Prix du kilogramme : 115 ÷ 100 = 1,15 €.
Remarque : une division par 10, par 100 ou par 1 000 s'effectue mentalement.

6 Schéma des 11 rosiers :

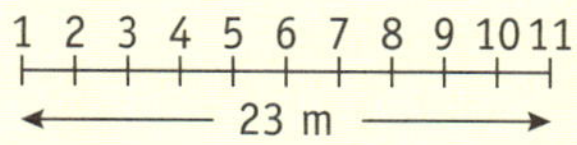

Le mur est divisé en 10 intervalles mesurant chacun 23 ÷ 10 = 2,3 m.

7

CONSEIL
En cas d'hésitation, relire les critères de divisibilité, mais surtout, ne pas diviser avec la machine.

est divisible par	105	36	74	75	270	360	243	30	17
2		×	×		×	×		×	
3	×	×		×	×	×	×	×	
4		×				×			
5	×			×	×	×		×	
9		×			×	×	×		

6 Considérer une fraction comme un quotient

1

CONSEIL
On compte les carreaux de chaque partie.

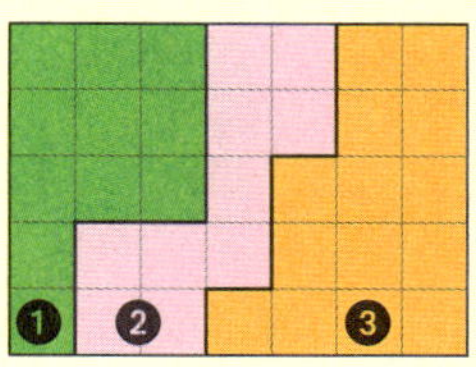

1 $\frac{11}{35}$ 2 $\frac{10}{35}$ 3 $\frac{14}{35}$

2 45 min = $\frac{3}{4}$ h ; 20 min = $\frac{1}{3}$ h ; 10 min = $\frac{1}{6}$ h ;
6 min = $\frac{1}{10}$ h ; 5 min = $\frac{1}{12}$ h.

3 a. 35 ÷ 56 = $\frac{35}{56}$ = 0,625

b. 51 ÷ 34 = $\frac{51}{34}$ = 1,5

c. $29 \div 8 = \dfrac{29}{8} = 3{,}625$

d. $8 \div 100 = \dfrac{8}{100} = 0{,}08$

EXPLICATION
Ici, on poursuit les divisions jusqu'à ce qu'elles s'arrêtent.

4 a. $37 \div 55 = \dfrac{37}{55} \approx 0{,}67$

b. $52 \div 33 = \dfrac{52}{33} \approx 1{,}58$

c. $2 \div 3 = \dfrac{2}{3} \approx 0{,}67$

d. $10 \div 9 = \dfrac{10}{9} \approx 1{,}11$

EXPLICATION
Ici, les divisions ne s'arrêtent pas : on se contente d'un quotient approché.
Le signe ≈ signifie « est proche de ».

5

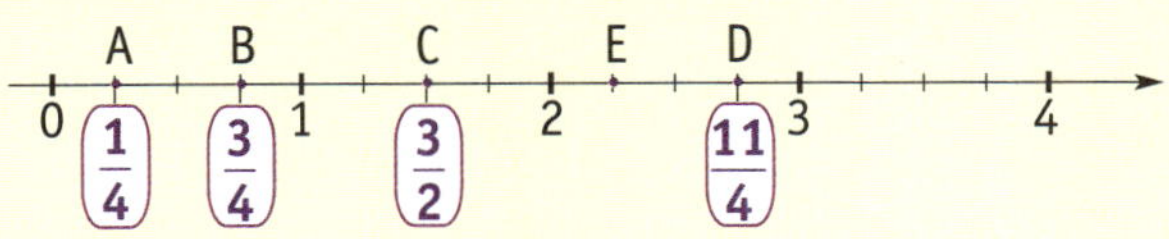

Remarque :
pour C, on peut répondre aussi $\dfrac{6}{4}$ car $\dfrac{6}{4} = \dfrac{3}{2}$.

6

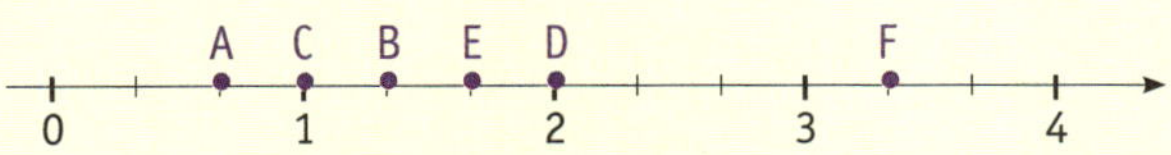

Remarque : on observe que $\dfrac{3}{3} = 1$ et que $\dfrac{6}{3} = 2$.

7 Dans les deux cas, la division donne 1,25.
Ces deux fractions sont égales puisqu'elles représentent le même nombre décimal.

EXPLICATION
Deux écritures fractionnaires différentes peuvent représenter un même nombre.

8 a. $\dfrac{1{,}3}{5} = \dfrac{13}{50}$; car $\dfrac{1{,}3}{5} = \dfrac{1{,}3 \times 10}{5 \times 10} = \dfrac{13}{50}$.

b. $\dfrac{3}{4} = \dfrac{9}{12}$; car $\dfrac{9}{12} = \dfrac{3 \times 3}{4 \times 3} = \dfrac{3}{4}$.

c. $\dfrac{30}{60} = \dfrac{1}{2}$

d. $\dfrac{75}{100} = \dfrac{3}{4}$

9 a. $\dfrac{0{,}5}{1} = \dfrac{1}{2}$

b. $\dfrac{3{,}5}{1{,}7} = \dfrac{35}{17}$

c. $\dfrac{0{,}75}{0{,}1} = \dfrac{75}{10}$

d. $\dfrac{16}{6{,}4} = \dfrac{160}{64}$

Remarque :
On peut aussi répondre : $\dfrac{5}{10}$ au lieu de $\dfrac{1}{2}$

$\dfrac{15}{2}$ au lieu de $\dfrac{75}{10}$ car $\dfrac{15 \times 5}{2 \times 5} = \dfrac{75}{10}$;

$\dfrac{5}{2}$ au lieu de $\dfrac{160}{64}$ car $\dfrac{5 \times 32}{2 \times 32} = \dfrac{160}{64}$.

On voit ainsi qu'il est toujours possible de supprimer les virgules dans l'écriture des quotients.

7 Calculer une fraction d'une quantité

1 $(21 \times 3) \div 7 = 63 \div 7 = 9$
ou $(21 \div 7) \times 3 = 3 \times 3 = 9$.
$(2{,}1 \times 5) \div 3 = 10{,}5 \div 3 = 3{,}5$
ou $(2{,}1 \div 3) \times 5 = 0{,}7 \times 5 = 3{,}5$.

2 $(2{,}24 \div 8) \times 3 = 0{,}28 \times 3 = 0{,}84$
$(5 \times 0{,}51) \div 3 = 2{,}55 \div 3 = 0{,}85$

EXPLICATION
Pour le second calcul, il faut éviter de commencer par diviser 5 par 3 car la division ne tombe pas juste.

3

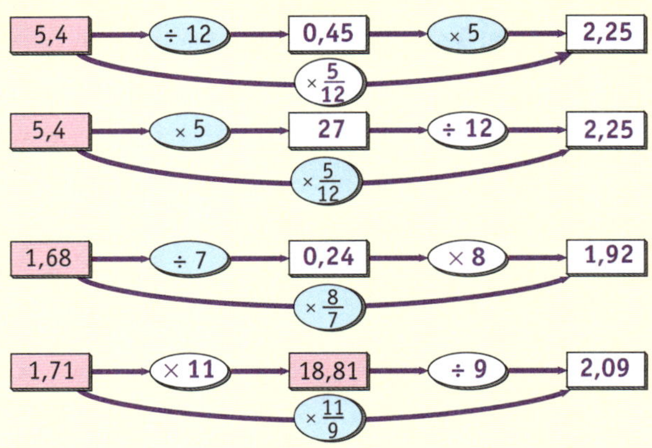

4 a. $0 \times \dfrac{3}{4} = 0$

b. $1 \times \dfrac{3}{4} = \dfrac{3}{4}$

c. $100 \times \dfrac{1}{4} = 25$

d. $100 \times \dfrac{4}{1} = 400$

e. $100 \times \dfrac{0}{4} = 0$

f. $300 \times \dfrac{4}{3} = 400$

5 $12{,}3 \times \dfrac{2}{3} = 8{,}2$ $\quad 12{,}3 \times \dfrac{5}{3} = 20{,}5$

6 $5{,}6 \times \dfrac{3}{4} = 4{,}2$ $\quad 5{,}6 \times \dfrac{9}{4} = 12{,}6$

7 $\dfrac{3}{4}$ d'heure : $60 \times \dfrac{3}{4} = 45$ (en min).
$\dfrac{5}{6}$ d'heure : $60 \times \dfrac{5}{6} = 50$ (en min).

8 $\dfrac{3}{4}$ de mètre : $100 \times \dfrac{3}{4} = 75$ (en cm).
$\dfrac{7}{5}$ de mètre : $100 \times \dfrac{7}{5} = 140$ (en cm).

9 $\frac{3}{8}$ d'une tonne : $1\,000 \times \frac{3}{8} = 375$ (en kg).

$\frac{31}{25}$ d'un quintal : $100 \times \frac{31}{25} = 124$ (en kg).

10 **a.** L'homme mesure $171 + 9 = 180$ cm

et $180 \times \frac{10}{9} = 200$ cm $= 2$ m.

b. $171 \times \frac{10}{9} = 190$.

Donc l'homme mesure $190 + 9 = 199$ cm $= 1{,}99$ m.

EXPLICATION

a. On ajoute 9 puis on multiplie par $\frac{10}{9}$.

b. On multiplie par $\frac{10}{9}$ puis on ajoute 9.

Et on constate que ce n'est pas la même chose !

8 Utiliser des parenthèses

1 **a.** $(2 \times 17) - (3 \times 11) = 34 - 33 = 1$
b. $2 \times (4 - 0{,}4) = 2 \times 3{,}6 = 7{,}2$
c. $(5 - 2{,}1 + 0{,}1) \times 5 = 3 \times 5 = 15$
d. $21 - [(4 \times 3) + 5] = 21 - [12 + 5] = 21 - 17 = 4$

EXPLICATION
On ne pose pas d'opérations mais on s'autorise à écrire des résultats intermédiaires. On appelle cela « calculer en ligne ».
d. On rencontre ici des parenthèses dans des crochets. Dans ce cas, on commence par effectuer à l'intérieur des parenthèses les plus internes.
Sur une calculatrice il n'y a pas de crochets, mais on peut emboîter des paires de parenthèses.

2 **a.** $(222 + 2) - (22 \times 2) = 224 - 44 = 180$.
b. $[(2 + 22) \times 2] - 22 = (24 \times 2) - 22 = 48 - 22 = 26$.

EXPLICATION
Toujours sans poser d'opérations et sans prendre une calculatrice.

3 **a.** $333 - [(3 \times 33) - 3] + (3{,}3 \times 3)$
$= 333 - (99 - 3) + 9{,}9 = 333 - 96 + 9{,}9$
$= 237 + 9{,}9 = 246{,}9$.

b. $(3 \times 3{,}33) + \frac{3{,}3}{3} = 9{,}99 + 1{,}1 = 11{,}09$.

4 **a.** $(6 \times 6) + (6 \times 6) = 72$
b. $6 + (6 \times 6) + 6 = 48$

5 **a.** $5 \times (5 + 5) \times 5 = 250$
b. $[(5 \times 5) + 5] \times 5 = 150$

EXPLICATION
b. On a aussi :
$5 \times [5 + (5 \times 5)] = 150$.

6 **a.** $(5 \times 7) + 6 - 8 = 33$

b. $(5 \times 6) - 8 + 7 = 29$

7 $(5 \times 1{,}20) + (10 \times 0{,}90) + (4 \times 1{,}10)$
$= 6 + 9 + 4{,}40 = 19{,}40$. Alex a déboursé 19,40 €.

EXPLICATION
Pour cet exercice, on obtient le résultat d'un seul coup en calculant une expression contenant trois multiplications et deux additions.

8 $100 - [(2 \times 19) + (3 \times 7{,}30) + 11{,}40]$
$= 100 - [38 + 21{,}90 + 11{,}40]$
$= 100 - 71{,}30 = 28{,}70$. Il me reste 28,70 €.

EXPLICATION
Cette fois, l'expression qui donne la solution contient 2 multiplications, 2 additions et 1 soustraction.

9 Dans ce problème, les roses ne sont pas toutes au même prix.
Deux douzaines font 24 et $50 = 24 + 26$.
Prix des 50 roses : $(0{,}45 \times 24) + (0{,}40 \times 26)$
$= 10{,}80 + 10{,}40 = 21{,}20$ €.

10

$(5 \times 100) + (6 \times 8)$

$[(4 + 4) \times 50] + 9$

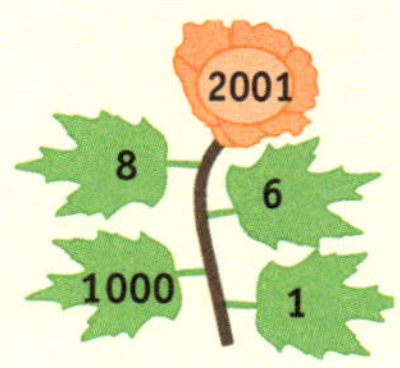

$[(8 - 6) \times 1\,000] + 1$

$(500 \div 5) - (2 + 3)$

Remarque : pour la dernière fleur, on a également :
$[500 \div (3 + 2)] - 5$

9 Traiter des problèmes de proportionnalité

1 On a vu page 70, que 1 kg coûte 0,85 €.

Nombre de kg	0	1	2	3	4	5
Prix en euros	0	0,85	1,70	2,55	3,40	4,25

Donc 2 kg coûtent $0{,}85 \times 2 = 1{,}70$ €, etc.

2 Prix d'une chemise : $93 \div 6 = 15{,}50$ (euros).
Prix de 11 chemises : $15{,}50 \times 11 = 170{,}50$ (euros).

EXPLICATION
Pour trouver le prix d'une chemise, on poursuit la division après la virgule. Ne pas hésiter à la poser.
Quand il s'agit d'une somme d'argent, on va jusqu'aux centimes.

3

Nombre de tours parcourus	7	13	9
Temps mis (en secondes)	196	364	252

Temps mis pour 1 tour : 196 ÷ 7 = 28 (s).
Temps mis pour 13 tours : 28 × 13 = 364 (s), donc 6 min 4 s.
Nombre de tours en 252 s : 252 ÷ 28 = 9 (tours).

Remarque : on peut observer que l'on passe de la 1re à la 2e ligne du tableau en multipliant par 28.

4 Prix d'un manga : 33 ÷ 12 = 2,75 (euros).
Yannis a payé : 2,75 × 5 = 13,75 (euros).
Clara a payé : 2,75 × 3 = 8,25 (euros).
Alizée en a donc 12 – (5 + 3) = 4
pour 2,75 × 4 = 11 (euros).

CONSEIL
Pour vérifier, on additionne les sommes payées par chacun et on retrouve 33 €.

5 Coefficient de proportionnalité : 4,50 ÷ 5 = 0,90 €.
C'est aussi le prix au kilogramme.

Nombre de kg	5	7	13	0,5
Prix en euros	4,50	6,30	11,70	0,45

× 0,90

EXPLICATION
Dans la 3e colonne : 11,70 ÷ 0,90 = 13.

6

CONSEIL
Prendre modèle sur l'exemple du prix des crevettes, juste au dessus de cet exercice.

Pour 100 km, moitié de 200 km, il faudra :
13 ÷ 2 = 6,5 (litres).
Pour 50 km, moitié de 100 km, il faudra :
6,5 ÷ 2 = 3,25 (litres).
Pour 350 km, (200 + 100 + 50), il faudra :
13 + 6,5 + 3,25 = 22,75 (litres).

7 Il y a proportionnalité parce que la vitesse est supposée constante.
En 1 h 30, moitié de 3 h, Paulette parcourt
50 ÷ 2 = 25 (km).
En 6 h, double de 3 h, Paulette parcourt
50 × 2 = 100 (km).
En 4 h 30, qui valent 3 h + 1 h 30, Paulette parcourt
50 + 25 = 75 (km).

10 Appliquer un taux de pourcentage

1

CRÊPERIE FIFI

Crêpe à la sardine	3,40 €
Crêpe au fromage	2,40 €
Crêpe au sorbet	2,80 €
Sous-total :	8,60 €
+ service 15 % :	1,29 €
Total :	9,89 €

Service :
$8{,}60 \times \frac{15}{100} = 1{,}29$

2

Station Dubois

4 litres d'huile	15,20 €
joint de vidange	0,60 €
filtre à huile	9,20 €
Sous-total :	25,00 €
+ T.V.A. 20 % :	5,00 €
Total :	30,00 €

T.V.A. :
$25 \times \frac{20}{100} = 5$

3

Les \ de	5	10	200	750
50 %	2,5	5	100	375
70 %	3,5	7	140	525
200 %	10	20	400	1 500

EXPLICATION
- 50 % c'est la moitié, 200 % c'est le double.
- Pour les trois premières colonnes, on peut calculer mentalement.

4 **a.** Les 30 % de 300, c'est : 90 car c'est 3 fois 30.
b. Les 80 % de 200, c'est : 160 car c'est 2 fois 80.
c. Les 100 % de 55, c'est : 55 car c'est tout.

5 Et si on faisait un tableau ?

Bruns	Blonds	Châtains	Roux
$500 \times \frac{50}{100} = 250$	$500 \times \frac{25}{100} = 125$	$500 \times \frac{20}{100} = 100$	$500 \times \frac{5}{100} = 25$

Il y a donc 250 bruns, 125 blonds, 100 châtains et 25 roux.

6 On calcule la réduction et on la soustrait au prix affiché.
Réduction : 24 × 8 ÷ 100 = 1,92 €.
Elle va payer : 24 – 1,92 = 22,08 €.

7 On calcule le premier versement et on le soustrait au prix total. Enzo a déjà versé 1 100 × 30 ÷ 100 = 330 €.
Il lui reste à payer 1 100 – 330 = 770 €.

8 On calcule l'augmentation et on l'ajoute au prix initial.
L'augmentation est de : 220 × 6,3 ÷ 100 = 13,86 €.
Le nouveau prix de l'objet est : 220 + 13,86 = 233,86 €.

9 Pour le fournisseur B, le port coûte $40 \times \frac{15}{100} = 6$ €.
Donc le jouet revient à 40 + 6 = 46 €.
Il est donc préférable de commander chez le fournisseur A.

10 Un tableau facilitera la comparaison.

	Remise	Prix avec la remise
Short	$25 \times \frac{40}{100} = 10$ €	$25 - 10 = 15$ €
Polo	$20 \times \frac{20}{100} = 4$ €	$20 - 4 = 16$ €

Donc le moins cher est le short.

11 **a.** La remise de 20 %, appliquée à 120 € vaut :
$120 \times \frac{20}{100} = 24$ €.
Donc le prix devrait baisser à $120 - 24 = 96$ € (au lieu de 100 €).
On n'est donc pas d'accord avec le vendeur.
b. L'augmentation de 10 % appliquée à 90 €, vaut
$90 \times \frac{10}{100} = 9$ €.
Donc le nouveau prix devrait être $90 + 9 = 99$ € (au lieu de 100 €).
Donc, une fois de plus, on n'est pas d'accord avec ce vendeur.

11 Connaître et construire des droites

1

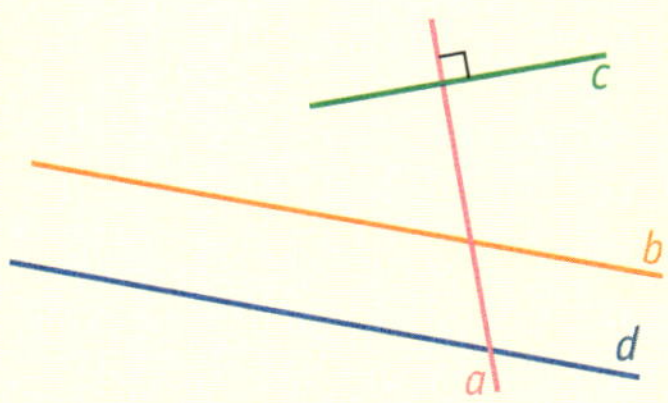

a. *b* et *d* sont parallèles.
b. *a* et *c* sont perpendiculaires.
c. *a* et *b* (par exemple) sont sécantes sans être perpendiculaires.
d. oui, *c* et *d* sont sécantes.

EXPLICATION
Ces deux droites sont sécantes, mais il faut prolonger le dessin pour voir leur point d'intersection.

2
a.

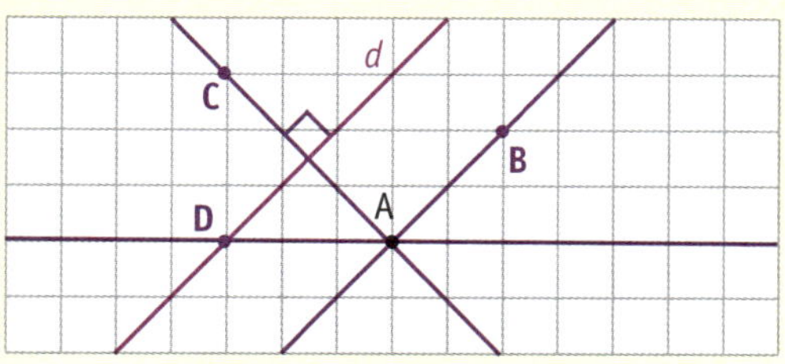

b.

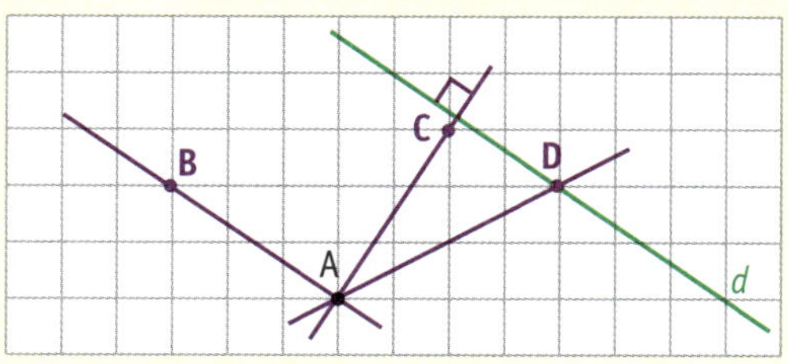

EXPLICATION
Sur un quadrillage, il faut compter les carreaux pour trouver la parallèle et la perpendiculaire.

3

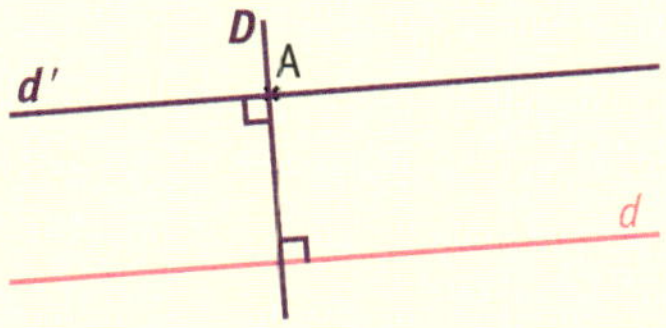

Les droites *d* et *d'* sont parallèles parce qu'elles sont toutes les deux perpendiculaires à *D*.

4 **a.**

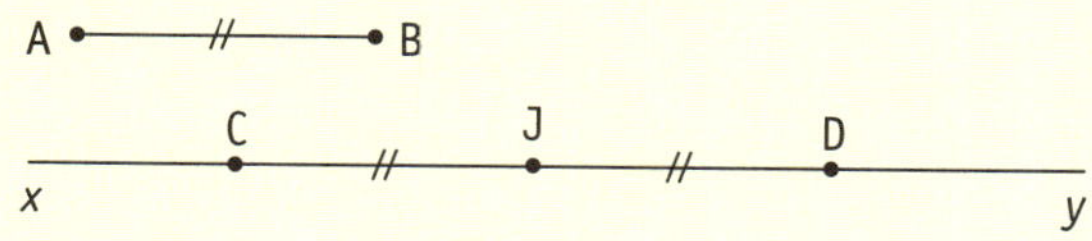

b. J est le milieu du segment [CD].

5 **a.** Avec l'équerre, construire la perpendiculaire à (AB) passant par P. Elle coupe (AB) en H.
b. PH = 2,5 cm, c'est la distance du point P à la droite (AB).

6 À l'aide d'une règle, on peut observer que A, D et G sont alignés, ainsi que A, C et F.

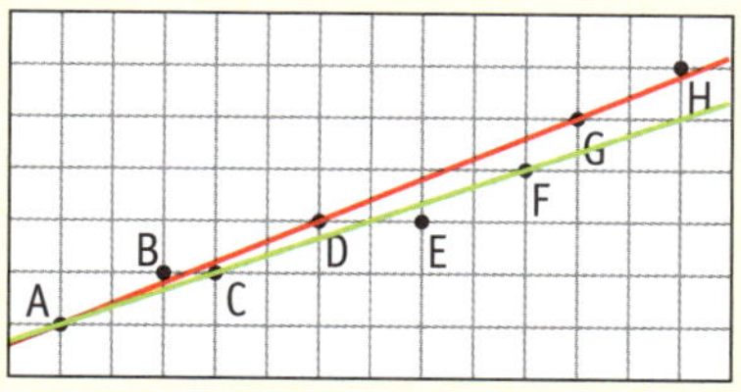

12 Construire des cercles

1

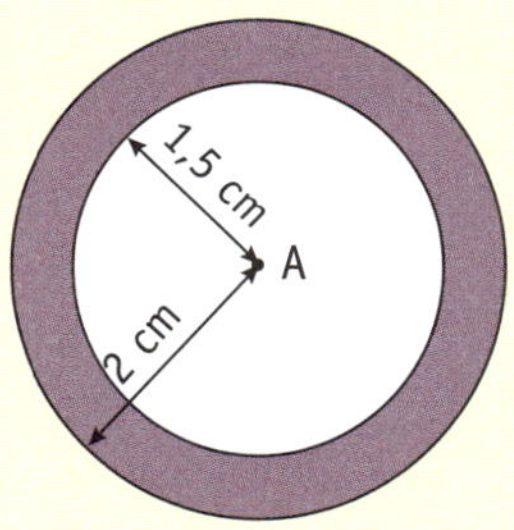

2 **a.**

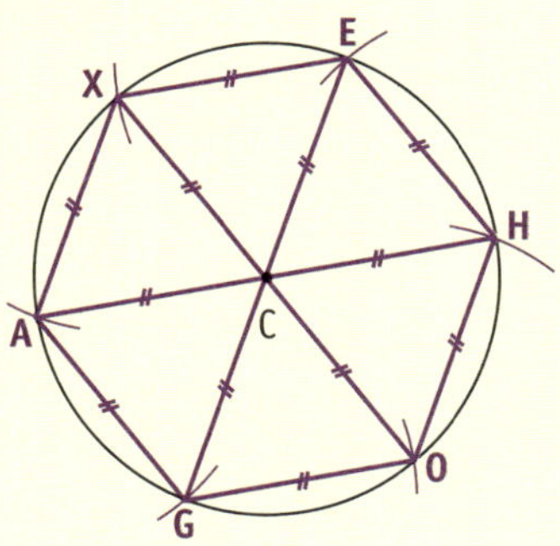

Remarque : c'est une construction très classique, à connaître.
b. Périmètre de cet hexagone : $6 \times 3 = 18$ cm
c. Les six triangles dessinés sont équilatéraux car leurs trois côtés ont une longueur égale au rayon du cercle.

3 On joint O à A, à B et à C.
Les triangles OAB, OAC et OBC ont deux côtés de longueur égale au rayon du cercle. Donc ils sont isocèles.

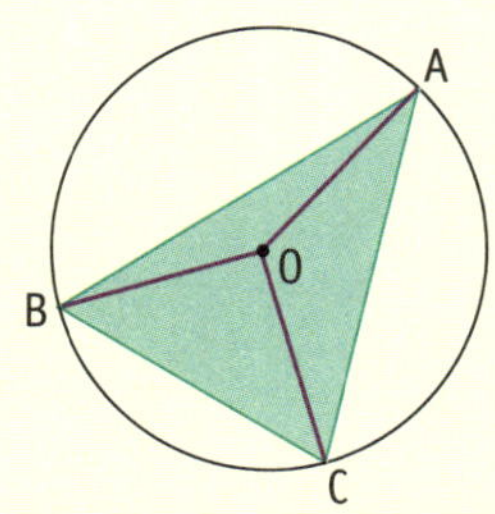

EXPLICATION
Ce partage est possible lorsque O est à l'intérieur du triangle.

4

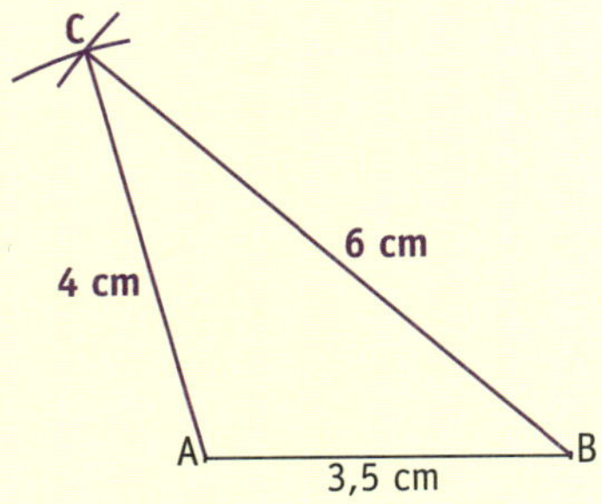

a. Utiliser un compas : tracer un arc de cercle de centre A et de rayon 4 cm, puis un autre de centre B et de rayon 6 cm. Ces deux arcs se coupent en C.
b. Le périmètre du triangle ABC est : 3,5 + 4 + 6 = 13,5 cm.

5

EXPLICATION
a. On trace un carré ABCD, puis 4 arcs de cercle de centres respectifs A, B, C et D.
b. On trace un carré ABCD, puis un cercle de centre O et trois arcs de cercle de centres respectifs A, B et C.

13 Connaître et construire la médiatrice d'un segment

1 a.

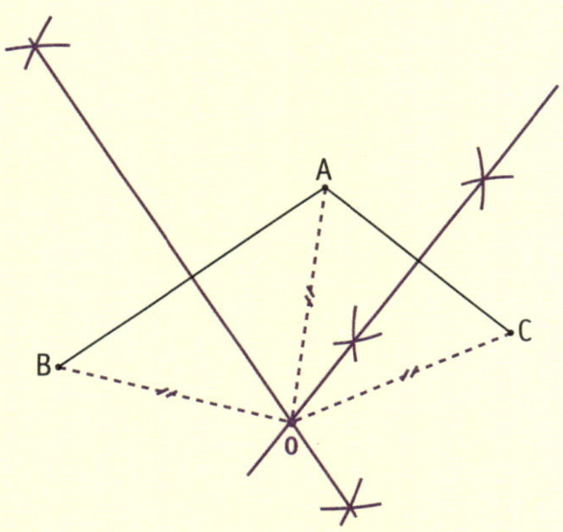

b. On appelle O le point commun aux deux médiatrices. D'une part OB = OA car O est un point de la médiatrice de [AB]. D'autre part OA = OC car O est un point de la médiatrice de [AC]. Donc OB = OA = OC. Donc O est à égale distance de A, B et C.

2 a.

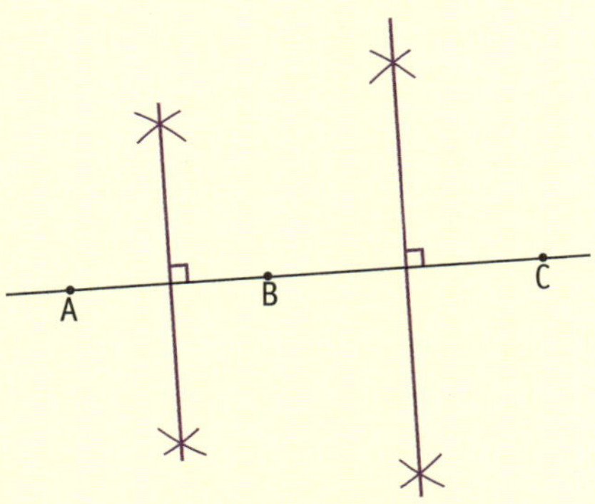

b. La médiatrice d'un segment est perpendiculaire à ce segment donc ces deux médiatrices sont parallèles car elles sont perpendiculaires à une même droite.

3 a.

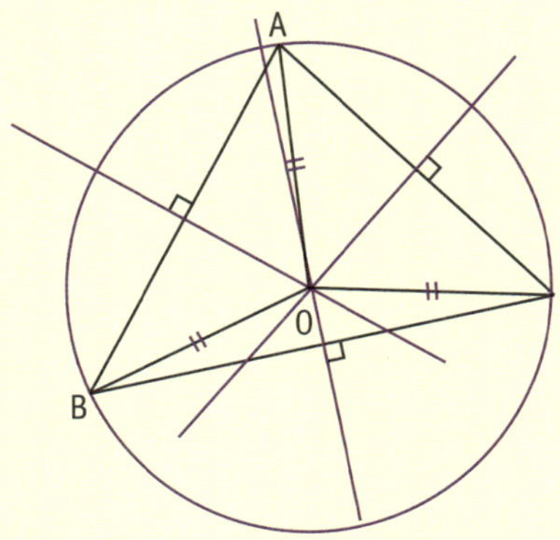

b. Comme à l'exercice 1, il faut savoir que tout point de la médiatrice de [AB] est à égale distance de A et de B.
OA = OB car O est un point de la médiatrice de [AB].
OB = OC car O est un point de la médiatrice de [BC].
c. Le cercle « circonscrit » à un triangle passe par les trois sommets du triangle.

4 a.

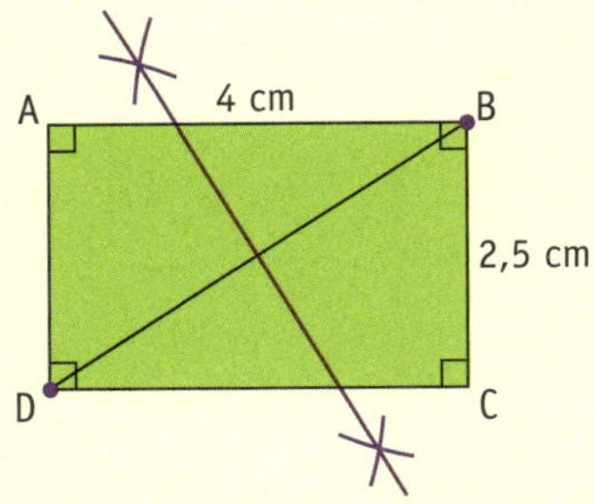

b. Cette médiatrice ne passe pas par A parce que AB ≠ AD.

5 a.

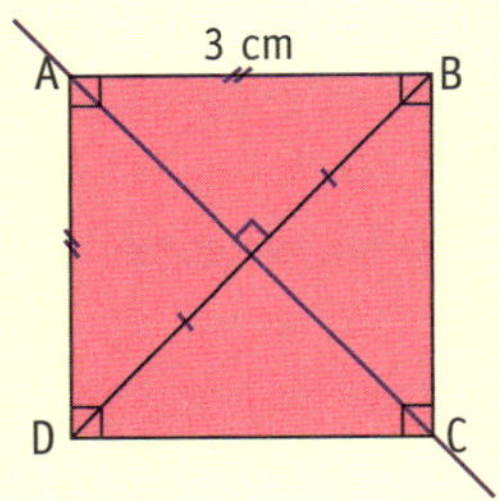

b. Cette médiatrice passe par A parce que AB = AD.
Remarque : les diagonales d'un carré sont médiatrices l'une de l'autre.

6

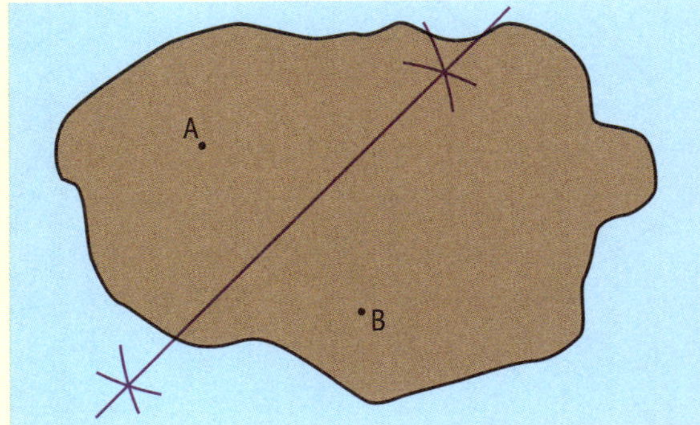

La frontière est la partie îlienne (située dans l'île) de la médiatrice de [AB].
Désormais les moutons pourront jouer à « saute-médiatrice ».

14 Connaître les triangles particuliers

1

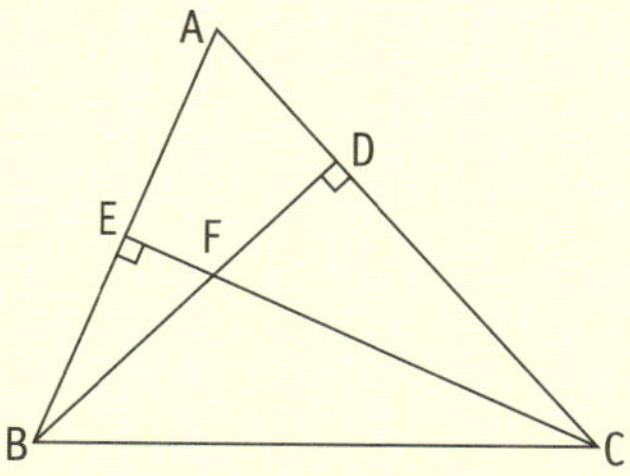

BDA, BDC, CEA, CEB, BEF et CDF sont des triangles rectangles.

EXPLICATION
En E et en D, il y a deux angles droits.

2

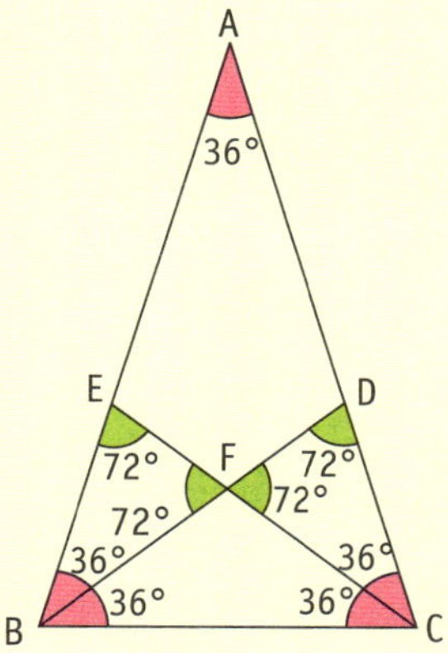

ABC, FBC, ABD, ACE, BEC, BDC, BEF et CDF sont des triangles isocèles.

Remarque : Il y a trois triangles isocèles ayant un angle obtus ; ils sont plus difficiles à voir.

3

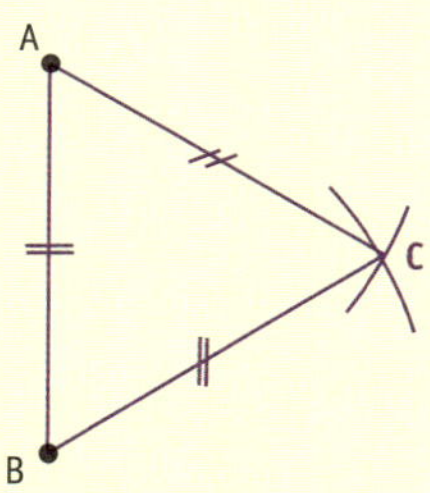

Remarque : ne rien mesurer ! En deux coups de compas, on trouve un point C tel que AB = BC = AC.

4 **a.** …PIF isocèle en I tel que PF = 6 cm et PI = 5 cm.

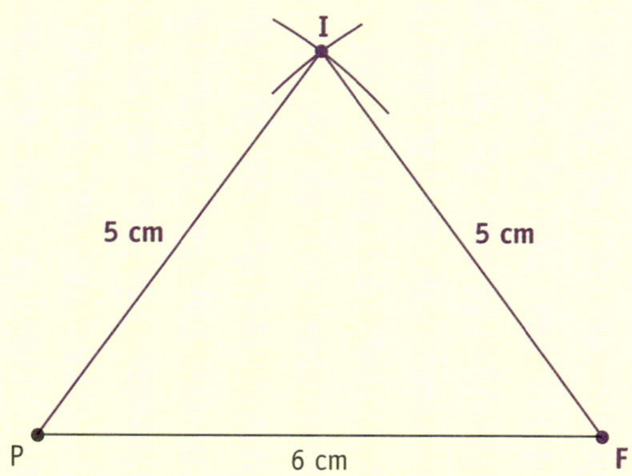

b. …ZEN isocèle en Z tel que EN = 4 cm et $\widehat{NEZ} = 65°$.

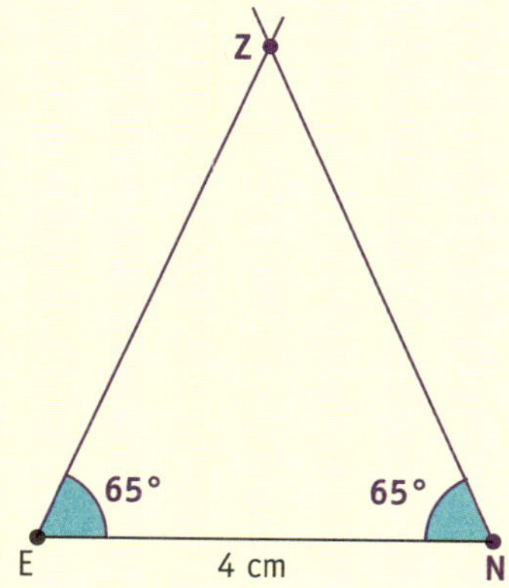

c. Le périmètre de PIF est 6 + 5 + 5 = 16 (en cm)

5 **a.** …EAU rectangle en A, tel que AU = 4,2 cm et AE = 3,5 cm.

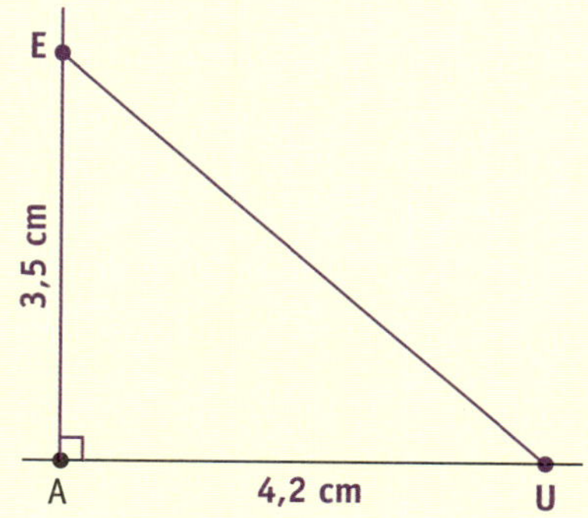

b. …VIN rectangle en I, tel que VI = 5 cm et VN = 6 cm.

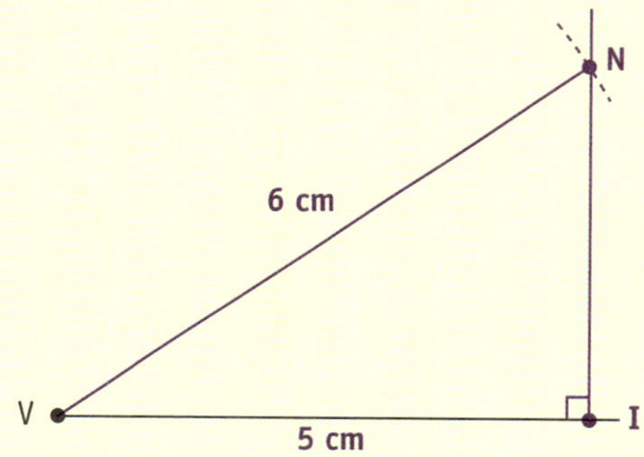

c. …KIR rectangle en I, tel que KI = 4 cm et $\widehat{IKR} = 30°$.

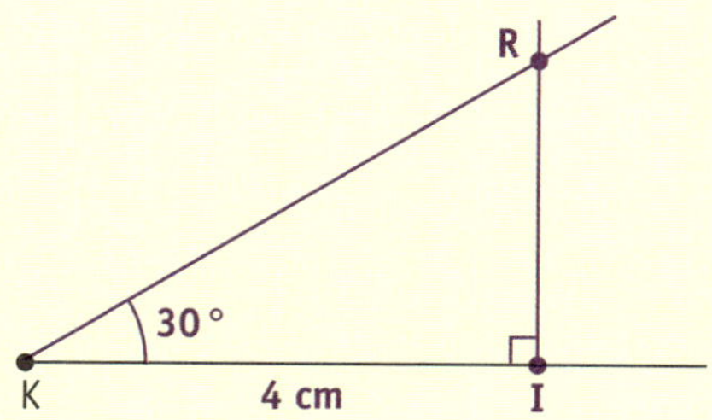

d. …LIE rectangle en I, tel que LE = 5,5 cm et $\widehat{ILE} = 35°$.

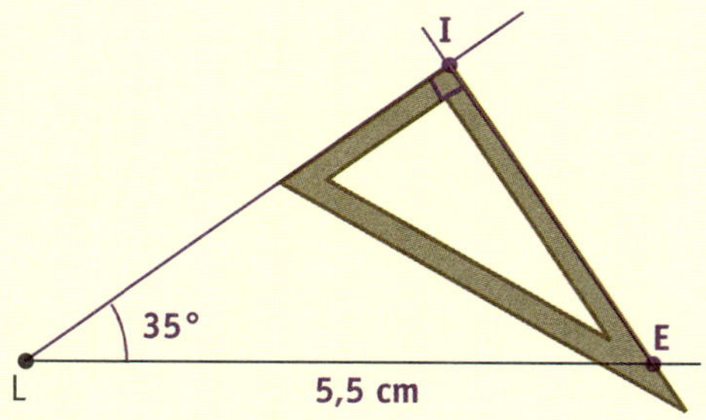

EXPLICATION

a. Tracer (AU) et (AE) perpendiculaires en A. Placer ensuite U et E.
b. Tracer le segment [VI] de longueur 5 cm. Tracer la perpendiculaire en I à (VI). Un arc de cercle de centre V et de rayon 6 cm coupe cette perpendiculaire en N.
c. Placer I à 4 cm de K.
Tracer, à l'équerre, la perpendiculaire à (KI) passant par I. Puis tracer au rapporteur, le second côté de l'angle $\widehat{IKR}$.
d. Placer E. Tracer le second côté de $\widehat{ILE}$. Tracer ensuite la perpendiculaire à ce côté passant par E.

15 Connaître les quadrilatères particuliers

1

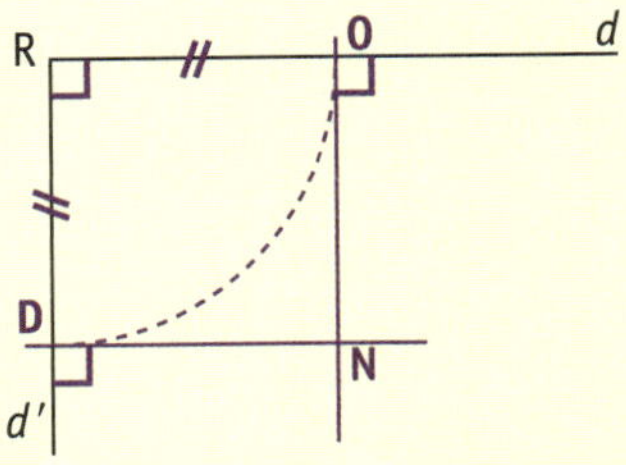

EXPLICATION

On peut placer O et D au compas puis tracer deux perpendiculaires à l'équerre pour obtenir N.

2

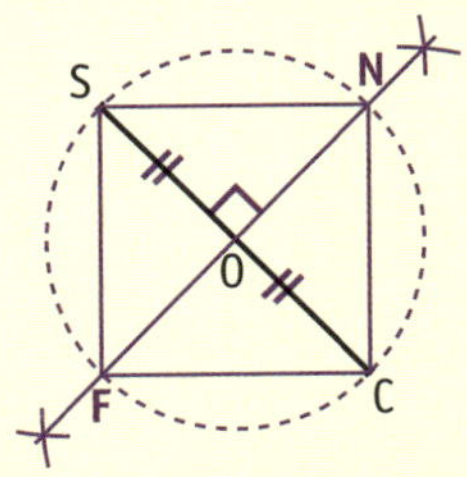

EXPLICATION

On peut construire la médiatrice de [SC] puis le cercle de diamètre [SC]. On obtient alors les points N et F.

3 **a. b.**

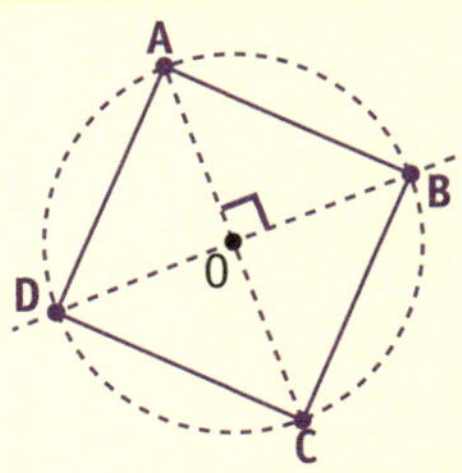

EXPLICATION

- La droite (OA) coupe le cercle en C.
- La perpendiculaire à (AC) passant par O coupe le cercle en D et B.

4

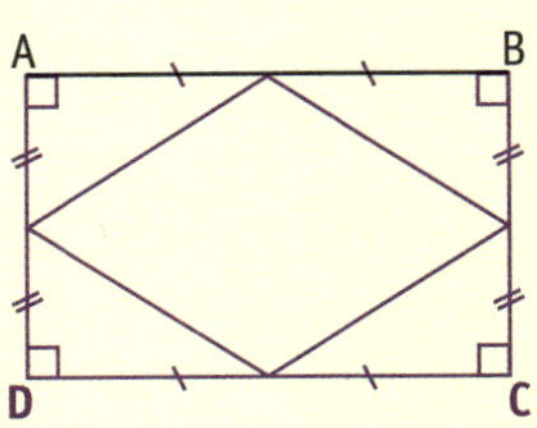

a. On construit le rectangle avec une équerre.
b. On détermine les milieux en construisant la médiatrice de deux côtés comme [AB] et [BC].
c. C'est un losange.

5

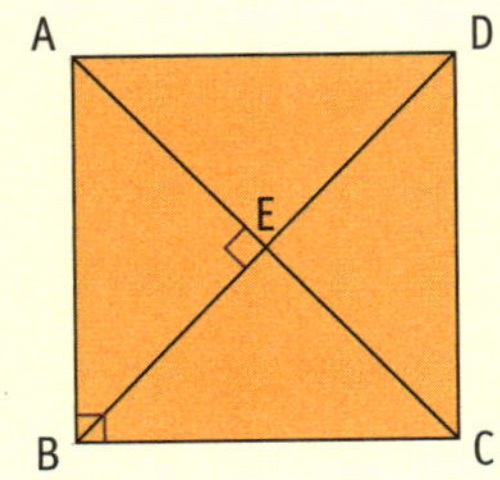

Il y en a 4 petits : EAB, EBC, ECD, EDA et 4 grands : ABC, BCD, CDA, DAB.

Remarque : Tous les triangles de cette figure sont rectangles isocèles.

6

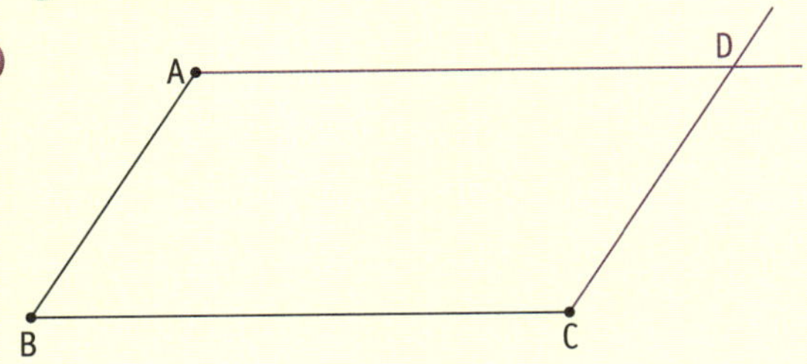

EXPLICATION

On peut construire la parallèle à (BC) passant par A, puis la parallèle à (AB) passant par C. Ces deux droites se coupent en D.

7 **a.**

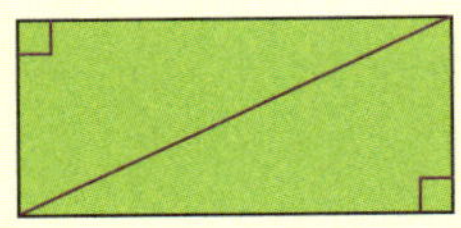

d.

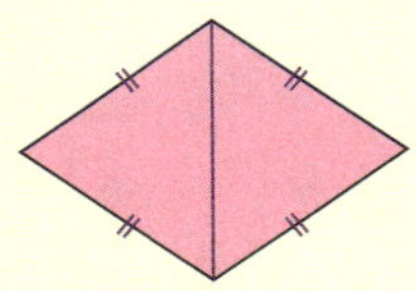

b.

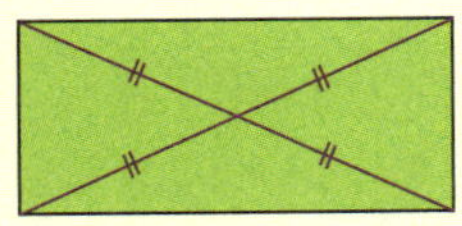

e.

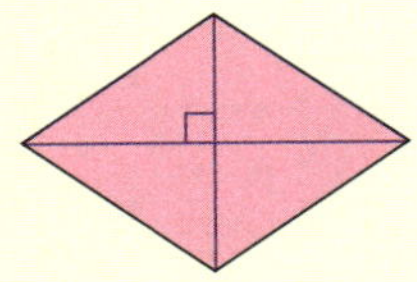

c.

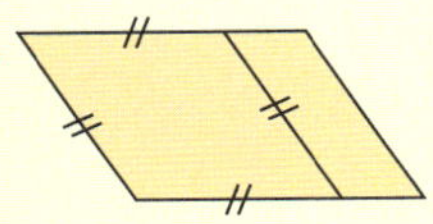

ou bien

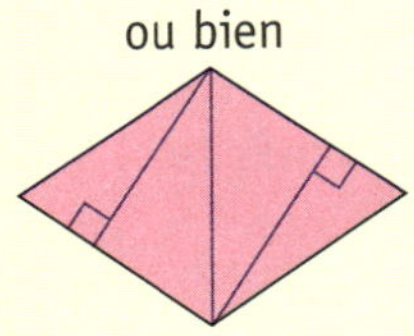

EXPLICATION

b. Les quatre triangles sont isocèles parce que les diagonales d'un rectangle sont égales et se coupent en leur milieu.
d. Autre solution : on trace la diagonale horizontale.
e. Les quatre triangles sont rectangles parce que les diagonales d'un losange sont perpendiculaires. D'autres constructions sont possibles.

16 Construire des symétriques

1 **a.**

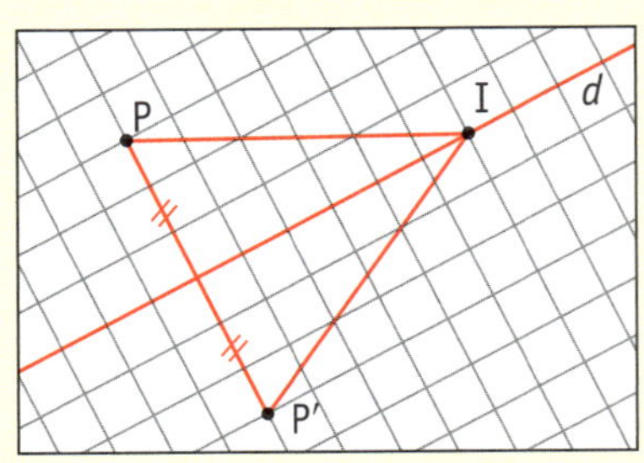

b. • La droite d est la médiatrice du segment [PP'].
• Le symétrique de I par rapport à d est I (puisque I est sur d).
• I est équidistant de P et de P'. Donc le triangle PP'I est isocèle (puisque PI = P'I).

2

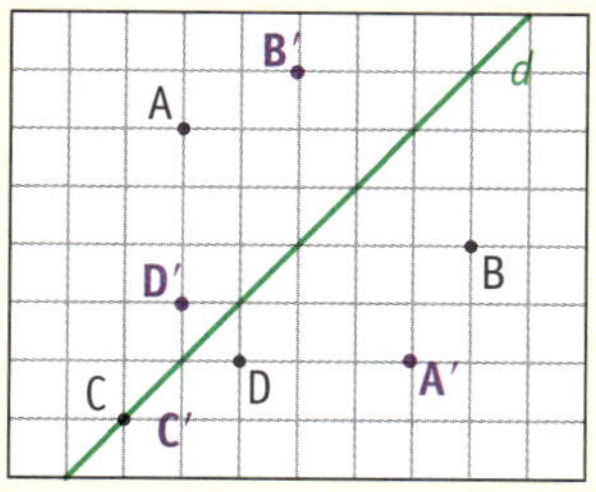

3

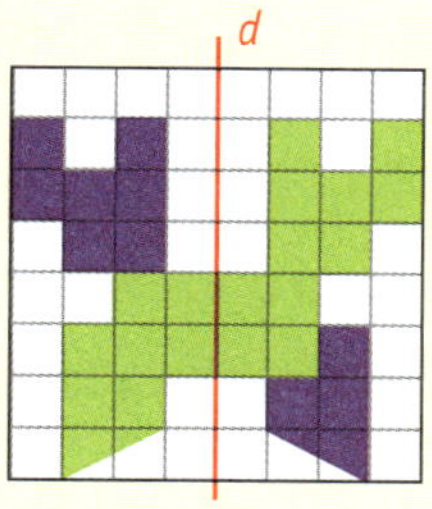

4

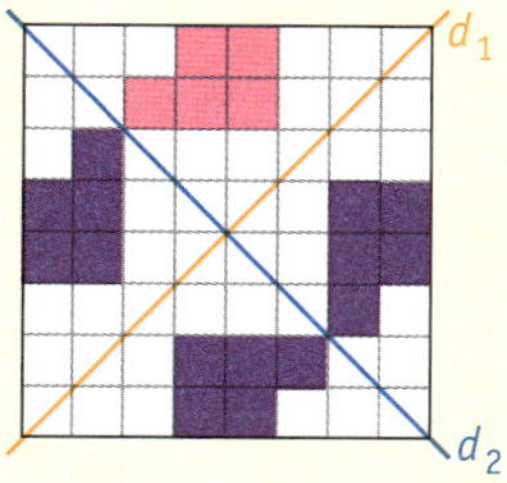

5

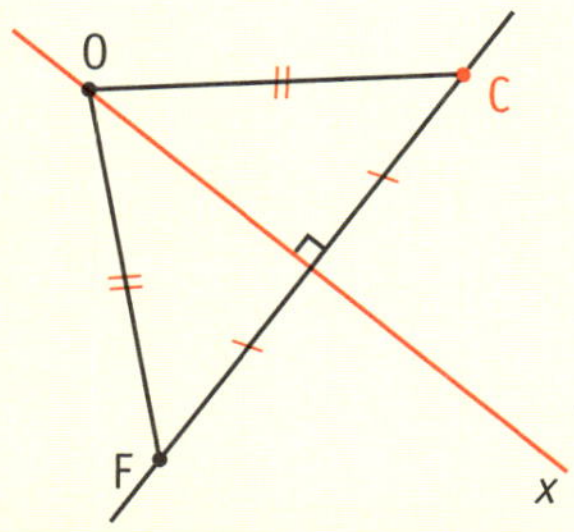

EXPLICATION

5. Tracer à l'équerre la perpendiculaire à (Ox) passant par F. Puis, au compas, placer le point C tel que OC = OF. Tracer enfin les côtés [OF] et [OC].

6 **a. b.**

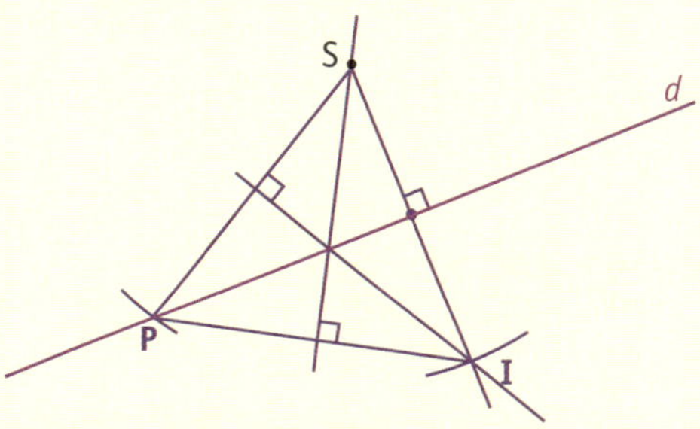

EXPLICATION

a. Construire I, symétrique de S par rapport à *d*. Puis, au compas, placer P tel que SP = SI.

b. Les médiatrices des côtés d'un triangle équilatéral sont ses axes de symétrie.

7 **a. b.**

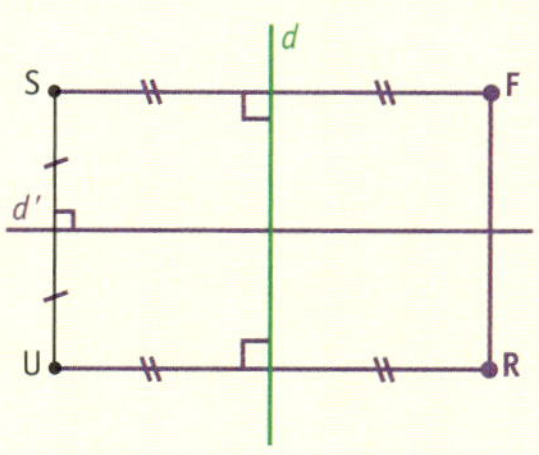

EXPLICATION

a. On construit F et R symétriques de S et U par rapport à *d*. Puis on trace [FR], [FS] et [UR].

b. On trace la médiatrice de [SU] par exemple.

8 **a. b.**

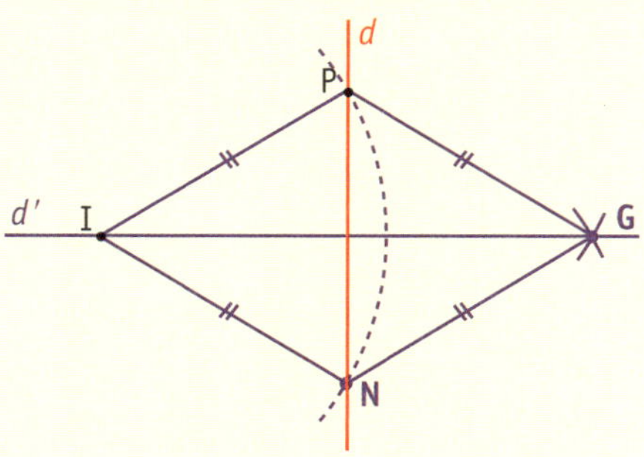

EXPLICATION

a. Avec le compas, on place N sur d tel que IN = IP puis G tel que PG = IP et NG = IP.

b. d' = (IG).

17 Connaître les parallélépipèdes rectangles

1 Dans un parallélépipède, il y a 6 faces, 12 arêtes et 8 sommets.

Remarque : ces résultats serviront dans les exercices suivants.

2 **a.** Un cube a 10 cm d'arête.

Longueur des arêtes : $12 \times 10 = 120$ cm.

b. Un parallélépipède a pour dimensions : 15 cm ; 12 cm ; 8 cm.

Longueur des arêtes :

$(15 \times 4) + (12 \times 4) + (8 \times 4) = 60 + 48 + 32 = 140$ cm.

EXPLICATION

a. Longueur totale des arêtes : 12 fois la longueur d'une arête.

b. Il y a 4 arêtes de 15 cm, 4 arêtes de 12 cm et 4 arêtes de 8 cm. (Manipuler une boîte d'allumettes, par exemple, pour en être sûr).

3

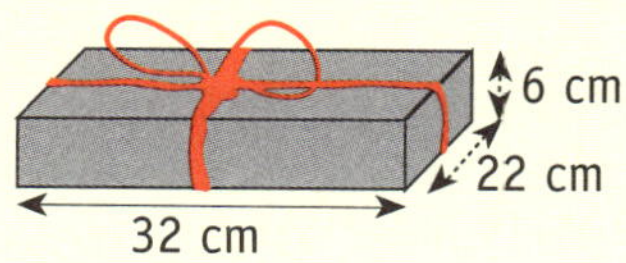

Longueur de ruban :

$(32 \times 2) + (22 \times 2) + (6 \times 4) + 40$

$= 64 + 44 + 24 + 40 = 172$ cm $= 1{,}72$ m.

EXPLICATION

Regardons bien : il faut 2 longueurs, 2 largeurs, 4 hauteurs et le nœud.

4

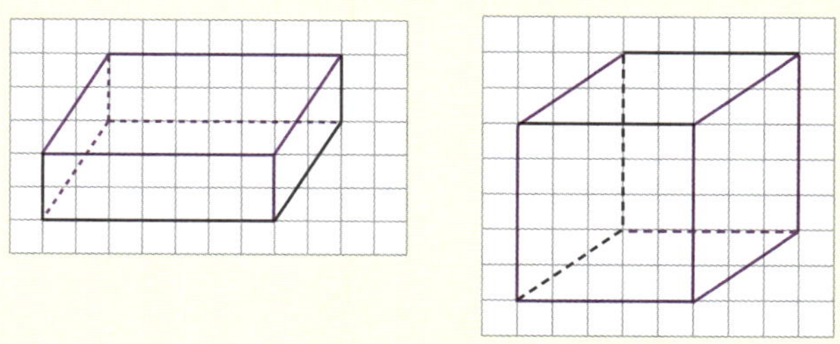

EXPLICATION

Dans les deux pavés, il y a trois arêtes cachées, donc en pointillés.

5 Les quatre manières de placer les faces manquantes, sans dépasser le quadrillage sont :

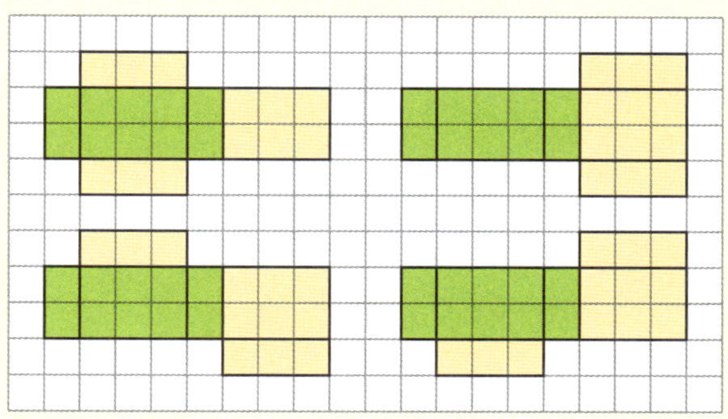

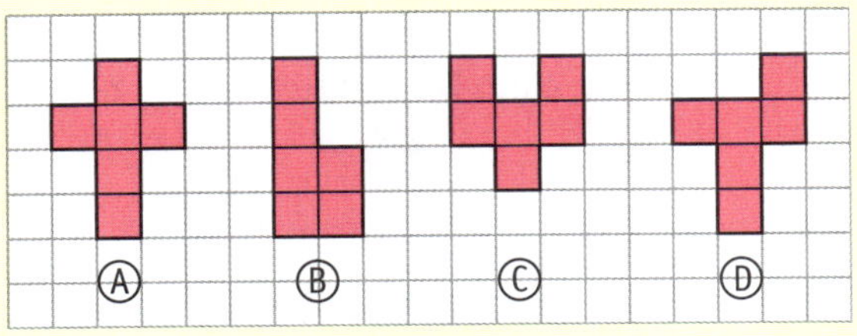

Les patrons de cubes sont : Ⓐ et Ⓓ.

CONSEIL
Pour être vraiment sûr de la réponse, on peut dessiner sur un quadrillage, découper et plier chaque dessin.

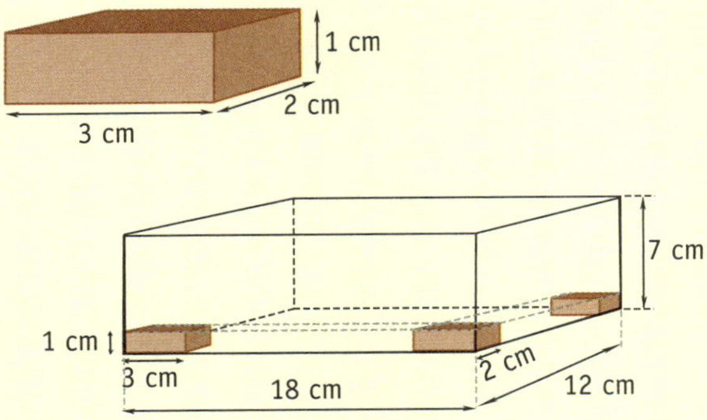

a. En longueur : 18 ÷ 3 = 6 morceaux.
b. En largeur : 12 ÷ 2 = 6 morceaux.
c. En hauteur : 7 morceaux.
d. (6 × 6) × 7 = 252. On peut ranger 252 morceaux de sucre dans la boîte.
e. On ne peut pas en mettre davantage en rangeant les morceaux autrement puisqu'elle est pleine avec 252 morceaux.

18 Explorer des prismes et des pyramides

1 a. 10 sommets, 7 faces, 15 arêtes.
b. 6 sommets, 5 faces, 9 arêtes.
c. C'est un hexagone (6 côtés).
d. C'est un octogone (8 côtés).
e. C'est un décagone (10 côtés).

Remarque : on voit que, si la base a *n* côtés, alors le prisme possède (2 × *n*) sommets, (*n* + 2) faces et (3 × *n*) arêtes.

2 a. 5 sommets, 5 faces, 8 arêtes.
b. 6 sommets, 6 faces, 10 arêtes.
c. C'est un triangle.
d. C'est un hexagone.
e. C'est un dodécagone (12 côtés).

Remarque : on voit que, si la base a *n* côtés, alors la pyramide possède (*n* + 1) sommets, (*n* + 1) faces et (2 × *n*) arêtes.

3 a. Le périmètre de la base est la somme des largeurs des faces rectangulaires : 2,7 + 1,5 + 2 = 6,2 cm.
b. L'aire latérale est celle du rectangle formé par les trois faces latérales : 6,2 × 3 = 18,6 cm².

4 Chacune des six pyramides a pour base une face du cube et pour sommet principal le point K.
D'où : HAUTK, FONDK, HFDTK, AONUK, HFOAK, TDNUK.

5 a. Les faces latérales d'un prisme sont des rectangles. Donc le triangle du patron est forcément la base du prisme. Donc la base a trois côtés.

b.

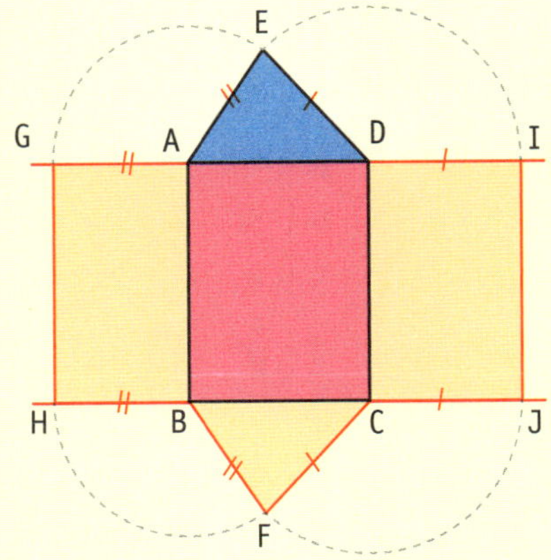

Pour cette construction, on prolonge à la règle les segments [AD] et [BC]. Puis à l'aide du compas, on construit les sommets G, H, I, J, F des trois faces manquantes. Enfin on achève le dessin à la règle.

19 Calculer des durées

1

CONSEIL
Il faut savoir que 1 min = 60 s et que 1 h = 3 600 s.

a. 4 min 20 s : (4 × 60) + 20 = 260 s.
b. 30 min : (30 × 60) = 1 800 s.
c. 1 h 40 min : 3 600 + (40 × 60) = 6 000 s.
d. 2 h 59 s : (2 × 3 600) + 59 = 7 259 s.

2

CONSEIL
Ces questions ressemblent à des devinettes ; un petit calcul nous apporte la bonne réponse.

a. 3 × 3 600 = 10 800. Donc c'est vrai.
b. Dans un jour, il y a 3 600 × 24 = 86 400 s.
Dans 2 semaines, il a 86 400 × 14 = 1 209 600. Donc c'est vrai.

3 a.

7 h 18 min 30 s
+ 2 h 30 min 19 s
9 h 48 min 49 s

b.

3 h 12 min 50 s
+ 1 h 13 min 35 s
4 h 25 min 85 s = 4 h 26 min 25 s

c.

1 h 55 min 30 s
+ 4 h 12 min 17 s
5 h 67 min 47 s = 6 h 07 min 47 s

EXPLICATION
Lorsqu'on obtient plus de 60 s ou plus de 60 min dans le résultat, on réécrit ce résultat différemment.

4 a.

```
   3 h 41 min 19 s
 – 2 h 20 min  4 s
 ─────────────────
   1 h 21 min 15 s
```

b.

```
   2 h  8 min 25 s          1 h 68 min 25 s
 – 1 h 18 min  5 s   →    – 1 h 18 min  5 s
 ─────────────────        ─────────────────
         ?                    50 min 20 s
```

Remarque : il n'y a pas assez de minutes en haut. Alors on remplace 2 h 8 min par 1 h 68 min.

c. Vérification de la soustraction **b.** à l'aide d'un axe chronologique.

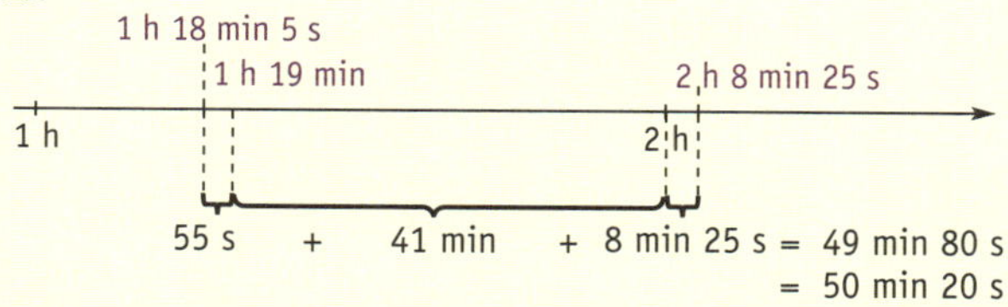

EXPLICATION
Il y a 55 s entre 1 h 18 min 5 s et 1 h 19 min.
Il y a 41 min entre 1 h 19 min et 2 h.
Il y a enfin 8 min 25 s à ajouter.

5 a.

```
   10 h 44 min
 +  1 h 35 min
 ─────────────
   11 h 79 min = 12 h 19 min
```

Le four s'est arrêté à 12 h 19 min.

b.

```
   11 h 17 min
 –  2 h 28 min
 ─────────────
        ?
```

On a 28 > 17. Donc on remplace le premier terme par 10 h 77 min.

```
   10 h 77 min
 –  2 h 28 min
 ─────────────
    8 h 49 min
```

Tonton avait commencé à 8 h 49 min.

c. On peut utiliser efficacement un axe chronologique. Mais on peut aussi écrire que 1 h 28 min 17 s du matin, c'est 25 h 28 min 17 s de la veille.

On pose alors la soustraction suivante :

```
   25 h 28 min 17 s
 – 23 h 12 min 27 s
 ──────────────────
```

Hélas, 27 > 17.

Alors on pose :

```
   25 h 27 min 77 s
 – 23 h 12 min 27 s
 ──────────────────
    2 h 15 min 50 s
```

Donc Marcel a lavé la vaisselle pendant 2 h 15 min 50 s.

6 a.

```
 5 0 0 0 │ 60          8 3 │ 60
   2 0 0 │────         2 3 │────
     2 0 │ 83              │ 1
```

Donc 5 000 s = 1 h 23 min 20 s

b.

```
 2 1 0 0 │ 60
   3 0 0 │────
       0 │ 35
```

Donc 2 100 s = 35 min

20 Mesurer des longueurs et des masses

1 Remarque : plus on s'entraîne et plus on est à l'aise.

a. 2 km = 2 000 m — 35 cm = 0,35 m
3,5 hm = 350 m — 18 dm = 1,8 m
50 dam = 500 m — 5 mm = 0,005 m

b. 0,3 m = 30 cm — 35 mm = 3,5 cm
10,5 m = 1 050 cm — 5 dm = 50 cm
0,9 km = 90 000 cm — 1,5 mm = 0,15 cm

2 a. 5 kg = 5 000 g — 3 hg = 300 g
500 cg = 5 g — 50 mg = 0,05 g
2,54 kg = 2 540 g — 5 dg = 0,5 g

b. 3 000 g = 3 kg — 250 g = 0,25 kg
20 dag = 0,2 kg — 70 hg = 7 kg
7,3 t = 7 300 kg — 50 quintaux = 5 000 kg

Remarque : le quintal s'utilise en agriculture et la tonne est très courante.

3 125 g × 8 = 1 000 g = 1 kg.

EXPLICATION
On commence par calculer le poids de yahourt en g, puis on convertit en kg.

4 La souris a parcouru : 600 × 80 cm = 48 000 cm = 480 m.
Le nageur a parcouru : 16 × 25 = 400 m.
Donc la souris a parcouru la plus longue distance.

5 350 × 40 g = 14 000 g = 14 kg et 3 × 5 kg = 15 kg.
Les 3 paquets de 5 kg sont les plus lourds.

EXPLICATION
Même démarche qu'à l'exercice précédent.

6 1 tonne = 1 000 kg.
La division de 1 000 par 35 donne 28 au quotient et 20 au reste.
Jules devra donc faire 29 tours de brouette. Pour le dernier, il n'y aura que 20 kg de gravier dans la brouette.

7

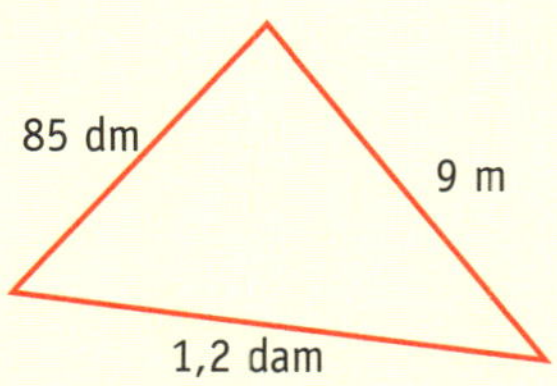

85 dm = 8,5 m
et 1,2 dam = 12 m.
Périmètre du triangle (en m) :
8,5 + 9 + 12 = 29,5.

EXPLICATION
Convertir d'abord toutes les longueurs dans une même unité.
Le périmètre d'un triangle est la somme des longueurs des côtés.

8

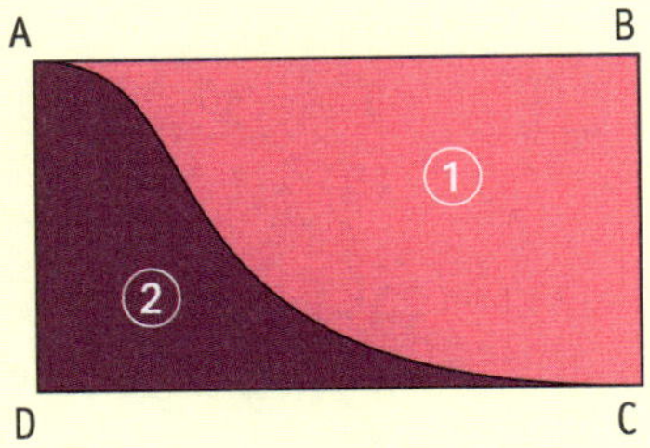

Pour chaque parcelle, le périmètre se compose d'une longueur du rectangle, d'une largeur, et de la ligne courbe AC.
Donc les deux parcelles ont le même périmètre.

EXPLICATION
Deux figures peuvent avoir le même périmètre et des aires différentes et ceci peut surprendre.

9

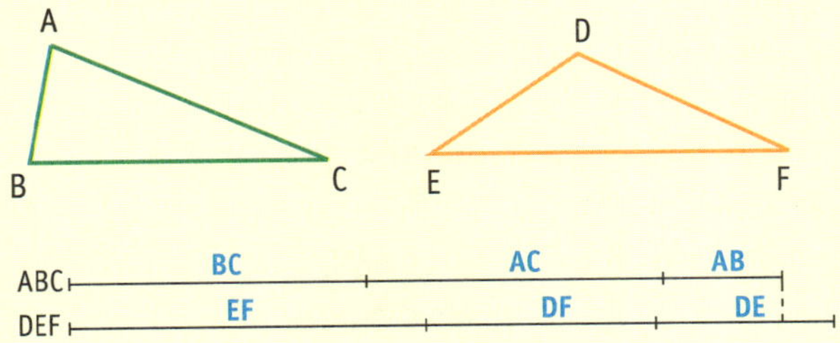

Donc ABC a le plus petit périmètre.
Remarque : on voit ici qu'il est parfois possible de comparer des longueurs sans connaître leurs mesures.

21 Calculer la longueur d'un cercle

1

	A	B	C	D
Rayon	3 cm	2,5 cm	0,95 cm	0,7 cm
Diamètre	6 cm	5 cm	1,91 cm	1,4 cm
Longueur du cercle	18,85 cm	15,71 cm	6 cm	4,40 cm

EXPLICATION
Pour C, diamètre = 6 ÷ π et rayon = diamètre ÷ 2

2

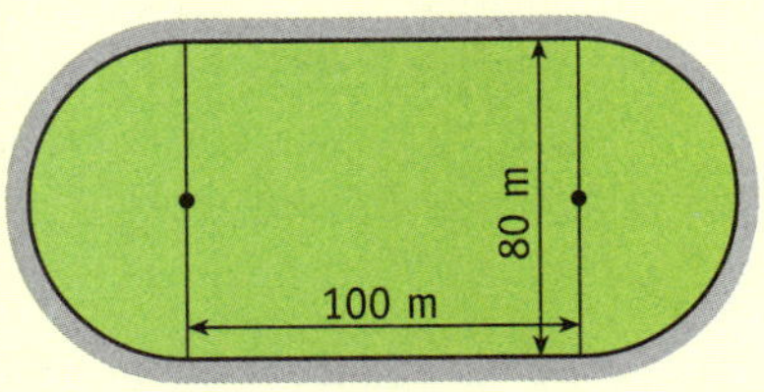

La piste est constituée de deux longueurs de rectangle et deux demi-cercles (qui valent un cercle).
Longueur de la piste (en m) : (100 × 2) + 80 × π ≈ 451,33 m.

3

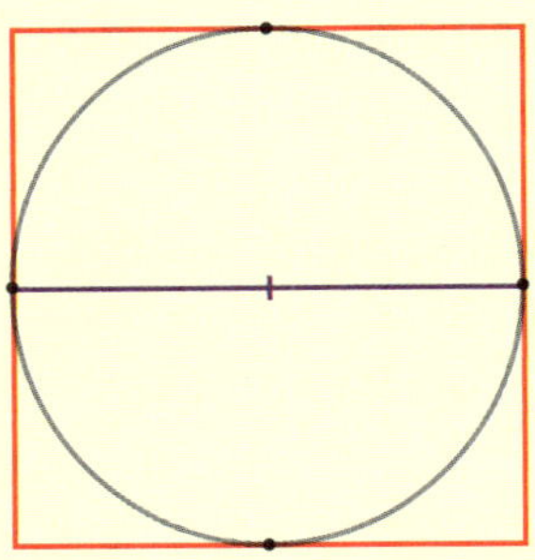

Côté du carré (en cm) :
17 ÷ 4 = 4,25.
C'est aussi le diamètre du cercle.
Longueur du cercle (en cm) :
4,25 × π ≈ 13,4 à 1 mm près.

EXPLICATION
On calcule d'abord le diamètre du cercle qui est le côté du carré. Ensuite on calcule la longueur du cercle.

4

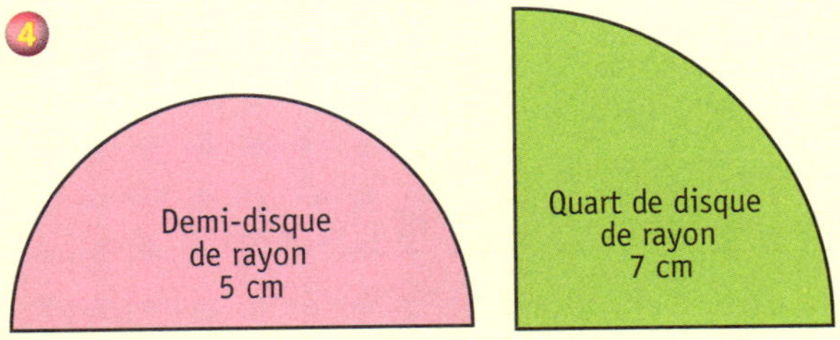

Périmètre du demi-disque (en cm) :
10 + (10 × π ÷ 2) ≈ 25,71.
Périmètre du quart de disque (en cm) :
14 + (14 × π ÷ 4) ≈ 25.
Donc le demi-disque a le plus long périmètre.

EXPLICATION
- Il faut bien distinguer diamètre et rayon.
- Seul le calcul permet de répondre.

5

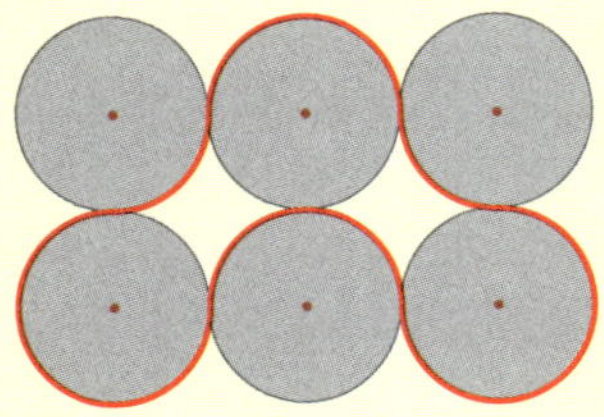

Deux demi-cercles valent un cercle.
3 quarts de cercle et 1 quart de cercle valent 1 cercle.
Le circuit équivaut à 3 cercles.
Sa longueur (en m) est :
10 × 2 × π × 3 ≈ 188,50 m à 1 cm près.

6 Le diamètre des cercles est égal au côté du carré, c'est-à-dire 3 cm.

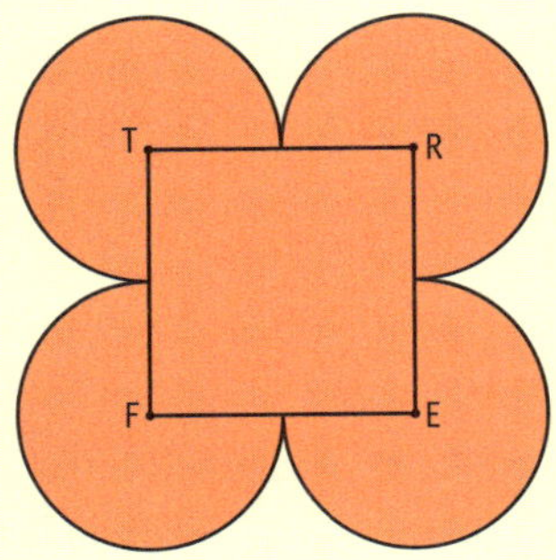

Ce tour vaut 4 fois les $\frac{3}{4}$ d'un cercle de 3 cm de diamètre, c'est-à-dire :

$4 \times \frac{3}{4} \times (\pi \times 3) \approx 28,3$ cm

à 1 mm près.

EXPLICATION
Plus simplement : $4 \times \frac{3}{4}$ de tour, c'est 3 tours ;

d'où $3 \times (\pi \times 3) = 9\pi \approx 28,3$ cm.

7 **a.** 22 ÷ 7 ≈ 3,14 **b.** $28 \times \frac{22}{7} = 88$ (en cm).

EXPLICATION
$\frac{22}{7}$ n'est pas égal à π : ces deux nombres n'ont que deux décimales en commun.

Mais $\frac{22}{7}$ est aussi précis que 3,14 à 0,01 près.

22 Calculer des aires

1 **a.** $35\ dam^2 = 3\ 500\ m^2$
b. $50\ dm^2 = 0,5\ m^2$
c. $2\ 001\ dam^2 = 200\ 100\ m^2$
d. $3\ 650\ dm^2 = 36,5\ m^2$
e. $5\ hm^2 = 500\ dam^2 = 50\ 000\ m^2$
f. $11\ 200\ cm^2 = 112\ dm^2 = 1,12\ m^2$
g. $0,23\ hm^2 = 23\ dam^2 = 2\ 300\ m^2$
h. $100\ 000\ cm^2 = 1\ 000\ dm^2 = 10\ m^2$

EXPLICATION
À chaque étape,
- on multiplie le nombre par 100 lorsqu'on va vers l'unité immédiatement plus petite ;
- on divise le nombre par 100 lorsqu'on va vers l'unité immédiatement plus grande.

2 **a.** $3,7\ m^2 = 370\ dm^2$
b. $68,5\ cm^2 = 0,685\ dm^2$
c. $0,25\ m^2 = 25\ dm^2$
d. $3\ 740\ cm^2 = 37,4\ dm^2$
e. $0,12\ dam^2 = 12\ m^2 = 1\ 200\ dm^2$
f. $36\ 500\ mm^2 = 365\ cm^2 = 3,65\ dm^2$
g. $3\ dam^2 = 300\ m^2 = 30\ 000\ dm^2$
h. $105\ 000\ mm^2 = 1\ 050\ cm^2 = 10,5\ dm^2$

EXPLICATION
Même démarche qu'à l'exercice précédent.

3 Aire de 1 500 dalles :
$20\ dm^2 \times 1\ 500 = 30\ 000\ dm^2 = 300\ m^2$.
Donc 1 500 dalles ne suffiront pas.

EXPLICATION
Le plus facile est de calculer l'aire de 1 500 dalles et de comparer à 320 m².

4 **a.** Aire du carré = côté × côté.
Aire du carré : $6,5 \times 6,5 = 42,25\ cm^2$.
b. Aire du rectangle = longueur × largeur.
Aire du rectangle : $14 \times 9,5 = 133\ dm^2$.
c. Aire du disque $= \pi \times r \times r$.
Aire du disque $= 4 \times 4 \times \pi = 16\ \pi \approx 50,3\ dam^2$.

5 On calcule séparément les aires des trois parties.
Aire du carré $= 5 \times 5 = 25\ m^2$.
Aire du triangle rectangle : $8 \times 5 \div 2 = 20\ m^2$.
Aire du triangle quelconque : $13 \times 3 \div 2 = 19,5\ m^2$.
Donc l'aire du terrain est $25 + 20 + 19,5 = 64,5\ m^2$.

EXPLICATION
Le triangle quelconque a pour base : $5 + 8 = 13$ m. Et pour hauteur, 3 m, même si celle-ci n'est pas tracée.

23 Mesurer des volumes

1

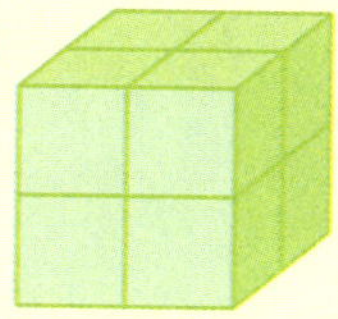

Nombre de cm³ : $(2 \times 2) \times 2 = 8$
On dit que son volume est : 8 cm³.

EXPLICATION
Dans cet exercice et dans les suivants, on se demande combien il y a d'unités dans une couche et combien il y a de couches.

2 Dans une couche il y a (7×5) cm³ soit 35 cm³. Et il y a 2 couches.

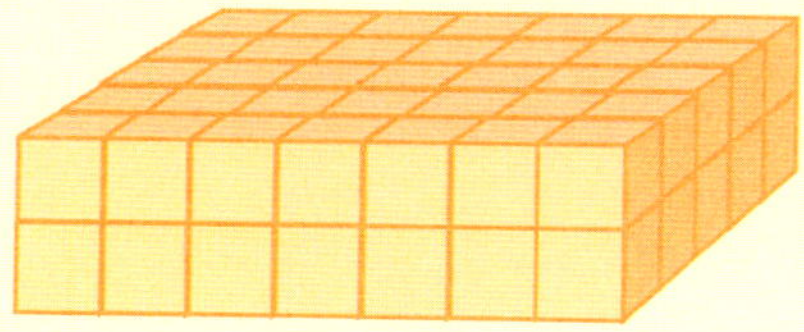

Donc le volume en cm³ est : $(7 \times 5) \times 2 = 70\ cm^3$.

3 **a.** Pour la boîte d'Eliott, une couche contient $4 \times 6 = 24$ cubes. Et la boîte contient 3 couches, donc $24 \times 3 = 72$ cubes.
b. Pour la boîte de Séréna, le même raisonnement donne : $(5 \times 7) \times 2 = 35 \times 2 = 70$ cubes.
C'est donc la boîte d'Eliott qui contient le plus de cubes.

4 **a.** Nombre de cm³ dans 1 dm³ : $10 \times 10 \times 10 = 1\ 000$
donc $1\ dm^3 = 1\ 000\ cm^3$.

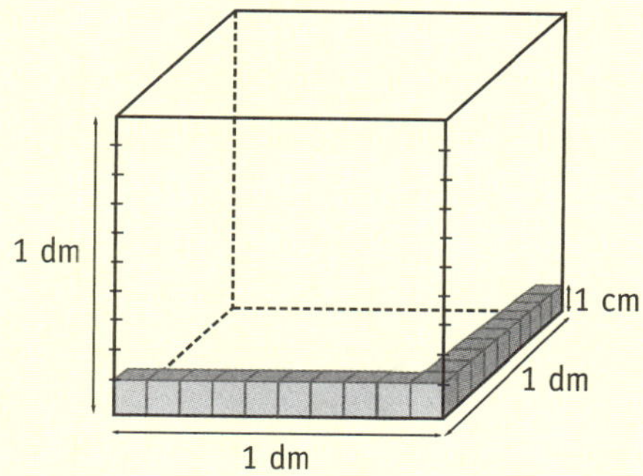

b. $1\ cm^3 = 1\ 000\ mm^3$ et $1\ m^3 = 1\ 000\ dm^3$.

EXPLICATION
On retient que les unités de volume vont de 1 000 en 1 000 :
$1\ m^3 = 1\ 000\ dm^3$
$1\ dm^3 = 1\ 000\ cm^3$
$1\ cm^3 = 1\ 000\ mm^3$.

5 **a.** En décimètres, les trois dimensions sont 12 dm, 7 dm et 5 dm. Donc la caisse contient $(12 \times 7) \times 5 = 420\ dm^3$ ou L.
b. $420 \div 2 = 210$. La caisse sera vide au bout de 210 jours.

EXPLICATION
On doit savoir remplacer sans hésiter les litres par les dm³ et vice versa, car 1 litre = 1 dm³.

6 Consommation hebdomadaire de grenadine :
$(1,5 \times 2 \times 6) + (1,5 \times 4) = 18 + 6 = 24$ litres.
Le tonneau contient un demi-mètre cube, soit 500 L. La division de 500 par 24 donne 20 au quotient et 20 au reste. Donc la panne sèche aura lieu au cours de la 21ᵉ semaine.

24 Mesurer et reporter des angles

1

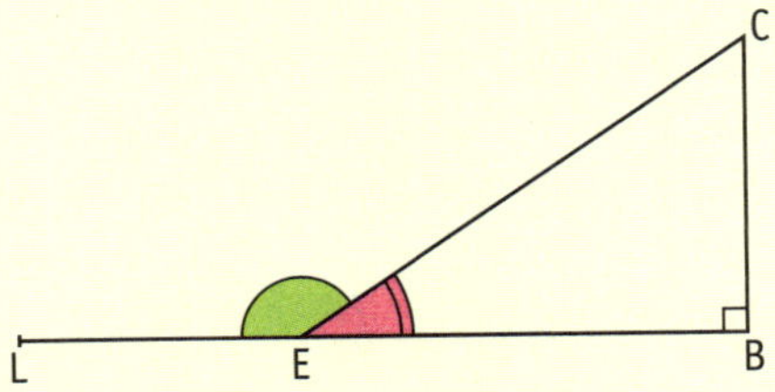

a. $\widehat{BEC}$ est aigu — $\widehat{BEC} = 33°$
b. $\widehat{BEL}$ est plat — $\widehat{BEL} = 180°$
c. $\widehat{LEC}$ est obtus — $\widehat{LEC} = 147°$
d. $\widehat{CBE}$ est droit — $\widehat{CBE} = 90°$
e. $\widehat{ECB}$ est aigu — $\widehat{ECB} = 57°$

Remarques :
- Ce vocabulaire est à savoir.
- « Obtus » prend toujours un s, même au singulier.

2 **a.**

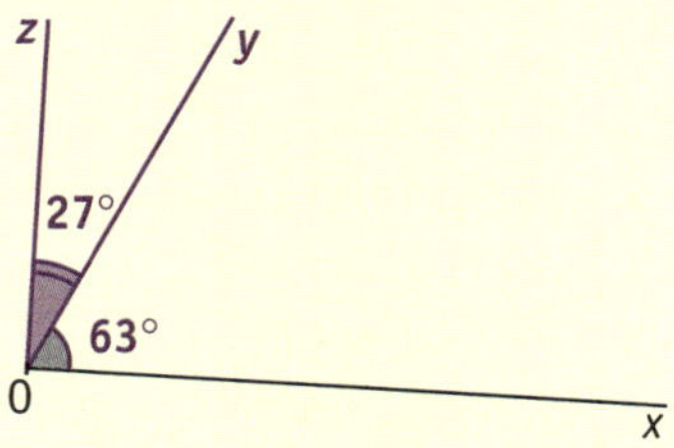

Il ne suffit pas de savoir mesurer un angle, il faut aussi savoir construire, à l'aide du rapporteur, un angle de mesure connue.
b. $\widehat{xOz}$ mesure $63° + 27° = 90°$. Donc il est droit.

CONSEIL
On vérifiera à l'équerre que $\widehat{xOz}$ est droit.

3 **a.**

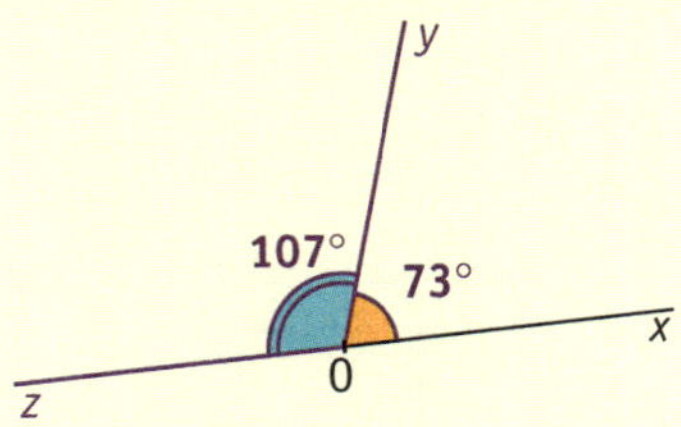

b. $\widehat{xOz}$ mesure $73° + 107° = 180°$. Donc il est plat.

CONSEIL
On vérifiera à la règle que $\widehat{xOz}$ est plat.

4 **a.** On trace le segment [AB]. Puis, à l'aide du rapporteur, on construit les angles $\hat{A}$ et $\hat{B}$ en respectant les mesures indiquées. Les deux côtés ainsi obtenus se coupent en C.

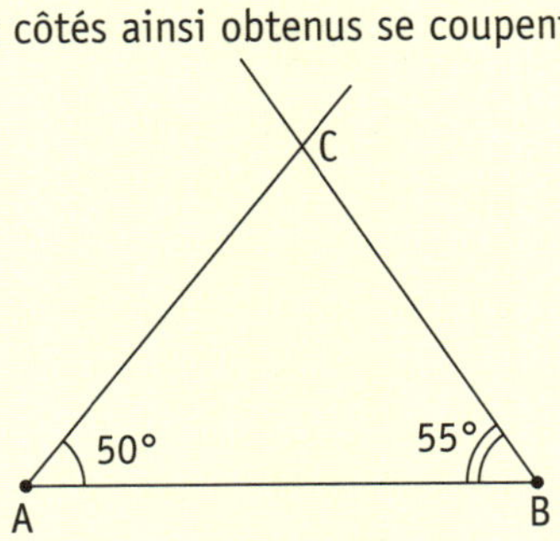

b. $\hat{C} = 180° - (50° + 55°) = 180° - 105° = 75°$.
Si le rapporteur confirme cette mesure, alors la figure est correcte.

5 **a.** On construit les angles $\hat{A}$ et $\hat{B}$ au rapporteur, en respectant leurs mesures.
Sur le côté issu de B, on place le point C à 4 cm. Puis on construit l'angle $\hat{C}$ de 110°.
Enfin, on place la lettre D au dernier sommet de la figure.

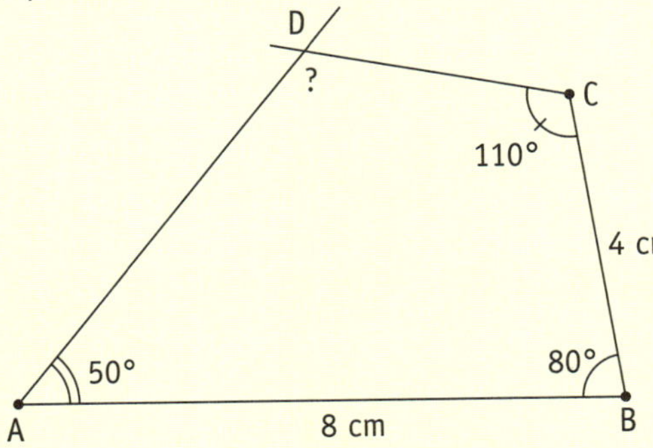

b. $\hat{D} = 360° - (50° + 80° + 110°) = 360° - 240° = 120°$.
Si le rapporteur confirme cette mesure, alors la figure est correcte.

6 **a.** Nombre de voix obtenu par chacun des candidats :
M. Propre : $3\,500 \times 25 \div 100 = 875$.
M. Rétro : $3\,500 \times 35 \div 100 = 1\,225$.
Mme Rose : $3\,500 \times 40 \div 100 = 1\,400$.

b.

Pourcentage	25	35	40	100
Angle	90°	126°	144°	360°

Angle de M. Propre : $360 \times 25 \div 100 = 90°$
Angle de M. Rétro : $360 \times 35 \div 100 = 126°$
Angle de Mme Rose : $360 \times 40 \div 100 = 144°$

c.

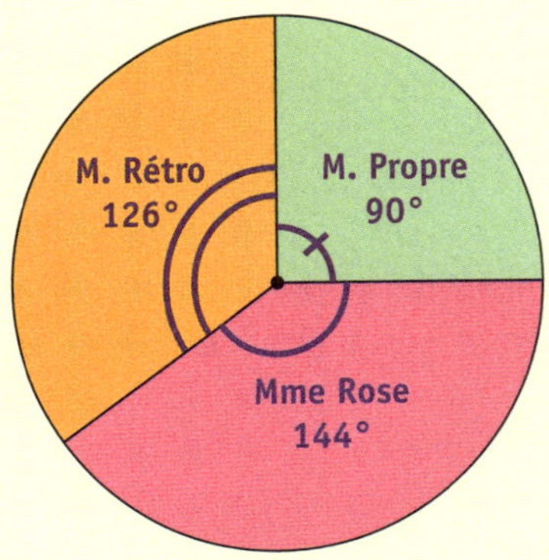

EXPLICATION
a. Pour calculer les nombres de voix, on applique les taux de pourcentage à 3 500.
b. Pour calculer les angles, on applique les taux de pourcentage à 360, car il y a 360° dans un tour complet.

HISTOIRE-GÉO/EMC

C'est l'essentiel du programme d'histoire-géographie et d'enseignement moral et civique (EMC) qui est récapitulé dans cette partie. Sur chacun des **thèmes clés** du programme te sont proposés des rappels de cours et des exercices progressifs qui concernent :

- l'histoire → **page 122**
- la géographie → **page 140**
- l'EMC → **page 156**

La partie comprend aussi :

- les **cartes repères** → **page 164**
- tous les **corrigés** détaillés → **page 165**

1 Les débuts de l'humanité

L'Afrique, « berceau de l'humanité »

- Les **premiers hominidés** (groupe comprenant les hommes, les chimpanzés, les gorilles, etc.) apparaissent **il y a 7 millions d'années en Afrique**. La séparation entre la lignée du chimpanzé et celle de l'homme se serait produite entre il y a 10 et 6 millions d'années.
- La **Préhistoire** débute avec l'**apparition du genre *Homo* en Afrique de l'Est**, il y a à peu près **2,5 millions d'années**. Lors de cette première période nommée le **Paléolithique**, les premiers hommes deviennent bipèdes (ils marchent debout de façon permanente) et fabriquent des outils. Les préhistoriens leur ont donné le nom d'***Homo habilis*** **(« homme habile »)**.

1 **À l'aide du rappel du cours, place l'*Homo habilis* sur l'arbre de l'évolution de l'espèce humaine.**

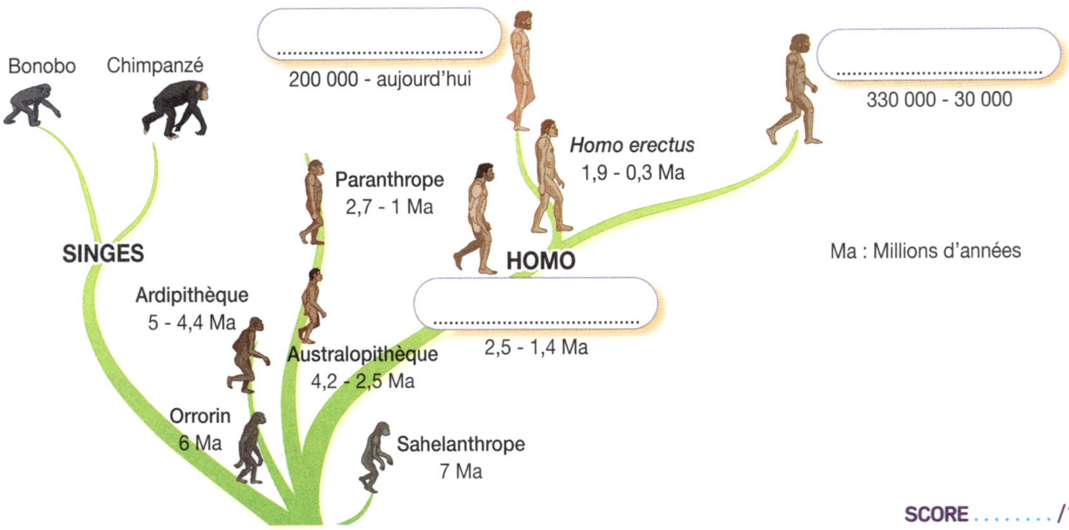

SCORE ..../1

INFO

Les **australopithèques** sont les lointains cousins de l'*Homo sapiens*. Ils peuvent marcher sur deux jambes mais savent aussi grimper aux arbres comme des singes.

Les premières migrations

- Un autre groupe humain apparaît en Afrique de l'Est et du Sud il y a 1,9 million d'années. L'***Homo erectus*** **(« homme debout »)** est plus grand que ses ancêtres (environ 1,60 mètre) et sa boîte crânienne est plus volumineuse. Il est capable de fabriquer des bifaces symétriques. Il vit dans des campements et **maîtrise le feu il y a 600 000 ans**.
- **L'*Homo erectus* est le premier à quitter l'Afrique**. Certains squelettes ont été découverts en Espagne, en France (l'homme de Tautavel) ainsi qu'en Asie. La plus récente découverte date de 2005 : un crâne d'*Homo erectus* datant d'il y a 1,8 million d'années a été mis à jour à Dmanisi, en Géorgie.

2 **À l'aide des découvertes archéologiques mentionnées sur la carte p. 123, trace en rouge le chemin emprunté par l'*Homo erectus* depuis Koobi Fora au Kenya.**

a. Trace d'abord le chemin qu'a suivi l'*Homo erectus* pour sortir d'Afrique.

b. Puis, à partir de Dmanissi, prolonge la flèche vers l'Europe.

c. Enfin, toujours à partir de Dmanissi, dessine la flèche vers l'Asie.

SCORE ..../3

COUP DE POUCE

La **flèche qui sort d'Afrique** se dirige directement vers Dmanissi.

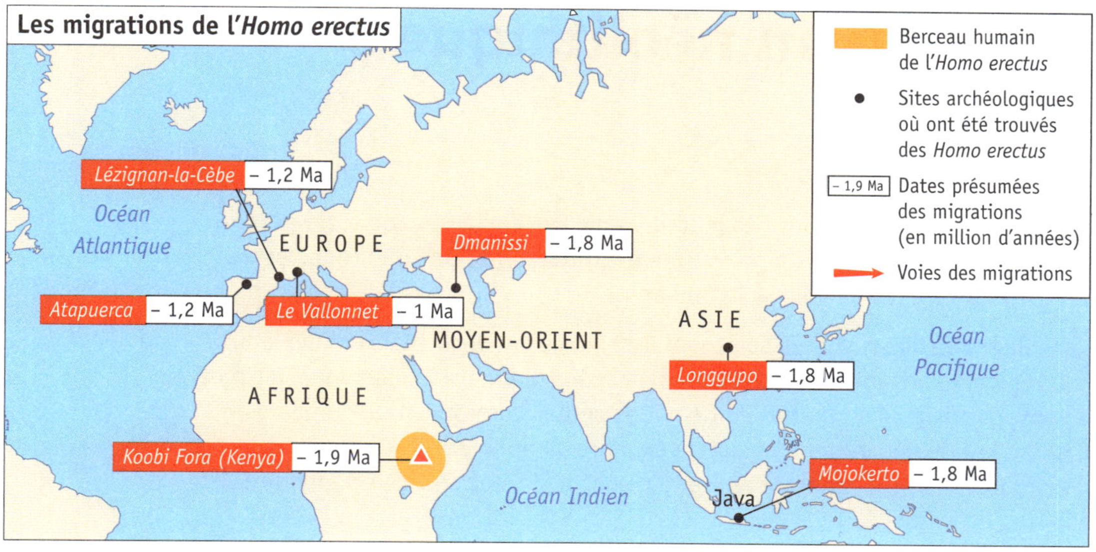

COUP DE POUCE
La **flèche qui arrive en Europe** doit passer successivement par Le Vallonnet, Lézignan-la-Cèbe et Atapuerca.

ATTENTION
La **flèche qui part vers l'Asie** se sépare au niveau de l'Inde pour joindre Longgupo et Mojokerto.

L'apparition de l'Homme

- Les plus **anciens squelettes d'*Homo sapiens*** (« l'homme qui sait ») ont été découverts en **Tanzanie** et en **Éthiopie**. Ils datent respectivement d'il y a 195 000 et 160 000 ans.
- À son tour, l'***Homo sapiens*** sort d'Afrique il y a 100 000 ans environ et s'installe progressivement dans toutes les régions du monde. En **Europe**, il cohabite avec l'**homme de Néandertal**. Mais l'*Homo sapiens* sait tailler plus finement les pierres et fabriquer des sagaies et des harpons pour chasser. Il coud les peaux de bêtes avec les os des animaux. Peu à peu, il contraint l'homme de Néandertal à se replier dans les zones reculées d'Europe, où celui-ci **disparaît il y a 25 000 ans**.

3 **Sur l'arbre de l'évolution de l'espèce humaine (exercice 1), place l'*Homo sapiens* et l'homme de Néandertal dans les cases qui correspondent.**

SCORE ..../2

4 **Observe les documents ci-dessous, puis réponds aux consignes.**

a. Relie l'homme de Néandertal ou l'homme de Cro-Magnon à l'objet qu'il a fabriqué.

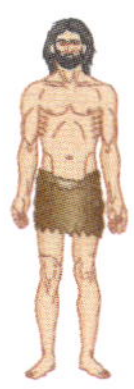

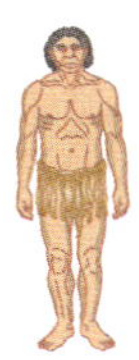

Harpon en os (15 000 ans).

Outils bifaciaux (41 000 ans).

Pointe de sagaie en silex (19 000-16 500 ans).

b. Justifie ton choix en complétant ces deux phrases.

– J'ai choisi .... pour l'homme de Cro-Magnon parce que ....
....

– J'ai choisi .... pour l'homme de Néandertal parce que ....
....

SCORE ..../7

INFO
L'homme de Néandertal et l'*Homo sapiens* se ressemblent. Cependant, l'*Homo sapiens* est plus fin que son lointain cousin.

Corrigés p. 165

TOTAL .... / 13

HISTOIRE

2 La « révolution néolithique »

La sédentarisation des hommes

- Le mot « **néolithique** » signifie « **nouvelle pierre** » en grec. Cette époque a été perçue comme une révolution. Mais il s'agit plutôt d'une **évolution lente** des habitudes et des techniques des hommes à partir d'il y a 12 000 ans.
- Au cours du **X^e millénaire**, les hommes se sédentarisent ; ils ont désormais un habitat fixe. Le **climat de la région du Levant** (régions qui bordent l'est de la mer Méditerranée) permet aux céréales sauvages de pousser naturellement. Les petites communautés humaines trouvent suffisamment de nourriture à proximité de leurs campements. Les hommes construisent alors des maisons rondes, semi-enterrées, où ils stockent leur nourriture.

★★ 1 Observe ce dessin d'un habitat datant d'il y a 12 000 ans, tracé à partir des découvertes des archéologues à Aïn Mallaha, en Israël. Réponds ensuite aux questions.

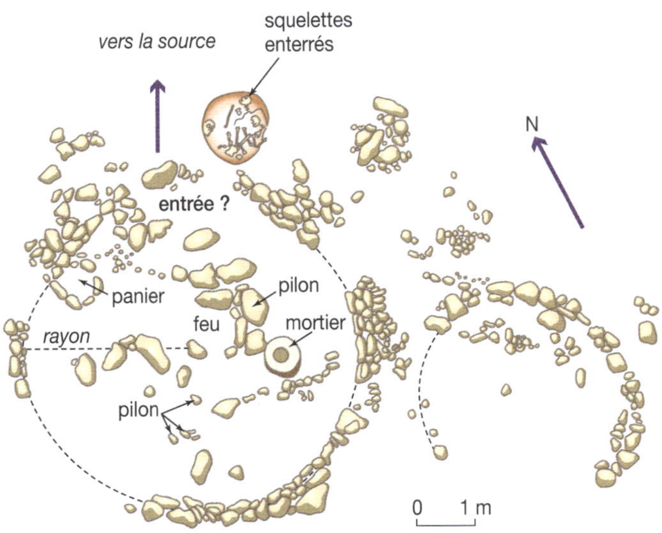

a. Entoure les indices qui te permettent de dire que ce lieu a été habité.

b. Le rayon de l'habitation mesure 3,2 mètres. Calcule le périmètre de la maison. À ton avis, combien de familles pouvaient vivre dans cet espace ? ....

....

....

....

....

SCORE ..../7

> **COUP DE POUCE**
> Le **périmètre d'un cercle** se calcule en multipliant le rayon du cercle par 2 puis par π.

La naissance de l'agriculture et de l'élevage

- Une fois installés dans des maisons solides, les hommes **plantent des graines sauvages** de manière régulière : ainsi naît l'agriculture dans le Croissant fertile et, au même moment, dans différents endroits du globe. Au Liban et en Syrie, les hommes cultivent **le blé et l'orge** ; en Chine, **le riz** ; en Amérique latine, **le maïs.**
- Comprenant qu'ils peuvent agir sur la nature, les hommes **domestiquent aussi les animaux**. En les enfermant dans un enclos, les bêtes perdent leur caractère sauvage et engraissent. **Leur chair devient plus comestible**. Les aurochs deviennent ainsi peu à peu des vaches, les sangliers des cochons et les bouquetins des chèvres.

★★★ 2 Observe attentivement la carte p. 125, puis réponds aux questions ci-dessous.

a. Écris l'expression « Croissant fertile » en noir dans l'espace correspondant.

b. À l'aide du rappel du cours, écris en vert le nom des premières plantes cultivées dans le Croissant fertile, en Chine et au Mexique.

c. Comment peux-tu affirmer, à l'aide de la carte, que les foyers de la « révolution néolithique » sont indépendants les uns des autres ?

> **COUP DE POUCE**
> Le **Croissant fertile** comprend le Levant (Liban, Syrie), la Mésopotamie et la vallée du Nil en Égypte.

....

....

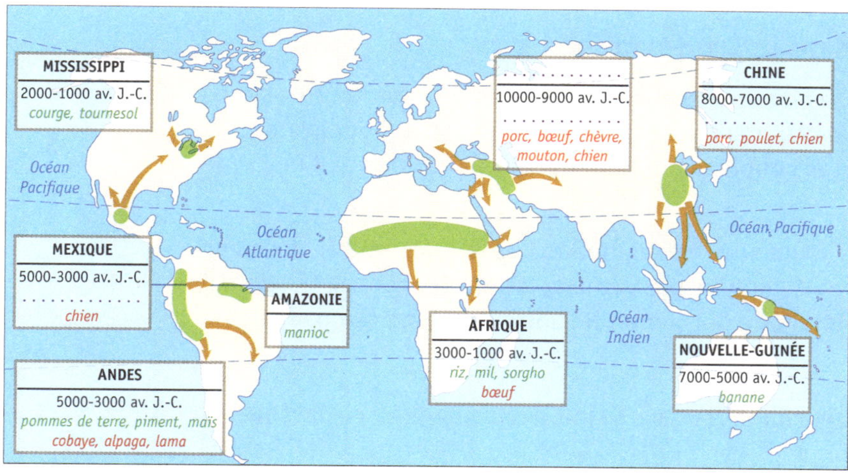

La naissance de l'agriculture et de l'élevage dans le monde

Foyers de domestication des plantes et des animaux

Diffusion de la domestication

SCORE .... /5

L'apparition de nouveaux objets

- Au Néolithique, les hommes créent de nouveaux outils. Il y a 12 000 ans, ils polissent les **pierres** afin de fabriquer des haches plus résistantes. Ce travail est très long et nécessite du sable et de l'eau.
- **Au Japon**, des **poteries** datées d'il y a **12 000 ans** ont été découvertes. Mais ce n'est qu'il y a 10 000 ans que cette technique apparaît au Moyen-Orient. Les poteries remplacent peu à peu les récipients en peau ou en bois : elles permettent de **mieux conserver les liquides et les grains** et servent également pour la **préparation** et la **cuisson des aliments.**

3 **Observe cette photographie d'une poterie fabriquée en Chine à la fin du Néolithique. Place le chiffre qui correspond au terme utilisé par les archéologues pour décrire la poterie.**

❶ La panse (qui signifie aussi ventre)
❷ L'épaule ❸ Le col ❹ La base
❺ Le moyen de préhension
(préhension veut dire attraper, saisir)

SCORE .... /5

4 **Complète la frise chronologique ci-dessous.**

a. Sur la frise, écris « Paléolithique » et « Néolithique » à l'endroit qui convient.

b. Complète les cases avec les mots qui décrivent les principaux changements de la « révolution néolithique » dans le Croissant fertile :

sédentarisation • agriculture • élevage • poterie • pierre polie.

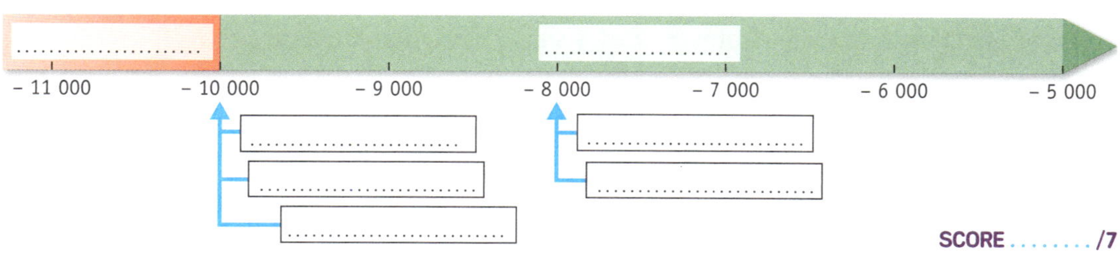

SCORE .... /7

HISTOIRE-GÉO/EMC

INFO

Les **datations des temps préhistoriques** se font « avant le présent » (AP), le présent étant situé par convention en 1950. Il y a donc une différence de 2 000 ans par rapport à la datation « avant J.-C. », utilisée à partir de la découverte de l'agriculture.

Corrigés p. 165-166

TOTAL .... / 24

HISTOIRE

3 La naissance des cités-États

L'apparition des cités-États dans le Croissant fertile

- En s'installant **près des fleuves**, les hommes peuvent facilement irriguer leurs champs. La **vallée du Nil en Égypte** et la **Mésopotamie**, entre le **Tigre** (à l'est) et l'**Euphrate** (à l'ouest), sont les **régions les plus peuplées au IIIe millénaire**. Elles forment le **Croissant fertile**.
- Grâce à l'abondance des récoltes, la **population augmente**. Les villages se transforment en villes. Leurs habitants prennent le contrôle des campagnes environnantes. L'ensemble devient une **cité, c'est-à-dire un territoire qui comprend une ville et une campagne**.

★★ 1 Regarde attentivement la carte, puis complète-la à l'aide des consignes ci-dessous.

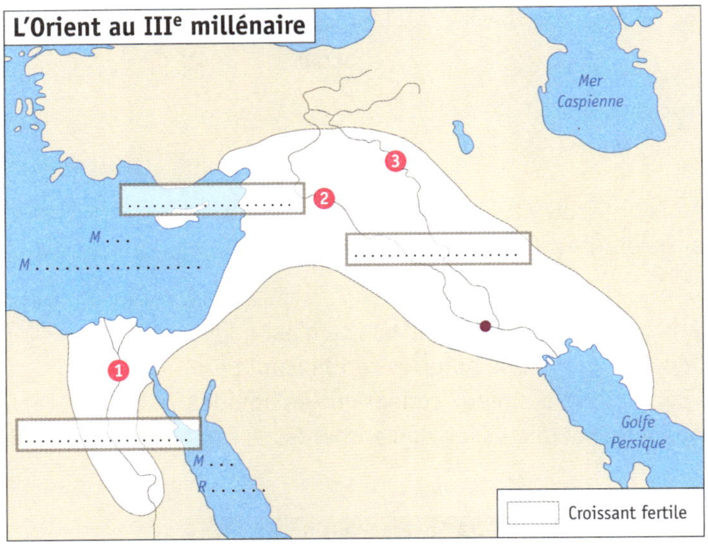

a. Sur la carte, écris en minuscules bleues au bon endroit « mer Méditerranée » et « mer Rouge ».

b. Écris en majuscules noires dans le bon cadre « Mésopotamie », « Égypte » et « Levant ».

c. Repasse en bleu les trois fleuves et écris leurs noms.

❶ ....

❷ ....

❸ ....

d. Colorie en vert la zone en blanc : c'est le Croissant fertile. Puis complète la légende.

SCORE ..../9

INFO

La **Mésopotamie** est la région qui se situe entre les fleuves Tigre et Euphrate. Ce mot vient du grec *mesos* qui signifie « entre » et *potamos* qui veut dire « fleuve ».

La cité-État d'Ur

- En Mésopotamie, au IIIe millénaire, la **riche cité-État** d'Ur se développe sur les bords de l'**Euphrate**. Tous les habitants obéissent au **même roi** et prient les **mêmes dieux**.
- La ville se reconnaît par la **ziggourat** située à l'intérieur de ses murailles. Ce monument est une **pyramide à étages**. Elle est considérée comme la **maison de la déesse Nanna**.

★★ 2 Observe attentivement les deux documents ci-contre, puis réponds aux questions.

a. À quoi correspondent les monuments numérotés 1, 2 et 3 sur la photographie aérienne ?

❶ ....

❷ ....

❸ ....

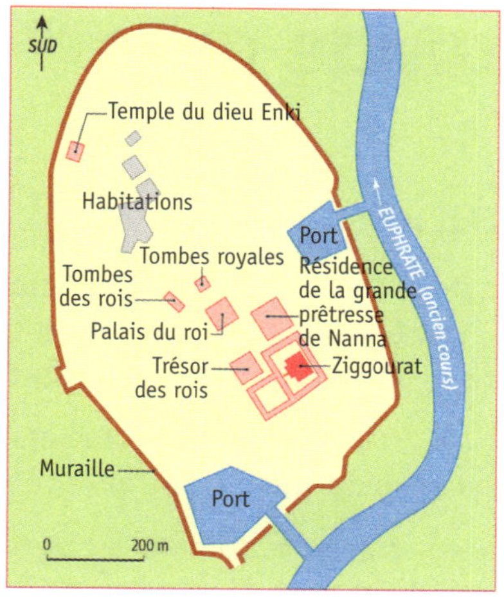

b. Complète le tableau ci-dessous.

Bâtiment ou quartier à vocation économique	Bâtiment ou quartier à vocation politique	Bâtiment ou quartier à vocation religieuse
....	....	....

SCORE .... /6

ATTENTION Tu peux mettre **plusieurs bâtiments** dans la même case.

L'invention de l'écriture

- Vers 3300 av. J.-C. **au sud de la Mésopotamie**, dans le pays de Sumer, apparaissent les premières formes d'écriture. Les Sumériens représentent un objet (**pictogramme**) ou une idée (**idéogramme**) par un dessin. Vers 3000 av. J.-C., les dessins sont remplacés par des **signes en forme de coin** : c'est la naissance de l'**écriture cunéiforme**.
- En 3000 av. J.-C., les Égyptiens inventent les **hiéroglyphes**, une écriture complexe dans laquelle un dessin ou un signe peut représenter un objet, une action ou un son. **Les scribes** sont les seuls à maîtriser cette forme d'écriture.

HISTOIRE-GÉO/EMC

3 **Lis le tableau ci-dessous, puis complète la phrase qui explique à quoi sert l'écriture.**

	Écriture cunéiforme	Hiéroglyphes
Document		
Origine du document	Tablette provenant du sud-ouest de l'Irak (3100-3000 av. J.-C.)	Papyrus du Livre des Morts de Nakht (1350-1300 av. J.-C.)
Signification du document	Sert à calculer les réserves de bière et la ration destinée à chaque ouvrier.	Série de prières destinées aux dieux pour qu'ils protègent les cultures.

L'écriture sert à .... les réserves de nourriture et à ....

SCORE .... /2

INFO L'**écriture cunéiforme** s'écrit sur des tablettes d'argile. Les **hiéroglyphes** (qui signifient en grec « écriture sacrée ») peuvent s'écrire sur des papyrus ou se sculpter dans la pierre.

Corrigés p. 166

TOTAL .... / 17

HISTOIRE

4 Le monde grec

L'*Iliade* et l'*Odyssée*

- Les **origines de la culture grecque** remontent à la **période archaïque** (VIIIe-VIe siècle av. J.-C.). À cette époque, les Grecs fondent de nouvelles cités tout autour de la mer Méditerranée. C'est la **colonisation grecque**.
- Vers 750 av. J.-C., l'**invention de l'alphabet grec** permet à **Homère** de mettre par écrit deux longs poèmes qui étaient autrefois récités oralement.
- L'*Iliade*, le premier poème, raconte la **colère d'Achille**, un courageux guerrier durant la guerre de Troie. L'*Odyssée* décrit **le voyage d'Ulysse**, un roi grec, de Troie jusqu'à son île natale, Ithaque. Les enfants grecs apprenaient à lire à partir de ces deux textes et en récitaient par cœur de nombreux passages.

★ 1 Complète la frise à l'aide des consignes suivantes.

a. Écris au bon endroit les siècles en chiffres romains.

b. Écris *Iliade* et *Odyssée* à la date approximative de leur rédaction, vers 750 av. J.-C.

c. Colorie la bande qui correspond à la période de la colonisation grecque.

d. Écris dans cette bande « Colonisation grecque ».

L'époque archaïque en Grèce

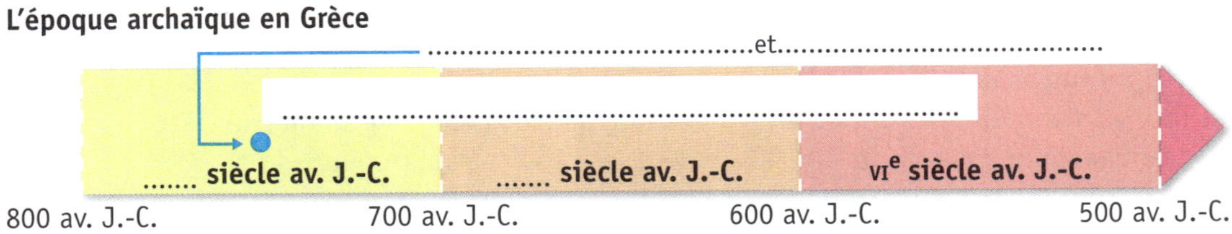

SCORE ..../7

COUP DE POUCE

Sur une frise chronologique, on représente une durée par une bande de couleur. Pour connaître la **durée de la colonisation grecque**, reporte-toi au rappel du cours.

Un monde de cités-États

- Les Grecs vivent dans des **cités politiques indépendantes et parfois rivales**. Ils sont cependant unis car ils parlent la **même langue** et pratiquent la **même religion**. Ils croient en plusieurs dieux : ils sont **polythéistes**. Ils prient les divinités à l'intérieur de leur maison ou dans les temples de leur cité.
- Chaque cité-État se place sous la **tutelle de héros et de divinités protectrices**. Ainsi, les **Athéniens vénèrent le héros Thésée**. À 16 ans, celui-ci quitte sa cité natale, Trézène, pour retrouver son père, Égée, roi d'Athènes. Les Athéniens utilisent le récit du voyage de leur héros fondateur pour **justifier l'agrandissement de leur territoire** jusqu'à l'isthme de Corinthe.

★★ 2 Lis le texte ci-dessous, puis réponds aux questions.

Après avoir combattu une truie et un brigand, Thésée entre sur le territoire de l'Attique. Il débarrasse la région d'Éleusis d'un autre brigand. Une fois à Athènes, il se rend à Marathon pour abattre un taureau furieux qui terrorise la région. Au Ve siècle, Thésée est également représenté comme le fils du dieu Poséidon. C'est l'époque où Athènes cherche à imposer sa domination en mer Égée.

a. Trace en noir le trajet de Thésée, de Trézène jusqu'à Athènes.

b. Entoure en rouge les deux villes de l'Attique où Thésée accomplit des exploits.

c. Trace une double-flèche bleue pour indiquer les prétentions d'Athènes en mer Égée.

INFO

L'Attique est la région qui constitue la cité-État d'Athènes.

d. Complète la légende avec les expressions suivantes :
Unification de l'Attique • *Prétention d'Athènes en mer Égée* • *Villes importantes d'Attique*.

COUP DE POUCE
Thésée passe par Corinthe et Éleusis pour rejoindre Athènes.

SCORE ..../7

HISTOIRE-GÉO/EMC

La démocratie athénienne

- Au **ve siècle av. J.-C.**, Athènes invente la **démocratie** : les **citoyens** de la cité participent aux décisions politiques en **votant à main levée** à l'assemblée qui s'appelle l'**Ecclésia**.
- Cependant, **seuls 10 % des Athéniens** – les hommes libres, âgés de 20 ans et nés de père et de mère athéniens – **sont citoyens**. Les femmes, les étrangers (ou métèques) et les esclaves sont **privés de tout droit politique**.

3 **Complète le schéma sur la société athénienne avec les mots ou expressions suivantes :** *esclaves* • *Ecclésia* • *non-citoyens* • *nés de parents athéniens* • *métèques*

L'Assemblée des citoyens : l' ....
↓
Les citoyens
↓
Les hommes ....

Les ....
- Les femmes et les enfants athéniens
- Les .... ou étrangers
- Les ...., personnes non-libres considérées comme des marchandises

COUP DE POUCE
Le schéma montre bien que les **citoyens athéniens** forment une minorité.

Corrigés p. 167

SCORE ..../5

TOTAL ..../ 19

HISTOIRE

5 Rome, du mythe à l'histoire

Les légendes de la fondation de Rome

- Dans l'***Énéide***, l'historien romain **Virgile** raconte le **voyage d'Énée**, prince troyen fuyant sa cité envahie par les Grecs. Il s'installe à **Rome**, au centre de l'Italie. L'origine orientale de ce héros fondateur permet aux Romains de **justifier leurs conquêtes** à l'est de la mer Méditerranée au Ier siècle av. J.-C.
- Une fois établi, Énée épouse **Lavinia**, la fille du roi Latinus. Il s'impose ainsi sur les peuples du centre de l'Italie. Une descendante d'Énée et de Lavinia, **Rhéa Silvia**, séduite par le **dieu Mars**, donne naissance à des jumeaux, **Romulus et Remus**. Romulus devient roi et trace les limites de Rome. Mais Remus franchit cette frontière et son frère le tue.

★★ 1 **Complète l'arbre généalogique d'Énée à l'aide des consignes ci-dessous.**

a. Reporte les noms de Lavinia, de Romulus et de Remus dans les cases correspondantes.

b. Complète la deuxième colonne avec les expressions suivantes :

Rome devient un espace sacré • Justification des conquêtes en Méditerranée orientale • Conquête du centre de l'Italie.

> **INFO**
> **Oriental** signifie à l'est.

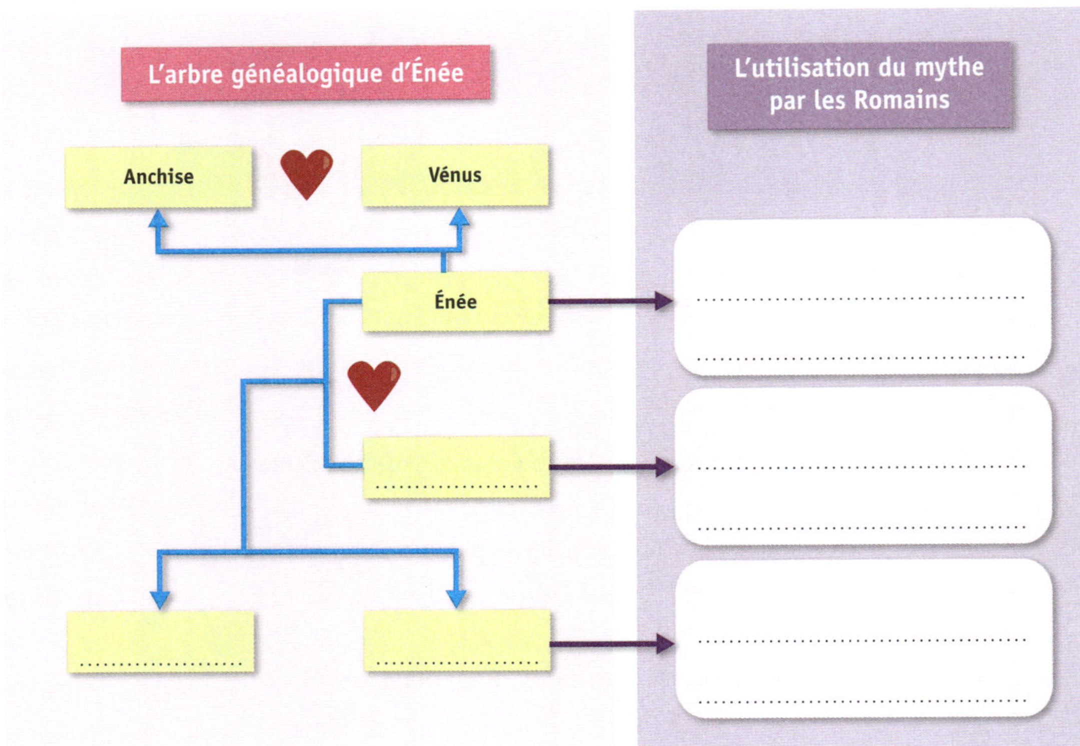

> **INFO**
> Durant toute l'époque romaine, l'armée n'a pas le droit de franchir le ***poemerium***, la **frontière sacrée** qui sépare Rome et les espaces qui l'entourent.

SCORE ..../5

Les découvertes archéologiques sur la fondation de Rome

- Les archéologues qui ont fouillé le sol de Rome ont trouvé des **traces de cabanes en bois** sur le mont **Palatin** datant du VIIIe siècle av. J.-C. **L'archéologie a donc confirmé le récit légendaire de la fondation de Rome** par Romulus sur le mont Palatin en **753 av. J.-C.**
- La **plaine du Latium**, traversée par le Tibre, est marécageuse et malsaine, mais sa situation proche de la mer favorise le **commerce**. Les **collines** qui la surplombent offrent un abri face aux maladies des marais et aux envahisseurs.

2 Complète ce texte à l'aide des mots suivants :
plaine • collines • Italie • Latium • Palatin • fleuve

Rome est construite dans la ....

du .... en ....

Elle est située au bord d'un ....

appelé Tibre. Elle comprend sept ....

La plus célèbre est le ....

....

SCORE ..../6

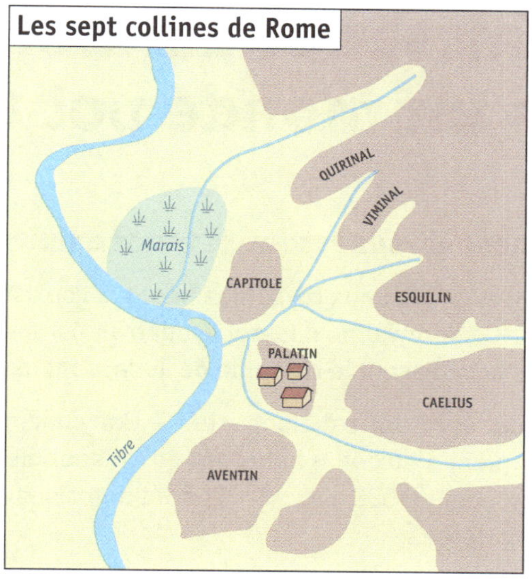

INFO
Une **plaine** est une surface plane où le cours d'eau est presque au même niveau que la terre. Les inondations sont donc fréquentes.

Le forum romain

- Situé au pied des collines de Rome, le forum est une **grande place bordée de bâtiments** à vocations politique, économique et religieuse. C'est le **cœur de la cité**.
- Les **basiliques** sont des tribunaux. Sur leurs côtés se trouvent de nombreuses boutiques.
- Les **temples** servent à honorer les dieux. Le **temple de Vesta** célèbre le culte de la déesse protectrice de la famille et de Rome. Le **temple de Saturne**, reconnaissable à ses huit colonnes, est dédié au dieu qui aurait appris aux Romains à cultiver la terre. Enfin, le **temple de Castor et Pollux**, qui se distingue par ses trois uniques colonnes, honore deux cavaliers qui auraient permis la victoire des Romains en 499 av. J.-C. contre les Latins.

3 Sur le plan du forum romain, colorie en rouge les lieux politiques, en bleu les lieux religieux et en vert les lieux à vocation économique.

Le forum romain sous la République
- Lieux politiques
- Lieux religieux
- Lieux à vocation économique

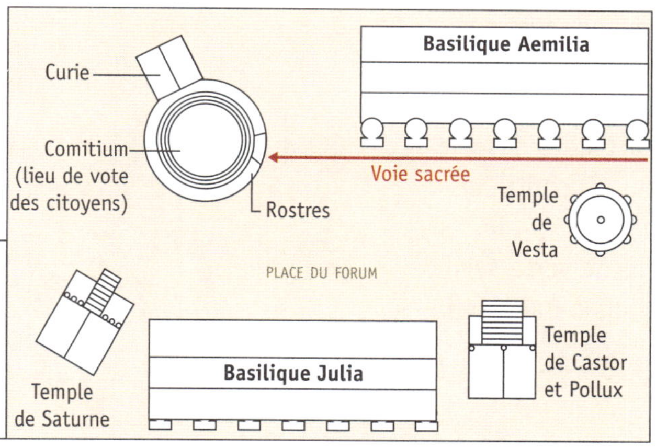

SCORE ..../3

INFO
La **curie** est le lieu où se réunissent les sénateurs pour prendre les décisions politiques.

4 Complète avec le nom des trois principaux temples présents sur le forum romain.

❶	❷	❸ ....

SCORE ..../3

COUP DE POUCE
Pour reconnaître les **temples**, compte le nombre de colonnes et reporte-toi au rappel du cours.

Corrigés p. 167-168

TOTAL ..../ 17

HISTOIRE

6 La naissance du monothéisme juif dans un monde polythéiste

Les royaumes hébreux face aux grands empires

- **Au VIIIe siècle av. J.-C., deux royaumes hébreux coexistent** : Juda au sud et Israël au nord. **En 722 av. J.-C., le royaume d'Israël est détruit** par les Assyriens. **En 587 av. J.-C., les Babyloniens envahissent le royaume de Juda**, dont la capitale est **Jérusalem**.
- Une partie des Hébreux est alors exilée à Babylone où les habitants sont polythéistes. Ils se distinguent d'eux en **n'honorant qu'un seul dieu**. Ils prennent le nom de **« juifs »**, qui vient de Juda. En 538 av. J.-C., ils sont autorisés à revenir sur leur terre qui reste **soumise aux Perses**.

★★ 1 Complète la carte à l'aide des consignes suivantes.

a. Reporte au bon endroit :
– en lettres minuscules bleues, le nom des mers proches des royaumes hébreux ;
– dans les cases vertes, le nom des deux royaumes hébreux ;
– le nom de la capitale du royaume de Juda ;
– dans les cases violettes, le nom des différents envahisseurs des royaumes hébreux.

b. Dessine deux flèches rouges qui symbolisent les attaques des VIIIe et VIe siècles av. J.-C. contre les royaumes hébreux.

c. Dessine une flèche verte symbolisant l'exil des juifs à Babylone.

SCORE ..../10

Les royaumes hébreux du VIIIe au VIe siècle av. J.-C.

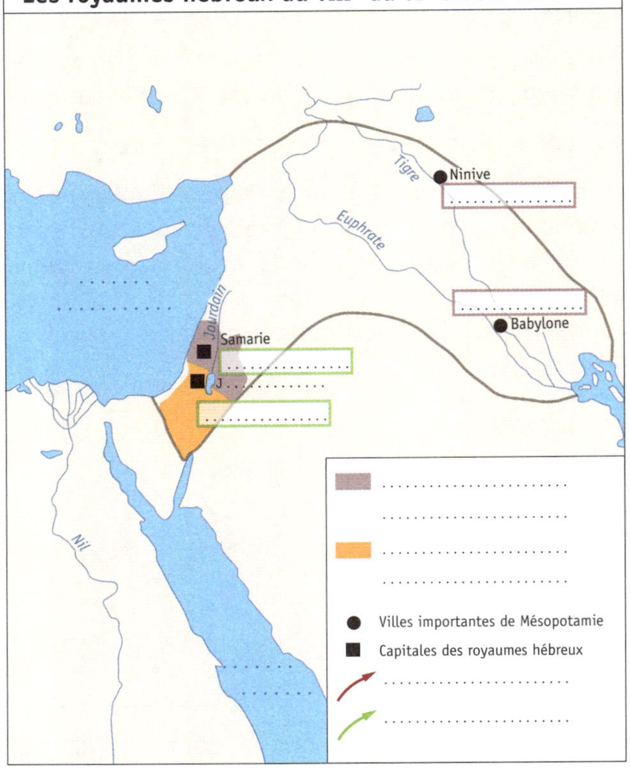

COUP DE POUCE
Tu peux retrouver le **nom des mers** sur la carte de l'exercice p. 126.

ATTENTION
N'oublie pas de compléter la **légende**.

La Bible et la religion juive

- Lors de l'invasion du royaume d'Israël, les Hébreux commencent à mettre par écrit leurs croyances dans la **Bible hébraïque**. **Le roi de Juda, Josias (640-609 av. J.-C.)** rend obligatoire le culte d'un **seul dieu, Yahvé,** en un **seul lieu : le Temple de Jérusalem**.
- Lors de l'exil à Babylone, les juifs complètent la Bible avec les règles **religieuses du roi Josias et les histoires mythologiques et réelles du peuple hébreu.**

★★ 2 Lis le texte puis réponds aux questions.

« Puis le roi Josias monta à la maison de l'Éternel avec tous les hommes de Juda et les habitants de Jérusalem. [...] Il lut à leurs oreilles toutes les paroles du livre de l'alliance, qu'on avait trouvé dans la maison de l'Éternel. Le roi se tenait sur une estrade et conclut cette alliance : suivre l'Éternel et suivre ses commandements. Tout le peuple adhéra à cette alliance. Il supprima les prêtres qui honoraient d'autres dieux et brûla le poteau d'Achera. »

D'après la *Bible*, Deux Rois, 23, traduction Alliance biblique universelle, 1998.

a. Quel est l'autre nom de « l'Éternel » ?

....

b. Que désigne l'expression « maison de l'Éternel » ?

....

c. Quel peuple participe à l'alliance avec l'Éternel ?

....

d. Comment Josias impose-t-il le monothéisme aux habitants de son royaume ?

....

....

SCORE ..../4

INFO

Les juifs croient en un seul Dieu. Ils sont **monothéistes**. Selon leurs croyances, ce Dieu fait alliance avec les Hébreux.

La diaspora

- Heurtés par le culte que doivent rendre tous les habitants de l'Empire romain à l'empereur, les Juifs se révoltent contre les Romains. **En 70 ap. J.-C., ces derniers détruisent le Temple de Jérusalem** puis toute la ville en 135.
- Les juifs se dispersent alors dans l'Empire romain : c'est un phénomène de **diaspora**. Ils s'organisent autour de leur lieu de prières, la **synagogue**, et d'une personne chargée de la communauté, le **rabbin**.

3 **Dessine sur la carte de l'exercice 1 d'autres flèches vertes symbolisant la diaspora juive dans l'Empire romain.**

SCORE ..../2

4 **Complète la grille de mots croisés.**

Verticalement

1. Phénomène de dispersion d'un peuple.

3. Texte religieux écrit par les Hébreux à partir du VIIIe siècle av. J.-C.

4. Capitale du royaume de Juda.

5. Lieu de prière des juifs.

Horizontalement

2. Personne chargée de la communauté juive.

4. Religion juive.

6. Hébreu exilé en dehors de son royaume.

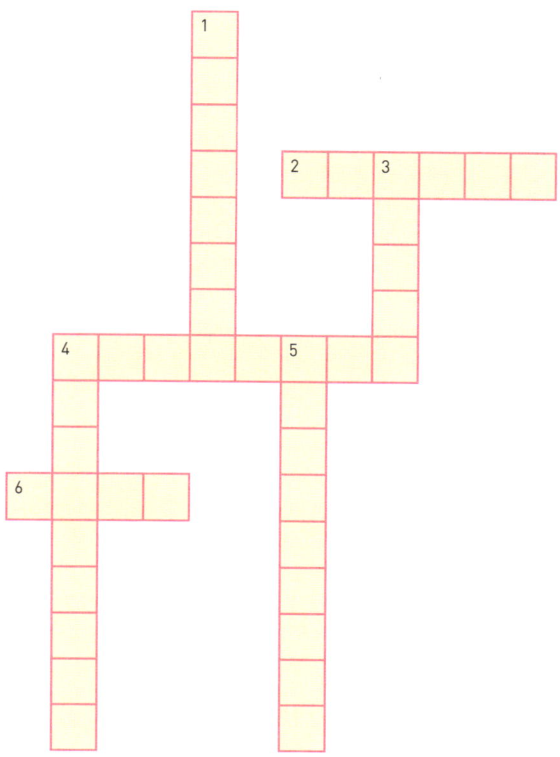

SCORE ..../7

COUP DE POUCE

Hébreu : peuple qui vit en Palestine avant l'exil à Babylone, en 587 av. J.-C.
Juif : nom donné aux exilés du royaume de Juda, et par extension à tous les Hébreux exilés.

Corrigés p. 168

TOTAL ..../ 23

HISTOIRE

7 Conquêtes, paix romaine et romanisation

La conquête d'un empire

- Rome étend progressivement son territoire au-delà du centre de l'Italie. Au début du IIIe siècle av. J.-C., elle contrôle toute la péninsule. Grâce aux victoires contre Carthage (**guerres puniques** aux IIIe et IIe siècles av. J.-C.), elle **domine progressivement la Méditerranée occidentale** (de l'ouest).
- Sous l'**Empire**, mis en place par **Auguste** en 27 av. J.-C., les empereurs cherchent avant tout à **protéger la frontière**. En **Europe**, le Rhin et le Danube délimitent l'Empire. En **Afrique** et en **Asie**, les déserts qui bordent les provinces marquent la limite de l'extension du monde romain. Ces frontières « naturelles » sont parfois doublées d'un **mur protégé par des camps romains, le *limes***, comme au nord de l'Angleterre.

★★ **1** **Complète la carte de l'Empire romain à l'aide des consignes ci-dessous.**

a. Indique en lettres majuscules bleues le nom des mers (mer Méditerranée, mer Noire, mer du Nord) et l'océan Atlantique.
b. Écris en bon endroit et en lettres minuscules bleues le nom des fleuves Rhin et Danube.
c. Écris au bon endroit et en lettres majuscules noires le nom de Rome, Athènes et Alexandrie.
d. Colorie l'Italie en rouge.
e. Colorie le reste de l'Empire romain en orange.
f. Complète la légende.

L'Empire romain à son apogée

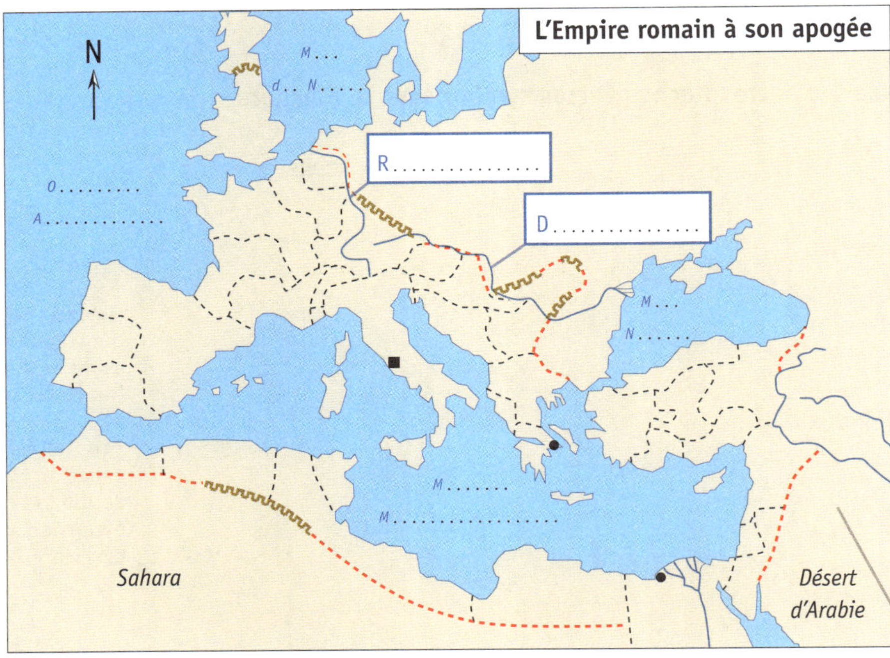

Régions occupées par les Romains

- ☐ Au début du IIIe siècle av. J.-C.
- ☐ Au début du IIe siècle ap. J.-C.

Frontières de l'Empire romain

- ....
- ....
- ....
- ---- Limite des provinces

SCORE ..../11

COUP DE POUCE
Pour **différencier le Rhin du Danube**, aide-toi des premières lettres du nom du fleuve. Tu peux aussi repérer le Danube en sachant que c'est le plus grand fleuve d'Europe.

INFO
Pour **colorier les cases de la légende**, il est recommandé d'utiliser deux couleurs assez proches comme le rouge et le orange.

La paix romaine

- Du Ier au IIe siècle, les habitants de l'Empire romain vivent en **sécurité** et mangent à leur faim. Cette période de calme et de **prospérité** s'appelle la **paix romaine**.
- Les peuples étrangers qui vivent dans l'Empire adoptent peu à peu le **mode de vie romain** et apprennent le latin. **En 212 ap. J.-C., l'empereur Caracalla accorde la citoyenneté romaine à tous les hommes libres de l'Empire** (les femmes, les enfants et les esclaves en sont exclus), achevant ainsi la **romanisation**.

2 **Complète la légende de la frise chronologique en indiquant à quel repère correspondent les trois couleurs (violet, rose, rouge).**

L'apogée de l'Empire romain

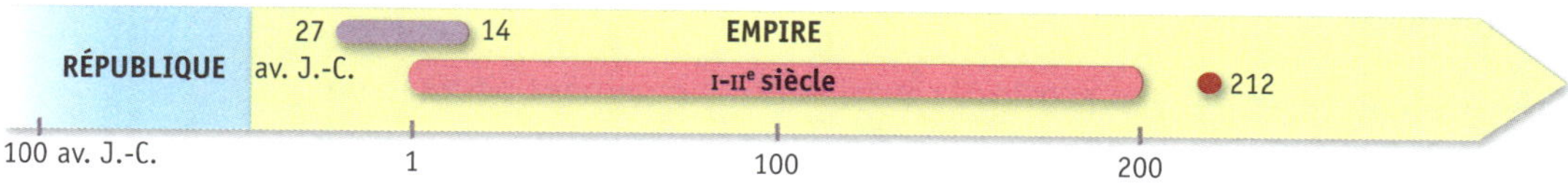

(violet) ....

(rose) ....

(rouge) ....

SCORE ..../3

> **COUP DE POUCE**
> La **première bande de couleur (violet)** correspond au règne d'Auguste, le premier empereur romain.

La romanisation

- Au IIe siècle ap. J.-C., à l'apogée de l'Empire romain, **Rome compte plus d'un million d'habitants**. Elle est surnommée l'**Urbs**, « la ville » en latin, avec un « U » majuscule.
- Tous les empereurs embellissent la ville en faisant **construire des bâtiments pour servir leur gloire** (arc de triomphe, colonne), **pour distraire le peuple de Rome** (thermes, théâtre, stade) ou **pour honorer les dieux** (temples).
- **Les habitants de l'Empire adoptent le mode de vie des Romains,** qu'ils reproduisent dans les villes construites à l'image de Rome. Les plus riches citadins se rendent aux thermes et au théâtre, apprennent le latin ou le grec. Ils participent également à la gestion de leur ville dans des sénats locaux, calqués sur celui de Rome.

3 **Compare les villes de Rome et d'Arles en répondant aux questions suivantes.**

a. Nomme les quatre bâtiments légendés sur la maquette de Rome au Ier siècle ap. J.-C.

b. Retrouve ces monuments sur le plan d'Arles. Entoure-les et relie-les par des flèches à leur équivalent à Rome.

c. Quelle est la principale différence entre ces deux villes ? ....

d. Quel est l'élément naturel commun aux deux villes ? ....

> **INFO**
> Un **amphithéâtre** est un théâtre complètement rond à la différence d'un **théâtre** qui forme un demi-cercle.
> Un **cirque** est un bâtiment qui sert aux courses de char.
> Le **forum** est une place publique.

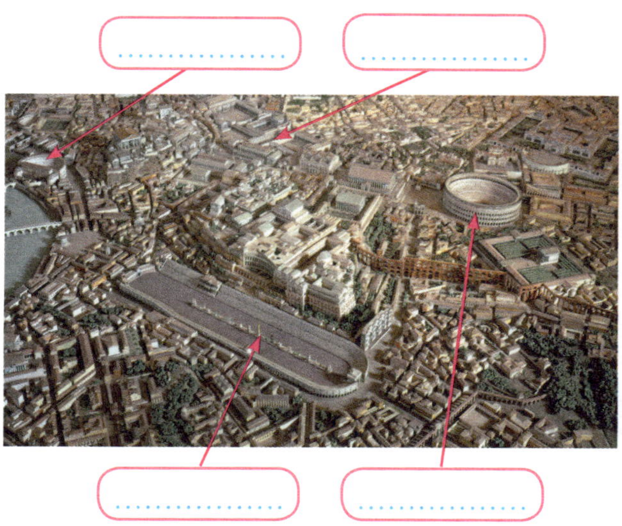

Maquette de Rome au Ier siècle ap. J.-C., musée de la civilisation romaine, Rome.

Maquette d'Arles au IIe siècle ap. J.-C., musée d'Arles et de la Provence antique, Arles.

SCORE ..../10

Corrigés p. 168-169

TOTAL ..../ 24

HISTOIRE

8 Des chrétiens dans l'Empire romain

La vie de Jésus de Nazareth

- **Au Ier siècle ap. J.-C., la Judée est une province romaine** principalement **peuplée de juifs**. Ces derniers supportent mal la présence des Romains. Ils attendent un **messie**.
- Un juif, **Jésus**, qui répand un message d'amour et de vie éternelle, est perçu par certains juifs comme le **Messie**. Mais les rabbins voient en lui un contestataire et décident de le livrer au gouverneur romain, Ponce Pilate. **Jésus est condamné à être crucifié vers 30 ap. J.-C.**

INFO
Un **messie** (*christ* en grec) est un homme providentiel qui doit délivrer les juifs des occupants de leur pays.

★ 1 Complète ce schéma qui explique les différents choix religieux possibles en Palestine au Ier siècle ap. J.-C. avec les mots suivants :
Messie (2 fois) • *juif* • *chrétien* • *monothéiste* • *polythéiste* (2 fois)

Choisir sa religion en Palestine au Ier siècle

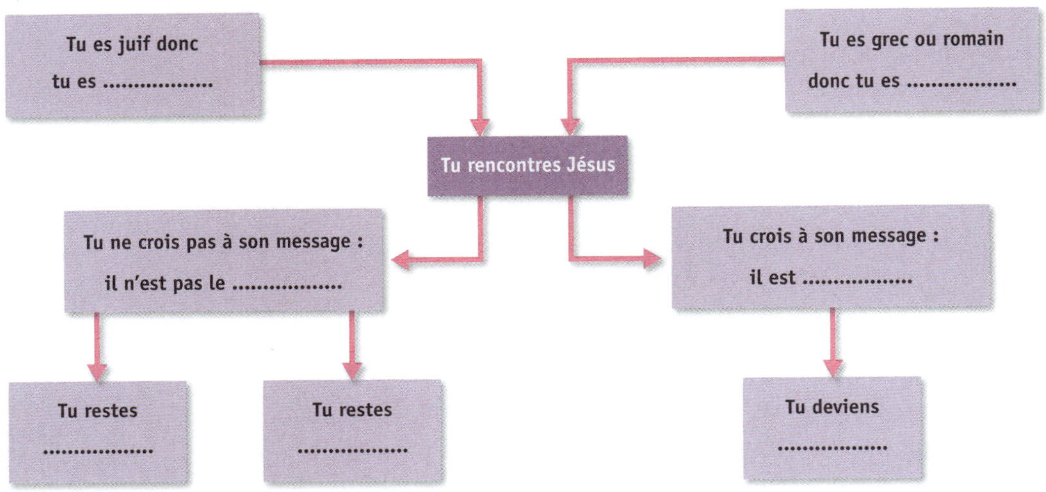

SCORE .... /7

Les principales croyances du christianisme

- Après la crucifixion de Jésus, **ses compagnons (les apôtres)** affirment qu'il a rejoint Dieu. Ils continuent à répandre son message, d'abord aux juifs puis aux païens.
- Ils **organisent la vie des premières communautés chrétiennes** avec de nouvelles cérémonies, comme **le baptême et la communion** (partage du pain et du vin).
- Enfin, durant le Ier siècle ap. J.-C., **les disciples rédigent les Évangiles** pour **raconter la vie de Jésus et son enseignement.**

★★ 2 Lis le texte suivant puis réponds aux questions.

> « Paul se rendit à Corinthe. Il avait des discussions dans la synagogue chaque sabbat et persuadait des Juifs et des Grecs. Mais les Juifs s'opposaient à lui avec des blasphèmes. Pourtant, Crispus, le chef de la synagogue, crut au seigneur avec toute sa famille. Et beaucoup de Corinthiens, qui écoutaient Paul, crurent et furent baptisés. »
>
> D'après la *Bible*, Actes 18, 1-8, trad. Alliance biblique universelle, 1998.

INFO
Le **baptême** est la cérémonie qui marque l'entrée dans la communauté chrétienne.

a. Souligne les deux groupes que Paul veut convaincre.
b. Entoure la phrase qui prouve qu'il réussit sa mission.

c. Résume en une phrase la mission de Paul. ....

....

SCORE ..../4

La christianisation de l'Empire romain

- Aux Ier et IIe siècles, mais surtout au IIIe siècle, **les chrétiens sont persécutés par les Romains** car ils refusent de faire des sacrifices aux dieux romains, de participer au culte de l'empereur et de s'engager dans l'armée romaine.
- Mais en **313**, par **l'édit de Milan**, l'empereur **Constantin autorise les chrétiens à pratiquer librement leur religion**. Les chrétiens se réunissent alors dans de grandes églises, appelées **basiliques**.

3 **Complète la frise chronologique à l'aide des consignes suivantes.**

a. Colorie en jaune la période de la vie de Jésus.

b. Colorie en orange la période pendant laquelle le christianisme est interdit.

c. Colorie en rouge la période pendant laquelle le christianisme est autorisé.

d. Place au bon endroit la mort de Jésus, la rédaction des Évangiles et l'édit de Milan.

ATTENTION N'oublie pas de compléter la **légende**.

Les grandes dates du début du christianisme

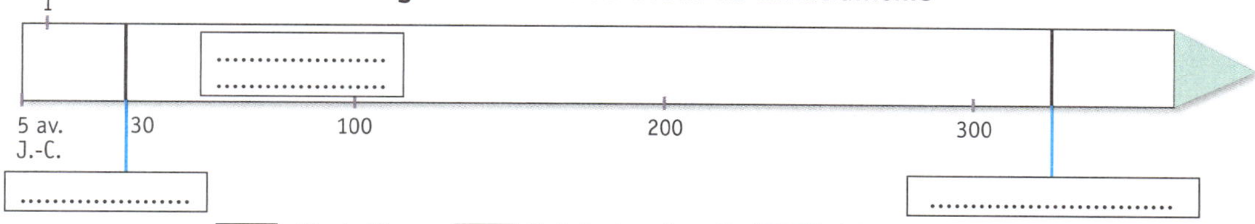

☐ Vie de Jésus ☐ Christianisme interdit ☐ Christianisme autorisé

SCORE ..../6

4 **Décris l'intérieur de la basilique chrétienne de Ravenne.**

Quand j'entre dans la basilique, ...

....

....

....

....

Dans l'abside, ...

....

....

....

....

L'église Saint-Apollinaire de Ravenne (Italie), VIe siècle.
1 bas-côtés
2 nef
3 autel
4 siège de l'évêque
5 abside

COUP DE POUCE Utilise « **je vois** » pour décrire le premier plan et « **j'aperçois** » pour le fond de la basilique.

SCORE ..../4

Corrigés p. 169

TOTAL ..../ 21

9 La route de la soie : de la Chine des Hans à l'Empire romain

L'empire des Hans

- La dynastie Han règne sur la Chine de **206 av. J.-C. à 220 ap. J.-C. Wudi**, « l'empereur guerrier », est considéré comme **le plus puissant des souverains de cette dynastie.**
- Ses soldats et notamment sa **cavalerie rapide** conquièrent **l'Asie centrale avec le désert de Takla Makan, la Corée et la Chine du Sud**. L'empereur protège son pays des **attaques des nomades** du Nord en prolongeant la **muraille de Chine** de 5 000 km.

INFO
Le nom **Wudi** vient du chinois *Wu* qui signifie guerrier et *Di* qui veut dire empereur.

★★ 1 **Complète la carte à l'aide des consignes suivantes.**

a. Écris au bon endroit en lettres minuscules bleues les noms des mers suivantes :
mer Méditerranée • mer Noire • mer Rouge • mer Caspienne

b. Colorie en orange l'empire des Han à l'époque de Wudi puis complète la légende.

c. Place l'expression « Nomades du Nord » au bon endroit.

La route de la soie sous l'Empire des Han

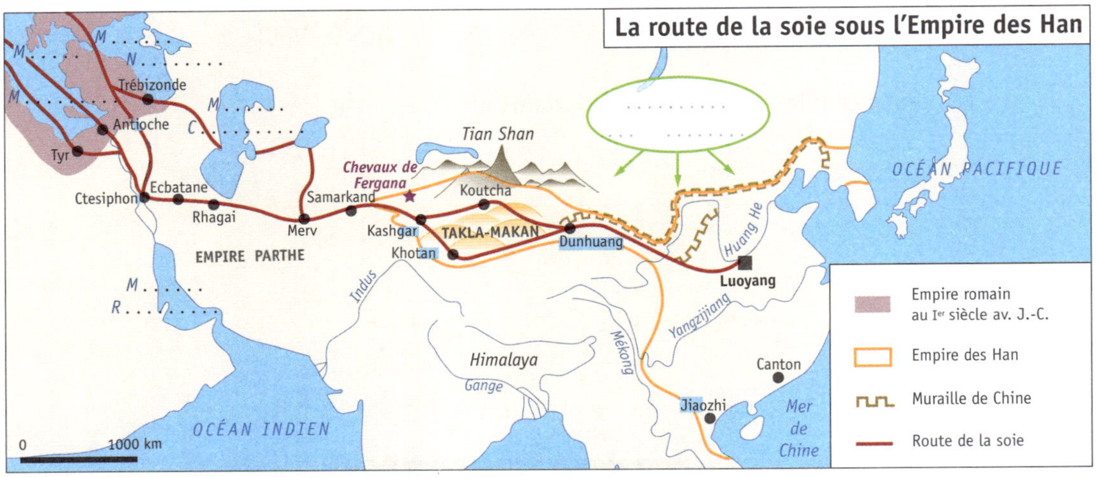

SCORE ..../6

La route de la soie, un lien entre l'Orient et l'Occident

- **Le prolongement de l'empire Han en Asie centrale** permet à Wudi et aux Han de **créer** la « route de la soie ». Cet ensemble de routes relie la Chine à l'Empire romain et permet aux marchands de transporter la soie, tissu dont seuls les Chinois maîtrisent la fabrication à cette époque.
- Les **caravanes**, composées de centaines de chameaux et de dromadaires, transportent aussi d'autres produits luxueux vers l'Occident, comme les **épices**.

2 **Relie les trois photographies aux lieux auxquels ils correspondent sur la carte de l'exercice 1.**

SCORE ..../3

3 **Complète ce texte.**

Tu es Li Gang, un marchand chinois qui vit au Ier siècle ap. J-C. Tu te rends dans l'Empire romain pour vendre de beaux tissus de soie destinés aux riches patriciennes.

Je quitte la ville de Luoyang, située sur le fleuve .... Les mulets sont chargés avec des .... Nous traversons le fleuve et nous longeons .... qui nous protège des envahisseurs venus des steppes de Mongolie. Je traverse ensuite le .... où j'aperçois des animaux morts le long de la piste. Au loin, se dressent les montagnes de .... que seuls nos chameaux de Bactriane peuvent traverser. Heureusement, nous arrivons dans les villes civilisées de .... Après de longs jours de marche, nous arrivons à ...., ville de l'Empire romain.

SCORE ..../7

COUP DE POUCE
Suis l'**itinéraire de la route de la soie** sur la carte de l'exercice 1 et aide-toi des **photographies** pour reconnaître le paysage.

De nombreuses inventions

- Les Chinois ont une **avancée technique considérable** par rapport aux Européens.
- Ils inventent le **gouvernail d'étambot** qui permet de mieux diriger un bateau, **la boussole** pour se repérer en mer ou dans les déserts et mettent au point **la fabrication du papier au IIe siècle av. J.-C.**

4 **Le papier et la soie sont deux inventions chinoises. Les étapes de leur fabrication ont été mélangées. Dans le tableau, classe-les dans le bon ordre à l'aide des lettres correspondant aux différentes étapes.**

A. Les vers à soie, nourris de feuilles de mûriers, sécrètent un fil très fin et très long.
B. Les vers à soie, nourris de feuilles de mûriers, sont récoltés.
C. Les morceaux de bambous sont bouillis plusieurs jours et se transforment en pâte.
D. Les filaments sont torsadés en un fil et les fils sont tissés pour former un tissu de soie.
E. La pâte à papier est étalée sur des tamis pour la faire sécher.
F. La feuille est lissée et découpée avec une pierre.
G. Les vers à soie sont jetés dans l'eau bouillante.
H. On découpe des bambous en petits morceaux.

	Fabrication du papier	Fabrication de la soie
Étape 1	....	....
Étape 2	....	....
Étape 3	....	....
Étape 4	....	....

SCORE ..../8

COUP DE POUCE
Le **papier** est fabriqué à partir de bambous alors que la soie provient des vers à soie.

Corrigés p. 170

TOTAL ..../ 24

GÉOGRAPHIE

10 Habiter Los Angeles, métropole d'un pays développé

Une métropole attractive

- Los Angeles est la **principale métropole de la Californie**. Elle concentre des **fonctions économiques** et **culturelles**. Sa puissance repose sur les **industries de haute technologie** (aéronautique et défense), du **cinéma** (Hollywood) et sur le **tourisme**.
- En 2016, l'agglomération de Los Angeles compte plus de **18 millions d'habitants**. Le cœur de l'agglomération s'est surtout développé dans les années 1920 et après la Seconde Guerre mondiale. À partir des années 1960, les **quartiers périphériques** s'étendent, notamment en raison de l'arrivée d'une **population hispanique** de plus en plus nombreuse (9,6 % d'Hispaniques en 1960 ; 48,1 % en 2010).

★ 1 **Observe ce diagramme, puis réponds aux questions.**

La population du Grand Los Angeles

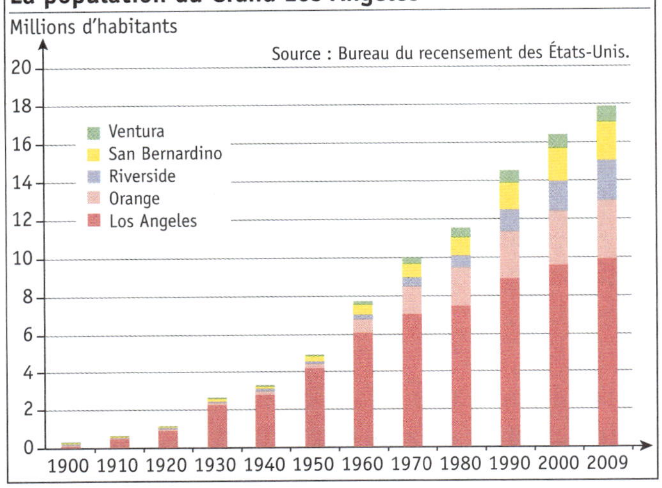

a. Quelles sont les deux décennies où la population de Los Angeles a le plus augmenté ?

....

....

b. Comment peux-tu expliquer cette évolution ?

....

....

c. Quels quartiers se développent davantage depuis les années 1960 ?

....

....

SCORE ..../4

INFO

Orange, Riverside, San Bernardino et Ventura sont des **quartiers périphériques**. Avec la ville de Los Angeles, ils forment l'aire urbaine de Los Angeles, appelée Grand Los Angeles.

L'organisation de Los Angeles

- Le **centre-ville** (*downtown en anglais*) accueille le *Central Business District* (CBD), composé de hautes tours et de gratte-ciels. La **banlieue** (*suburbs*), qui s'étend de plus en plus, regroupe des quartiers d'habitation et des zones d'activités (centres commerciaux, usines et aéroports).
- **L'étalement urbain** augmente le temps de trajet des habitants entre leur résidence et leur lieu de travail. La ville offre peu de transports en commun. La plupart des trajets se font donc en voiture, ce qui accentue fortement la **pollution atmosphérique**.

★★ 2 **Observe la photographie de Los Angeles p. 141.**

a. Colorie les lieux de production en rouge, les lieux d'habitation en vert et les axes de communication en noir.

b. Complète la légende.

SCORE ..../6

INFO

Le **CBD** est le nom du quartier d'affaires d'une ville américaine. Il accueille des grands hôtels, des magasins de luxe, les banques et les bureaux des grandes entreprises.

Les défis de Los Angeles

- Los Angeles est **la ville la plus polluée des États-Unis**. Toutefois, l'incitation à l'achat de voitures hybrides et le développement du covoiturage ont permis de la réduire : en 2014, Los Angeles a connu 94 jours de *smog*, contre plus de 200 à la fin des années 1970 !
- De **très grands écarts de richesse** existent entre les habitants. Les **quartiers du centre** sont habités par des **populations très défavorisées**, dont la majorité vient d'Amérique latine. Au contraire, sur les **hauteurs de la ville**, à **Beverly Hills** ou **Bel Air**, seules les **personnes les plus riches** peuvent s'offrir une villwwa. Ces écarts de revenus engendrent souvent des violences.

HISTOIRE-GÉO/EMC

3 Observe le graphique ci-dessous, puis réponds aux questions.

a. Quelle donnée te permet d'affirmer que les Angelinos utilisent beaucoup la voiture ?

....

b. Quelles données te permettent d'affirmer que les Angelinos cherchent des solutions pour limiter la pollution et les embouteillages ?

....

c. Tu viens visiter les studios de cinéma d'Hollywood (1 sur la photographie). Tu résides chez ton oncle (2). Quel moyen de transport choisis-tu pour t'y rendre ? Pourquoi ?

....

....

....

Les trajets domicile-travail à Los Angeles

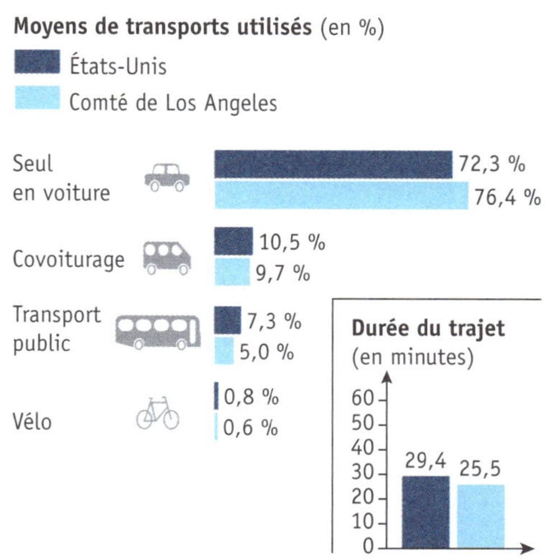

Source : Bureau du recensement des États-Unis, 2011.

SCORE ..../5

INFO

Le ***smog*** est la contraction de deux mots anglais, *smoke* (fumée) et *fog* (brouillard). Il désigne une brume épaisse polluée qui recouvre les grandes métropoles.

Corrigés p. 170

TOTAL ..../ 15

GÉOGRAPHIE

11 Habiter Le Caire, métropole d'un pays en développement

L'expansion des villes des pays des « Sud »

- En 2015, **les plus grandes villes du monde sont situées dans des pays émergents ou en voie de développement**, dont certains sont déjà sortis de la pauvreté. Leur population augmente très vite depuis 1975, du fait de l'**explosion démographique** (plus de naissances que de morts) et de l'**exode rural** (arrivée des habitants de la campagne à la ville).
- **Le Caire**, capitale de l'Égypte, compte aujourd'hui **20 millions d'habitants**. Il s'agit donc d'une **mégapole** (ville dont la population dépasse 8 millions d'habitants). Sa population croît de 400 000 habitants par an : elle devrait atteindre **25 millions d'habitants en 2025**.

★ **1** **Les phrases suivantes sont-elles vraies ou fausses ? Entoure la bonne réponse et justifie.**

a. Le Caire est une mégapole. Vrai ❑ Faux ❑

Pourquoi ? ....

....

b. Le Caire est plus peuplée que Los Angeles. Vrai ❑ Faux ❑

Pourquoi ? ....

....

SCORE ..../2

COUP DE POUCE
Pour **répondre à la question b**, tu peux trouver le nombre d'habitants de Los Angeles dans le premier rappel du cours p. 140.

Le Caire, une métropole aux fonctions variées

- Le Caire concentre aujourd'hui des **fonctions politiques, économiques et culturelles** acquises au cours des siècles passés. Fondée au Xe siècle, la ville est depuis la capitale politique de l'Égypte et la capitale culturelle du monde musulman grâce à ses nombreuses mosquées et madrasas (écoles religieuses).
- Au XIXe siècle, les Européens construisent un **quartier moderne** sur les rives du Nil qui accroît son activité économique. Aujourd'hui, les **hauts buildings** de la rive droite accueillent les bureaux des grandes sociétés égyptiennes. Sur la rive gauche, on trouve des **usines** et de multiples **petits ateliers**.

★★ **2** **Voici le plan du Caire et trois photographies prises dans la ville.**

a. Écris sous chaque photographie à quelle fonction d'une métropole elle correspond : *économique • politique • culturelle*

ATTENTION
Tu peux **attribuer deux fonctions** à une même photographie.

1 ....

2 ....

3 ....

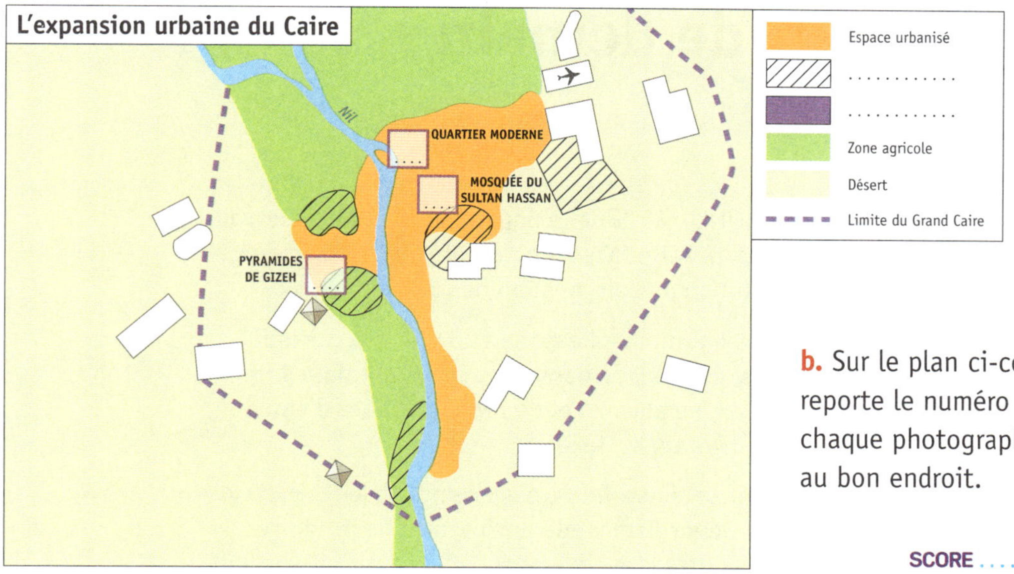

b. Sur le plan ci-contre, reporte le numéro de chaque photographie au bon endroit.

SCORE ..../6

Un défi pour Le Caire : loger les nouveaux arrivants

- Depuis 1975, la population des métropoles des pays **du Sud** augmente considérablement. Les nouveaux arrivants s'entassent dans les vieux quartiers historiques du centre-ville. **Le quartier Manshiet Nasser, surnommé « la ville des poubelles »**, est l'un des plus célèbres **bidonvilles** du Caire.
- Le gouvernement égyptien a donc créé des **villes nouvelles** autour du Caire, toutes alimentées en eau et en électricité. Mais le nombre des nouveaux habitants est trop important et **des bidonvilles continuent à se construire autour de la ville.**

3 **À l'aide du rappel du cours, complète le plan de l'exercice 2 et sa légende.**

a. Colorie en violet les villes nouvelles, puis complète la légende.

b. Écris « bidonvilles » dans la légende à l'endroit qui convient. SCORE ..../2

4 **Observe cette photographie et réponds aux questions suivantes.**

a. Comment se nomme ce type de quartiers dans les pays pauvres ?

....

....

....

....

b. Quel est le nom de ce quartier du Caire ? Comment as-tu pu le reconnaître ?

....

....

....

....

SCORE ..../3

INFO

Un **bidonville** est un habitat construit à partir de matériaux de récupération et mal équipé (sans eau courante ni électricité).

Corrigés p. 170-171

TOTAL ..../ 13

GÉOGRAPHIE

12 Habiter la ville de demain

Une ville durable

- Selon l'Organisation des Nations unies (ONU), 66 % de la population mondiale devrait habiter en ville en 2050. Les villes vont donc faire face à de nombreux **défis sociaux** (inégalités...) et **environnementaux** (pollution de l'air, gestion des déchets...).
- Des **immeubles plus hauts** consommeraient moins d'espace et d'énergie, surtout s'ils sont recouverts de **toits végétalisés**, équipés de **panneaux photovoltaïques** (qui produisent de l'électricité à partir de l'énergie solaire) et de **récupérateurs d'eau de pluie** (par exemple, dans le centre-ville d'Austin au Texas).
- L'**agriculture urbaine** se développe dans certaines villes, par exemple avec la création de **potagers partagés** par les habitants. Généralisée, elle permettrait de **produire localement**, donc de limiter les émissions de gaz à effet de serre et de réduire le coût de la nourriture pour les foyers vivant avec de faibles revenus.

★★ 1 **À partir du projet architectural ci-dessous, complète le schéma p. 145 sur le développement durable.**

Mexico, la capitale du Mexique, est une des villes les plus peuplées du monde avec plus de 21 millions d'habitants en 2015. Pour résoudre les problèmes engendrés par cette concentration de population, une agence d'urbanisme et d'architecture a imaginé un gratte-ciel inversé. *Earthscraper* est une ville souterraine, profonde de 300 mètres (70 étages).

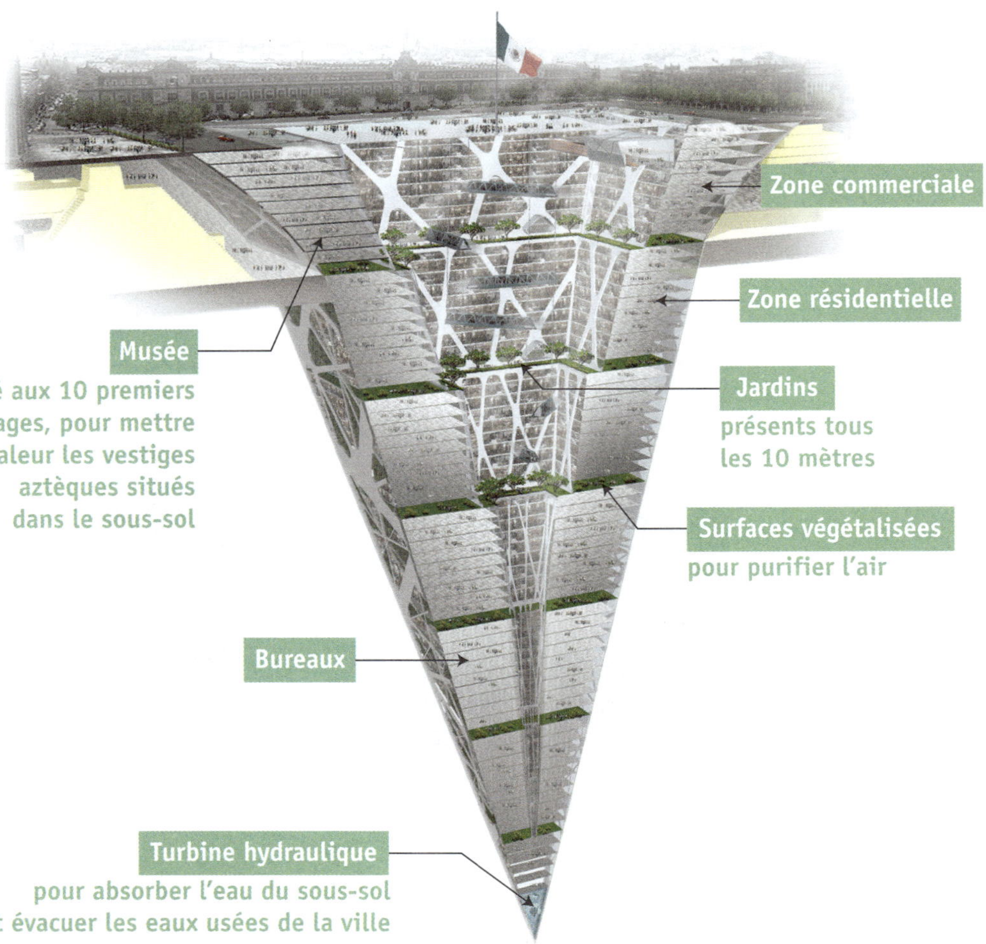

INFO

Le **développement durable** est un mode de développement qui favorise la croissance économique, répond aux besoins de la population et préserve l'environnement et les cultures locales.

INFO

La forme de **pyramide inversée** du bâtiment évoque les constructions **aztèques**.

Le développement durable

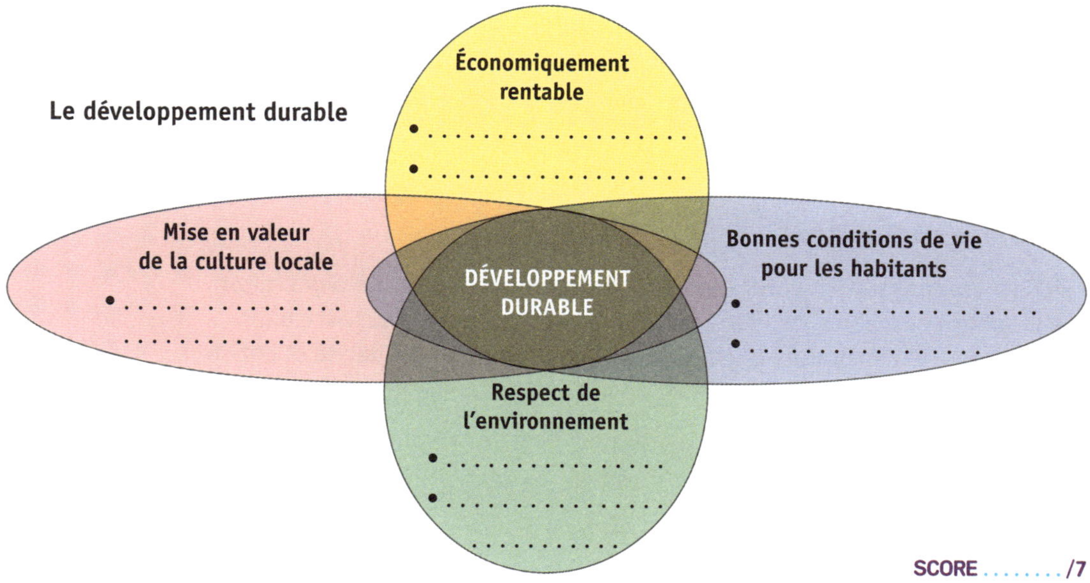

SCORE ..../7

> **COUP DE POUCE**
> Aide-toi des **informations inscrites dans les cartouches verts** du document p. 144 pour compléter le schéma.

Une ville intelligente

- Dans les villes « intelligentes », la plupart des **problèmes seraient résolus grâce à Internet**. Des **capteurs sans fil** permettraient de gérer en temps réel les niveaux de pollution. Des **bureaux partagés**, proches des zones d'habitation (des *smart work centers*), seraient mis à la disposition des citadins pour éviter les transports en voiture.
- Ces « *smart cities* » se distinguent des autres villes par la **participation active des habitants** à de nombreux projets. Ils peuvent en permanence donner leur avis *via* Internet, et ainsi contribuer à l'amélioration de la qualité de vie. Aarhus, au Danemark, est une des villes les plus « intelligentes » d'Europe.

2 **Complète la légende du plan de cette ville imaginaire avec les expressions suivantes :** *fluidifier la circulation • préserver l'environnement • faciliter la vie quotidienne.*
Donne-lui un titre.

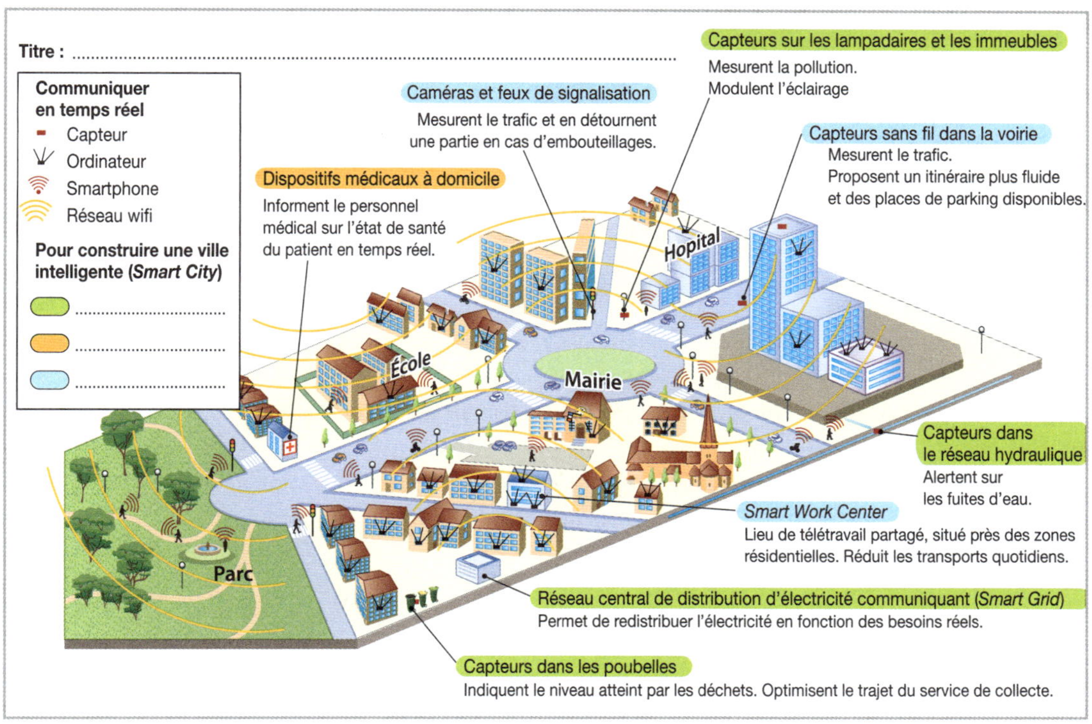

SCORE ..../4

HISTOIRE-GÉO/EMC

Corrigés p. 171

TOTAL ..../ 11

GÉOGRAPHIE

13 Habiter Bora Bora, un espace à fortes contraintes

La difficulté de vivre sur les îles

- Sur les petites îles, **les ressources naturelles sont peu nombreuses** et **l'éloignement** du continent a longtemps isolé les habitants du reste du monde. Pour survivre dans ces conditions difficiles, les insulaires ont développé **une très forte solidarité** et ont su **exploiter les nombreuses richesses de la mer**.
- Situé au cœur de l'océan Pacifique, **l'archipel** (groupe d'îles) **de la Polynésie française** est à plus de 6 000 kilomètres de l'Australie. Il est soumis à de **nombreuses tempêtes** et **tremblements de terre.**

★★ **1** **Lis le texte puis réponds aux questions.**

« Le principe de la pêche au caillou consiste à disposer des bateaux à chaque extrémité de l'île. Les hommes frappent la surface de l'eau avec leurs cailloux. Les poissons effrayés se regroupent alors dans le *rau* (immense filet de feuilles de cocotiers tressées) tenu dans le lagon par tous les habitants. Ceux-ci ferment et réduisent le *rau*. La pêche au harpon peut enfin commencer. L'honneur de tuer les premiers poissons revient aux personnalités, le reste de la pêche est partagé entre tous les participants. »

« La pêche au caillou », www.letahititraveler.com, 2013.

a. Dans quel océan se situe la Polynésie française ?

....

....

b. Souligne les deux passages qui montrent qu'il y a une forte solidarité entre la population de Bora Bora, une des îles de la Polynésie française.

c. Quelle est l'activité économique de l'île présentée par ce texte ?

....

....

....

....

SCORE ..../4

INFO

Les **DROM** (départements et régions d'outre-mer) sont administrés comme un département de la métropole, tandis que les **COM** (collectivités d'outre-mer) ont plus d'indépendance par rapport à la France.

COUP DE POUCE

Aide-toi du **planisphère** p. 164 ou du rappel du cours.

Le développement du tourisme

- Le **développement des transports aériens a permis de réduire l'éloignement et même de transformer** la Polynésie en destination touristique très prisée. **Les hôtels de luxe situés dans le lagon** offrent de nouveaux revenus aux habitants de Bora Bora. Mais ils contrarient les activités traditionnelles comme la pêche en faisant fuir les poissons.
- **Le réchauffement climatique** (élévation des températures au niveau mondial) entraîne une **augmentation du nombre de tempêtes** et de leur **intensité** ainsi qu'une **hausse du niveau de la mer,** qui pourraient faire disparaître les hôtels implantés dans le lagon.

2 **À l'aide de l'image satellite et des consignes, colorie le croquis de l'atoll de Bora Bora.**

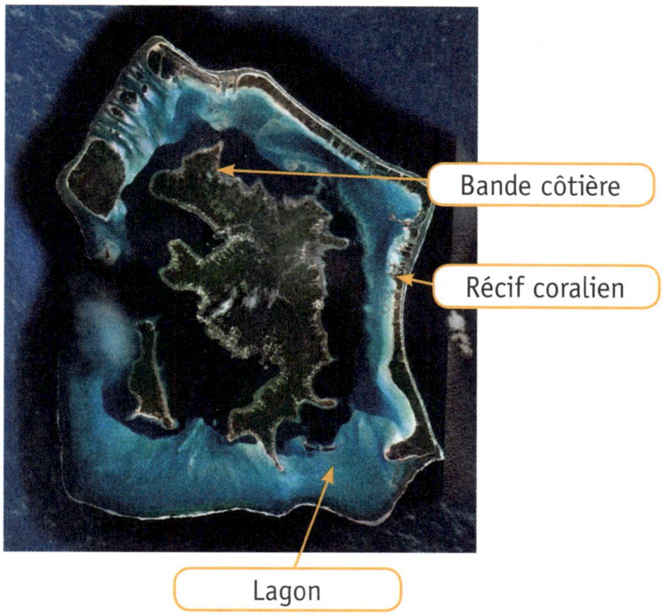

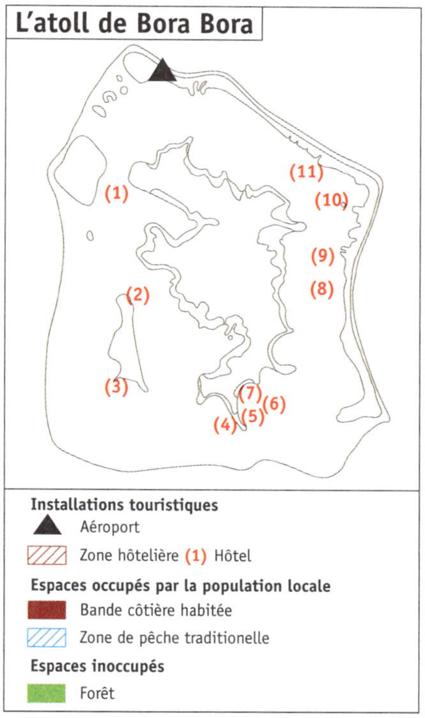

a. Observe attentivement la légende du croquis.
b. Hachure en rouge le lagon, c'est-à-dire la zone où se concentrent les hôtels.
c. Colorie en rouge la bande côtière où vivent les insulaires.
d. Hachure en bleu la zone de pêche traditionnelle, c'est-à-dire le lagon.
e. Colorie en vert la forêt.

SCORE ..../4

3 **À quels nouveaux problèmes les insulaires doivent-ils faire face ?**

....
....
....
....
....
....

SCORE ..../3

ATTENTION
Deux figurés se superposent. Tu auras ainsi cartographié le **conflit d'usage** entre les touristes et les insulaires (habitants de l'île).

COUP DE POUCE
Pour répondre à cette question, tu dois repérer les deux conséquences du **réchauffement climatique** sur l'activité touristique.

Corrigés p. 171

TOTAL ..../ 11

GÉOGRAPHIE

14 Habiter le Mato Grosso (Brésil), un espace agricole de faible densité

L'agriculture, source de revenus importants pour le Brésil

- Le Brésil est considéré comme un **pays émergent**, c'est-à-dire qu'il est en train de devenir riche. Cette nouvelle richesse provient en partie des **revenus de l'agriculture commerciale** destinée à l'exportation.
- **Le Mato Grosso est devenu en quelques années la plus riche région agricole du Brésil.** Les agriculteurs y pratiquent une **agriculture commerciale**. Ils cultivent un seul type de plante (**monoculture**) sur d'immenses terres, en utilisant beaucoup d'**engrais** et de nombreux **tracteurs**. **Très peu d'hommes** sont nécessaires, les ruraux sont donc peu nombreux.

★★ **1** **Voici la photographie aérienne d'une ferme de 10 500 hectares cultivant exclusivement du soja dans le Mato Grosso.**

....

....

....

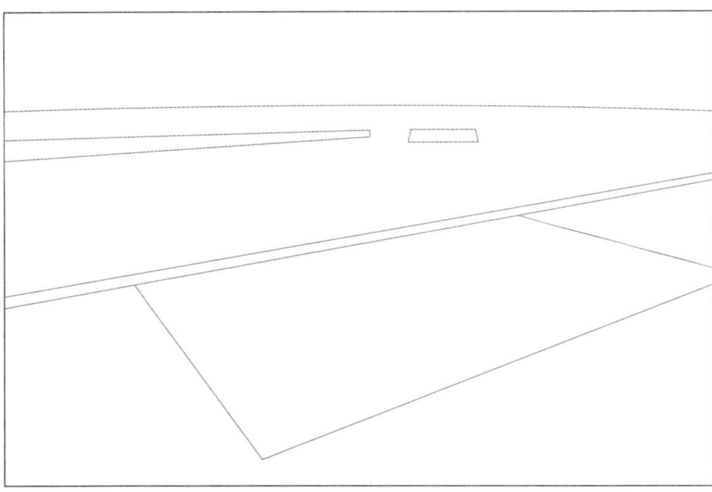

Une ferme au Mato Grosso
Forêt
Terres agicoles – culture du soja
Installations humaines

ATTENTION Les **arbres** qui entourent la ferme et les **silos** ne sont pas les restes d'une forêt. Ils agrémentent les installations humaines.

a. Sur la photographie, complète les cadres avec les caractéristiques de l'agriculture commerciale : *champs immenses* • *monoculture* • *faible occupation humaine*

b. À l'aide de la légende, colorie le croquis réalisé à partir de la photographie.

SCORE ..../6

Un danger pour la nature et les hommes

- *Mato Grosso* signifie « épaisse forêt » en portugais, la langue parlée au Brésil. Cette région se situe à la lisière de la **forêt amazonienne**. Ainsi, les Brésiliens ont **massivement défriché** pour développer cette agriculture commerciale performante (540 000 hectares en trois ans, entre 2001 et 2004, soit la moitié de la Corse !).
- Mais l'**utilisation massive des engrais** pollue les sols et la monoculture les appauvrit durablement. La civilisation des Indiens d'Amazonie est aussi menacée par le développement rapide de cette **agriculture commerciale**.

2 **Observe attentivement la carte ci-dessous, puis lis le texte sur la tribu des Kawahiva.**

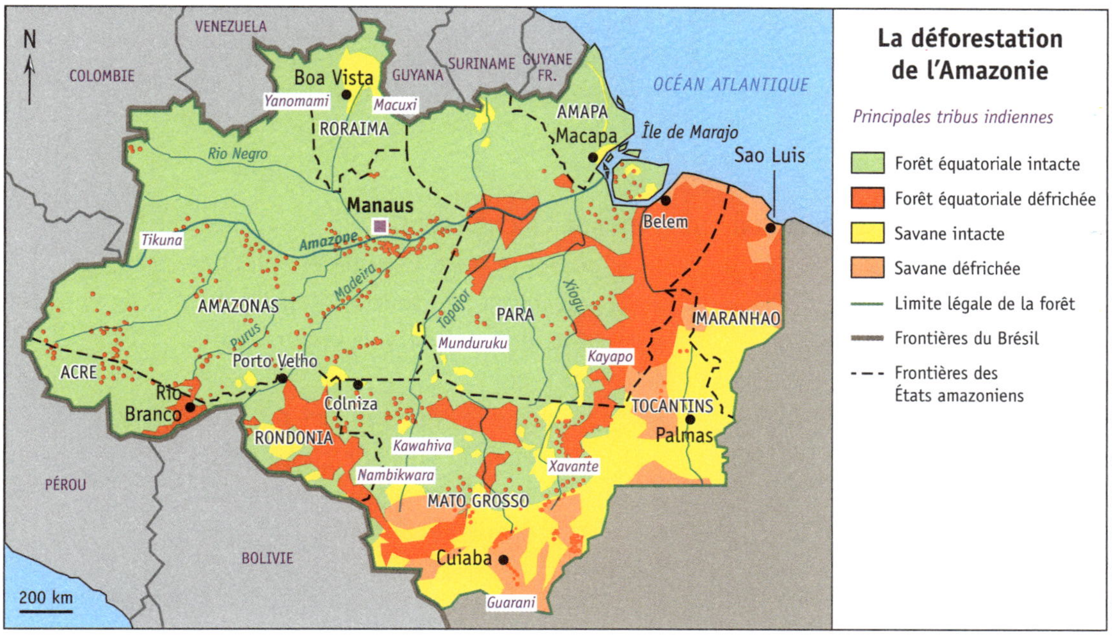

Les Kawahiva du Mato Grosso

On sait peu de choses sur la tribu des Kawahiva. Il y a quelques années, la FUNAI [le département des affaires indigènes du gouvernement brésilien] a estimé qu'ils devaient être une cinquantaine, mais aujourd'hui, ils doivent être moins nombreux. [Ils sont dans un état de fuite] permanente devant l'exploitation forestière et les autres invasions. Étant toujours en déplacement, ils ne peuvent plus cultiver et doivent se reposer uniquement sur la chasse et la pêche. Leur territoire n'est toujours pas protégé et, en conséquence, leur survie est très incertaine. Leurs forêts sont constamment attaquées par des exploitants forestiers principalement issus de Colniza, une des villes-frontière les plus violentes du Brésil, dans une des régions forestières les plus dévastées d'Amazonie.

« Les Indiens isolés du Brésil », survivalfrance.org, consulté en 2016, DR.

À Colniza, un indien d'Amazonie rencontre un bûcheron. Imagine leur dialogue.

L'Indien de la tribu des Kawahiva : « ....

....

.... »

Le bûcheron : « ....

....

.... »

SCORE .... /3

INFO
« **Défricher** » signifie mettre en culture un terrain boisé. Pour cela, il faut d'abord détruire la forêt.

HISTOIRE-GÉO/EMC

COUP DE POUCE
L'Indien de la tribu des Kawahiva a deux types d'arguments. Tu trouveras les informations concernant la dégradation de la nature sur la carte et celles concernant la destruction de son peuple dans le texte.

COUP DE POUCE
Les arguments du bûcheron sont avant tout économiques. Relis les rappels du cours.

Corrigés p. 172

TOTAL .... / 9

15 Habiter Shanghai (Chine), un littoral industrialo-portuaire

GÉOGRAPHIE

L'agrandissement du port de Shanghai

- Pour répondre à l'**augmentation du commerce maritime**, les installations portuaires quittent les embouchures des fleuves et sont construites plus avant, en pleine mer.
- Ainsi, Shanghai est devenu le **premier port de commerce du monde**, grâce à la **construction trois nouveaux ports**, de plus en plus en amont du fleuve. Le **port originel** se situait sur le fleuve Huangpu. **Le deuxième, Waigaoqiao**, a été construit à la rencontre des fleuves Huangpu et Yangzi. Enfin, la municipalité a récemment réalisé **deux nouveaux ports** ayant un accès direct à la mer de Chine, le port de **Luochang** et celui de **Yangshan** sur une île.

★ 1 Observe attentivement le plan de Shanghai puis réponds aux questions.

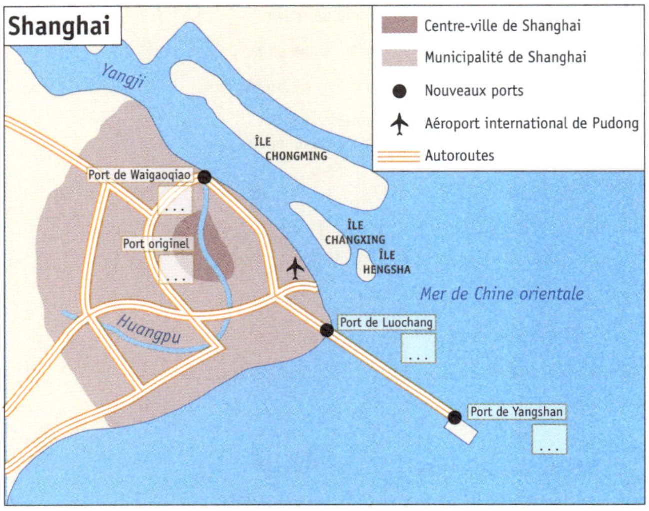

a. Sur le plan, dessine une flèche qui indique le sens du fleuve Huangpu et une autre pour le sens du Yangji.

b. Classe les quatre ports de Shanghai du plus ancien au plus moderne. Écris 1 dans la case qui correspond au port originel, puis 2 pour le deuxième port, etc.

SCORE ..../6

ATTENTION

Un fleuve coule de la terre vers la mer. L'**aval** désigne la partie « avant » du fleuve, l'espace vers la mer, alors que l'**amont** correspond à « l'arrière » qui est vers la terre.

Un paysage complètement artificiel

- Les ports de commerce sont des paysages totalement artificiels : le **trait de côte est rectiligne et aucune autre activité humaine n'est possible** sur cette portion de littoral.
- Le **port de Yangshan** a été construit sur **deux terre-pleins artificiels** (terre artificiellement gagnée sur la mer) **appuyés à deux îles**. Les quais, zones où les bateaux accostent, sont spécialisés : les quais pétroliers reçoivent des navires transportant du pétrole, les **porte-conteneurs** déchargent sur les quais à conteneurs, reconnaissables par les grues qui les bordent.

★★ 2 Légende la photographie du port de Yangshan à l'aide des consignes.

a. Complète les cases avec les expressions suivantes : *terre-pleins artificiels* • *trait de côte rectiligne* • *immenses grues* • *île naturelle* • *porte-conteneurs*

b. Colorie en rouge les cases qui correspondent à des éléments artificiels et en vert celle qui correspond à un élément naturel.

c. Pourquoi peut-on dire qu'il s'agit d'un paysage artificiel ?

....

INFO

Les **porte-conteneurs** sont des bateaux qui transportent uniquement des boîtes métalliques (des conteneurs).

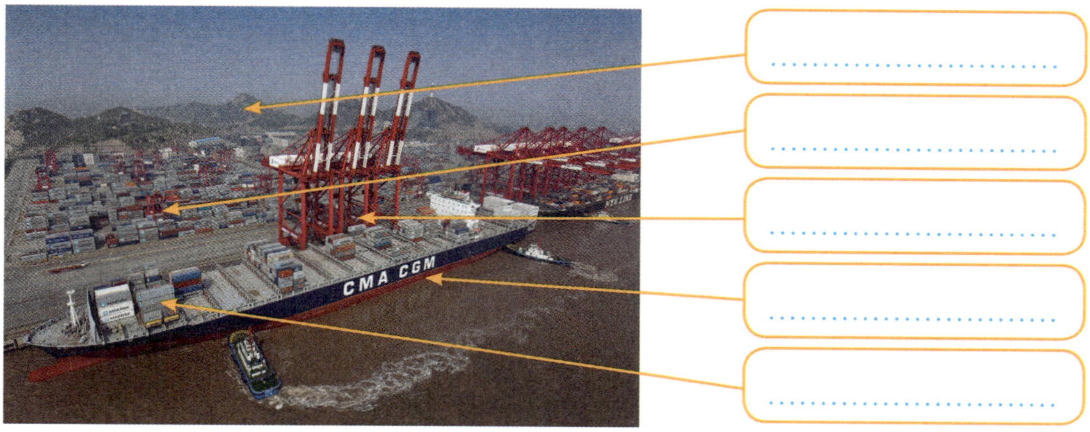

SCORE ..../8

Les habitants du littoral

- La concentration de la population sur les littoraux industrialo-portuaires entraîne la **disparition de certains habitats et des activités traditionnelles**. Dans le centre de Shanghai, **les hautes tours remplacent les *lilongs***, des maisons basses en briques. Les personnes âgées qui y vivent luttent contre leur destruction.
- À Yangshan, la construction du port destiné aux portes-conteneurs a fait **disparaître le paysage naturel**. Pour compenser la perte de cet espace, les autorités de Shanghai avaient au départ prévu de classer une partie de l'île de Chongming réserve naturelle.

3 Lis attentivement le texte ci-dessous, puis réponds aux questions.

« Pour désengorger le vieux port de Waigaoqiao, à l'embouchure du Gangzi Jiang, qui avait l'inconvénient de ne pas pouvoir accueillir les nouveaux mastodontes des mers [...], les autorités de Shanghai ont vu grand. Elles ont d'abord annexé l'archipel des îles du Yangshan, juste au sud. Déplacé 4 000 pêcheurs qui y vivaient, rasé les collines pour en extraire la pierre et faire flotter le plus grand parking du monde de conteneurs. [...] Sur le quai, des pêcheurs passent la journée à regarder leurs bateaux alignés en rang d'oignons. "Depuis la construction de ce port, et l'arrivée de ses gros bateaux, les poissons sont partis. On ne peut plus pêcher", dit l'un d'eux. [...] Une partie des habitants chassés par le projet du port ont depuis été relogés, ici, dans une cité d'une dizaine de tours de huit étages construites pour l'occasion. Très rares sont ceux qui peuvent travailler au nouveau port. »

Grégoire Biseau, « Yangshan, le débarquement d'un mastodonte portuaire », *Libération*, 8 juillet 2008.

INFO Un **archipel** est un groupe d'îles.

a. Souligne en rouge le passage qui explique pourquoi le port de Yangshan a été construit.
b. Recopie puis complète ce tableau avec les extraits du texte qui recensent les conséquences de la construction du port sur le mode de vie des habitants et sur l'environnement.

Conséquences sur les habitants	Conséquences sur l'environnement
•	• ....
•	• ....
•	• ....

SCORE ..../5

Corrigés p. 172

TOTAL ..../ 19

GÉOGRAPHIE

16 Habiter la Gold Coast (Australie), un littoral touristique

Des conditions naturelles favorables indispensables

- Le tourisme est le fait de voyager pour son plaisir ou pour son travail dans un lieu autre que celui de son habitation régulière. Le **tourisme balnéaire**, c'est-à-dire le déplacement vers le bord de mer, est la forme la plus répandue du tourisme.
- Les **côtes sableuses**, dans des **zones chaudes** (climat méditerranéen ou tropical) sont aujourd'hui très recherchées par les touristes. La **Gold Coast**, en Australie, située le long de l'océan Pacifique, possède un **climat tropical** et se trouve sur une **lagune**.

★ 1 À l'aide du planisphère p. 164, indique à quelle zone climatique appartient la Gold Coast en Australie.

....

SCORE ..../1

Les aménagements d'une zone balnéaire

- Afin **d'attirer et d'accueillir les touristes**, les côtes nécessitent des **aménagements** qui **transforment le paysage**.
- En Australie, de **nombreuses résidences hôtelières** ont été construites sur le front de mer dans les années 1960. La tour Q1 de la Gold Coast, haute de 323 mètres, est le plus haut hôtel du monde. Les **marinas** (bâtiments touristiques donnant sur un port) ont été aménagées sur la lagune. **Le paysage de la côte et de la lagune a donc été complètement transformé.**

★★ 2 Voici deux photographies de la Gold Coast, la première prise pendant les travaux d'aménagement, l'autre une fois les travaux terminés.

INFO
En plus de la plage, des parcs d'attractions, des centres commerciaux, des casinos ou des parcs naturels offrent de nombreuses possibilités de **distractions aux touristes**.

a. Sur la photographie 1, complète les cases avec le nom des éléments naturels que tu retrouves sur les deux photographies et qui te permettent d'affirmer qu'il s'agit du même lieu : *côte sableuse* • *lagune* • *île*

b. Sur la photographie 2, complète les cases avec les aménagements typiques d'un littoral touristique : *hautes tours du front de mer* • *île transformée en marina* • *route*

c. Quels sont les points communs entre les deux photographies ? Quels changements peux-tu apercevoir ?

....

....

....

SCORE .... /8

INFO

La **lagune** est une étendue d'eau séparée de l'océan par une plage. Les touristes peuvent ainsi bénéficier de la plage, côté océan ou côté lagune.

Les conséquences du tourisme

- Le tourisme crée de **nombreux emplois**. Ainsi, l'agglomération de la Gold Coast a connu une **croissance rapide de sa population** et est devenue la **sixième ville d'Australie** avec 600 000 habitants en 2010.
- Mais les activités touristiques laissent **peu de place et de ressources** aux autres activités économiques, comme l'agriculture et l'industrie. Par exemple, l'**eau** est principalement destinée aux piscines des grands hôtels et non plus à l'irrigation des champs.
- Ces activités peuvent **nuire à l'environnement**. La surexploitation du bord de mer détruit progressivement la plage et oblige les autorités locales à entreprendre de **coûteux programmes pour nettoyer et reconstruire le littoral**.

3 **Lis le texte suivant, puis réponds aux questions.**

« D'après le conseiller municipal de la Gold Coast Tate, le conseil municipal a dépensé 20 000 dollars par jour en travaux pour nettoyer les débris et réparer les accès à la plage. Selon lui, des pneus recyclés pourraient être utilisés pour construire les escaliers qui permettent aux touristes et aux habitants d'accéder aux plages.
Ces matériaux ne sont, en effet, ni coûteux, ni nocifs pour l'environnement et ne s'abîmeront pas. »

D'après un article de D. Lewis et C. Kate, abc.net.au/news, 4 mars 2013.

a. À ton avis, pourquoi la plage nécessite-t-elle d'aussi lourds et coûteux travaux d'entretien ?

....

....

....

b. Dans le texte, souligne en bleu les personnes à l'origine de ce projet.

c. Souligne en noir les personnes qui vont profiter de ce projet.

d. Décris en une phrase en quoi consiste ce projet.

....

....

....

SCORE .... /4

COUP DE POUCE

Pour **décrire un projet**, il faut parler de la réalisation concrète, du coût du projet et de son but. Ces informations peuvent se trouver à différents endroits du texte. Tu dois donc le relire en entier.

Corrigés p. 173

TOTAL .... / 13

GÉOGRAPHIE

17 Le monde habité

L'inégale répartition des hommes sur la Terre

- En 2016, **la Terre est peuplée de 7,4 milliards d'habitants**. Les hommes occupent **très inégalement** sa surface.
- **Trois foyers de peuplement principaux** concentrent plus de 60 % de la population mondiale : **l'Asie orientale** (ou Asie de l'Est), **le sous-continent indien** et **l'Europe**. Les densités y sont très fortes et on y trouve les plus grandes villes mondiales.
- Au contraire, les **déserts arides** (Sahara) ou les **déserts froids** (Sibérie) sont très peu peuplés. Les **forêts équatoriales** (Amazonie) sont également très faiblement habitées.

1 Observe le planisphère, puis complète-le à l'aide des consignes ci-dessous.

a. Complète le nom des trois principaux foyers de peuplement.

b. Complète le nom des quatre déserts humains.

c. Donne un titre à la carte : écris-le au-dessus de la carte. Complète la légende.

Titre : ....

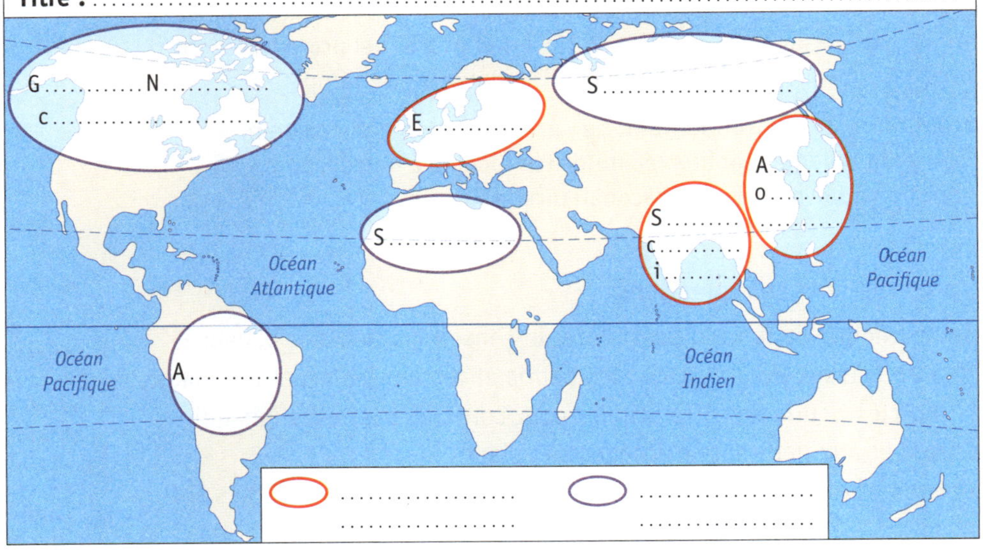

....	....

SCORE ..../10

> **INFO**
> Un **désert humain** est une zone de très faible densité en raison des fortes contraintes naturelles qui rendent la vie difficile.

> **COUP DE POUCE**
> Le **Grand Nord canadien** est un désert humain qui se situe au nord du continent américain.

Différentes formes de peuplement

- Dans les **villes**, les hommes sont nombreux, regroupés sur un petit espace : l'habitat est donc dense.
- Dans les **espaces ruraux**, les densités sont généralement plus faibles et l'habitat plus dispersé (voir chap. 14). Cependant, dans certaines régions rurales, les densités sont très fortes, comme sur l'île de Java en Indonésie. En effet, la culture du riz demande une main-d'œuvre abondante, mais permet de faire vivre de très nombreuses personnes.

2 Observe les trois photographies et la carte p. 155, puis réponds aux questions.

a. Sous chaque photographie, écris le nom du lieu : *Jakarta* • *Bornéo* • *Java*.

b. Indique ensuite la densité : *faible* • *forte*.

c. Pour les photographies ❷ et ❸, complète le mode de peuplement : *rural* • *urbain*.

d. Sur la carte de l'Indonésie, place chiffres 1, 2 et 3 dans les carrés correspondants au lieu où ont été prises les photographies.

> **INFO**
> La **densité** mesure le nombre d'habitants au kilomètre carré.

Lieu :	Lieu :	Lieu : ....
Densité :	Densité :	Densité : ....
	Peuplement :	Peuplement : ....

> **COUP DE POUCE**
> **Jakarta** est la capitale de l'Indonésie. Elle compte plus de 14 millions d'habitants en 2015. Elle se situe sur Java, l'île allongée au centre du pays.
> **Bornéo** est une île recouverte de forêt équatoriale, très faiblement peuplée.

La répartition de la population indonésienne

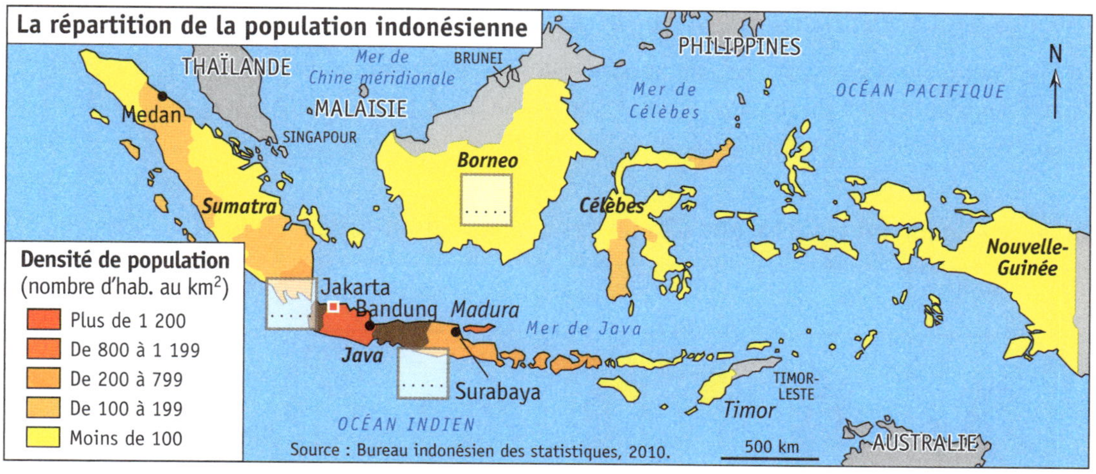

SCORE ..../10

L'évolution de la population mondiale

- La population mondiale a **fortement augmenté depuis 1850**. Aujourd'hui, sa **croissance ralentit**. Selon l'Organisation des Nations unies (ONU), la population mondiale devrait atteindre de **10 milliards d'humains vers 2050**.
- La **croissance démographique** (l'augmentation de la population) est **inégale**.
La population asiatique a augmenté très rapidement depuis les années 1960. À l'avenir, c'est la population africaine qui devrait croître très fortement.

3 **Observe le graphique, puis réponds aux questions.**

a. Quel continent va connaître la croissance démographique la plus forte jusqu'en 2100 ?

....

b. Sur quel continent la population devrait augmenter puis légèrement diminuer jusqu'en 2100 ?

....

c. Quelle population devrait décroître légèrement jusqu'en 2100 ?

....

Les projections de la croissance de la population mondiale

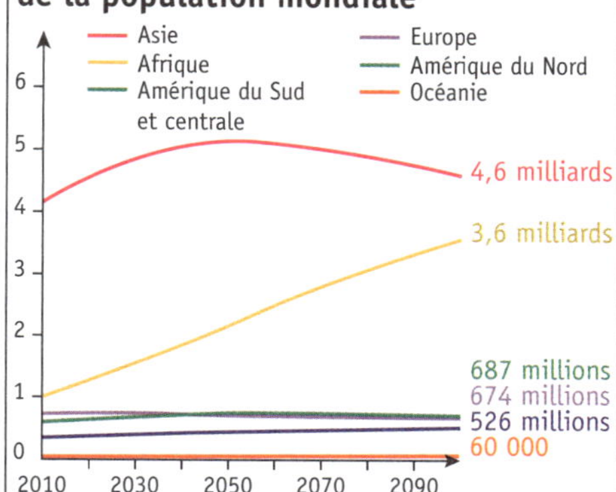

Source : World Population Prospects.

SCORE ..../3

Corrigés p. 173

TOTAL ..../ 23

ENSEIGNEMENT MORAL ET CIVIQUE

18 La sensibilité : soi et les autres

Identifier ses sentiments, les exprimer et coopérer

- Nous éprouvons tous des **sentiments**, c'est-à-dire un **état affectif plus ou moins durable**. Nous rions, nous nous mettons en colère, nous sommes tristes... Ces sentiments peuvent être perturbés par une **émotion, un trouble passager très fort**, parfois difficile à contrôler. Il est important de maîtriser ses réactions pour ne pas heurter la sensibilité des autres.
- **Le collège et la classe sont des lieux d'expression**. Certains élèves sont timides, d'autres prennent tout le temps la parole. Pour donner à chacun la chance de s'exprimer, il faut apprendre à écouter et à respecter la parole des autres.
- En classe, tu peux aider tes camarades en **partageant ton livre**, en **faisant des exercices à deux**, en **leur apportant les devoirs** s'ils sont malades. Cette attitude d'entraide est indispensable pour progresser.

★★ **1** **Complète le tableau en nommant trois façons d'aider tes camarades au collège.**

....	....	....

SCORE ..../3

COUP DE POUCE
Pour **compléter le tableau**, relis attentivement le rappel du cours et relève les verbes qui décrivent les formes d'entraide au collège.

Accepter la différence

- Le **principe d'égalité entre les citoyens** est affirmé dès le début de la Révolution française avec la **Déclaration des droits de l'homme et du citoyen** (26 août 1789).
- Pour que l'égalité ne soit pas seulement une idée, il est important d'être **tolérant**, c'est-à-dire d'**accepter les différences de chacun**. C'est ainsi que nous pouvons vivre avec les autres en paix.
- En 1995, l'UNESCO a adopté une déclaration de principes sur la tolérance. Elle s'engage à promouvoir le **respect de la diversité des cultures** et de nos modes d'expression en développant l'accès à l'éducation et à l'information. Depuis, le 16 novembre a été déclaré « **journée de la tolérance** ».

★★ **2** **Observe la fresque murale p. 157, puis réponds aux questions.**

a. Entoure les deux personnages qui symbolisent la tolérance.

b. En quoi ces deux visages sont-ils différents ?

....

c. Quelle attitude sur leur visage témoigne de leur tolérance ?

....

INFO
L'acronyme **UNESCO** signifie Organisation des Nations unies pour l'éducation, la science et la culture. C'est l'institution « intellectuelle » de l'ONU.

Mary Mackey, fresque murale, East Side Gallery, Berlin.

SCORE .... /5

> **INFO**
> L'**East Side Gallery** est un morceau du mur de Berlin transformé en galerie d'art contemporain à ciel ouvert à partir de décembre 1989.

Vaincre le harcèlement

- Le harcèlement est une **violence verbale, physique ou psychologique répétée et continue**. La victime est seule et placée en situation d'infériorité. Elle peut être moquée, menacée, insultée, bousculée, voire rackettée ou battue. Au **collège**, le taux d'élèves harcelés serait de 7 %. Les garçons sont plus nombreux que les filles à être victimes de harcèlement.
- Pour lutter contre ce phénomène, le ministère de l'Éducation nationale a lancé en 2013 une **campagne de sensibilisation** dans tous les collèges de France.

3 Observe l'affiche, puis réponds aux questions.

a. Selon cette affiche, qu'est-ce qui constitue un autre poids pour la victime ? ....

....

....

b. Selon toi, que ressent la victime ? ....

....

....

c. Comment mettre un terme à cette situation ?

– En tant que victime ? ....

....

– En tant que témoin ? ....

....

– En tant que harceleur ? ....

....

Affiche lauréate de la 2e édition du concours académique « Mobilisons-nous contre le harcèlement », réalisée par les élèves du collège du Château à Morlaix, 2015.

SCORE .... /7

> **COUP DE POUCE**
> Pour **répondre à la question a.** sur les formes que peut prendre le harcèlement, lis les étiquettes collées sur les cahiers.

> **INFO**
> Le **harcèlement est puni** par l'article 222-33-2 du code pénal : les auteurs risquent jusqu'à deux ans d'emprisonnement et 30 000 € d'amende.

Corrigés p. 174

TOTAL .... / 15

19 Comprendre et respecter les règles

Le règlement intérieur d'un collège

- Le collège est un **lieu de travail** pour plusieurs centaines de personnes (élèves, professeurs, personnels administratifs, etc.). Pour que tous vivent en bonne intelligence, il faut respecter certaines règles. Le **règlement intérieur du collège est le texte qui définit ce qu'il faut faire et ne pas faire.**
- Ainsi le collégien dispose de **droits** : s'exprimer, se réunir, être respecté physiquement et moralement. En échange, il doit respecter certaines obligations que l'on nomme des **devoirs** : être à l'heure, rendre les devoirs écrits et oraux demandés par les professeurs, ne pas dégrader les locaux et le matériel, respecter les personnes (enfants et adultes).

★★ 1 Complète le schéma des droits et des devoirs au collège à l'aide des consignes ci-dessous.

a. Complète les cadres ❶, ❷ et ❸ avec les expressions suivantes : *règlement intérieur • droits • devoirs*.

b. Détaille les droits et les devoirs sous les plateaux de la balance.

SCORE ..../10

❶ ....

❷ ....
❸ ....

- ....
- ....
- ....

- ....
- ....
- ....
- ....

COUP DE POUCE
Pour **répondre à la question a**, recense d'abord les droits et les devoirs dans le rappel du cours avant de compléter le schéma.

Les lois françaises assurent l'éducation pour tous

- En France, **la loi est la même pour tous**. Depuis les lois Ferry de 1881-1882, l'instruction est gratuite, laïque et obligatoire pour tous les enfants de plus de 6 ans résidant sur le territoire français.
- Pour que cette loi soit une réalité, **une loi de 2005 oblige les services de l'Éducation nationale à accueillir les enfants handicapés**. Certains sont scolarisés dans des ULIS (unités localisées pour inclusion scolaire) : ce sont de petits groupes d'élèves regroupés au sein d'un établissement scolaire classique. D'autres sont accompagnés par un auxiliaire de vie scolaire (AVS) qui les aide pendant certains cours.

★★★ 2 Observe le graphique p. 159, puis réponds aux questions.

a. Quels sont les effets de la loi de 2005 sur la scolarité des enfants handicapés ?

....

....

b. Dans quel type d'établissement suivent-ils leur scolarité ?

....

c. Comment peut-on améliorer la scolarité des handicapés ?

....

....

COUP DE POUCE
Pour **répondre à la question b**, cite les pourcentages du graphique b. Cela t'aidera à répondre ensuite à la question c.

a. Évolution du nombre d'élèves handicapés scolarisés

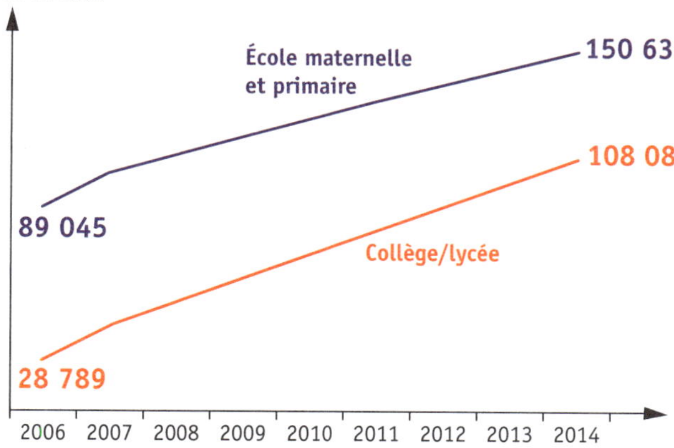

b. Répartition des élèves handicapés scolarisés par type d'établissement (2014-2015)

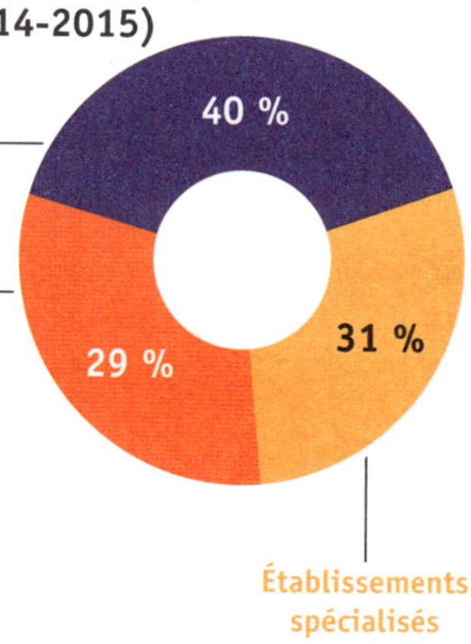

Sources : Agefiph, Dares, Éducation nationale.

SCORE ..../5

Les caractéristiques de la République française

- Depuis 1870, la France est une **république**, ce qui signifie que les décisions qui concernent la nation sont prises en commun. La République française est **démocratique** car tous les hommes puis les femmes (depuis 1944), de plus de 18 ans (depuis 1974), votent pour élire leurs représentants. Ce sont donc des **citoyens**.
- **Depuis 1958, la France est sous le régime de la Ve République.** La devise « **Liberté, Égalité, Fraternité** », inventée lors de la Révolution française, est inscrite dans le texte de la Constitution et fait partie de notre patrimoine.

3 **Lis l'extrait de la Constitution de la Ve République, puis réponds aux questions.**

> « La France est une République indivisible, laïque, démocratique et sociale. Elle assure l'égalité devant la loi de tous les citoyens sans distinction d'origine, de race ou de religion. Elle respecte toutes les croyances. [...]
> La loi favorise l'égal accès des femmes et des hommes aux mandats électoraux et fonctions électives, ainsi qu'aux responsabilités professionnelles et sociales. »

Constitution de la Ve République, Article premier, 1958.

a. Souligne les quatre adjectifs qui qualifient la République française.
b. Parmi eux, entoure celui qui te semble définir l'organisation des pouvoirs.
c. Propose une définition de « démocratie » et de « citoyen ».

– Démocratie : ....

....

....

....

– Citoyen : ....

....

....

....

SCORE ..../7

ATTENTION
Toutes les démocraties ne sont pas des républiques. Le Royaume-Uni est un régime démocratique mais également une monarchie parlementaire.

COUP DE POUCE
Pour **répondre à la question 3c**, relis le rappel du cours et l'article premier de la Constitution.

Corrigés p. 174

TOTAL ..../ 22

ENSEIGNEMENT MORAL ET CIVIQUE

20 Penser par soi-même

Lutter contre les préjugés

- Un préjugé est une **idée toute faite, souvent négative**, portée par une personne ou un groupe à l'encontre d'individus jugés différents. Ces jugements sans fondements conduisent à opérer des **discriminations** envers certains individus.
- Le **sexisme** est un préjugé qui considère les filles comme inférieures aux garçons. Le **racisme** est une autre idée qui affirme que certaines « races » sont supérieures à d'autres. Seules des **connaissances objectives** permettent de **lutter contre les préjugés**.

1 **Lis le roman-photo ci-dessous, puis réponds aux questions.**

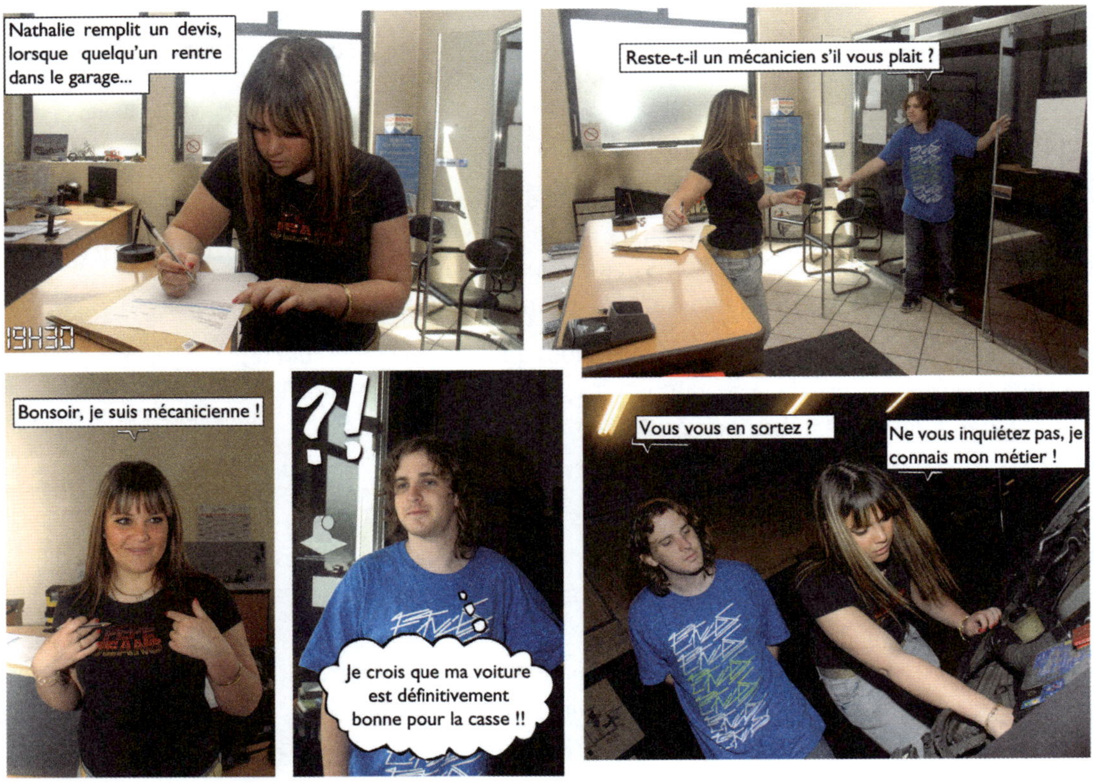

Roman-photo réalisé par des élèves du lycée Louise-Labé de Lyon, www.printempsdelajupe.com, 2014.

a. Quel est le préjugé du client ?

....

....

....

b. Surligne les paroles et les pensées qui le prouvent.

c. Comment la jeune femme fait-elle comprendre au client qu'elle est compétente ?

....

....

....

SCORE ..../5

INFO

Les **discriminations** sont punies par le code pénal d'une peine maximale de trois ans d'emprisonnement et de 45 000 euros d'amende.

COUP DE POUCE

Certaines **paroles**, sans être blessantes ou grossières, peuvent prouver que la personne considère les femmes comme inférieures.

Respecter les croyances de chacun : la laïcité

- La laïcité est une des valeurs essentielles de la République française. Elle a été clairement définie en 1905 avec **la loi de séparation des Églises et de l'État**. L'État ne privilégie aucune religion et respecte les croyances de chacun.
- Depuis les lois Ferry de 1881-1882, les professeurs et les élèves ne doivent pas exprimer leurs opinions religieuses au sein des établissements scolaires publics. Ce principe a été réaffirmé en 2004 par une loi qui interdit le **port de signe religieux ostentatoire.** Depuis 2013, la **charte de la laïcité** est affichée dans tous les collèges.

2 **Coche la case qui définit le mieux ce qu'est la laïcité.**

❑ La laïcité, c'est l'interdiction d'avoir une religion au collège.
❑ La laïcité, c'est le respect des croyances de chacun.
❑ La laïcité, c'est l'interdiction de porter le moindre signe religieux en classe.

SCORE .... /1

3 **Lis ces extraits de la charte de la laïcité à l'école, puis remplis le tableau ci-dessous.**

6 La laïcité de l'École offre aux élèves les conditions pour forger leur personnalité, exercer leur libre arbitre et faire l'apprentissage de la citoyenneté. **Elle les protège de tout prosélytisme et de toute pression** qui les empêcheraient de faire leurs propres choix.

8 La laïcité permet l'exercice de **la liberté d'expression** des élèves dans la limite du bon fonctionnement de l'École comme du respect des valeurs républicaines et du pluralisme des convictions.

9 La laïcité implique **le rejet de toutes les violences et de toutes les discriminations**, garantit **l'égalité entre les filles et les garçons** et repose sur une culture du **respect** et de la compréhension de l'autre.

12 **Les enseignements sont laïques.** Afin de garantir aux élèves l'ouverture la plus objective possible à la diversité des visions du monde ainsi qu'à l'étendue et à la précision des savoirs, **aucun sujet n'est a priori exclu du questionnement scientifique et pédagogique**.
Aucun élève ne peut invoquer une conviction religieuse ou politique pour contester à un enseignant le droit de traiter une question au programme.

14 Dans les établissements scolaires publics, les règles de vie des différents espaces, précisées dans le règlement intérieur, sont respectueuses de la laïcité. **Le port de signes ou tenues par lesquels les élèves manifestent ostensiblement une appartenance religieuse est interdit.**

Les questions des élèves	Ce que tu leur réponds en t'appuyant sur un article de la charte de la laïcité
Maël refuse d'apprendre ses cours d'histoire sur le judaïsme et le christianisme, car il dit que c'est contraire à la laïcité.	L'article .... dit que ....
Sahib veut venir à l'école avec son turban sikh.	L'article .... dit que ....
Clara essaie de nous convaincre de pratiquer sa religion à toutes les récréations.	L'article .... dit que ....

SCORE .... /6

HISTOIRE-GÉO/EMC

COUP DE POUCE
Ostentatoire : qui est porté pour être vu, pour être remarqué.
Prosélytisme : volonté de convertir les autres à sa religion.

Corrigés p. 174

TOTAL .... / 12

21 S'engager pour mieux vivre ensemble

S'engager dans une association

- Depuis 1901, les **associations** sont autorisées en France. Elles permettent à chaque personne vivant sur le territoire national de devenir **bénévole** et ainsi de s'engager pour défendre une cause qui leur tient à cœur.
- Il existe plus d'un million d'associations en France. Elles sont animées grâce à 16 millions de bénévoles. Certaines d'entre elles **portent secours et assistance aux plus démunis** en donnant de l'argent, de la nourriture ou du temps. Ces associations contribuent à la **solidarité collective**.

1 Observe la photo et lis le texte sur l'action de collégiens en faveur de l'association ELA.

Créée en 1992, l'association ELA aide les familles concernées par la leucodystrophie, soutient la recherche et sensibilise le grand public sur cette maladie.
L'association compte 1 000 adhérents, a récolté 28 millions d'euros depuis sa création.

L'action des collégiens du collège Saint-Benoît, à Champtoceaux, Loire-Atlantique.

« En ce début décembre, les élèves du collège ont eu la joie de remettre un chèque de 9 676,04 € à Mme Françoise Richard, déléguée de l'association ELA pour les Pays de la Loire. C'est le fruit d'une mobilisation très importante des élèves tout au long des mois d'octobre et de novembre, au cours de laquelle ils ont trouvé 1 626 "parrains" pour participer à leur élan de solidarité envers les familles qui sont touchées par les leucodystrophies.
Mme Richard les a chaudement félicités : *"Vous êtes les piliers d'ELA : grâce à vous et à votre générosité, trois enfants bénéficient d'un traitement qui permet de prolonger leur vie"*. Il faut dire qu'après avoir fait la dictée ELA au début d'octobre, ils ont "mis leurs baskets" pour battre la maladie lors des épreuves d'endurance [...]. Cette somme servira à faire avancer la recherche contre ces maladies génétiques, ainsi qu'à aider les familles dans leur quotidien. »

Site Internet du collège Saint-Benoît, Champtoceaux, consulté en 2016, DR.

a. Quels sont les trois objectifs de l'association ELA ?

....

....

b. Auxquels de ces objectifs servira l'argent récolté par les collégiens de Champtoceaux ?

....

....

c. Comment les collégiens ont-ils recueilli de l'argent pour l'association ?

....

....

SCORE ..../5

INFO
La **leucodystrophie** est une maladie génétique qui détruit le système nerveux central.

INFO
Les **parrains** (familles, commerçants, entreprises) donnent de l'argent pour chaque kilomètre parcouru par un collégien.

S'engager dans la vie du collège

- À l'intérieur du collège, tu peux t'impliquer dans des projets, en participant à un **club** ou à une **association**.
- Tu peux aussi te présenter en tant que **délégué de classe**. Tu es alors celui qui représente tes camarades lors du conseil de classe, la réunion trimestrielle où l'on dresse le bilan du travail de chaque élève. Tu peux également être élu **représentant des élèves au conseil d'administration**, l'instance qui regroupe les usagers de l'établissement, et qui prend les grandes décisions de la vie du collège.

2 **Lis cette bande dessinée sur l'élection des délégués de classe, puis réponds aux questions.**

a. Quels élèves ont été élus délégués dans cette classe ? Pourquoi ?

....

....

....

....

....

....

....

....

> **COUP DE POUCE**
> Les **élections de délégués** se déroulent à bulletin secret au scrutin uninominal (pour un candidat et non une liste) à 2 tours. Les 2 élèves qui obtiennent le plus de voix sont élus.

b. Quelle est leur mission principale ? À quelles réunions doivent-ils se rendre ?

....

....

SCORE ..../6

S'engager dans la vie de la commune

- La France compte un peu plus de **36 000 communes**. Tous les six ans, les **citoyens français ou européens** élisent les **membres du conseil municipal** qui, à leur tour, votent pour désigner **le maire** et **ses adjoints**.
- Les adjoints du maire se réunissent une fois par trimestre en **séance publique pour voter les projets de la commune**. Le maire fait exécuter ces décisions. Enfin, l'ensemble du conseil municipal décide du budget annuel de la commune.

3 **Complète ce schéma avec les expressions suivantes :**
le conseil municipal • le maire et ses adjoints • les citoyens français et européens

SCORE ..../3

Les élections municipales

....

↑ élit

....

↑ élit

....

HISTOIRE-GÉO/EMC

Corrigés p. 174

TOTAL ..../ 14

Les domaines climatiques

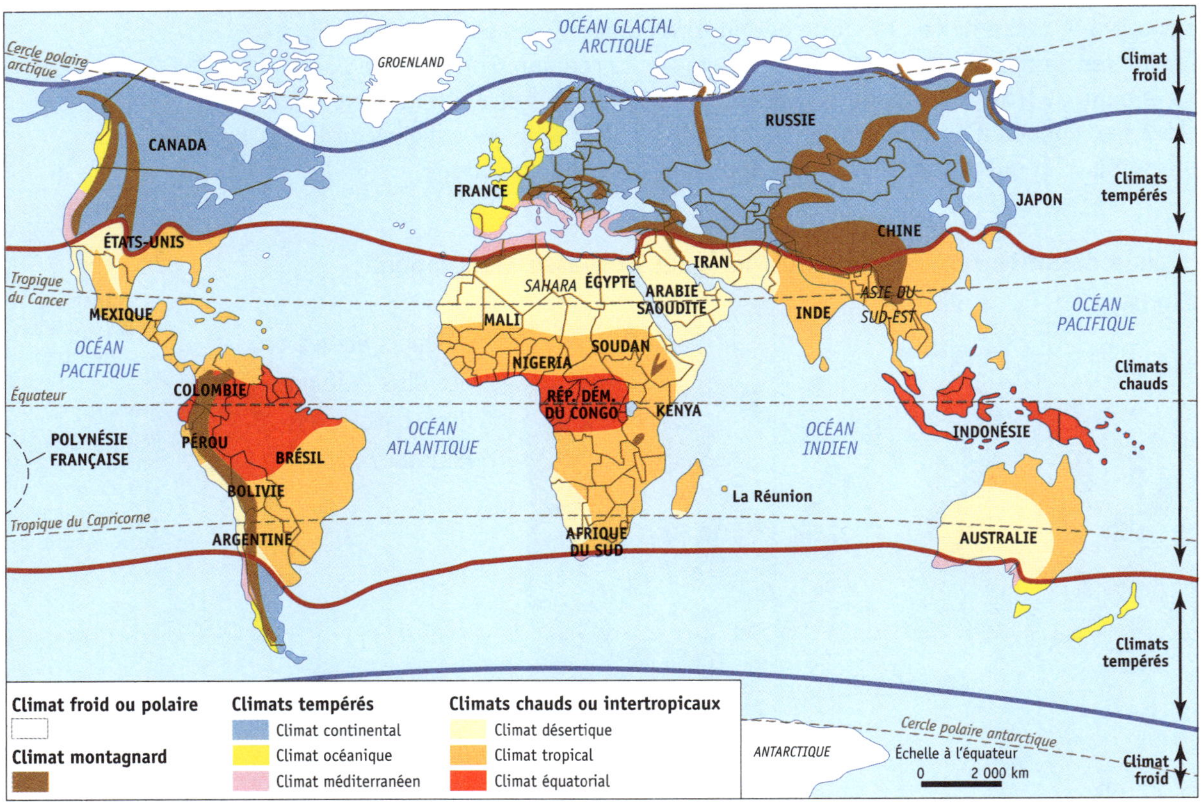

La répartition de la population

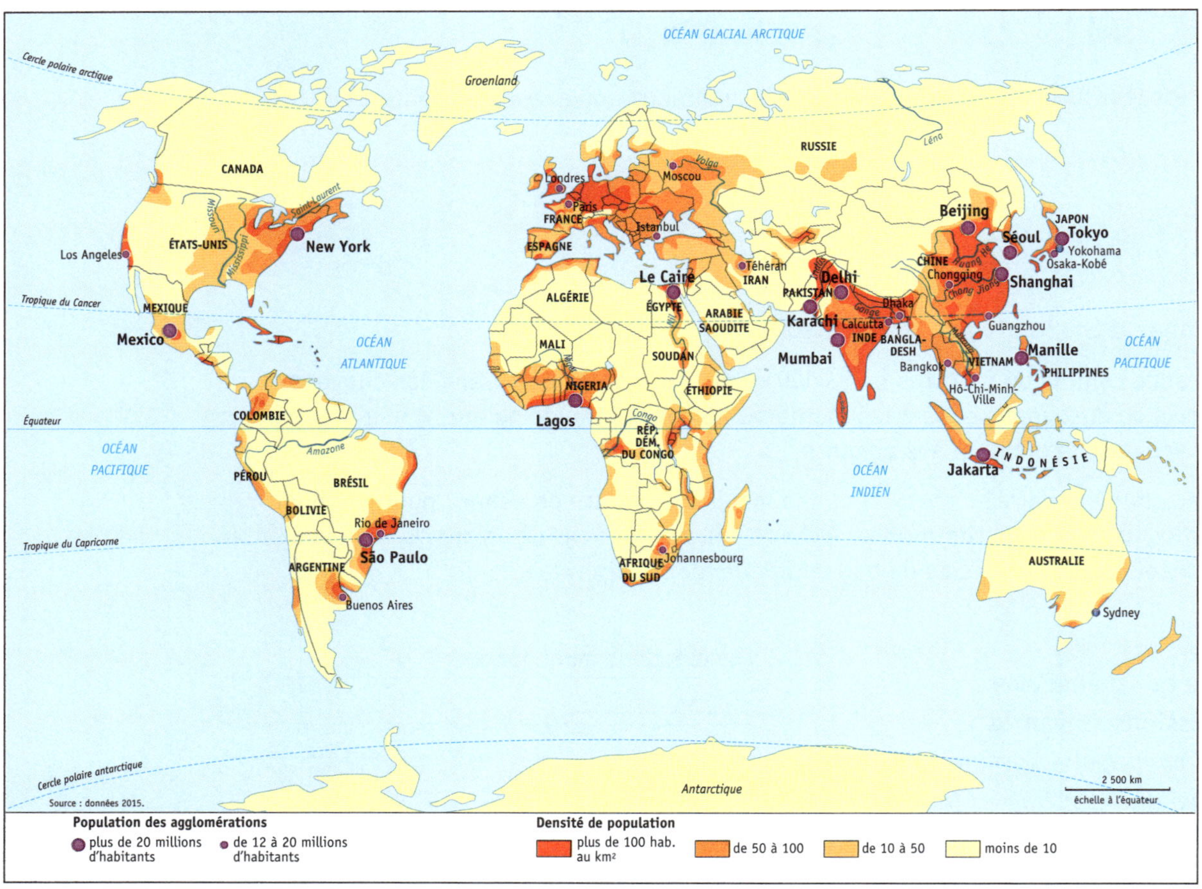

Corrigés

1 Les débuts de l'humanité

1

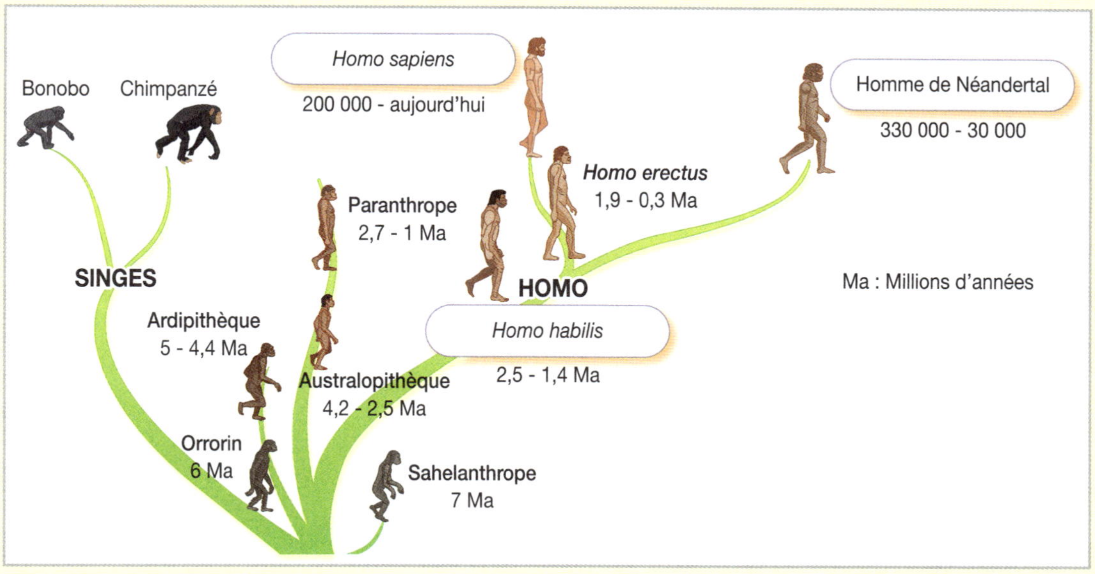

2

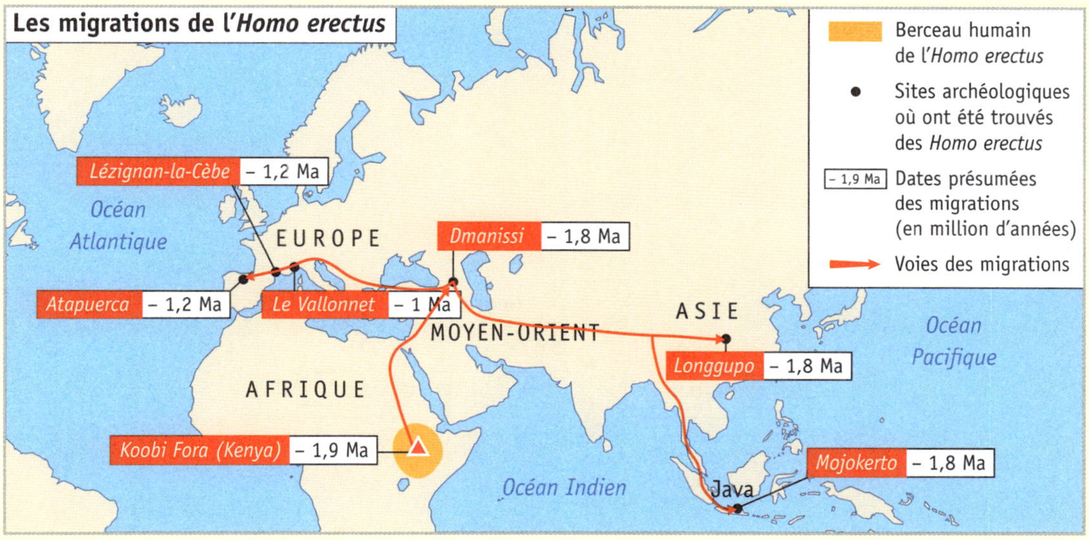

EXPLICATION

Avant le genre *Homo*, aucun hominidé n'avait pu migrer hors d'Afrique. Les lignées d'australopithèques et de paranthropes ne s'aventuraient pas en dehors de leur territoire. Ils n'avaient pas les connaissances techniques suffisantes pour effectuer de si longs voyages.

3 Voir la carte corrigée de l'exercice 1.

4 **a.** Homme de Néandertal → outils bifaciaux
Homme de Cro-Magnon → harpons en os, pointe de sagaie
b. J'ai choisi le harpon en os et la pointe de sagaie pour l'homme de Cro-Magnon parce que c'est le seul à être assez agile pour pouvoir les fabriquer.
J'ai choisi les outils bifaciaux pour l'homme de Néandertal parce que ces objets sont fabriqués par tous les descendants de l'*Homo erectus* (voir le 2e résumé de cours)

2 La « révolution néolithique »

1 **a.** Il faut entourer « panier », « pilon », « feu », « mortier ».
b. Pour calculer le périmètre, il faut multiplier le rayon par 2 puis par le nombre π.
Le rayon de l'habitation mesure sur le dessin 2,25 cm, donc 3,2 mètres dans la réalité (2,25 cm ÷ 0,7 cm).
Donc 3,2 mètres (rayon) × 2 × π = 20,1
L'habitation a donc un périmètre de 20,1 mètres.
Deux familles peuvent vivre dans cet espace.

EXPLICATION

Les découvertes archéologiques récentes prouvent que l'homme de Néandertal et l'*Homo sapiens* vivaient à plusieurs familles dans une même habitation. En 2011, les restes de 12 Néandertaliens ont été découverts dans la grotte d'El Sidrón en Espagne. Trois hommes de la même famille (des frères ou des cousins) vivaient avec trois femmes de trois lignées différentes et leurs enfants respectifs.

2 a. et **b.**

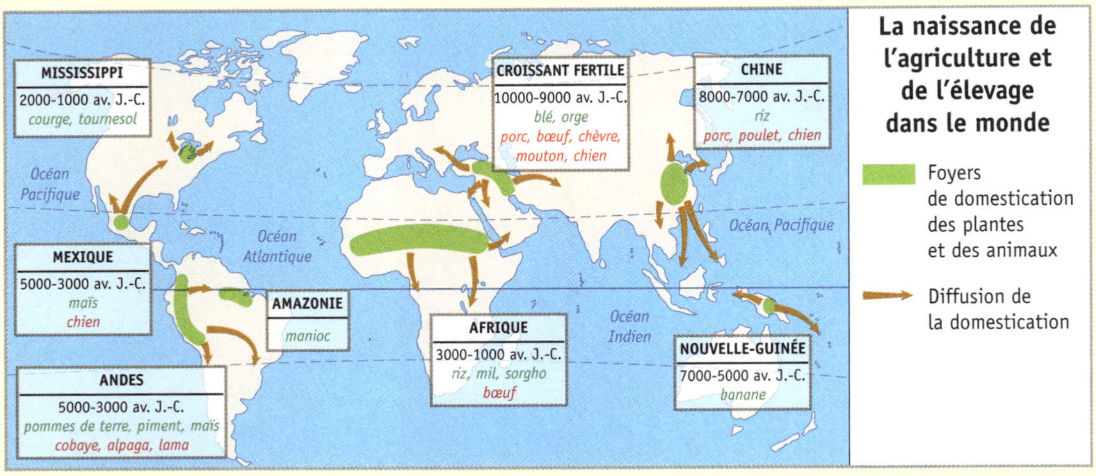

c. Les foyers de la « révolution néolithique » sont indépendants les uns des autres car ils ne sont pas reliés entre eux. Par exemple, les hommes de Chine ne connaissent pas ceux du Croissant fertile.

3

4 Voir la frise ci-dessous.

EXPLICATION

Pour compléter la frise, il faut distinguer « av. J.-C. » et « avant le temps présent ». Ces deux systèmes de datation sont séparés de 2 000 ans. Pour désigner les dates qui correspondent à « avant le temps présent », les historiens et les préhistoriens écrivent « il y a ». Pour convertir la date en « av. J.-C. », il faut donc retirer 2 000 ans à celle exprimée en « il y a ».

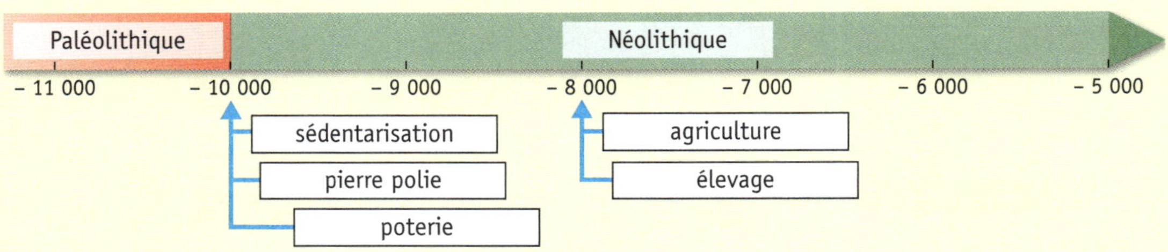

3 La naissance des cités-États

1 a. et **b.** Voir la carte ci-contre.

c. ❶ Nil ❷ Euphrate ❸ Tigre

2 a. ❶ Résidence de la grande prêtresse de Nanna ❷ Palais du roi ❸ Trésor du roi

Bâtiment ou quartier à vocation économique	Bâtiment ou quartier à vocation politique	Bâtiment ou quartier à vocation religieuse
Trésor du roi, port	Palais du roi	Résidence de la grande prêtresse de Nanna, ziggourat

3 L'écriture sert à compter les réserves de nourriture et à prier.

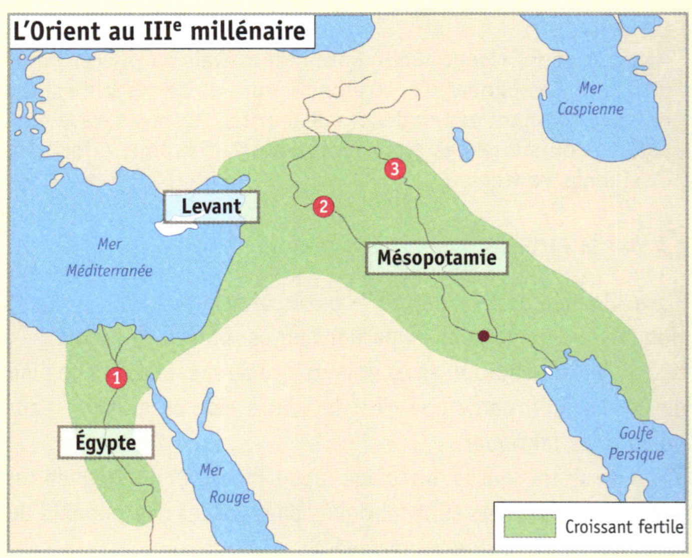

4 Le monde grec

1

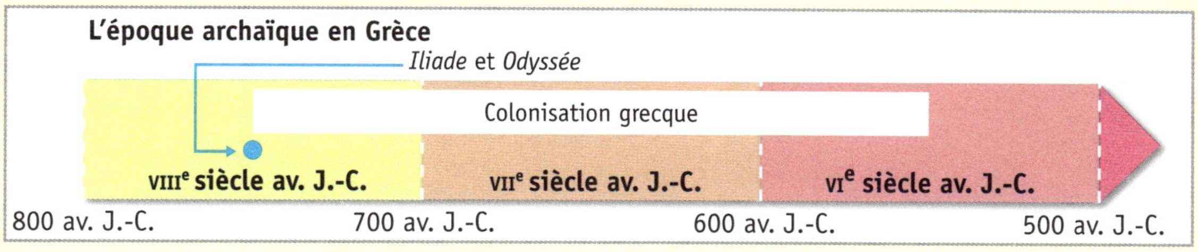

2

EXPLICATION

Le mythe de Thésée a été raconté par les Athéniens à partir du VIIe siècle av. J.-C. Il apparaît alors comme le héros fondateur qui a tué le minotaure en Crète et a ainsi permis de délivrer ses 14 jeunes concitoyens de la bête féroce. À ce titre, il est maintes fois vénéré à Athènes : un temple, le *Théseion*, lui est dédié sur l'acropole, la colline sacrée, et sa tombe créée au Ve siècle av. J.-C. sur l'agora (place publique) fait également l'objet d'un culte.

3

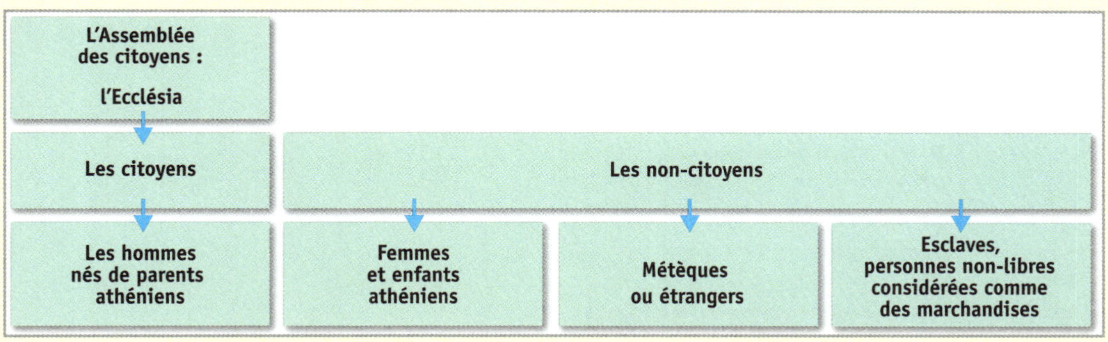

5 Rome, du mythe à l'histoire

1 Voir le schéma ci-contre.

2 Rome est construite dans la plaine du Latium en Italie. Elle est située au bord d'un fleuve appelé Tibre. Elle comprend sept collines. La plus célèbre est le Palatin.

EXPLICATION

Le site de la fondation de Rome est essentiel pour comprendre la naissance de la ville. Les mythiques sept collines de Rome ont offert un refuge aux premiers habitants.

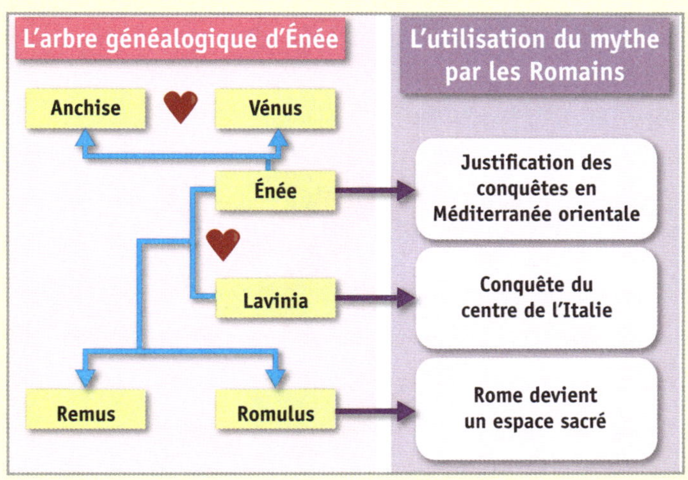

3

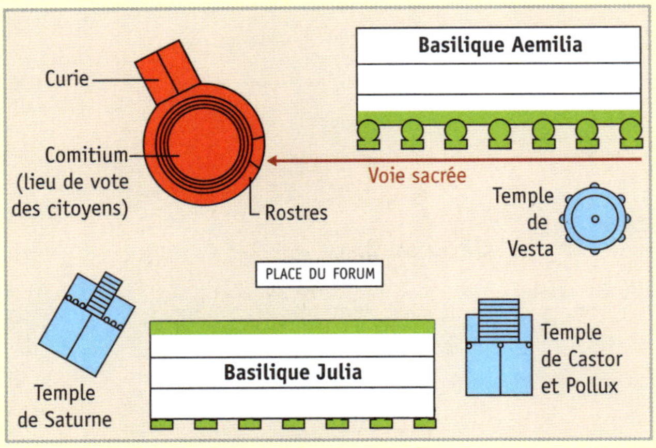

EXPLICATION
Le forum romain est au départ un lieu commercial. Le mot vient du verbe latin *ferre* qui signifie apporter. C'est l'endroit où les habitants apportaient leurs marchandises pour les vendre. Cette fonction commerciale a perduré sous la République et l'Empire. Les côtés des basiliques abritaient de nombreuses boutiques où les Romains venaient faire des achats.

4 1 Temple de Saturne
2 Temple de Castor et Pollux
3 Temple de Vesta

6 La naissance du monothéisme juif dans un monde polythéiste

1

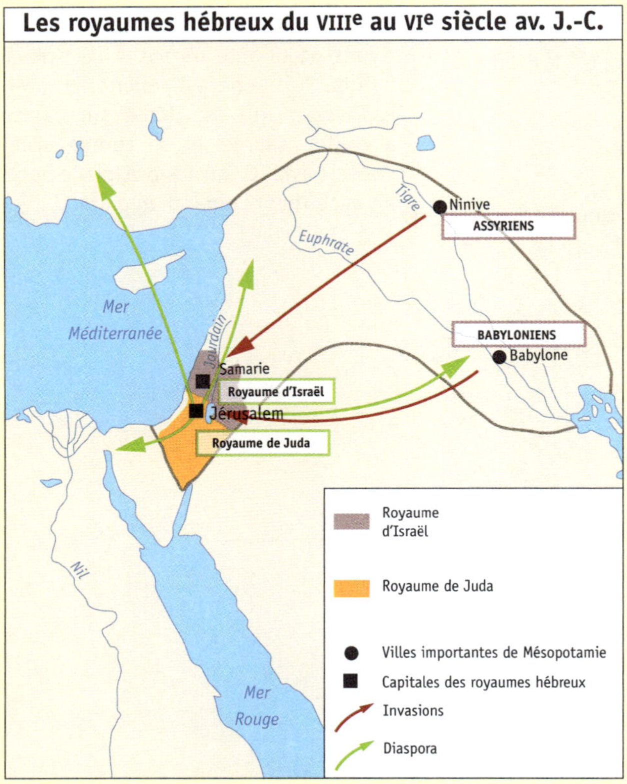

2 **a.** Yahvé est l'autre nom de l'Éternel.
b. La « maison de l'Éternel » désigne le Temple de Jérusalem.
c. Le peuple hébreu participe à l'alliance avec l'Éternel.
d. Josias supprime les prêtres des autres dieux et « brûle le poteau d'Achera », un de leurs symboles.

3 Voir la carte corrigée ci-contre de l'exercice 1.

4

				1 D							
				I							
				A							
				S		2 R	A	3 B	B	I	N
				P				I			
				O				B			
				R				L			
	4 J	U	D	A	Ï	5 S	M	E			
	É					Y					
	R					N					
6 J	U	I	F			A					
	S					G					
	A					O					
	L					G					
	E					U					
	M					E					

7 Conquêtes, paix romaine et romanisation

1

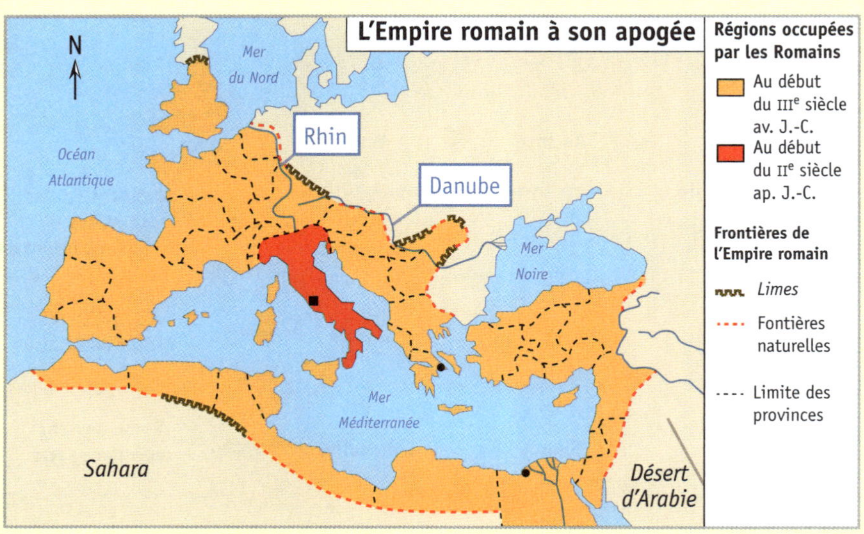

EXPLICATION
L'Italie, sans compter la Sicile, l'île au sud de la botte italienne, n'a été conquise qu'au début du IIIe siècle av. J.-C. Pour protéger leur territoire, les Romains utilisent des frontières naturelles (déserts et fleuves) et des constructions humaines (le *limes*).

2

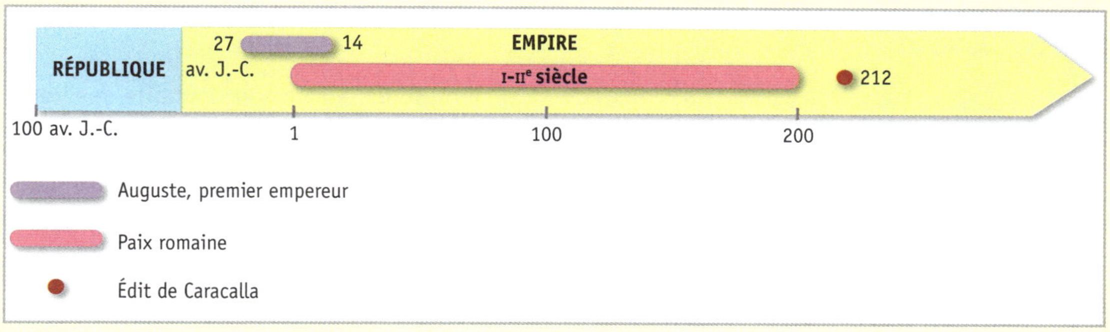

3 **a.** et **b.**

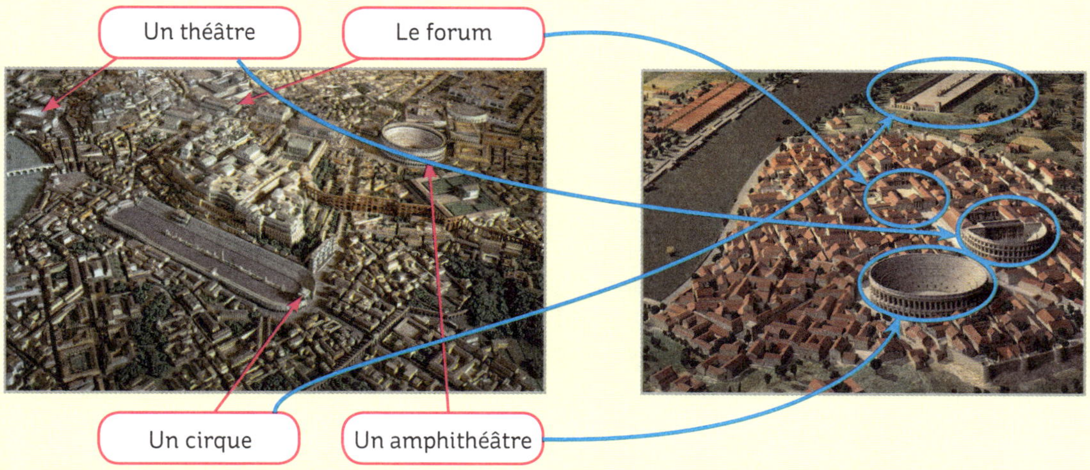

c. Rome est beaucoup plus grande qu'Arles

d. Les deux villes sont traversées par un fleuve.

8 Des chrétiens dans l'Empire romain

1

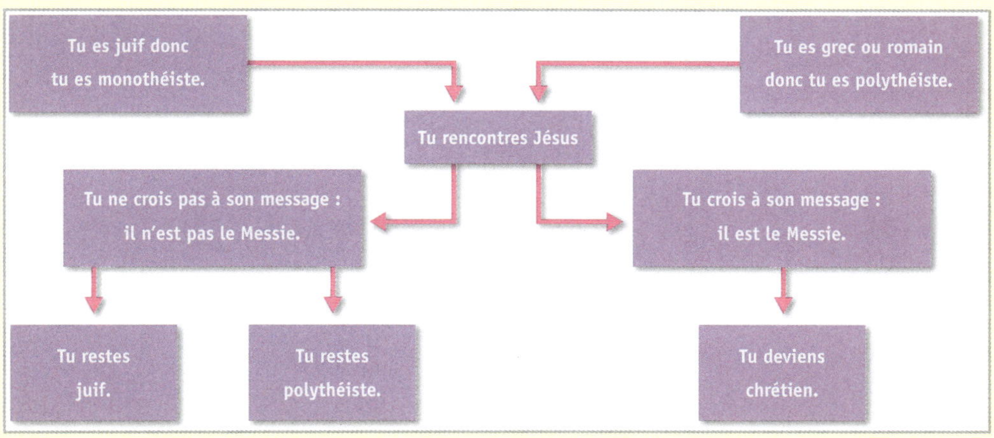

2 **a.** et **b.** « Paul se rendit à Corinthe. Il avait des discussions dans la synagogue chaque sabbat et persuadait des Juifs et des Grecs. Mais les Juifs s'opposaient à lui avec des blasphèmes. Pourtant, Crispus, le chef de la synagogue, crut au seigneur avec toute sa famille. Et beaucoup de Corinthiens, qui écoutaient Paul crurent et furent baptisés. »

c. Paul veut convertir les juifs et les païens au christianisme.

3 Voir la frise corrigée ci-dessous.

4 Quand j'entre dans la basilique, je vois la nef et les bas-côtés. Dans l'abside, j'aperçois l'autel et le siège de l'évêque.

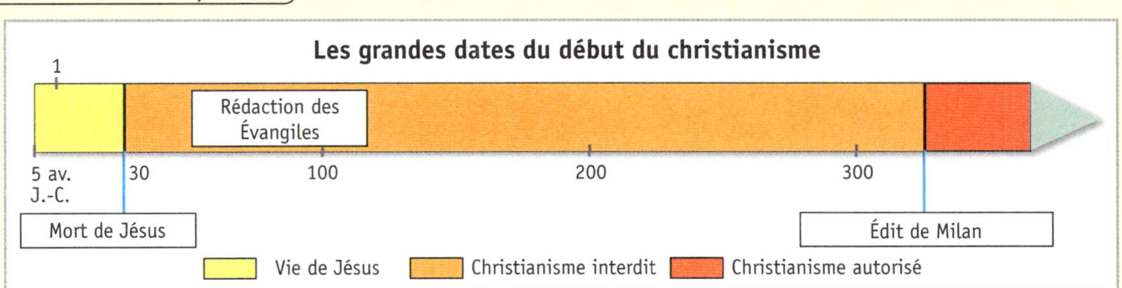

9 La route de la soie

1 2

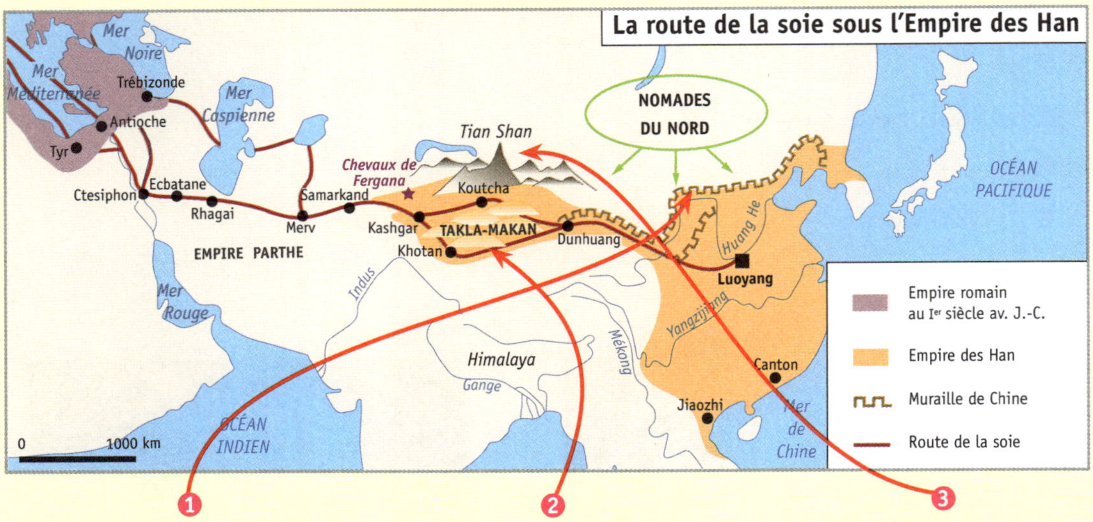

3 Je quitte la ville de Luoyang, située sur le fleuve Huang He. Les mulets sont chargés avec des épices. Nous traversons le fleuve et nous longeons la grande muraille qui nous protège des envahisseurs venus des steppes de Mongolie. Je traverse ensuite le désert de Takla Makan où j'aperçois des animaux morts le long de la piste. Au loin, se dressent les montagnes de Tian Shan que seuls nos chameaux de Bactriane peuvent traverser. Heureusement, nous arrivons dans les villes civilisées de l'Empire perse. Après de longs jours de marche, nous arrivons à Antioche, ville de l'Empire romain.

4

	Fabrication du papier	Fabrication de la soie
Étape 1	H	A
Étape 2	C	B
Étape 3	E	G
Étape 4	F	D

10 Habiter Los Angeles

1 **a.** La population de Los Angeles a le plus augmenté dans les années 1930 et 1940.

b. Des personnes viennent s'installer à Los Angeles car elles recherchent du travail et elles sont attirées par le climat ensoleillé du sud de la Californie.

c. À partir des années 1960, les quartiers périphériques se développent.

2

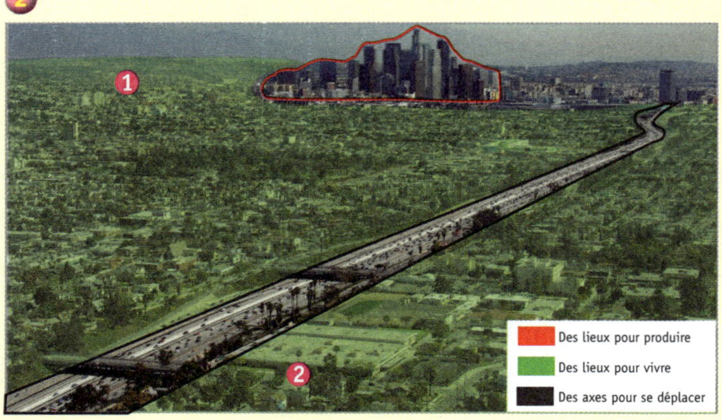

a. Le pourcentage de personnes (76,4 %) utilisant seules leur voiture est supérieur à celui de la moyenne américaine (72,3 %).

b. Le covoiturage et le vélo sont de plus en plus utilisés.

c. Je choisis de me rendre en vélo jusqu'au centre. Puis j'utilise les transports en commun. Grâce à ces deux moyens de transport, je ne pollue pas.

EXPLICATION

Pour répondre à la question c, tu dois d'abord regarder les moyens de transport utilisés par les Angelinos. Puis, n'hésite pas à faire appel à ton imagination. Que ferais-tu si tu avais l'occasion de visiter cette grande ville ? Tu peux choisir la simplicité avec la voiture ou, au contraire, tenir compte des difficultés écologiques de la ville en utilisant des modes de transport doux (qui ne polluent pas).

11 Habiter Le Caire

1 **a.** Vrai. Le Caire est une mégapole car elle compte plus de 8 millions d'habitants.

b. Vrai. Le Caire est plus peuplée que Los Angeles car elle compte plus de 20 millions d'habitants, alors que Los Angeles en compte 18 millions.

EXPLICATION

Les villes des pays du Sud sont généralement plus peuplées que celle des pays du Nord. Une partie de leur population se concentre dans des habitations de fortune, les bidonvilles (*slums* en anglais). Mais cela ne veut pas dire pour autant que ces quartiers n'ont pas d'activité économique. Le plus grand bidonville du monde, Dharavi, à Mumbai en Inde, a une production supérieure à plus d'un million de dollars par an.

2 1 Fonction économique

2 Fonction culturelle

3 Fonction politique et culturelle

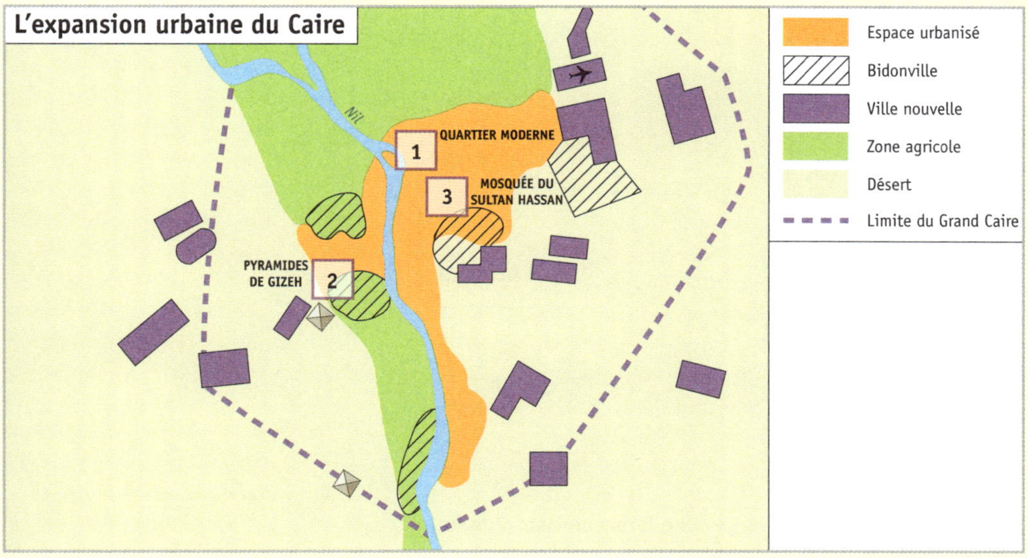

3 **a.** et **b.** Voir le plan corrigé ci-contre.

4 **a.** Ce quartier est un bidonville.

b. Ce quartier se nomme le quartier Manshiet Naser. On le reconnaît aux poubelles qui s'amoncellent sur les toits des maisons.

12 Habiter la ville de demain

1 **Économiquement rentable** : zone commerciale ; bureaux.
Bonnes conditions de vie pour les habitants : zone résidentielle ; turbine hydraulique
Respect de l'environnement : jardins ; surfaces végétalisées.
Respect de la culture locale : mise en valeur des vestiges antiques (musée).

2 **a. Légende** :

- Préserver l'environnement
- Faciliter la vie quotidienne
- Fluidifier la circulation

b. Titre : La ville intelligente de la fin du XXIe siècle

EXPLICATION
Le concept de « *Smart City* » a commencé à se développer en Corée du Sud au début des années 2000. La ville de Sondgo dispose d'un maillage wifi total, une présence accrue de vidéosurveillance mais également des systèmes innovants de gestion de l'énergie. Dans l'objectif de préparer la Coupe du Monde de 2014 et les Jeux olympiques de 2016, Rio de Janeiro au Brésil s'est également dotée d'un centre de services qui supervise le réseau urbain *via* l'utilisation de caméras.

2 **a.**, **b.**, **c.**, **d.** et **e.**

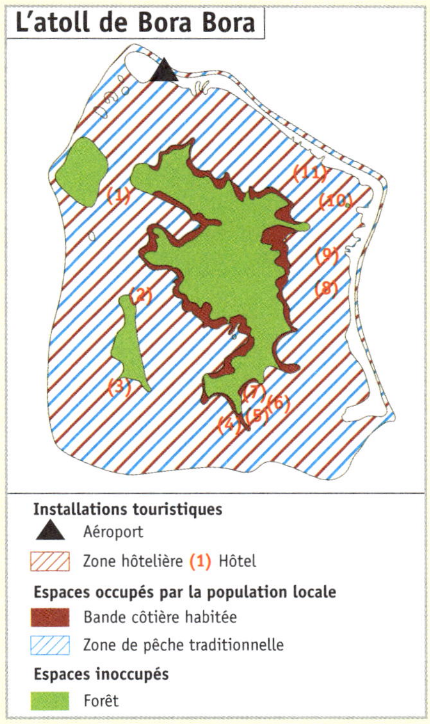

13 Habiter Bora Bora

1 **a.** La Polynésie française se situe dans l'océan Pacifique.
b. « Le principe de la pêche au caillou consiste à disposer des bateaux à chaque extrémité de l'île. Les hommes frappent la surface de l'eau avec leurs cailloux. Les poissons effrayés se regroupent alors dans le rau (immense filet de feuilles de cocotiers tressées) tenu dans le lagon par tous les habitants. Ceux-ci ferment et réduisent le *rau*. La pêche au harpon peut enfin commencer. L'honneur de tuer les premiers poissons revient aux personnalités, le reste de la pêche est partagé entre tous les participants. »
c. L'activité principale de l'île est la pêche.

3 Les insulaires doivent faire face à une augmentation des tempêtes et de leur intensité, ainsi qu'à la hausse du niveau de la mer.

EXPLICATION
Le GIEC (groupe intergouvernemental d'experts sur l'évolution du climat) a publié de nombreux rapports pour décrire les causes et les conséquences du réchauffement climatique. Cette hausse des températures est liée à l'accumulation des gaz à effet de serre d'origine humaine (pollution). Elle a déjà provoqué une hausse du niveau des océans de 19 centimètres entre 1901 et 2010. Cette hausse pourrait atteindre 98 centimètres d'ici 2100, entraînant la disparition de nombreuses îles.

14 Habiter le Mato Grosso (Brésil)

1 a.

b.

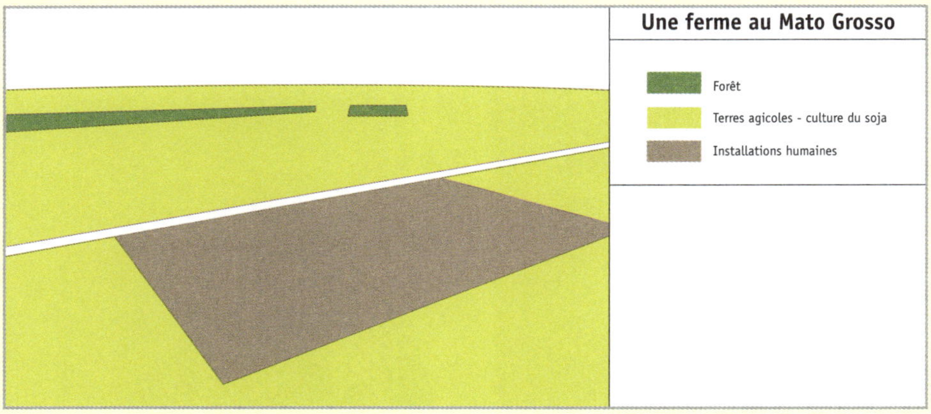

2 **L'Indien de la tribu des Kawahiva :** « En défrichant, vous détruisez la nature (la forêt équatoriale régresse) et le mode de vie de mon peuple disparaît. Nous ne pouvons plus cultiver. Nos ressources alimentaires sont insuffisantes et nous mourrons de faim. »
Le bûcheron : « Oui, mais ces cultures commerciales faites sur les sols défrichés de la forêt amazonienne ont permis de faire du Brésil un pays émergent, c'est-à-dire presque riche. »

15 Habiter Shanghai (Chine)

1 a. et b. 1 : Port originel ; 2 : Port de Waigaoqiao ; 3 Port de Luochang ; 4 : Port de Yangshan.

2 a. et b. Voir ci-dessous.

c. Le paysage est artificiel car presque tous les éléments naturels ont disparu. Il y a quatre cases rouges et une seule case verte.

3 a. « Le vieux port de Waigaoqiao, à l'embouchure du Yangzi, qui avait l'habitude de ne pas pouvoir accueillir les nouveaux mastodontes des mers. »

b.

Conséquences sur les habitants	Conséquences sur l'environnement
• « déplacé 4 000 pêcheurs qui y vivaient » • « des pêcheurs passent la journée à regarder l'arrivée de ces gros bateaux » • « Très rares sont ceux qui peuvent travailler au nouveau port. »	• « rasé les collines » • « Tous les poissons sont partis. »

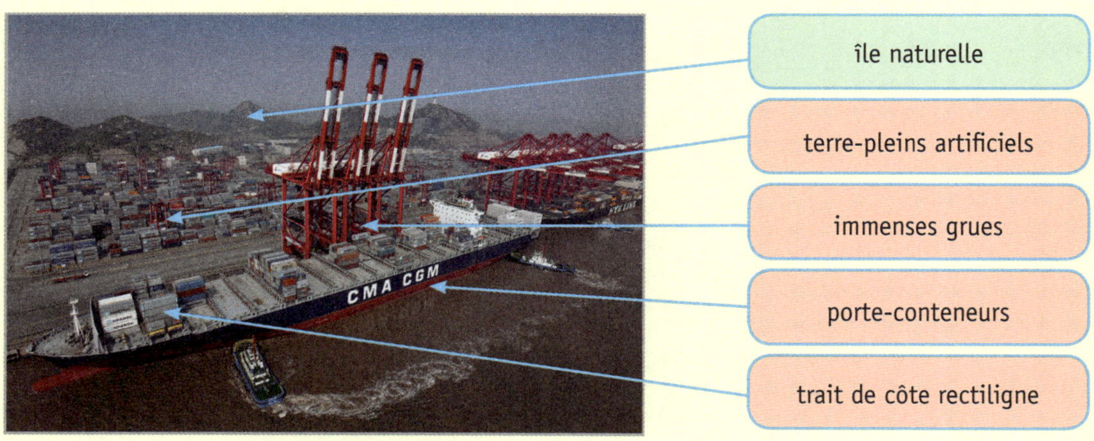

EXPLICATION
Il faut d'abord observer attentivement la photographie puis relire le texte du rappel du cours pour voir quels éléments typiques d'un littoral industrialo-portuaire sont visibles ici.

16 Habiter la Gold Coast (Australie)

1 La Gold Coast se situe dans la zone climatique tropicale.

2 **a.** et **b.**

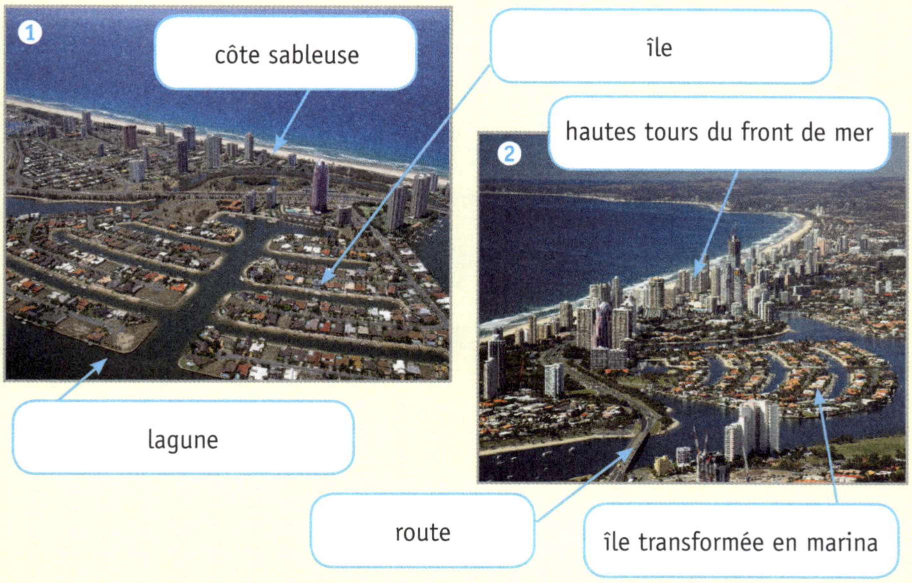

c. Les points communs entre les deux photographies sont la côte sableuse et la lagune. Les changements résident dans les nombreuses constructions sur le front de mer et aux bords de la lagune.

3 **a.** La place nécessite des aménagements car elle est très fréquentée par les touristes.

b. et **c.** « D'après le conseiller municipal de la Gold Coast Tate, <u>le conseil municipal</u> a dépensé 20 000 dollars par jour en travaux pour nettoyer les débris et réparer les accès à la plage. Selon lui, des pneus recyclés pourraient être utilisés comme escalier de fortune pour permettre <u>aux touristes et aux habitants</u> d'accéder aux plages. Ces matériaux ne sont ni coûteux ni nocifs pour l'environnement et ne s'abîmeront pas. »

d. La plage va être nettoyée et les escaliers qui donnent accès à la plage vont être refaits.

17 Le monde habité

1

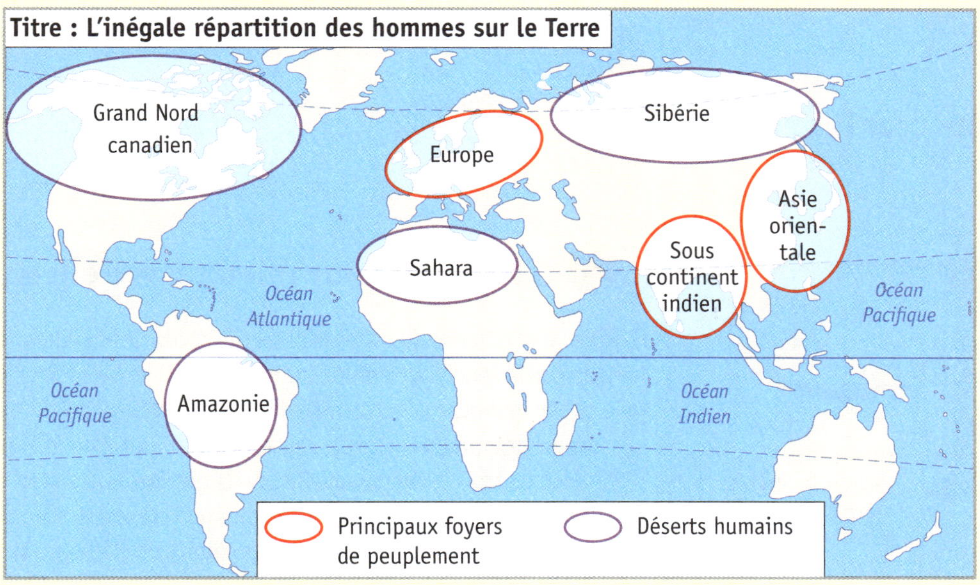

2 **a.**, **b.** et **c.**

❶ **Lieu :** Bornéo ; **Densité :** faible

❷ **Lieu :** Jakarta ; **Densité :** forte ; **Peuplement :** urbain

❸ **Lieu :** Java ; **Densité :** forte ; **Peuplement :** rural

d.

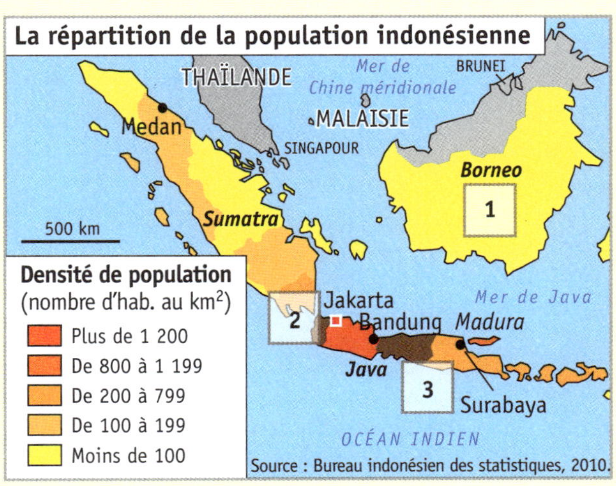

3 **a.** L'Afrique est le continent qui va connaître la plus forte croissance démographique.

b. L'Asie voit sa population augmenter jusqu'en 2050 pour ensuite baisser.

c. La population européenne décroît légèrement.

EXPLICATION

L'évolution de la population s'explique par l'accroissement naturel (= taux de natalité – taux de mortalité). La population africaine augmente car le taux de mortalité baisse alors que le taux de natalité reste fort. Au contraire, la population asiatique décroît car le taux de mortalité augmente. En effet, la population est vieillissante.

18 La sensibilité : soi et les autres

1 ❶ Apporter des devoirs à un camarade lorsqu'il est malade ❷ Partager son livre ❸ Faire des exercices à deux.

2 **a.** Il faut entourer les deux visages sur la droite, ceux qui se font face. **b.** Ces visages sont différents parce que l'un est celui d'une femme blanche de peau et l'autre celui d'un homme noir de peau. **c.** Les personnes tolérantes sourient.

3 **a.** Les autres poids sont les moqueries, les violences.
b. La victime se sent seule, isolée et perd confiance en elle.
c. *En tant que victime :* parler à un adulte de confiance au collège (CPE, professeur principal, parents), témoigner de la difficulté de la situation. *En tant que témoin :* parler à un adulte de confiance mais aussi aux autres élèves de la classe (eux aussi peuvent être témoins) pour leur dire qu'il faut aller parler à l'élève maltraité, essayer de l'inclure dans les jeux et ne pas le laisser seul.
En tant que harceleur : arrêter de maltraiter les autres et se concentrer davantage sur ses amis, son travail scolaire et ses loisirs. Faire mal aux autres, ce n'est pas exister.

EXPLICATION
Si tu as besoin de conseils supplémentaires sur le harcèlement, rends-toi sur le site : http://www.nonauharcelement.education.gouv.fr/que-faire/mon-enfant-est-auteur/

19 Comprendre et respecter les règles

1 **a.** et **b.**

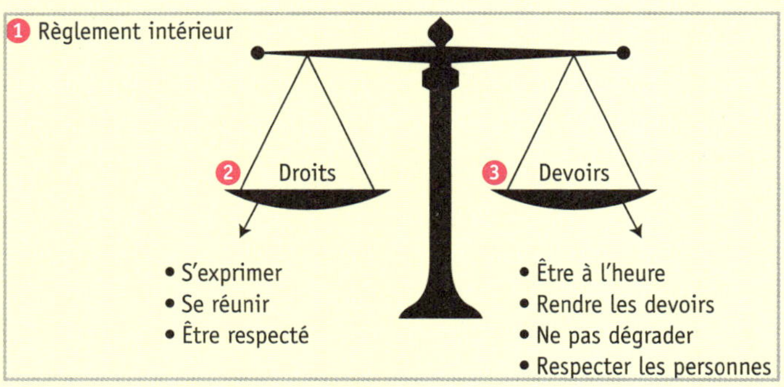

2 **a.** Grâce à la loi de 2005, les enfants handicapés sont de plus en plus scolarisés. **b.** Ils suivent leur scolarité dans des écoles primaires (40 %), dans des collèges et lycées (29 %) et dans des établissements spécialisés. **c.** On peut améliorer la scolarité des enfants handicapés en leur donnant davantage accès aux études dans le second degré et même à l'université.

3 **a.** et **b.** « La France est une République indivisible, laïque, démocratique et sociale. Elle assure l'égalité devant la loi de tous les citoyens sans distinction d'origine, de race ou de religion. Elle respecte toutes les croyances. [...] La loi favorise l'égal accès des femmes et des hommes aux mandats électoraux et fonctions électives, ainsi qu'aux responsabilités professionnelles et sociales. » **c.** **Démocratie** : gouvernement du peuple, par le peuple, pour le peuple. **Citoyen** : celui qui participe à la prise de décision politique dans son pays.

20 Penser par soi-même

1 **a.** Le préjugé du client est que les femmes ne savent pas réparer les voitures. Il pense que les femmes sont inférieures aux hommes : c'est du sexisme. **b.** « Reste-t-il un mécanicien, s'il vous plaît ? » « Je crois que ma voiture est définitivement bonne pour la casse !! » « Vous vous en sortez ? » **c.** La jeune femme répond au client : « Je connais mon métier. »

2 La laïcité, c'est le respect des croyances de chacun.

3

Les questions des élèves	Ce que tu leurs réponds en t'appuyant sur un article de la Charte de la laïcité
Maël refuse d'apprendre ses cours d'histoire sur le judaïsme et le christianisme car il dit que c'est contraire à la laïcité.	L'article 12 dit que « aucun sujet n'est *a priori* exclu du questionnement scientifique et pédagogique ».
Sahib veut venir à l'école avec son turban sikh.	L'article 14 dit que « le port de signes ou tenues par lesquels les élèves manifestent ostensiblement une appartenance religieuse est interdit ».
Clara essaie de nous convaincre de pratiquer sa religion à toutes les récréations.	L'article 6 dit que « [la laïcité de l'école] protège de tout prosélytisme et de toute pression ».

21 S'engager pour mieux vivre ensemble

1 **a.** L'association ELA a trois objectifs : aider les familles concernées par la leucodystrophie, soutenir la recherche et sensibiliser le grand public sur cette maladie. **b.** Les collégiens de Champtoceaux ont fait avancer la recherche au quotidien et aidé les familles de trois enfants malades. **c.** Ils ont fait une dictée et une course sponsorisées par des « parrains ». Ce sont des personnes qui donnent de l'argent pour chaque kilomètre parcouru pendant la course ou sur les dictées ayant obtenues le moins de fautes.

2 **a.** Les deux délégués sont Farah et Jules car ce sont eux qui ont obtenu le plus de voix. **b.** Leur mission est de représenter leurs camarades lors du conseil de classe et parfois au conseil d'administration.

3

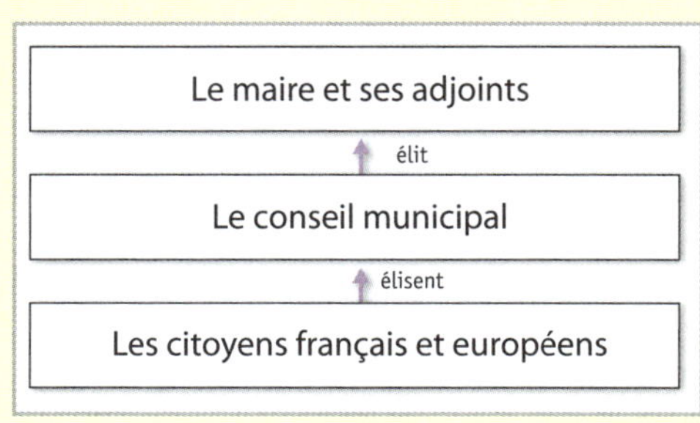

SCIENCES ET TECHNO

Cette partie te propose un **entraînement guidé** avec l'essentiel du cours et des exercices sur les quatre parties du programme :

- Matière, mouvement, énergie, information → page 176
- Le vivant, sa diversité et les fonctions qui le caractérisent → page 184
- Matériaux et objets techniques → page 198
- La planète Terre. Les êtres vivants dans leur environnement → page 202

La partie comprend aussi :

- les **mots clés** → page 210
- tous les **corrigés détaillés** → page 211

1 Corps purs et mélanges

Les corps purs et les mélanges

- Toute matière occupe un **volume** (de l'espace) et possède une **masse**. On rencontre la matière, le plus fréquemment, sous trois états : **solide**, **liquide** et **gazeux**.
- On appelle **corps purs** les matières qui ne sont constituées que d'une seule espèce chimique : de l'eau pure, du sel, du fer, etc. Un **mélange**, lui, est constitué de plusieurs corps purs mis ensemble (ex. : eau salée, air).
- Un mélange peut être **homogène** (on ne peut pas distinguer à l'œil nu les différents éléments qui le constituent) ou **hétérogène** (on peut les distinguer). Si le résultat d'un mélange liquide/liquide est homogène, on dit que ces liquides sont **miscibles**.

★ 1 Vrai ou faux ?

Coche la case qui convient.

	Vrai	Faux
a. Plusieurs corps purs réunis constituent un mélange.		
b. L'eau et l'huile sont miscibles.		

SCORE ..../2

Les solutions

- Une solution est un mélange, en général liquide, parfaitement homogène. Elle est composée d'un **solvant** (exemple : eau) présent en plus grande quantité et d'un ou de plusieurs **solutés** solides ou gazeux (exemples : sel, dioxyde de carbone).
- Lorsque le solvant est de l'eau, on parle de **solution aqueuse**. Une solution est dite **saturée** lorsqu'il n'est plus possible de dissoudre davantage de soluté dans le solvant.
- Le résultat du mélange d'un soluté dans un solvant est une **dissolution**.
- À la différence d'une dissolution au cours de laquelle les constituants ne sont pas modifiés, une **transformation chimique** (exemple : combustion du carbone) a pour résultat une **modification des constituants initiaux** : certains apparaissent et d'autres disparaissent.

★ 2 Mélanges et solutions

Complète ces phrases avec les mots suivants : *aqueuse* • *sel* • *solvant* • *hétérogène* • *saturée* • *soluté*.

a. Un mélange où l'on distingue des éléments non dissous est un mélange ....

b. Une solution d'eau salée .... est une solution dans laquelle on ne peut plus dissoudre de ....

c. Une solution .... est une solution dont le solvant est de l'eau.

d. Dans une solution, le .... est dissous dans le ....

SCORE ..../6

3 La récupération d'un gaz par déplacement d'eau

a. Qu'observes-tu lorsque tu ouvres une bouteille d'eau gazeuse ?

....

b. Comment l'expliques-tu ?

....

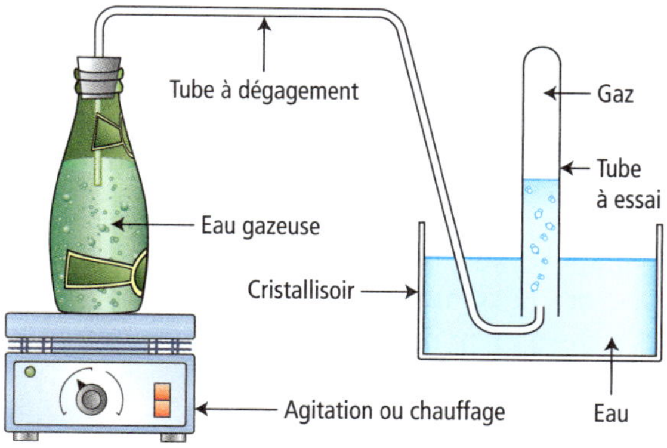

c. Dans le dispositif ci-contre, d'où vient le gaz qui remplit le tube à essais ?
❑ de la bouteille ❑ du cristallisoir

d. Où va l'eau chassée de ce tube ?
❑ dans la bouteille
❑ dans le cristallisoir

e. En quoi est-ce utile d'agiter ou de chauffer l'eau gazeuse ?

....

....

COUP DE POUCE
La solubilité d'un gaz diminue quand la température s'élève.

SCORE ..../5

4 Rédiger un compte rendu d'expérience

Décris dans un texte ce que tu observes lorsque tu mélanges une cuillère de sel fin dans un verre d'eau, en utilisant les mots suivants : *eau* • *sel* • *soluté* • *dissoudre* • *solvant* • *solution* • *homogène* • *limpide*.

....

....

....

....

SCORE ..../8

5 Souvenirs de voyage

Bastien et Rémi rentrent de voyage. Ils ont rapporté avec eux, en souvenir, deux bouteilles dans lesquelles ils ont mis précisément 1,5 L d'eau de mer. Dans l'une, celle de leur premier voyage, il y a de l'eau de la mer Méditerranée qui contient 36 g de sel par litre. Dans l'autre, celle de leur second voyage, il y a de l'eau de la mer Morte qui contient 300 g de sel par litre.
Mais les étiquettes se sont décollées lors du retour. Ils ne savent plus d'où l'eau de chaque bouteille provient…

a. Comment Bastien et Rémi vont-ils procéder pour retrouver l'origine de l'eau de chacune des deux bouteilles ? Aide-les en citant plusieurs méthodes.

....

....

b. Calcule la masse de sel dans la 1re bouteille : ....

puis dans la 2de bouteille : ....

SCORE ..../3

ATTENTION
Une méthode serait de goûter l'eau des deux bouteilles, mais il ne faut surtout pas le faire, car tu pourrais être malade.

Corrigés p. 211

TOTAL ..../ 24

2 Séparer les constituants d'un mélange

Les différentes techniques de séparation des constituants d'un mélange liquide

Ces techniques reposent toujours sur les différentes **propriétés physiques** qui caractérisent chacun de ces constituants. Selon que le mélange est **homogène** ou **hétérogène**, la technique utilisée ne sera pas la même.

- **La décantation** (mélanges hétérogènes)
  Elle est utilisée lorsqu'au moins l'un des constituants du mélange hétérogène est liquide. Dans le cas d'un mélange liquide/solide, les particules solides tombent, sous l'effet de la **gravité** (force d'attraction des corps par la Terre), au fond du récipient. Les plus lourdes se déposent en premier, puis les plus fines. Dans le cas de liquides non miscibles, c'est le liquide le plus dense qui descend vers le fond du récipient. La propriété physique mise en jeu est la **différence de densité des constituants**.
- **La filtration** (mélanges hétérogènes)
  Elle est utilisée pour les mélanges hétérogènes liquide/solide. Le mélange est versé sur un filtre qui laisse passer le liquide et retient les particules solides. La propriété physique mise en jeu est la **taille des constituants**.
- **L'évaporation** (mélanges homogènes)
  Elle consiste à éliminer la partie liquide d'un mélange homogène en la transformant en gaz. La propriété physique mise en jeu est la **température de changement d'état**.

★ 1 Séparer les constituants d'un mélange

Retrouve, dans chaque cas, par quelle technique les constituants du mélange sont séparés.

a. l'huile et le vinaigre d'une vinaigrette •	• filtration
b. l'huile d'un moteur et les particules solides qu'elle contient •	• décantation
c. les sédiments qui se déposent au fond des océans •	• évaporation
d. un soluté dissous et son solvant •	

SCORE ..../4

★★ 2 Le sel de mer et les marais salants

Un marais salant est un endroit où l'on produit du sel à partir de l'eau de mer. Dans des bassins de faible profondeur, l'eau de mer circule. L'eau s'en évapore progressivement sous l'action conjuguée du soleil et du vent pour laisser, en fin de parcours, apparaître le sel qui était dissous dedans. On dit que le sel cristallise, c'est-à-dire qu'il prend la forme de cristaux. Il peut alors être récolté, durant l'été, au fond des derniers bassins.

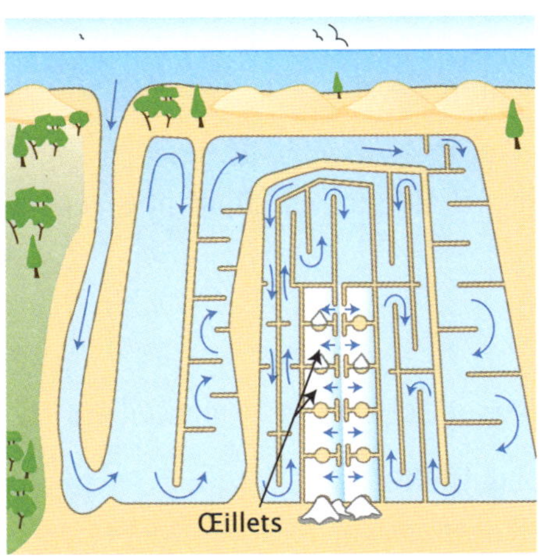

a. Quelle est la technique utilisée pour séparer le sel de l'eau ?
❏ la décantation ❏ la filtration ❏ l'évaporation

b. À quelle saison cette récolte a-t-elle lieu ? Pourquoi ?

....

c. Pourquoi le sel cristallisé tombe-t-il au fond des derniers bassins ?

....

SCORE .... /3

INFO
En France, les marais salants se trouvent sur les côtes atlantiques et méditerranéennes.

★ 3 L'épuration de l'eau

Lorsque nous jetons des eaux usées dans les égouts, celles-ci sont acheminées vers une station d'épuration, où elles sont nettoyées avant d'être rejetées dans la nature.
Plusieurs étapes sont nécessaires :
- Le dégrillage : les plus gros déchets sont retenus par une grille.
- Le dessablage : le sable tombe au fond du bassin.
- Le dégraissage : les graisses qui flottent sont éliminées.
- La décantation : les particules solides tombent au fond du bassin.
- Le traitement biologique : des bactéries nettoient l'eau.
- La clarification : les plus petits résidus tombent au fond du bassin.

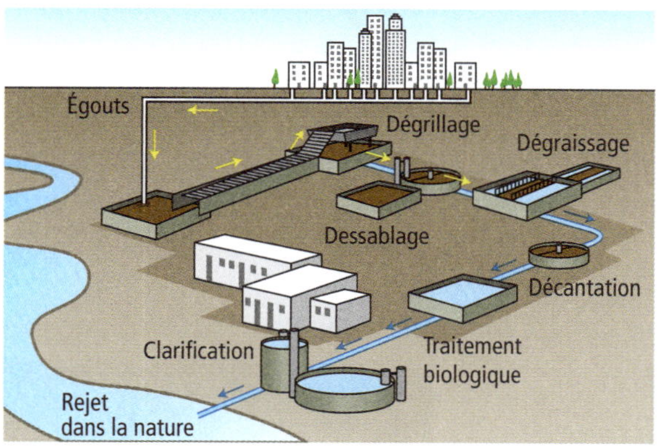

a. Les eaux usées, qui arrivent par les égouts, sont :
❏ des mélanges homogènes ❏ des mélanges hétérogènes

b. Dans cette station, quelle étape fonctionne sur le principe de la filtration ?
❏ le dégrillage ❏ le dessablage ❏ le dégraissage

c. Quelle est la nature du filtre ?

....

....

d. Quelles étapes fonctionnent sur le principe de la décantation ?
❏ le dégrillage ❏ le dessablage ❏ le dégraissage
❏ la décantation ❏ la clarification ❏ le traitement biologique

e. À la sortie de la station, l'eau rejetée dans la nature est-elle potable ? Pourquoi ?

....

....

SCORE .... /8

Corrigés p. 211

TOTAL .... / 15

3 Le mouvement d'un objet

Trajectoire et vitesse d'un objet

- On ne peut affirmer qu'un objet est en **mouvement** que par rapport à un autre objet qui sert de repère, de référence. Pour cette raison, on nomme ce dernier **référentiel**. Le mouvement d'un objet est caractérisé par sa trajectoire et sa vitesse.
- La **trajectoire** d'un point de l'objet est l'ensemble de ses positions successives au cours du mouvement. Un mouvement est **rectiligne** si la trajectoire décrit une ligne droite, ou **circulaire** si la trajectoire décrit un arc de cercle.
- La **vitesse** est la distance parcourue par l'objet par unité de temps. Elle s'exprime en mètres par seconde (m/s). Elle peut :
  – rester constante, on dit que le mouvement est **uniforme** ;
  – augmenter, c'est une **accélération** ;
  – ou diminuer, c'est une **décélération**.

★ 1 Mouvements rectilignes ou circulaires

Retrouve, dans chaque cas, s'il s'agit d'un mouvement rectiligne ou circulaire.

a. une porte qui s'ouvre •
b. le volant d'une voiture •
c. l'aiguille d'une horloge •
d. la cabine d'un ascenseur •
e. un tiroir que l'on ouvre •

• mouvement rectiligne
• mouvement circulaire

SCORE ..../5

★★ 2 Le Tour de France

Voici deux photos que Corentin a prises cet été lors d'une étape du Tour de France.

Photo 1.

Photo 2.

a. Si l'on considère seulement le cadre du vélo, sur quelle photo peut-on dire qu'il était en mouvement ? Justifie ta réponse.

....

b. De quel type de mouvement s'agit-il ?
❏ un mouvement rectiligne ❏ un mouvement circulaire

c. Sur la photo 1, quel type de mouvement décrit la valve du pneu arrière ?
❏ un mouvement rectiligne ❏ un mouvement circulaire

d. Le mouvement de cette même valve sur la photo 2 est-il du même type ?

....

SCORE ..../4

COUP DE POUCE
Un objet est en mouvement, ou non, par rapport à un autre objet de référence.

Mouvement transmis

- Dans un mécanisme, un mouvement peut être transmis d'un élément à un autre. On parle de **transmission seule** si le mouvement transmis est de même type (rectiligne → rectiligne ; ou circulaire → circulaire).
- Dans le cas contraire (circulaire → rectiligne ; ou rectiligne → circulaire), on parle de **transmission avec transformation de mouvement**.

3 **Le bâton de colle**

a. Explique le fonctionnement d'un bâton de colle comme celui ci-contre en t'appuyant sur la description des différents mouvements observables lors de son utilisation.

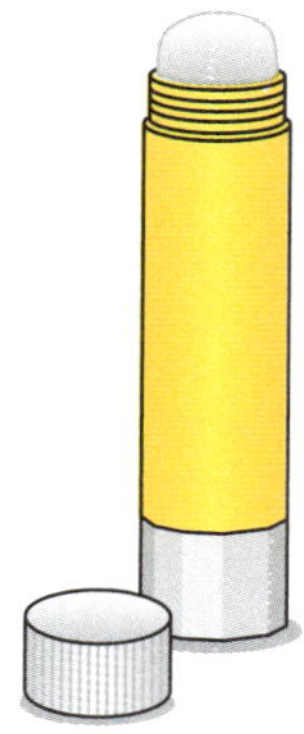

....

....

....

b. La transmission du mouvement se fait :

❑ avec transformation. ❑ sans transformation.

c. Trouve au moins 2 autres objets qui fonctionnent sur ce même principe.

....

....

SCORE ..../3

Énergie associée à un objet en mouvement

- L'**énergie** est la capacité à fournir un travail permettant de produire du mouvement, de la chaleur, de la lumière, etc.
- Un objet en mouvement possède une **énergie** liée à sa masse (ou quantité de matière) et à sa vitesse de déplacement. Si la masse et/ou la vitesse de cet objet augmentent, alors l'énergie qu'il possède augmente aussi.

4 **Les cratères de la Lune**

Pour comprendre la formation des cratères d'impact lunaires, des élèves lâchent des boules au-dessus d'un bac rempli de farine. Ils utilisent des balles de ping-pong et des boules en bois, de même diamètre.

a. À ton avis, s'ils lâchent une balle de ping-pong à 15 cm au-dessus de la farine et une autre balle de ping-pong à 1 m au-dessus, laquelle produira le cratère le plus important et pourquoi ?

....

....

b. S'ils lâchent maintenant une balle de ping-pong et une boule en bois chacune à 30 cm au-dessus de la farine, laquelle produira le cratère le plus important et pourquoi ?

....

....

SCORE ..../2

Corrigés p. 211

TOTAL ..../ 14

4 Sources et conversions d'énergie

Sources d'énergie

- Pour vivre, se chauffer, se déplacer, s'éclairer, l'être humain a besoin d'énergie. Pour la trouver, il exploite des matières ou des phénomènes que l'on appelle **sources d'énergie**. Elles peuvent être renouvelables ou non.
- **Les sources d'énergie renouvelables** (ou « propres »)
  Ce sont les sources d'énergie que la nature renouvelle en permanence. Elles génèrent très peu de déchets ou d'émissions polluantes (exemples : les énergies solaire ou éolienne).
- **Les sources d'énergie non renouvelables** (ou « fossiles »)
  Ce sont des sources d'énergie qui **s'épuisent** à l'échelle humaine (exemples : l'énergie du pétrole ou de l'uranium).

★ 1 De l'énergie pour naviguer

Cite la source d'énergie qu'utilise chacun de ces bateaux pour se déplacer et précise si elle est renouvelable ou non.

a. le voilier : ....

b. la barque à rames : ....

c. le bateau à vapeur : ....

d. le porte-avions nucléaire : ....

SCORE ..../4

Conversions d'énergie

- L'énergie peut prendre diverses **formes** : mécanique (associée au mouvement) ; thermique (chaleur) ; chimique (pétrole, gaz...) ; rayonnante (lumineuse) ; nucléaire ; électrique...
- L'énergie peut être **stockée** sous certaines de ces formes, **transportée** ou **convertie** d'une forme à une autre.
- Mais l'une de ses propriétés fondamentales est qu'**elle se conserve** : elle n'apparaît jamais de rien et ne disparaît pas.
- On appelle **chaîne d'énergie** l'ensemble des changements de forme d'énergie dans un dispositif (exemple : l'énergie électrique convertie en énergie mécanique dans un ventilateur).
- Pour protéger notre environnement, notamment des déchets et gaz polluants, il faut **économiser** l'énergie.

★★ 2 Produire de la lumière avec un sandwich !

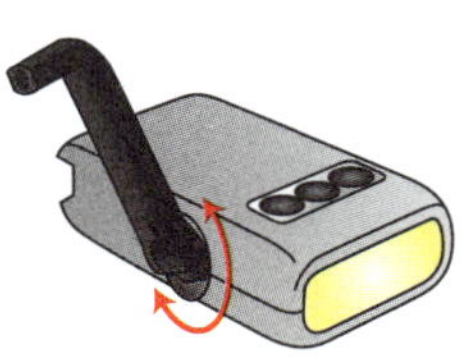

Lise lance le pari suivant à sa camarade Yasmine : « Je vais produire de la lumière grâce à ce sandwich ! » Elle tient dans une main le sandwich et dans l'autre une lampe de poche dynamo à manivelle comme ci-contre.

COUP DE POUCE
Le sandwich, une fois digéré, est une source d'énergie chimique pour l'organisme de Lise.

Complète la chaîne d'énergie qui lui permettra, après avoir mangé le sandwich, de produire de la lumière.

énergie chimique > énergie .... > énergie .... > énergie .... > énergie ....

SCORE ..../4

3 Une centrale hydroélectrique

Dans cette installation, l'eau retenue dans le lac (1) coule dans des conduites forcées (2). Elle y prend de la vitesse. L'énergie qu'elle véhicule fait tourner la turbine (3) d'un alternateur (4), une sorte de grosse dynamo, qui produit de l'électricité. Celle-ci est ensuite transportée dans les lignes électriques à haute tension (5) pour être distribuée.

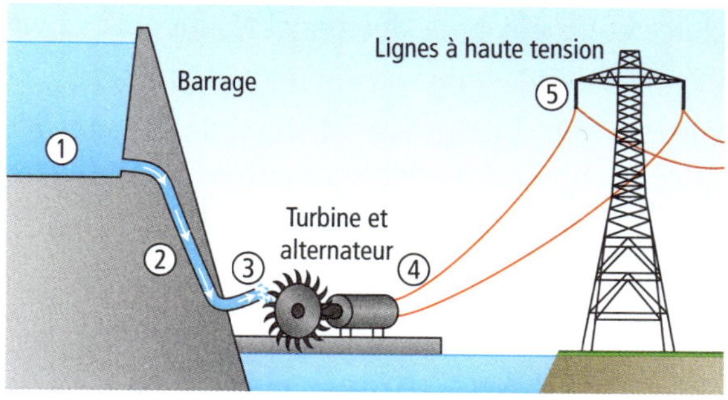

a. Pourquoi l'eau du lac de retenue (1) descend-elle dans la conduite forcée (2) ?

....

b. Quelle forme d'énergie met la turbine (3) en mouvement ?

❑ mécanique ❑ thermique ❑ chimique ❑ électrique

c. Dans cette centrale hydroélectrique, l'énergie est stockée dans :

❑ le lac ❑ les conduites forcées ❑ la turbine ❑ l'alternateur

d. L'énergie est transformée dans :

❑ le lac ❑ les conduites forcées ❑ la turbine ❑ l'alternateur

COUP DE POUCE
Tu dois cocher 3 propositions.

e. Où l'énergie électrique produite est-elle ensuite utilisée ?

....

f. Quelle chaîne d'énergie peut-on observer ici ?

énergie .... > énergie .... > énergie ....

SCORE ..../8

4 Économies d'énergie

Les Martin viennent d'acheter une nouvelle maison. Comme ils sont très attentifs à leur consommation d'énergie, ils réalisent quelques travaux et aménagements. Explique, dans chaque cas, en quoi ces modifications permettent de diminuer leur consommation d'énergie.

Travaux et aménagements	Économies d'énergie
a. Ils isolent les murs.	
b. Ils changent les fenêtres.	
c. Ils changent les ampoules à filament contre des ampoules à LED.	
d. Ils remplacent la baignoire par une douche.	

SCORE ..../4

SCIENCES ET TECHNO

Corrigés p. 211-212

TOTAL ..../ 20

5 La diversité et l'unité des êtres vivants

Les différentes espèces

- Une **espèce** est un ensemble d'êtres vivants qui se ressemblent et sont capables de se reproduire entre eux pour donner naissance à des individus qui pourront se reproduire à leur tour.
- Identifier un être vivant, c'est trouver le nom de l'espèce à laquelle il appartient. On utilise pour cela une **clé de détermination**.
- Il existe des millions d'espèces animales et végétales sur Terre : c'est la **biodiversité**. Il est essentiel de la préserver.

★ 1 Ressemblances et espèces

a. Le lapin et la lapine sont-ils de la même espèce ? Justifie ta réponse.

Oui le lapin et la lapine sont de la même espèce car sinon il peuvent pas faire de lapereaux

b. Le lièvre et la lapine sont-ils de la même espèce ? Justifie ta réponse.

Non il ne sont pas de la même espèce car ~~le lie~~ le lièvre vie dans la forêt

SCORE .... / 2

★★ 2 Identifier trois espèces d'oiseaux qui se ressemblent

En ville, deux espèces d'hirondelle et une espèce de martinet sont souvent confondues. Elles ont toutes une queue fourchue et chassent les insectes d'un vol rapide.

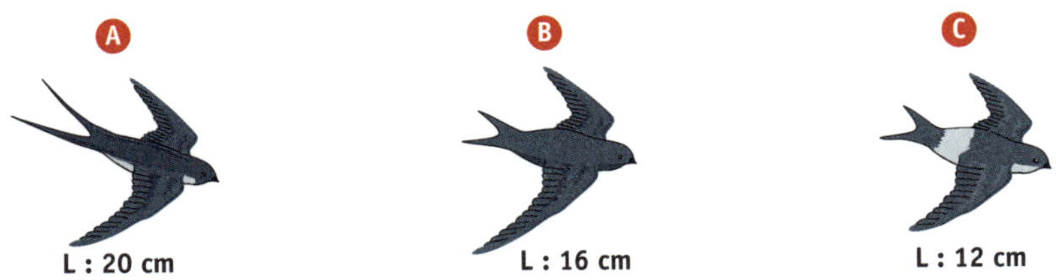

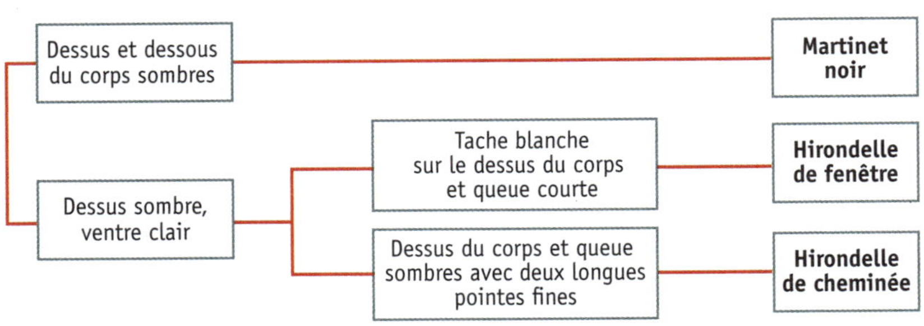

À l'aide de la clé de détermination, indique l'espèce de chaque oiseau ci-dessus.

A Hirondelle de cheminée B martinet noire C Hirondelle de fenêtre

SCORE .... / 3

ATTENTION

Une clé de détermination est une succession de questions sur les critères de l'individu. Quand on en utilise une, il est indispensable de répondre aux questions dans l'ordre.

L'unité du monde vivant

- Tous les êtres vivants, animaux et végétaux, sont constitués de matière organique organisée en cellules. **La cellule est l'unité d'organisation des êtres vivants.**
- Une cellule est un élément de taille microscopique constitué d'une **membrane**, qui renferme un liquide transparent : le **cytoplasme.** Chez les animaux et les végétaux, la plupart des cellules possèdent un **noyau** à l'intérieur du cytoplasme.

3 La cellule comme unité du monde vivant

Voici des photos microscopiques de cellules animales et végétales.

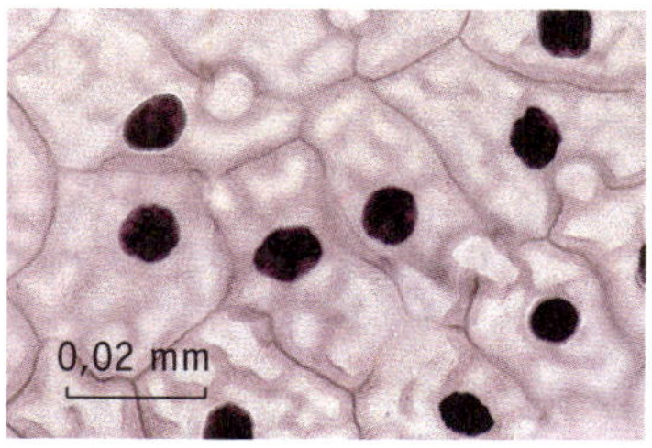

Cellules de mue de grenouille.

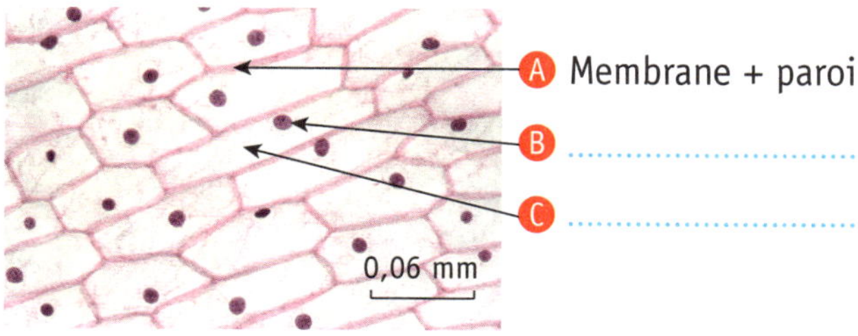

Cellules d'épiderme d'oignon.

INFO Les cellules végétales possèdent une paroi rigide en plus de leur membrane souple : c'est la paroi squelettique.

a. Sur les photos, colorie en rouge une cellule de mue de grenouille et en bleu une cellule d'épiderme d'oignon.
b. Complète les légendes sur la photo de droite.
c. À l'aide de l'échelle indiquée sur la photo de droite, calcule la taille réelle de la cellule que tu as coloriée, en complétant les étapes ci-dessous.

1. La cellule coloriée mesure .... cm sur la photo.

2. 1 cm sur la photo représente .... mm en réalité.

3. La cellule d'oignon mesure donc .... mm en réalité.

SCORE ..../ 7

4 Schéma bilan

Complète ce schéma bilan avec les mots suivants : *membrane* • *cellule* • *biodiversité* • *cytoplasme* • *noyau*.

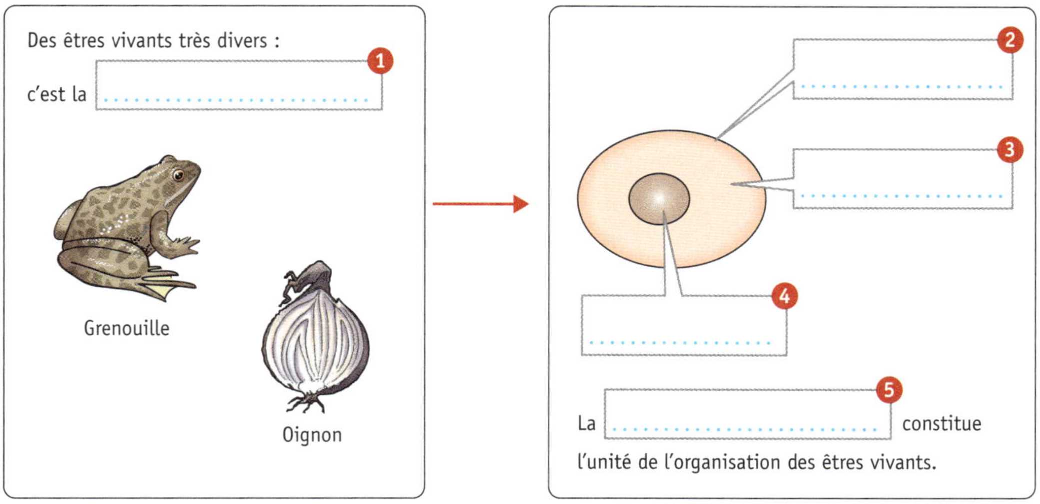

INFO Certains êtres vivants sont formés d'une seule cellule : ce sont les êtres **unicellulaires** (la levure par exemple). Tous les autres sont formés de plusieurs cellules : ce sont les êtres **pluricellulaires**.

Corrigés p. 212

SCORE ..../ 5

TOTAL ..../ 17

6 La classification scientifique des êtres vivants et l'évolution

Rechercher des attributs partagés

- Entre des espèces différentes, il peut aussi y avoir des ressemblances. Parmi ces ressemblances, certaines permettent de rassembler les espèces dans des groupes : c'est le principe de la **classification scientifique des êtres vivants**.
- Les scientifiques ont défini, parmi les caractères communs aux différentes espèces, ceux qui permettent d'établir des **relations de parenté** entre elles : ce sont des attributs.
- Un **attribut** est un caractère physique observable (yeux, plumes, graines...) reconnu par les scientifiques pour **classer** les espèces.

★ 1 Dresser un tableau d'attributs

Dans le tableau d'attributs ci-dessous, ajoute une croix dans la case correspondante si l'espèce possède l'attribut. Laisse la case vide si elle ne le possède pas.

Espèce / Attribut	Écureuil 	Héron 	Chat 	Guêpe 	Gardon 	Mouche 
Yeux et bouche	x		X		X	
Squelette interne	x	X	X			
Squelette externe, 3 paires de pattes				X	X	X
Nageoires					X	
4 membres	x	X	X			
Poils et mamelles	x		X			
Plumes		X				

SCORE .... / 15

COUP DE POUCE
On parle de squelette externe pour la carapace des Arthropodes.

ATTENTION
Les oiseaux ont 4 membres.

Rechercher des liens de parenté

On cherche les espèces qui partagent certains attributs et on les regroupe dans des **ensembles** (exemple : les espèces qui ont 4 membres). Dans ces ensembles, on peut définir d'autres sous-ensembles qui s'emboîtent les uns avec les autres. On établit ainsi des **liens de parenté** entre espèces.

★★ 2 Comprendre une classification en ensembles emboîtés

Utilise les informations apportées par la classification en ensembles emboîtés ci-contre pour compléter le tableau d'attributs en haut de la page suivante.

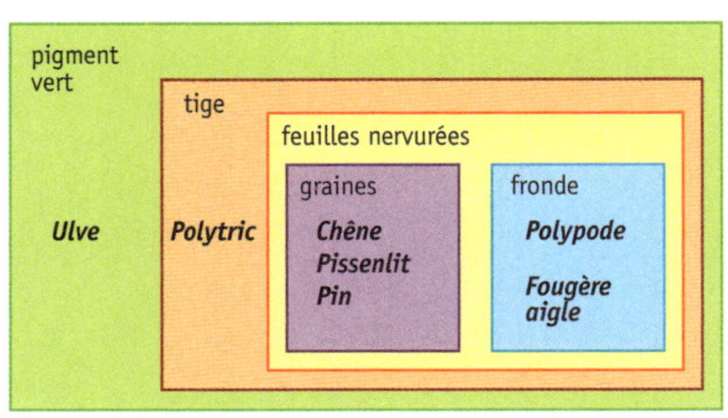

Espèce / Attribut	Ulve (Algue)	Polytric (Mousse)	Polypode (Fougère)	Fougère aigle	Chêne	Pissenlit	Pin
Pigment vert	x	X					
Tige						X	
Feuilles nervurées							
Feuilles en fronde			X	X			
Graines			X	X	X		X

SCORE .... / 22

3 Créer une classification en ensembles emboîtés

a. Réalise la classification en ensembles emboîtés des espèces de l'exercice **1.**

b. Place le Rouge-gorge et l'Homme dans l'un des ensembles que tu as dessinés ci-contre.

SCORE .... / 7

ATTENTION

Aucune boîte ne doit être jointive : c'est-à-dire avoir des limites communes avec une autre boîte. Aucun animal ne doit être dans deux boîtes différentes ou écrit deux fois.

Arbre de parenté et évolution

- Les espèces se sont succédées au cours des temps géologiques (depuis plusieurs milliards d'années) : des espèces apparaissent, d'autres disparaissent (par exemple, les Dinosaures), d'autres évoluent... Une espèce nouvelle apparaît en gagnant de **nouveaux caractères** par rapport à une espèce antérieure.
- Une espèce nouvelle possède donc les attributs de ses ancêtres et de nouveaux attributs. Ceci permet aux scientifiques de construire des **arbres de parenté** entre les espèces et d'établir la succession des espèces dans le temps, soit l'**évolution** des espèces.

4 Construire un arbre de parenté

À partir de la classification des espèces de l'exercice **3**, il est possible de construire un arbre de parenté, qui représente les relations de parenté entre ces espèces.

a. Complète l'arbre ci-contre avec le nom des attributs sur les pointillés verts et celui des espèces sur les pointillés noirs.

b. Quels sont les nouveaux attributs acquis par la Guêpe et la Mouche ?

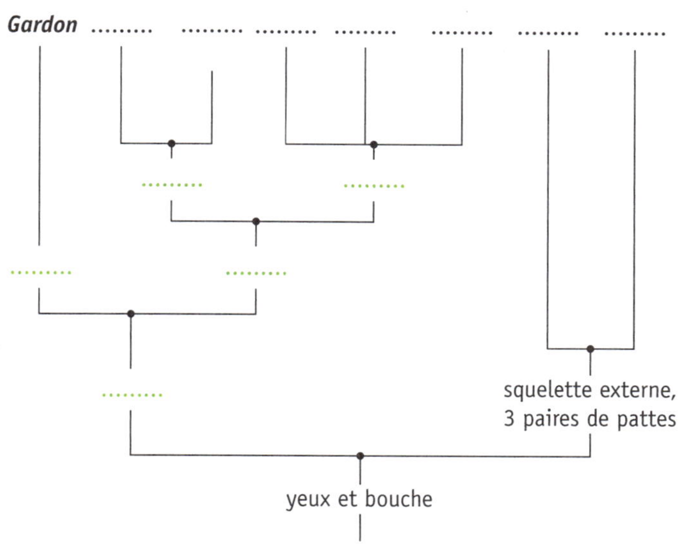

....

c. Quelles espèces dans cet arbre sont les plus proches de l'Homme ? les plus éloignées ?

....

....

SCORE .... /14

COUP DE POUCE

Plus deux espèces ont d'attributs en commun, plus elles sont proches.

SCIENCES ET TECHNO

Corrigés p. 212-213

TOTAL .... / 58

7 La production d'aliments par l'élevage et la culture

Élevage, culture et besoins alimentaires

- L'Homme **élève des animaux** et **cultive des végétaux** pour se procurer les **nutriments** qui correspondent à ses besoins : eau, sels minéraux, vitamines, matières grasses, sucres rapides, sucres lents, protéines...
- Il améliore la **qualité** et la **quantité** des productions agricoles en agissant sur la reproduction, les conditions d'élevage et de culture, et sur les apports nutritifs, tout en essayant de préserver l'environnement.

★ 1 Croiser les races Aubrac et Charolaise

Les éleveurs font se reproduire des vaches de race Aubrac avec des taureaux de race Charolaise. On dit qu'ils croisent les races.

Vache Aubrac	Taureau Charolais

– 650 à 950 kg – De couleur marron, cornes en forme de lyre, avec des yeux qui semblent maquillés – Supporte les climats et les terrains difficiles – Peu exigeante en alimentation – Naissance facile des veaux	– 750 à 1 200 kg – De couleur blanche/crème – Viande excellente et peu grasse – Les femelles (les vaches) ont une bonne capacité de production de lait destiné aux veaux

Pourquoi les éleveurs croisent-ils ces deux races ?

❏ Pour que les descendants aient une belle couleur.
❏ Pour améliorer la qualité de la viande, en conservant la facilité d'élevage.
❏ Pour améliorer la production de lait pour la vente.

SCORE ..../ 1

★★ 2 La culture d'échalotes

L'échalote peut se reproduire par multiplication végétative grâce à son bulbe.
Comme elle est très consommée, il faut en produire toujours plus et améliorer sa qualité. Pour cela, des essais de culture d'échalotes ont été menés.
– Essai A : on fait varier la masse du bulbe père (le nombre de bulbes pères plantés au m² ne change pas).
– Essai B : on fait varier le nombre de bulbes pères plantés au m² (la masse du bulbe père ne change pas).

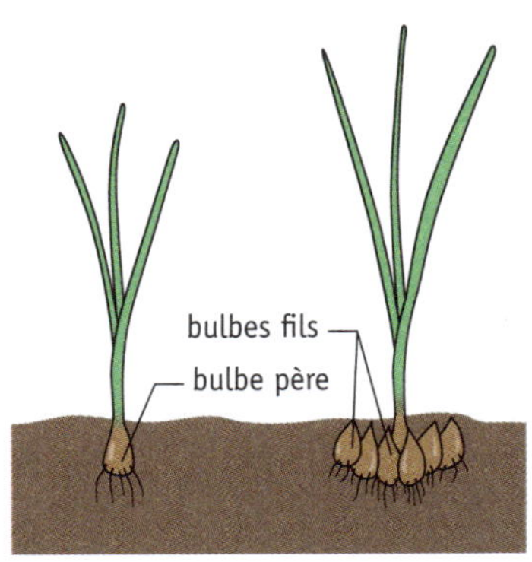

ATTENTION
La multiplication végétative ne fait pas intervenir les sexes. Ici, on dit « bulbe père » car le bulbe du départ va donner naissance à d'autres bulbes : des « bulbes fils » (car le mot bulbe est du genre masculin).

Voici les résultats obtenus lors de ces essais.

Masse du bulbe père	10 g	15 g	20 g
Nombre de bulbes fils	7	9	12
Masse de chaque bulbe fils	22 g	18 g	14 g

Essai A

Nombre de bulbes pères plantés au m²	14	16	22	29
Nombre de bulbes fils au m²	9	9	9	9
Masse de chaque bulbe fils	19 g	18 g	14 g	12 g

Essai B

Parmi les procédés de culture suivants :

- Des petits bulbes pères
- Des gros bulbes pères
- Peu de bulbes pères au m²
- Beaucoup de bulbes pères au m²

a. Souligne celui (ou ceux) qui permet(tent) d'obtenir un grand nombre de bulbes fils.
b. Entoure celui (ou ceux) qui permet(tent) d'obtenir de gros bulbes fils.

SCORE .... / 3

★ 3 Manger des insectes demain, pourquoi ?

Et si demain, à la cantine, les insectes grillés remplaçaient le poisson pané ou le steak haché ? En effet, nous serons plus de 9 milliards d'êtres humains en 2030. Or, la culture et l'élevage traditionnels ne pourront pas tous nous nourrir.
Les insectes sont très nombreux sur Terre.
Leur élevage est facile :
– il peut se faire à partir de déchets organiques ;
– les insectes sont peu exigeants en eau tandis qu'il faut 20 000 L d'eau pour produire 1 kg de viande de bœuf ;
– il faut 2 kg d'aliments pour produire 1 kg d'insectes contre 10 kg d'aliments pour 1 kg de viande de bœuf ;
– il faut 5 m² pour élever 100 kg d'insectes contre 50 m² pour produire la même masse de viande de bœuf.

Des sucettes aux insectes.

INFO
Protéines, lipides (graisses) et glucides (sucres lents et rapides) sont trois constituants qui doivent se trouver dans chacun de nos repas pour une alimentation équilibrée. La viande de bœuf et les insectes contiennent ces nutriments.

Quels sont les avantages de la production d'insectes par rapport à celle de viande de bœuf ?

....

....

....

....

SCORE .... / 3

Corrigés p. 213

TOTAL .... / 7

8 La production d'aliments par transformation biologique

Les transformations biologiques

- Certains aliments (pain, fromage…) proviennent de la **transformation biologique** d'un constituant ou d'une matière première (farine, lait…) par des êtres vivants microscopiques (micro-organismes) : **champignons**, **levures** ou **bactéries**.

1 Fabriquer du pain : le rôle des levures

Pour tester le rôle des levures dans la pâte à pain, Julie et Vianney réalisent une expérience avec deux récipients contenant chacun les ingrédients suivants : de la farine, de l'eau et du sel. Ils ajoutent des levures dans un seul des récipients, puis attendent 2 heures avant de relever les résultats ci-dessous.

	Contenu des deux récipients au début de l'expérience	Contenu du récipient avec levures à la fin de l'expérience	Contenu du récipient sans levures à la fin de l'expérience
Eau	oui	oui	oui
Sel	oui	oui	oui
Sucres	oui	oui*	oui
Alcool	non	oui	non
Gaz (CO_2)	non	oui	non

* La quantité a diminué.

a. Dans quel récipient la quantité de sucres a-t-elle diminué ?

....

b. Quels sont les nouveaux composants du récipient avec levures ?

....

c. Que se passe-t-il lorsqu'on ne met pas de levures dans le récipient ?

....

d. Quelle hypothèse peux-tu faire sur le rôle des levures dans la pâte à pain ?

....

Leur professeur de SVT met à disposition de Julie et Vianney la photo microscopique ci-contre et la commente ainsi :
« Voici de la levure de boulanger observée au microscope optique. Les levures respirent, se nourrissent, se reproduisent, grandissent et meurent. Ce sont des micro-organismes. »

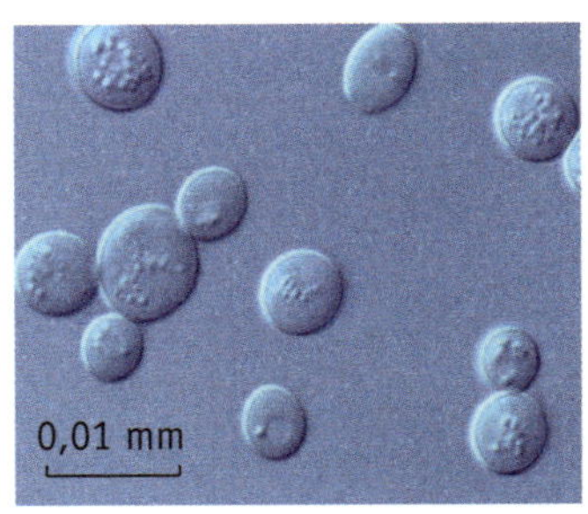

e. Pourquoi parle-t-on de transformation biologique de matière première dans le cas de la fabrication du pain ?

....

....

SCORE ..../ 5

INFO
La farine utilisée pour la fabrication du pain est souvent de la farine de blé, composée d'amidon et de glucose, qui sont des sucres.

COUP DE POUCE
Biologique signifie « relatif à la biologie, qui est la science des êtres vivants ».

Sciences et techniques alimentaires

- L'Homme améliore la qualité des aliments produits par transformation biologique en choisissant la **matière première**, en maîtrisant l'**utilisation des micro-organismes** et en respectant des **règles d'hygiène strictes**.

★ 2 La qualité du pain

La qualité du pain varie selon la façon dont il est fabriqué. Ce tableau présente l'influence de plusieurs éléments intervenant dans sa fabrication.

	Qualité des matières premières			Durée du pétrissage		Durée de la levée	
	Farine	Levure	Sel	Rapide	Lent	Courte	Longue
Consistance et couleur de la mie	+	Ø	+	–	++	+	++
Odeur du pain	+	+	Ø	–	+	+	++
Goût du pain	+	++	++	–	++	+	++

Ø pas d'influence – influence négative + influence positive ++ influence très positive

a. Quels éléments ont une influence très positive sur la qualité du pain ? Colorie les cases correspondantes.

b. Que doit faire un boulanger pour obtenir un pain de très bonne qualité ?

....

....

SCORE .... / 11

★ 3 L'importance des règles d'hygiène

Certains micro-organismes (ou microbes) présents dans le lait peuvent provoquer de graves maladies.

a. Quelle est la différence entre le lait cru et le lait pasteurisé ?

❑ la durée de conservation

❑ le mode de transport

b. Quel est le rôle de la pasteurisation ?

❑ détruire les microbes

❑ réduire leur développement

c. À quoi sert le transport à 4 °C ?

❑ à détruire les microbes

❑ à réduire le développement des microbes

d. Explique la différence de temps de conservation entre le lait cru et le lait pasteurisé.

....

....

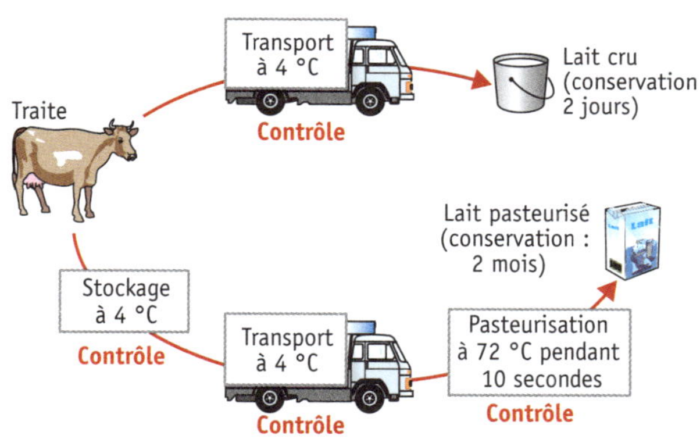

Traitement du lait de vache après la traite.

Température	Effet sur les microbes
5 °C	très faible développement
40 °C	fort développement
72 °C	destruction pour la plupart

SCORE .... / 4

INFO
Le lait UHT (ultra-haute température) est le plus consommé en France : les microbes sont détruits par une chaleur de 150 °C.

SCIENCES ET TECHNO

Corrigés p. 213

TOTAL .... / 20

9 Le développement des êtres vivants

Le développement des animaux

- La **nutrition** assure la croissance et le développement des êtres vivants (animaux et végétaux). À l'âge adulte, les organes sexuels deviennent fonctionnels : ils produisent des gamètes. Quand un gamète mâle et un gamète femelle fusionnent, une cellule-œuf se forme : c'est la **fécondation**.
- De nombreux animaux, comme la plupart des mammifères, donnent naissance à un jeune adulte « en miniature ». Seuls les organes reproducteurs, **testicules** et **ovaires**, ne deviennent fonctionnels que plus tard.
- D'autres (grenouilles, nombreux insectes) donnent par reproduction sexuée un être différent (forme, mode de vie) : une **larve**, qui se transformera ensuite en adulte apte à la reproduction.

★★ 1 **La reproduction des crapauds**

Un têtard

À la belle saison, les crapauds adultes qui peuplent la prairie gagnent la mare la plus proche. La femelle y libère alors ses ovules, que le mâle vient arroser de ses spermatozoïdes. La fécondation a lieu et la cellule-œuf se développe. Un jeune naît : il n'a pas de pattes, mais une queue en forme de nageoire qui l'aide à se déplacer dans la mare, où il se nourrit de végétaux. C'est un têtard. Plus tard, la queue disparaît peu à peu, tandis que les pattes se forment. Le jeune quitte alors la mare pour aller grandir dans la prairie et se nourrir d'insectes. Il deviendra ainsi un adulte capable de se reproduire à son tour.

Jeune	Adulte
....	....
....	....
....	....
....	....

a. À l'aide du texte, complète le tableau ci-dessus qui montre les différences entre le jeune et l'adulte.
b. Précise le nom général que l'on peut donner au têtard.

....

SCORE .... /9

COUP DE POUCE
a. Les différences concernent les pattes, la queue, le régime alimentaire et la capacité à se reproduire.

Le développement des végétaux

- Dans des conditions favorables (température, humidité, lumière), de nombreuses plantes fleurissent. Les fleurs sont le lieu de la reproduction sexuée : le **pistil** contient les gamètes femelles (ou ovules), et les **étamines** produisent les grains de pollen donnant les gamètes mâles.
- La **pollinisation** est le transport des minuscules grains de pollen par le vent, l'eau, les animaux… jusqu'au pistil d'une fleur de la même espèce.

- La cellule-œuf issue de la fécondation se transforme en **graine** dans le **fruit**. Les graines sont alors libérées et certaines donnent une nouvelle plante : c'est la **germination**.
- Chez les **plantes sans fleurs**, la fécondation a lieu sur d'autres organes spécialisés.

2 Vrai ou faux ?

Coche la case qui convient.

	Vrai	Faux
a. Une larve est un jeune adulte.		
b. La fécondation existe chez les animaux et les végétaux.		
c. Chez les plantes à fleurs, la fécondation se produit dans la fleur.		
d. Un chiot est une larve de chien.		
e. Dépourvues de fleurs, les fougères ne peuvent pas se reproduire.		

SCORE .... /5

3 Schéma à compléter

a. Complète les légendes du schéma ci-contre à l'aide des expressions : *Germination • Fleur • Fruit • Graine • Pollen • Fécondation • Nouvelle plante • Pollinisation*.

b. Donne un titre au schéma.

....

....

SCORE .... /9

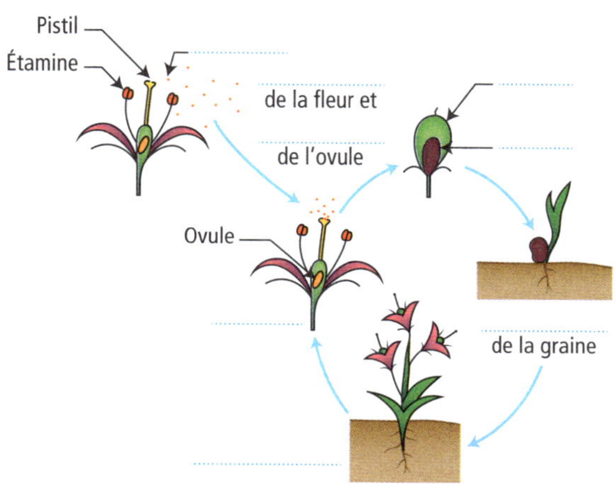

4 Le développement des pensées

Paul a semé des graines de pensées dans une jardinière. Celles-ci germent, et donnent de petites plantes vertes, mais Paul est bien déçu : aucune fleur n'est apparue.
Sur le conseil de sa mère, il attend l'année suivante, et là – surprise ! – de très jolies fleurs commencent à se développer.

a. Complète le schéma du cycle de vie d'une pensée ci-contre à l'aide des expressions suivantes (elles peuvent être utilisées plusieurs fois) : *Germination • Reproduction sexuée • Développement*.

b. On dit que la pensée est une plante bisannuelle. Explique cette expression.

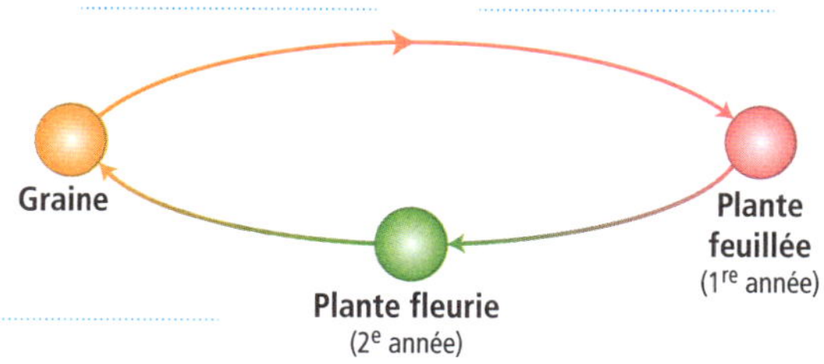

....

....

SCORE .... /4

COUP DE POUCE
b. Observe le cycle de vie de la pensée et la construction du mot « bisannuelle ».

Corrigés p. 213-214

TOTAL .... / 27

10 La production de matière par les êtres vivants

Les êtres vivants produisent de la matière

- Tous les êtres vivants produisent de la matière à partir de celle qu'ils prélèvent dans leur milieu pour grandir, fabriquer de nouveaux organes.
- La **matière organique** est la matière qui constitue les êtres vivants.

★ 1 Le chêne-liège : un producteur de matière organique

À 2 ans, le petit chêne-liège mesure 0,5 cm de diamètre et 30 cm de hauteur. On le taille puis il faut attendre qu'il ait 25 à 30 ans pour qu'il atteigne 60 cm de diamètre et une hauteur de 12 m. On peut alors lui enlever son écorce : c'est le liège.

Un agriculteur récupère le liège produit par le chêne-liège.

a. Complète le tableau ci-dessous à l'aide du texte.

Âge	Taille	Diamètre
....	....	....
....	....	....

b. Qu'est-ce qui indique la production de matière chez le chêne-liège ?

....

SCORE .... / 9

Les besoins nutritifs des végétaux

- Les végétaux ont besoin pour grandir, donc pour produire leur matière organique, uniquement de **matière minérale** (eau, sels minéraux et dioxyde de carbone) et d'une énergie indispensable : la **lumière**.

★★ 2 L'intérêt du dioxyde de carbone dans la croissance des végétaux

Voici les résultats obtenus lors d'expériences menées avec des plantes en présence de dioxyde de carbone dans l'air.

CO_2 présent dans l'air (taux en %)	Matière végétale produite par plante (taux en kg)
0,03	20
0,1	35

a. Quel est l'effet observé sur la culture lorsque le taux de CO_2 dans l'air augmente ?

❑ Il y a moins de matière végétale produite.
❑ Il y a plus de matière végétale produite.
❑ La plante meurt à cause de ce gaz.

b. Propose une explication.

....

....

SCORE .... / 3

INFO
La formule chimique du dioxyde de carbone est CO_2.

Les besoins nutritifs des animaux

- Les animaux ont besoin, pour se nourrir, d'**eau**, de **sels minéraux** et de **matière organique.** Ils élaborent leur matière organique à partir de celle déjà existante dans leur environnement.
- Les animaux n'ont pas tous le même régime alimentaire. Un animal est **zoophage** si ses aliments sont d'origine animale, **phytophage** si ses aliments sont d'origine végétale, ou encore son régime peut être **mixte** (aliments d'origine végétale et animale).

3 Les phoques et les morues

Les otolithes sont de minuscules « cailloux » présents dans l'oreille interne des morues. Des scientifiques ont analysé le contenu de 10 000 estomacs de phoques. Ils y ont trouvé de nombreux poissons, des crustacés, des mollusques ainsi qu'un grand nombre d'otolithes de morues.

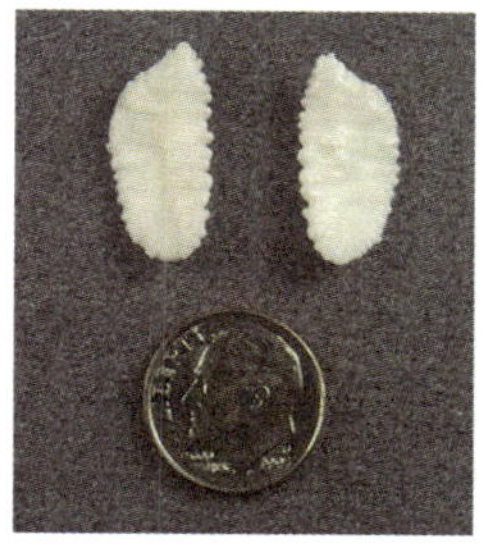
Des otolithes de morues.

INFO
Il existe de nombreuses méthodes pour étudier le régime alimentaire des animaux : étude des excréments, de l'estomac, des pelotes de réjection, etc.

a. Que peux-tu déduire de la présence des otolithes dans l'estomac des phoques ?

....

b. Quel est le régime alimentaire des phoques ?

❏ zoophage ❏ phytophage ❏ mixte

SCORE .... / 2

4 Schéma bilan

Complète ce schéma bilan avec les mots suivants : *matière organique • phytophage • eau • sels minéraux • dioxyde de carbone (CO_2) • matière organique et minérale • lumière • zoophage.*

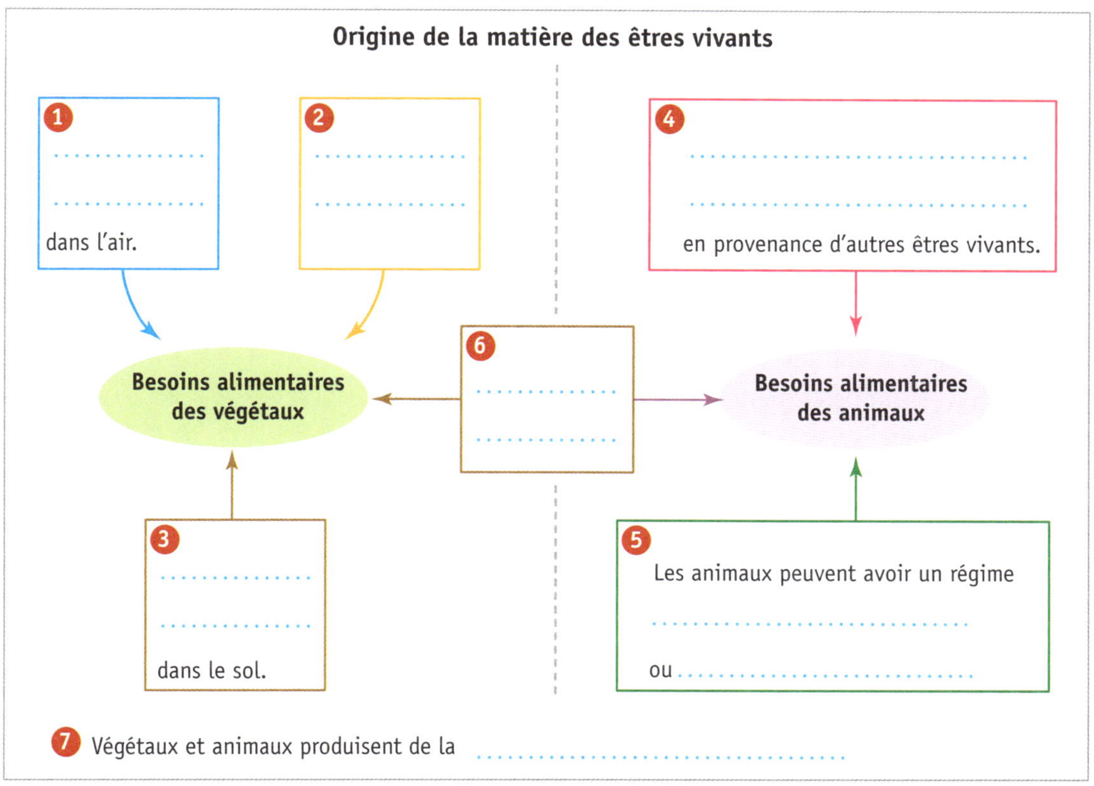

SCORE .... / 8

Corrigés p. 214

TOTAL .... / 22

11 La transformation de la matière organique dans le sol

Le devenir de la matière organique dans le sol

- Le **sol** est composé de matière minérale, de micro-organismes et de restes d'organismes vivants (animaux et végétaux).
- La **matière minérale** provient de la dégradation des roches du sous-sol (sous l'action de l'eau, des racines, du gel...) et de la **transformation de la matière organique morte**.
- Le sol abrite de nombreux êtres vivants : des animaux de petite taille (lombrics, acariens par exemple) et des micro-organismes (levures, bactéries, moisissures...) qui transforment les restes d'organismes vivants en matière minérale ; ce sont des **décomposeurs**.

★ 1 Les étapes de la décomposition d'une feuille morte

a. Replace dans l'ordre chronologique de décomposition ces photographies de feuille morte.

....

....

....

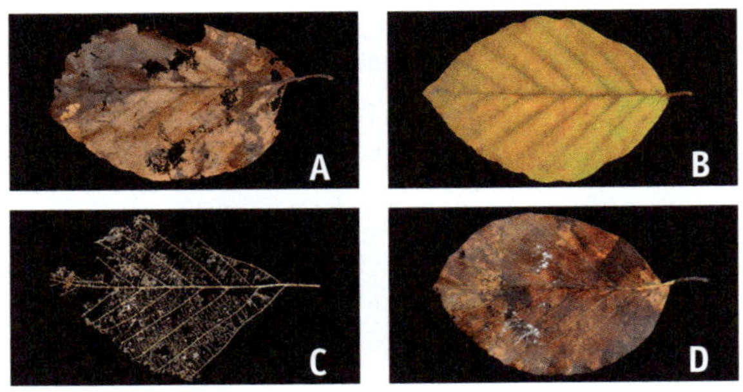

b. Les filaments blancs enchevêtrés que l'on aperçoit sur la feuille **D** sont :

❑ de la moisissure. ❑ de petits vers.

SCORE .... / 5

> **INFO**
> La transformation de la matière organique morte (débris végétaux et animaux) en matière minérale s'appelle la **décomposition**.

★★ 2 L'importance des êtres vivants du sol

Des élèves veulent vérifier si leur hypothèse de travail est bonne : ils supposent que les êtres vivants du sol sont indispensables à la transformation de la matière organique.

Pour cela, ils déposent au fond de deux pots en verre (nommés A et B) une feuille morte, qu'ils recouvrent de terre prélevée en forêt. Le pot B est passé au four à une chaleur de 180 °C, ce qui détruit tous les êtres vivants pouvant se trouver dans le sol et les feuilles (stérilisation). Le pot A ne subit pas de traitement. Les deux pots sont ensuite laissés plusieurs mois dans un placard, à une température de 19 °C.

Voici les résultats obtenus à la fin de l'expérience :

- Dans le pot A, la feuille a noirci et s'est fragmentée.
- Dans le pot B, la feuille n'a pas évolué par rapport au début de l'expérience.

a. On a passé le pot B au four pour observer :

❑ ce que devient la feuille quand les êtres vivants de la terre ont plus chaud.

❑ le rôle de la terre de la forêt sans les êtres vivants, tués par la chaleur.

b. Complète la conclusion proposée pour cette expérience.

Dans le pot A, la feuille morte s'est .... au cours du temps.

Les .... du sol ont transformé la feuille en matière ....

SCORE .... / 4

> **COUP DE POUCE**
> La conclusion est l'étape finale de la démarche expérimentale. Pour compléter cette conclusion, relis bien l'hypothèse que les élèves ont formulée avant de réaliser cette expérience.

Les chaînes et les réseaux alimentaires

- La matière circule d'un être vivant à un autre le long de **chaînes alimentaires**.
- Une chaîne est formée de plusieurs maillons dans lesquelles se succèdent les **végétaux**, les **phytophages** et les **zoophages**. Elle commence toujours par un végétal qui est le premier producteur de matière organique.
- Ces chaînes ne sont pas indépendantes : elles sont en relation les unes avec les autres et forment des **réseaux alimentaires**.

3 Les chaînes et les réseaux alimentaires du sol

Être vivant du sol	Nourriture	Régime alimentaire
Araignée	Insectes, collemboles, cloportes, lithobies	....
Lithobie	Acariens, vers de terre, collemboles	....
Chauve-souris	Araignées, fruits, fleurs	....
Ver de terre	Débris végétaux	....
Collembole	Débris végétaux	....

a. Dans le tableau ci-dessus, souligne :
- en rouge, les aliments d'origine animale ;
- en vert, les aliments d'origine végétale ;
- en bleu, les aliments provenant d'organismes morts.

b. Indique, dans la colonne de droite du tableau, le régime alimentaire de chaque être vivant.

c. À l'aide du tableau, complète le réseau alimentaire ci-dessous avec le nom des animaux, puis ajoute les flèches indiquant « est mangé par ».

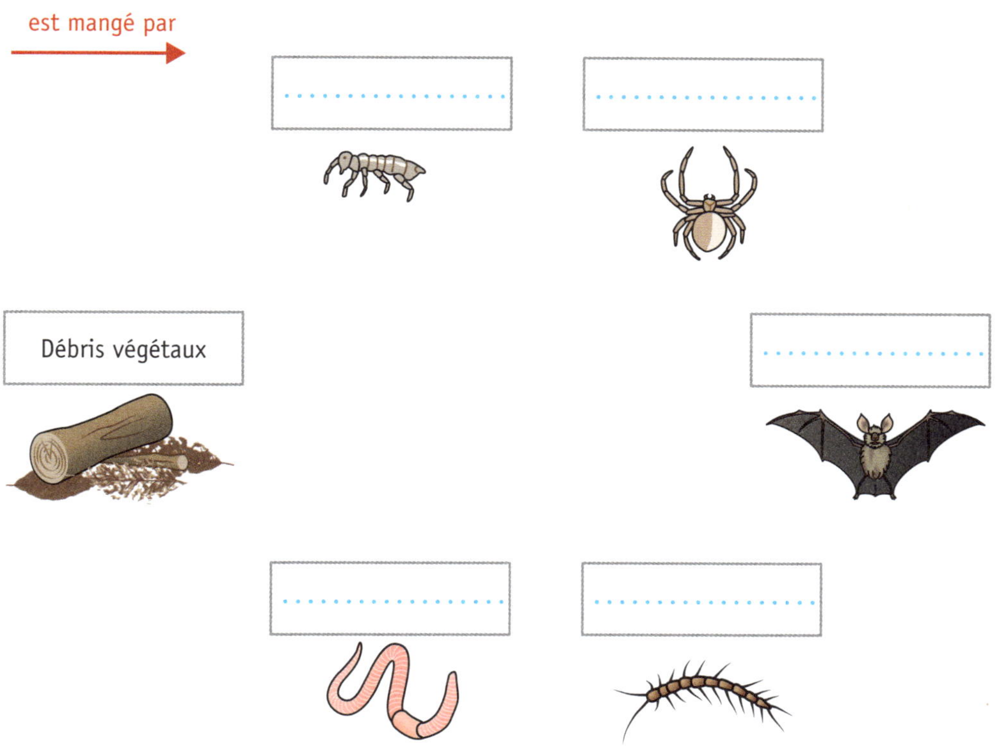

COUP DE POUCE

Le régime alimentaire d'un être vivant est :
- **zoophage** si ses aliments sont d'origine animale ;
- **phytophage** si ses aliments sont d'origine végétale ;
- **mixte** si ses aliments sont d'origine végétale et animale.

SCIENCES ET TECHNO

Corrigés p. 214

SCORE .... / 22

TOTAL .... / 31

12 Les évolutions d'un objet technique

Évolution d'un objet technique au cours du temps

- On appelle « **objet technique** », un objet fabriqué par l'Homme pour répondre à un **besoin**.
- La plupart des objets techniques que nous utilisons aujourd'hui ont **évolué** pour s'adapter à nos besoins, à nos goûts ou encore aux méthodes de fabrication de notre époque.
- Ils sont souvent le résultat d'une succession d'**inventions** (création de quelque chose qui n'existait pas avant) et d'**innovations** (amélioration d'un objet existant pour le rendre plus performant).

  Exemple : Les automobiles sont bien différentes de ce qu'elles étaient lors de leur création. Ces évolutions concernent notamment :
  – les **principes techniques** qui leur permettent de fonctionner (exemple : moteur à vapeur → à explosion) ;
  – les **énergies** utilisées (exemple : pétrole → électricité) ;
  – les **matériaux** employés pour les fabriquer (exemple : le carbone) ;
  – les **formes** (exemple : l'aérodynamisme) ;
  – l'**esthétique** (couleurs, etc.) ;
  – l'**impact** sur l'environnement.

★ 1 Objets techniques ou non ?

Souligne dans cette liste d'objets ceux qui sont des objets techniques : *une moto • un caillou • un lecteur mp3 • une route • un arbre • une rivière • un morceau de bois • une cuillère en bois • une lampe de chevet • un avion • une pile • une orange • une trottinette.*

SCORE ..../8

COUP DE POUCE
Tu dois souligner 8 objets.

Fonctions d'usage et d'estime

- La **fonction d'usage** d'un objet, c'est le service qu'il nous rend. On la définit en posant la question : « À quoi sert cet objet ? » On regroupe les objets qui ont la même fonction d'usage en **familles d'objets**, c'est-à-dire ceux qui répondent au même besoin (exemple : moto ou scooter pour se déplacer).
- La **fonction d'estime**, elle, est liée aux goûts de l'utilisateur de l'objet. On la définit en posant la question : « Est-ce que cet objet me plaît et pourquoi ? » Par exemple, une personne préférera une voiture bleue tandis qu'une autre la préférera rouge.

★★ 2 Le couteau suisse

Connu dans le monde entier comme le couteau de survie par excellence, le couteau suisse est un outil multifonctions indispensable.
Les couteaux suisses innovent régulièrement pour répondre aux besoins actuels. Le modèle présenté ci-contre est un couteau suisse classique (lame, lime-tournevis et ciseaux), doté d'une clé USB de 16 Go.

a. Cite les différentes fonctions d'usage de cet objet technique.

....

b. Trouve 3 autres objets qui ont plusieurs fonctions d'usage.

....

SCORE ..../2

COUP DE POUCE
À quoi servent une lame, une lime, un tournevis, des ciseaux, une clé USB ?

3 Différents vélos pour différents usages

a. Associe chaque nom de vélo à l'image correspondante :
VTT • BMX • vélo pliable • tandem • vélo couché • vélo de course.

❶ .... ❷ .... ❸ ....

❹ .... ❺ .... ❻ ....

b. Pour faire la course du Tour de France, quel type de vélo choisirais-tu ?

....

c. La fonction « se déplacer rapidement » est une fonction :

❏ d'usage. ❏ d'estime.

d. Quel vélo trouves-tu le plus joli ?

....

e. La fonction « plaire à l'utilisateur » est une fonction :

❏ d'usage. ❏ d'estime.

SCORE ..../10

4 L'évolution d'un objet technique : l'automobile

Pour visualiser plus facilement l'évolution d'une famille d'objets techniques (ici, les automobiles) au cours du temps, on peut les placer sur une frise chronologique.

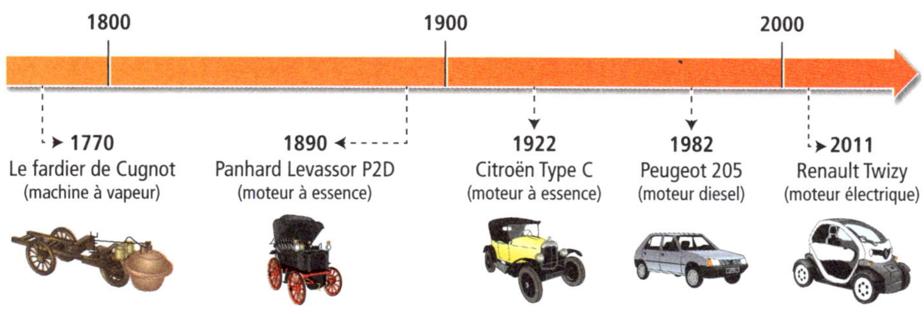

a. Complète la phrase suivante.

Ces automobiles ont été fabriquées à des époques différentes mais elles ont toutes la même fonction d'.........................

b. Cite les différents principes techniques de propulsion des automobiles présentées.

....

c. Quelles sont les autres évolutions techniques que tu peux observer ?

....

d. Quelles sont les évolutions esthétiques ?

....

e. Pourquoi l'esthétique de ces automobiles a-t-elle évolué ?

....

SCORE ..../5

SCIENCES ET TECHNO

Corrigés p. 214-215

TOTAL ..../ 25

13 Fonctionnement d'un objet technique et choix des matériaux

Fonctionnement d'un objet technique

- Pour assurer sa fonction d'usage, c'est-à-dire répondre au besoin de l'utilisateur, un objet technique doit être capable de réaliser un ensemble d'actions que l'on nomme des **fonctions techniques**. Par exemple, certaines de ses fonctions techniques permettent à une automobile d'avancer (propulsion), d'autres de la diriger (direction) ou bien encore de la freiner (freinage).
- Pour assurer ces fonctions techniques, il faut trouver des solutions techniques. Ce sont, en général, des assemblages de pièces qui permettent d'accomplir l'action souhaitée. Plusieurs **solutions techniques différentes** sont en général possibles pour remplir une **même fonction**.
- Pour expliquer le fonctionnement d'un objet technique, il faut souvent le représenter, le dessiner. Cette **représentation** peut prendre diverses formes : dessin à main levée, schémas, dessins 2D ou 3D, coupes, etc.

  Exemple : un **schéma** est un tracé simplifié ne faisant apparaître que les éléments essentiels d'un objet dans le but d'expliquer son fonctionnement.

★ 1 Différentes représentations du système de freinage d'un vélo

Associe chaque image au nom de son mode de représentation :
- *schéma*
- *perspective éclatée*
- *modèle numérique 3D.*

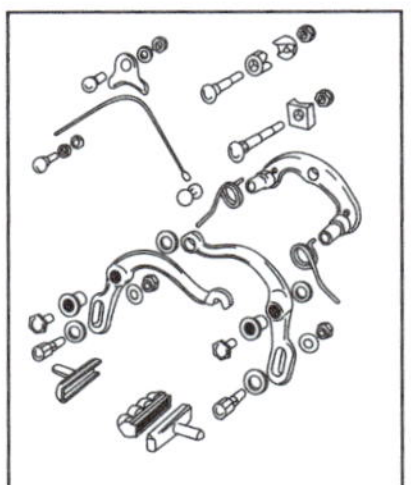

❶ ....

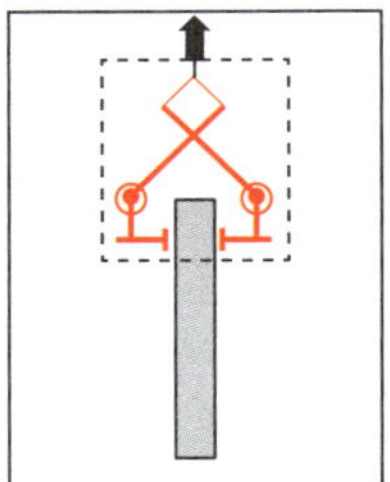

❷ ....

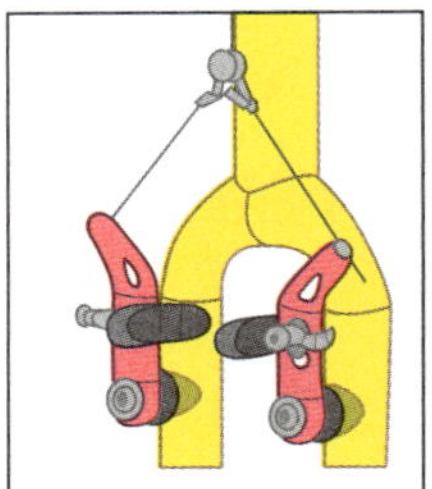

❸ ....

SCORE ..../3

COUP DE POUCE
Tu peux chercher les définitions des mots que tu ne connais pas dans le dictionnaire ou sur internet.

★★ 2 Le BMX : solutions techniques

La fonction d'usage « se déplacer » d'un vélo est assurée par 3 fonctions techniques principales : avancer ; diriger ; freiner.
Fais la liste des différents éléments qui assurent chacune de ces fonctions sur le BMX représenté ci-contre.

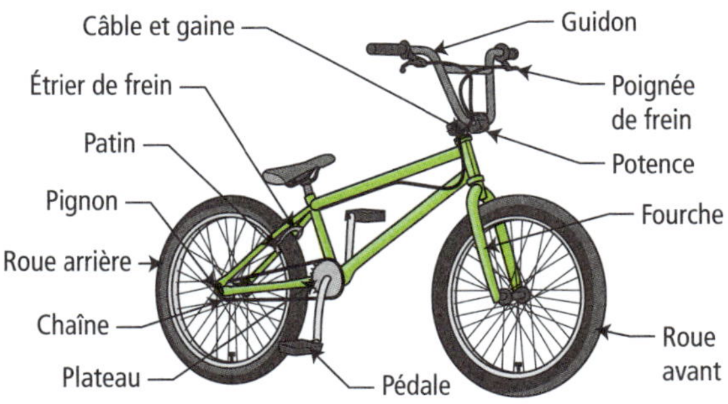

Fonction technique	Éléments qui assurent la fonction
avancer	....
diriger	....
freiner	....

SCORE ..../3

Choix des matériaux pour fabriquer un objet technique

- Les matériaux utilisés pour la fabrication des pièces d'un objet technique sont choisis pour leurs **propriétés** (caractéristiques, qualités particulières), leur aspect, leur coût et leur impact sur l'environnement.
- Ils sont classés par **grandes familles** : métaux, bois, plastiques, verres, caoutchouc, etc.

★ 3 Les matériaux « verts » de nos voitures

Une automobile est en moyenne constituée de 70 % de métaux, de 22 % de polymères (plastiques, caoutchouc), de 5 % de fluides (liquides et gaz) et seulement de 3 % de verre et de matériaux naturels.
Pour réduire l'impact environnemental de leurs véhicules, les constructeurs réfléchissent aux matériaux qu'ils utiliseront pour leurs nouveaux modèles. Parmi les pistes qu'ils explorent, il y a notamment l'utilisation des matériaux recyclables (plastiques et métaux), des matériaux naturels comme le bois, le lin ou le chanvre, et des matériaux bio-sourcés (fabriqués à partir de matières végétales comme le maïs, le colza ou le soja).

a. Pourquoi parle-t-on de matériaux « verts » ?

....

b. Quelle différence fais-tu entre matériaux recyclables et matériaux naturels ? Pourquoi faut-il les privilégier ?

....

c. Cherche dans un dictionnaire ou sur internet la signification de l'expression « matériaux renouvelables ».

....

SCORE ..../3

★ 4 Le choix des matériaux

L'objectif de cet exercice est de justifier le choix des matériaux utilisés pour fabriquer les pièces de certains objets en fonction des contraintes identifiées.

a. Cite des matériaux conducteurs d'électricité et d'autres isolants. Donne, dans chaque cas, des exemples d'objets qui utilisent ces matériaux.

1. Matériaux conducteurs : ....
2. Matériaux isolants : ....

b. Propose une expérience qui permet de tester la flottabilité de différents matériaux.

....

c. Quel matériau utilise-t-on pour fabriquer chaque objet technique de la liste ci-dessous ? Précise la propriété importante du matériau dans chaque cas.

1. une cocotte : ....
2. un pare-brise : ....
3. un pull-over : ....

SCORE ..../6

COUP DE POUCE
La flottabilité est la propriété de certains matériaux de ne pas « couler » lorsqu'ils sont plongés dans l'eau.

Corrigés p. 215

TOTAL ..../ 15

14 Les conditions de la vie terrestre

La Terre, une planète favorable à la vie

- La Terre est une **planète rocheuse** composée de matériaux solides (à la différence des planètes gazeuses) et favorable à l'épanouissement de la vie.
- Elle est entourée d'une **atmosphère**, couche de gaz contenant du diazote (78 %), du dioxygène indispensable à la respiration des êtres vivants (21 %), et d'autres gaz (1 %, dont de l'eau, sous forme de vapeur, et du dioxyde de carbone). L'ozone de la couche supérieure de l'atmosphère protège la Terre des rayons ultraviolets.
- La température moyenne à la surface terrestre est de + 15 °C, avec un minimum de – 90 °C aux pôles et un maximum de + 55 °C à l'équateur. Les gaz de l'atmosphère retiennent une partie de la chaleur à la surface terrestre : c'est l'**effet de serre**.
- La **pression atmosphérique** permet à l'eau de rester à l'état liquide, à 97,5 % sous forme d'eau salée (mers et océans).

★★ 1 La planète bleue

a. Sur cette photo de la Terre vue de l'espace, à quoi correspond la couleur bleue ?

....

b. À ton avis, pourquoi a-t-on surnommé la Terre la « planète bleue » ?

....

....

SCORE ..../2

★★★ 2 La Terre dans le système solaire et la vie sur d'autres planètes

> La Terre est l'une des planètes du système solaire. Elle tourne constamment autour du Soleil en suivant une trajectoire appelée orbite. Elle est située en troisième position, à 149 600 000 km du Soleil. À cette distance, la chaleur et la lumière émises par le Soleil permettent l'épanouissement de la vie.

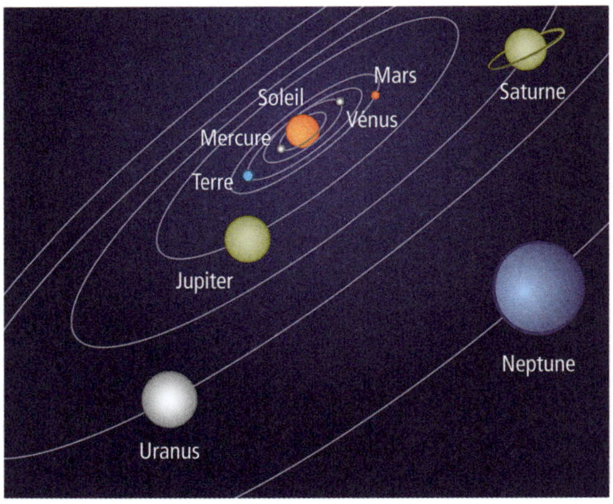

À l'aide du texte et du schéma ci-contre, explique en une phrase pourquoi il est infiniment peu probable, ou même impossible, qu'il y ait de la vie sur Neptune.

....

....

SCORE ..../1

COUP DE POUCE
Comment varie la température lorsqu'on s'éloigne du Soleil ?

L'histoire de la vie sur Terre

- La planète Terre a été formée il y a 4,5 milliards d'années. La vie est apparue un milliard d'années plus tard, en milieu aquatique, avec des **êtres constitués d'une seule cellule**.
- Depuis, les formes vivantes se diversifient sans cesse, de nouvelles **espèces** dérivant les unes des autres (voir le chapitre 6). L'**Homme** moderne tel que nous le connaissons actuellement occupe la Terre depuis environ 150 000 ans.

3 La Terre et l'apparition de la vie

Complète ce texte.

La Terre est une planète .... qui tourne autour du .... selon une trajectoire précise : son ....

En surface, la présence d'eau à l'état ...., une atmosphère respirable grâce au .... et une température moyenne douce sont des caractéristiques propres à la Terre. Liées principalement à la position de la planète par rapport au Soleil, ces caractéristiques ont permis l'apparition de la ....

SCORE ..../6

4 Quelques étapes de l'histoire de la vie sur Terre

Cette frise chronologique présente quelques étapes du développement des êtres vivants sur Terre.

COUP DE POUCE
Sur la frise, les dates sont données en millions d'années.

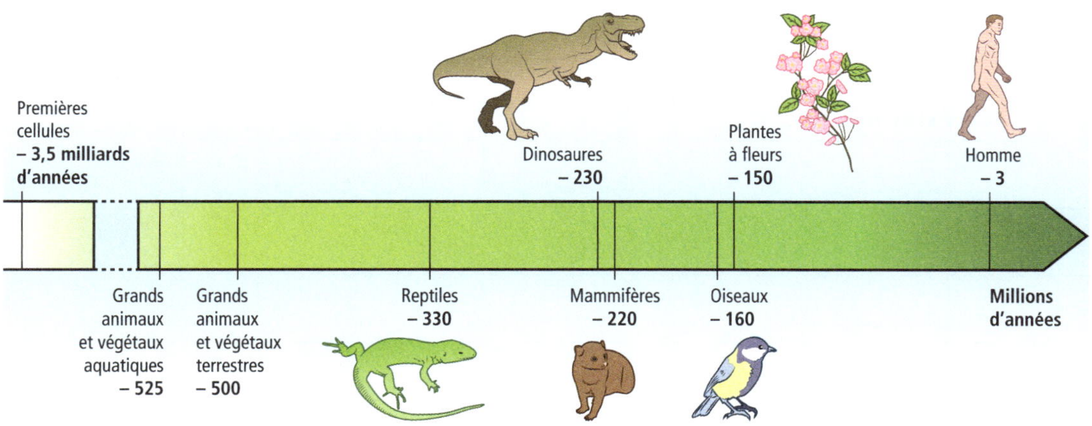

a. Précise la date d'apparition des grands animaux et végétaux aquatiques.

....

b. Les dinosaures apparaissent-ils avant ou après les mammifères ?

....

c. Les premiers dinosaures pouvaient-ils manger des fleurs ?

....

d. Calcule le temps écoulé entre l'apparition des grands animaux et végétaux aquatiques, et celle de l'Homme.

....

SCORE ..../4

Corrigés p. 215

TOTAL ..../ 13

15 L'activité interne et externe de la Terre

La Terre, une planète dynamique

▸ **L'activité interne de la Terre**

Les tremblements de terre, ou **séismes**, et les **volcans** sont des témoins de l'activité interne du globe. Les séismes sont dus à la rupture des roches en profondeur, provoquant des cassures ou failles. Par les volcans, des matériaux du sous-sol remontent, sous forme solide (blocs, cendres), liquide (lave) ou gazeuse.

Séismes et volcans mettent en jeu des quantités d'**énergie** que l'Homme ne peut contrôler. Ils peuvent être à l'origine de catastrophes : destruction des villes, etc.

▸ **L'activité externe de la Terre**

Le déplacement des masses d'air à la surface terrestre peut entraîner :

– des **modifications climatiques** majeures comme une sécheresse prolongée (Afrique subsaharienne) ;

– des **phénomènes météorologiques** violents comme des pluies torrentielles causant des inondations (Haïti, France) ou des cyclones (Nouvelle-Calédonie, Caraïbes...).

Ces événements témoignent de l'activité externe de la Terre.

1 Une question d'énergie

Dans chaque cas, indique si le phénomène naturel considéré est une preuve de l'activité interne (**I**) ou externe (**E**) de la Terre, puis fais une phrase montrant que ce phénomène est la manifestation d'une forme d'énergie.

COUP DE POUCE
Voir le chapitre 4 pour les différentes formes d'énergie.

Preuve de l'activité de la Terre	Interne (I) ou externe (E)	Manifestation d'une forme d'énergie
1. séismes	....	....
2. volcans	....	....
3. sécheresse	....	....
4. inondations	....	....
5. cyclones	....	....

SCORE .... /8

Prévenir les catastrophes naturelles

▸ La survenue des **catastrophes naturelles** est rarement prévisible. Cependant, on identifie à la surface de la Terre des **zones à risques**, où les populations sont particulièrement exposées.

▸ Ainsi, des mesures de **prévention** s'imposent. Elles doivent souvent tenir compte des intérêts économiques et touristiques d'une région, ce qui les rend parfois difficiles à mettre en œuvre.

2 Des volcans destructeurs

Le volcan Kilauea, sur l'île d'Hawaï, libère de la lave, roche en fusion qui s'écoule à une vitesse voisine de 5 km/h sur les pentes du volcan.
La montagne Pelée, sur l'île de la Martinique, est un volcan dans lequel la lave s'accumule. En 1902, sous la pression de la lave, le volcan a explosé en projetant des blocs de roches et des cendres à très haute température dans l'atmosphère. La ville de Saint-Pierre, à 15 km du volcan, a été entièrement détruite.

Lequel de ces deux volcans te semble le plus dangereux pour la population ? Justifie.

....

....

SCORE ..../1

3 Le cyclone Hugo

Le cyclone Hugo, en septembre 1989, a été l'un des plus violents. Il a touché, entre autres, la Guadeloupe, les États-Unis et le Canada. Les vents atteignant une vitesse de 300 km/h ont fait au total plus de 100 victimes.
En Guadeloupe, le cyclone a causé la perte de 60 % de la production de canne à sucre et de toute la production de bananes. En détruisant les bateaux, il a anéanti les activités liées à la pêche.
Il a laissé 25 000 personnes sans abri et 35 000 sinistrés. Le coût des réparations équivaut à près de 610 millions d'euros.

Le cyclone Hugo

COUP DE POUCE
Les cyclones se manifestent par des pluies torrentielles et des vents violents. Dus à une chute de la pression atmosphérique, ils sont fréquents dans les régions tropicales, où ils forment des tourbillons.

a. Dans le texte précédent, souligne en rouge les dégâts occasionnés aux personnes par le cyclone Hugo, et en bleu les dommages matériels.
b. Résume en une phrase les conséquences du passage du cyclone pour l'île de la Guadeloupe.

....

....

SCORE ..../7

4 Cyclones et prévention

Cette photo a été prise après le passage d'un cyclone.

a. Décris les dégâts occasionnés.

....

....

b. Qu'est-ce qui a provoqué ce bouleversement ?

....

c. Cette catastrophe aurait-elle pu être évitée ?

....

SCORE ..../3

Corrigés p. 215-216

TOTAL ..../ 19

16 Le peuplement des milieux au cours des saisons

Changer de forme pour passer l'hiver

- De nombreux êtres vivants **traversent l'hiver sous une forme différente** de celle des autres saisons : par exemple sous forme de larve, de nymphe pour les animaux, ou sous forme de graine, de bulbe, de bourgeon pour les végétaux.
- Cette forme de vie leur permet de résister au froid et/ou au manque de nourriture. Ils **réapparaissent sous leur forme initiale au printemps**, où ils redeviennent actifs.

★★★ 1 Le cigarier

Remplis le tableau à l'aide du texte ci-dessous.

> Au printemps, le cigarier de la vigne (insecte), adulte, s'alimente en piquant les feuilles de vigne pour prendre la sève. Puis la femelle réalise un pliage de la feuille en accordéon où elle dépose ses œufs ; elle confectionne ainsi un petit « cigare ». Les œufs éclosent fin juin et ne donnent pas de jeunes adultes mais des larves, blanches et sans pattes. Les larves se nourrissent des feuilles où elles sont nées.
> À la fin de l'été, ces larves se laissent tomber au sol où elles se confectionnent une petite coque dans laquelle elles vont se transformer en nymphe. Les nymphes resteront dans leur coque sans bouger jusqu'au printemps suivant, où elles donneront à nouveau naissance à leur tour à un insecte adulte.

Saison	printemps	été	automne/hiver
Forme de vie	....	....	....
Nourriture	....	....	....
Actif/Inactif	....	....	....

SCORE .... / 9

COUP DE POUCE
Les différentes formes de vie sont les suivantes : larve, nymphe, adulte.

★★ 2 Faites comme si je n'étais pas là !

Se camoufler est la stratégie des plantes vivaces pour passer l'hiver. Débusque-les en écrivant dans chaque case la lettre correspondant à la bonne plante.

a. Tubercules de pomme de terre
b. Rhizome d'iris
c. Bulbe d'oignon
d. Racines de carotte
e. Bulbe de crocus
f. Racines tuberculeuses de dahlia

....

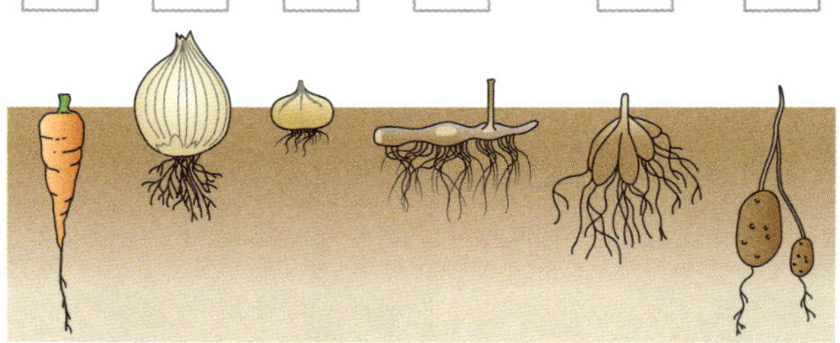

SCORE .... / 6

INFO
Une plante annuelle est une plante qui vit un an et meurt en laissant des graines.
Une plante vivace est une plante qui vit plus d'un an sous des formes variées, souvent souterraines.

Changer de comportement pour passer l'hiver

- Pour survivre au froid et au manque de nourriture en hiver, certains animaux **hibernent** : ils se mettent à l'abri, cessent leur activité et puisent dans leurs réserves de graisses pour se nourrir. D'autres **migrent** pour trouver, ailleurs, la nourriture dont ils ont besoin. Ceux qui restent actifs dans leur milieu **changent souvent de régime alimentaire**.

3 L'année d'une marmotte

J F M	Hibernation dans un terrier	– Température du terrier : 12 °C – Température du corps : 4 °C – Masse en mars : environ 3 kg
A	Accouplement	– Température du corps : 36 °C – Masse en été : 4 à 5 kg – Vie active
M	Gestation	
J	Naissances	
J A	Allaitement	
S O	Aménagement du terrier	– La marmotte se nourrit beaucoup – Masse en octobre : environ 8 kg
N D	Hibernation dans un terrier	– Température du terrier : 12 °C – Température du corps : 4 °C – Masse en décembre : environ 5 kg

a. Comment varie la température du corps de la marmotte au cours de l'hiver ?

❑ Elle augmente.
❑ Elle diminue.
❑ Elle reste constante.

b. Comment varie la masse de la marmotte au cours de l'hiver ?

❑ Elle augmente.
❑ Elle diminue.
❑ Elle reste constante.

c. Quels sont les comportements de la marmotte qui lui permettent de résister à l'hiver ?

....

....

SCORE .... / 5

COUP DE POUCE
La première colonne du tableau indique les mois de l'année.

4 La migration de la baleine bleue

Au début de l'hiver, les baleines bleues se déplacent vers le nord (ici vers Madagascar) pour se reproduire dans des eaux chaudes et peu profondes. Les jeunes grandissent et prennent des forces.
À partir de février, elles migrent à nouveau vers le sud pour se nourrir. Elles se nourrissent de petites crevettes (le krill) qui pullulent dans les mers froides mais sont moins abondantes dans les mers chaudes. Une baleine peut manger jusqu'à 4 tonnes de krill par jour et se constituer ainsi des réserves de graisse qu'elle utilisera dans les zones chaudes en hiver, là où le krill est moins abondant.

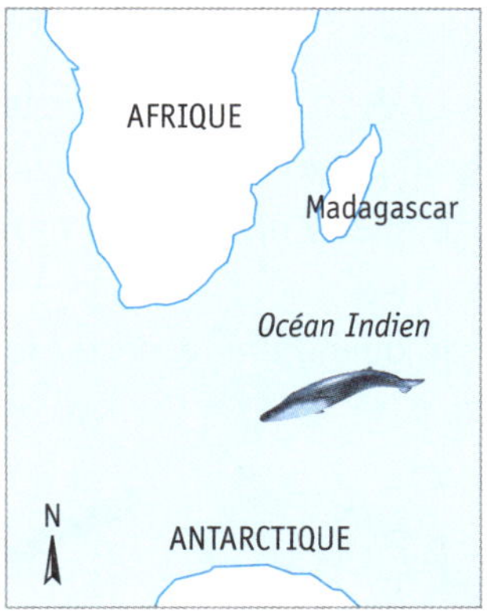

a. Sur la carte, indique par une flèche verte le sens de migration des baleines bleues au début de l'hiver et, par une flèche rouge, leur sens de migration au printemps.

b. Colorie en orange la zone de reproduction des baleines bleues, et en vert leur zone d'alimentation.

c. Pourquoi les baleines migrent-elles vers les eaux froides ?

....

....

SCORE .... / 5

INFO
Les baleines sont de gros mammifères marins de 30 mètres de long et pesant environ 170 tonnes qui peuvent parcourir 10 000 km en une année.

Corrigés p. 216

TOTAL .... / 25

17 L'influence de l'Homme sur les peuplements

Influence directe ou indirecte sur le peuplement des milieux

- L'Homme influence **directement** le peuplement des milieux :
  - par la chasse ou l'utilisation d'herbicides et d'insecticides (pour éliminer les êtres vivants nuisibles aux cultures) ;
  - par la création de parcs nationaux (où les espèces sont protégées), etc.
- L'Homme influence **indirectement** le peuplement des milieux :
  - en nuisant aux hirondelles, qui se nourrissent des insectes éliminés par les insecticides ;
  - en laissant s'accumuler des déchets, dont se nourrissent les rats ou les pigeons ;
  - en aménageant son territoire, sans prévoir la disparition de certaines espèces ou la prolifération d'autres, etc.
- La **biodiversité** désigne la diversité des êtres vivants, donc le nombre d'espèces animales et végétales différentes dans un milieu à un moment donné. L'Homme doit chercher à la préserver.

1 Les conséquences de la réintroduction du loup sur les autres espèces

Depuis la réintroduction du loup à Yellowstone, la population de wapitis a diminué de moitié. Chaque printemps, de nombreux jeunes constituent des proies faciles pour le loup. Les coyotes, les pies et les corbeaux nettoient les carcasses de wapitis laissés par les loups. La diminution du nombre des wapitis, qui se nourrissent de jeunes plants, a permis aux arbres de se développer. Cette régénération de la végétation, en particulier des saules, a attiré les castors qui sont revenus dans le parc. Avec leurs petits barrages, ils créent des étangs qui favorisent la croissance de la végétation et la multiplication de certains poissons, notamment des truites.

Jim Robbins, « Le retour forcé du loup », *Pour la Science*, septembre 2004

À l'aide du texte ci-dessus, dessine sur le schéma des flèches reliant les êtres vivants entre eux (ne dessine que les liens évoqués dans le texte) :
- une flèche verte quand une espèce provoque l'augmentation du nombre d'individus de l'autre espèce ;
- une flèche rouge quand une espèce provoque la diminution du nombre d'individus de l'autre espèce.

ATTENTION
On ne traite ici que les effets directs entre animaux et végétaux.

SCORE .... / 7

2 Influence directe ou indirecte ?

Pour chaque action humaine citée dans le tableau, précise si son influence sur l'environnement est directe (**D**) ou indirecte (**I**).

Action humaine	Conséquence	Influence
1. Chasser les canards sauvages	Diminution des populations de canards sauvages	....
2. Mettre une tortue d'élevage dans la mare du parc de la ville	Prolifération de cette espèce qui se reproduit plus vite que les autres et mange beaucoup	....
3. Construire une autoroute à travers une forêt	Destruction du milieu de vie et obstacle au passage d'animaux pour la reproduction	....
4. Pulvériser des insecticides pour protéger mon potager	Diminution des populations d'insectes qui se nourrissent de ces plantes	....

COUP DE POUCE
Une action indirecte est une action dont la conséquence est sans rapport avec son but initial.

SCORE .... / 4

Protection de l'environnement

- Le **développement durable** est un développement des activités humaines qui prend en compte la sauvegarde de l'environnement. Les gouvernements des États doivent prendre des mesures mais chacun de nous doit aussi agir à son échelle pour préserver la biodiversité.

3 Protéger la migration des Amphibiens

Le printemps est la saison « des amours » (de reproduction) pour les Amphibiens (crapauds, grenouilles et tritons), qui se rendent alors dans les mares. Hélas, de nombreuses routes traversent les couloirs de migration, condamnant de nombreux Amphibiens à finir écrasés. Des associations de protection de l'environnement ont mis en place des barrières-pièges en plastique. Les Amphibiens longent la barrière pour tomber dans des seaux. Chaque jour, des personnes récupèrent les seaux et relâchent les animaux de l'autre côté de la route.

a. Indique le rôle de chacun des éléments du dispositif de protection des Amphibiens.

1. Barrière en plastique : ....

2. Seaux : ....

3. Bénévoles : ....

b. Chaque année, des membres de l'association ont agrandi la barrière et ont compté le nombre de crapauds recueillis. Voici les résultats obtenus.

	2001	2002	2003	2004
Longueur de la barrière (en mètres)	150	250	300	350
Nombre de crapauds recueillis	208	508	3 650	3 564

1. Il y a ❑ plus ❑ moins ❑ autant de crapauds recueillis en 2003 qu'en 2001 donc agrandir la barrière a été ❑ efficace ❑ inefficace.

2. Il y a ❑ plus ❑ moins ❑ autant de crapauds recueillis en 2004 qu'en 2003. Il est donc ❑ utile ❑ inutile de rallonger encore la barrière.

SCORE .... / 7

Corrigés p. 216

TOTAL .... / 18

Mots clés

	Définitions
Activité interne du globe	Importants remaniements de matière avec des quantités considérables d'énergie mises en jeu. Séismes et volcans en sont des manifestations en surface.
Aménagement du territoire	Modifications du paysage faites par l'Homme à son profit.
Besoin alimentaire	Ce que doit absorber un être vivant pour vivre et se développer.
Catastrophe naturelle	Modification brutale d'un paysage, résultant de l'activité interne ou externe du globe, aux conséquences souvent tragiques.
Conditions du milieu	Ensemble des facteurs extérieurs (température, humidité, lumière, présence ou non d'un sol) agissant de façon permanente ou durable sur un animal, une plante, et auxquels les organismes doivent être adaptés pour survivre et se perpétuer.
Conditions de la vie	Présence d'une atmosphère respirable (dioxygène) et d'eau liquide, température douce.
Constituants du sol	Matière minérale et restes d'êtres vivants.
Densité	Rapport entre la masse volumique d'un corps (liquide ou solide) et celle de l'eau.
Développement	Ensemble des transformations que subit un être vivant, de la cellule-œuf à l'adulte apte à la reproduction.
Dissolution	Résultat du mélange d'un soluté dans un solvant.
Énergie	Capacité à fournir un travail permettant de produire du mouvement, de la chaleur, de la lumière, etc.
Énergie éolienne	Énergie du vent (mécanique).
Énergie solaire	Énergie que transmet le Soleil sous forme de chaleur (thermique) et de lumière (rayonnante).
Fécondation	Union d'un gamète mâle et d'un gamète femelle donnant une cellule-œuf.
Fermentation	Transformation de matière animale ou végétale à l'abri de l'air, sous l'action de micro-organismes.
Gravité	Force d'attraction des corps par la Terre.
Innovation	Amélioration d'un objet existant pour le rendre plus performant.
Invention	Création de quelque chose qui n'existait pas avant.
Invertébré	Animal à corps mou.
Masse	Grandeur physique qui correspond à la quantité de matière et dont l'unité est le kilogramme (kg).
Matière première	Matière à la base d'un produit fabriqué.
Matière organique	Matière constituant les organes des êtres vivants. Les plantes vertes la produisent à partir de matière minérale seule ; les animaux par transformation de la matière organique qu'ils consomment.
Micro-organisme	Être vivant microscopique.
Modifications topographiques	Transformation du relief d'un territoire donné.
Peuplement	Ensemble des êtres vivants installés durablement sur un territoire donné.
Propriétés	Caractéristiques d'un matériau, ses qualités particulières.
Réseau trophique (ou alimentaire)	Ensemble d'êtres vivants d'un même milieu, liés entre eux par une relation alimentaire.
Saturation	État atteint lorsque la quantité maximale de soluté a été dissoute dans un solvant.
Schéma	Tracé simplifié ne faisant apparaître que les éléments essentiels d'un objet dans le but d'expliquer son fonctionnement.
Terre	Troisième planète du système solaire, la seule sur laquelle la vie est actuellement connue.
Transformation biologique	Transformation de matière première animale ou végétale en aliment, réalisée par des êtres vivants.
Vertébré	Animal pourvu d'une colonne vertébrale formée d'os.

Corrigés

1 Corps purs et mélanges

1 a. Vrai • b. Faux

2 a. hétérogène • b. saturée – sel • c. aqueuse • d. soluté – solvant.

3 a. Des bulles se forment dans l'eau et s'échappent.
b. Du gaz est dissous dans l'eau.
c. Le gaz vient de la bouteille d'eau gazeuse.
d. L'eau se déplace dans le cristallisoir (d'où le nom de cette technique).
e. L'agitation et le chauffage permettent d'accélérer la séparation du gaz et de l'eau.

4 *Ton texte pourra être du type :*
Lorsque je verse le sel dans l'eau et que j'agite, le sel qui est le soluté va se dissoudre dans l'eau qui est le solvant. Le mélange obtenu est une solution d'eau salée d'aspect homogène et limpide.

5 a. Plusieurs méthodes sont possibles :
– Une première serait de laisser l'eau des deux bouteilles s'évaporer, puis de peser le sel recueilli dans chaque cas.
– Une deuxième serait de peser les deux bouteilles : la plus lourde est celle qui contient le plus de sel par litre, donc celle d'eau de la mer Morte.
b. La bouteille d'eau de la mer Méditerranée contient 54 g de sel (1,5 × 36), et celle d'eau de la mer Morte en contient 450 g (1,5 × 300).

2 Séparer les constituants d'un mélange

1 a. décantation • b. filtration (filtre à huile) • c. décantation • d. évaporation

2 a. La technique utilisée pour séparer le sel de l'eau est l'évaporation.
b. Cette récolte a lieu l'été car il fait chaud et donc l'eau s'évapore plus vite.
c. L'eau salée des derniers bassins est saturée en sel. L'excédent de sel cristallise et tombe au fond des bassins sous l'effet de la gravité.

3 a. Les eaux usées sont des mélanges hétérogènes : elles contiennent des éléments non dissous comme des brindilles, du plastique, etc. • b. le dégrillage • c. Le filtre est une grille. • d. le dessablage, le dégraissage, la décantation, la clarification • e. Non, car elle contient encore des micro-organismes qui peuvent nous rendre malades.

3 Le mouvement d'un objet

1 a. circulaire • b. circulaire • c. circulaire • d. rectiligne • e. rectiligne

2 a. Si l'on considère, par exemple, le sol comme référentiel, seul le cadre dans la photo 2 est en mouvement.
b. un mouvement rectiligne
c. un mouvement circulaire
d. Sur la photo 2, la valve ne décrit pas un mouvement circulaire. En effet, son mouvement, complexe, est composé d'une combinaison d'un mouvement rectiligne et d'un mouvement circulaire.

3 a. Pour sortir le bâton de colle du tube, il faut dévisser le bouchon puis tourner la base selon un mouvement circulaire. Le bâton de colle effectue alors un mouvement rectiligne qui lui permet de sortir du tube.
b. avec transformation (Il y a transformation du mouvement circulaire en mouvement rectiligne.)
c. D'autres objets transforment un mouvement circulaire en mouvement rectiligne : un bâton de rouge à lèvres, un étau, un tire-bouchon à levier, un serre-joint, etc.

4 a. Les balles sont identiques (même diamètre et même masse) mais elles sont lâchées à des hauteurs différentes. La balle lâchée à 1 m de haut arrivera au contact de la farine avec une vitesse beaucoup plus importante que celle lâchée à 15 cm de haut. L'énergie libérée au moment de l'impact sera plus importante et le cratère plus profond.
b. Dans ce second cas, la hauteur de chute est identique mais c'est la masse des deux objets lâchés qui est différente. La boule de bois, plus lourde que la balle de ping-pong, entraînera la formation d'un cratère plus important car elle véhiculera plus d'énergie au moment de l'impact.

4 Sources et conversions d'énergie

1 a. vent (renouvelable) • b. muscle (renouvelable) • c. charbon (non renouvelable) • d. uranium (non renouvelable)

2 énergie chimique (sandwich) > énergie musculaire > énergie mécanique > énergie électrique > énergie lumineuse

3 a. La retenue d'eau se situe plus haut que la turbine. L'eau descend donc par gravitation dans les conduites.
b. énergie mécanique (énergie associée au mouvement)
c. L'énergie est stockée dans le lac (énergie de position).
d. L'énergie est transformée dans les conduites forcées et la turbine en énergie mécanique, puis dans l'alternateur en énergie électrique.
e. L'énergie électrique produite est utilisée dans les habitations, les rues, les usines…
f. énergie de position > énergie mécanique > énergie électrique

4 a. Isoler les murs diminue la perte de chaleur.
b. Les fenêtres récentes avec double ou triple vitrage limitent également la perte de chaleur.
c. Les ampoules récentes (LED, fluo-compactes, halogènes, etc.) consomment moins d'énergie électrique.
d. Une douche consomme moins d'eau qu'un bain, donc moins d'énergie pour chauffer l'eau.

5 La diversité et l'unité des êtres vivants

1 a. Le lapin et la lapine sont de la même espèce car ils peuvent se reproduire entre eux et avoir des lapereaux, lapereaux qui pourront se reproduire à leur tour.
b. Le lièvre et la lapine ne sont pas de la même espèce car ils ne peuvent pas se reproduire entre eux.

2 A Hirondelle de cheminée • B Martinet noir • C Hirondelle de fenêtre

3 a. et b. Cellule de mue de grenouille coloriée en rouge :

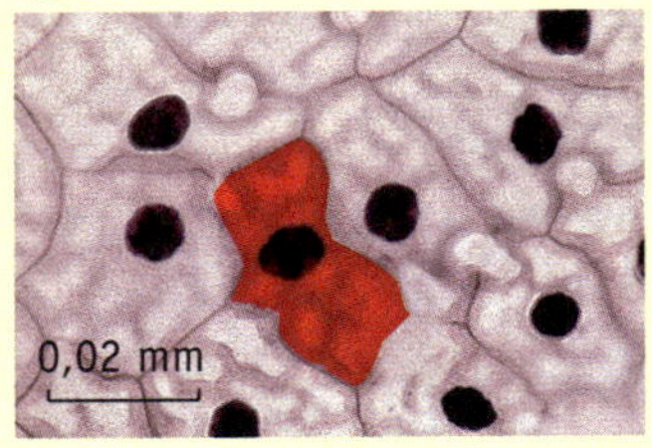

Cellule d'épiderme d'oignon coloriée en bleu :

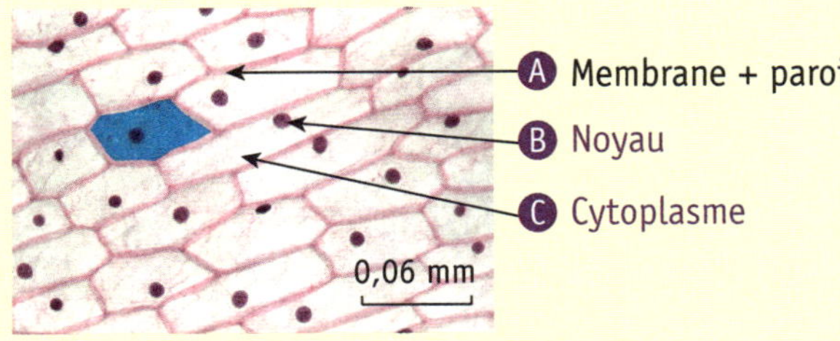

c. 1. La cellule coloriée ci-dessus mesure 1,2 cm sur la photo.
2. 1 cm sur la photo représente 0,06 mm en réalité.
3. La cellule d'oignon mesure donc 0,072 mm en réalité.

4 1 biodiversité • 2 membrane • 3 cytoplasme • 4 noyau • 5 cellule

6 La classification scientifique des êtres vivants et l'évolution

1

Espèce / Attribut	Écureuil	Héron	Chat	Guêpe	Gardon	Mouche
Yeux et bouche	x	x	x	x	x	x
Squelette interne	x	x	x		x	
Squelette externe, 3 paires de pattes				x		x
Nageoires					x	
4 membres	x	x	x			
Poils et mamelles	x		x			
Plumes		x				

2

Espèce / Attribut	Ulve (Algue)	Polytric (Mousse)	Polypode (Fougère)	Fougère aigle	Chêne	Pissenlit	Pin
Pigment vert	x	x	x	x	x	x	x
Tige		x	x	x	x	x	x
Feuilles nervurées			x	x	x	x	x
Feuilles en fronde			x	x			
Graines					x	x	x

3 **a.** et **b.**

4 **a.**

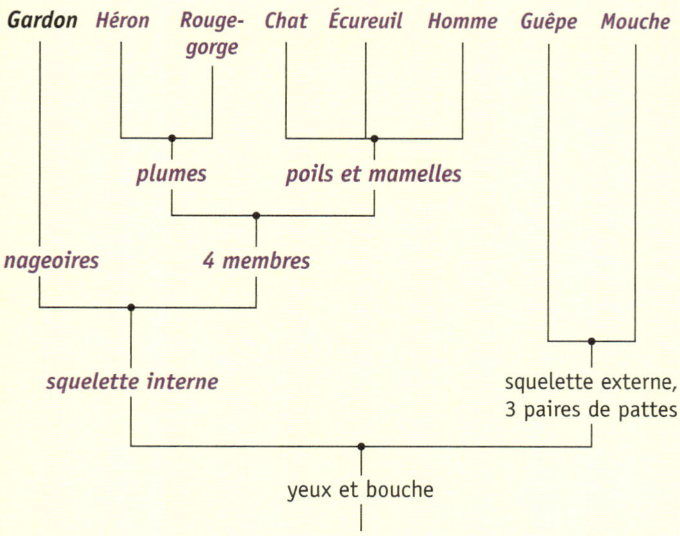

b. Les nouveaux attributs acquis par la Guêpe et la Mouche sont un squelette externe et 3 paires de pattes.

c. Dans cet arbre, les espèces les plus proches de l'Homme sont l'Écureuil et le Chat, car elles ont le plus grand nombre d'attributs en commun avec l'Homme : yeux et bouche ; squelette interne ; 4 membres ; poils et mamelles.

Les espèces les plus éloignées de l'Homme sont la Guêpe et la Mouche, car elles n'ont qu'un attribut en commun avec l'Homme : yeux et bouche.

7 La production d'aliments par l'élevage et la culture

1 Les éleveurs croisent les deux races pour améliorer la qualité de la viande, en conservant la facilité d'élevage (climat et terrain).

2 **a.** Pour obtenir un grand nombre de bulbes fils, il faut des gros bulbes pères.

b. Pour obtenir de gros bulbes fils, il faut des petits bulbes pères et planter peu de bulbes père au m².

3 La production d'insectes est peu gourmande en eau, en espace d'élevage et en aliments de croissance par rapport à la production d'une même quantité de viande de bœuf.

8 La production d'aliments par transformation biologique

1 **a.** La quantité de sucres a diminué dans le récipient contenant des levures.

b. Le récipient avec levures contient de l'alcool et du gaz.

c. Sans levures, on n'observe pas de différences dans la pâte à pain entre le début et la fin de l'expérience.

d. Les levures semblent transformer les sucres de la pâte à pain en alcool et en gaz (CO_2).

e. On parle de transformation biologique de matière première car, pour fabriquer du pain, la matière première (les sucres de la pâte à pain) est transformée par des levures qui respirent, grandissent… Ce sont donc des êtres vivants (des micro-organismes) qui transforment cette matière, d'où le terme « biologique ».

EXPLICATION
La transformation biologique qui a lieu lors de la fabrication du pain est une fermentation.

2 **a.** Consistance et couleur de la mie : un pétrissage lent et une durée de levée longue ont une influence très positive.

Odeur du pain : une durée de levée longue a une influence très positive.

Goût du pain : la qualité des levures et du sel, un pétrissage lent et une durée de levée longue ont une influence très positive.

b. Pour obtenir un pain de très bonne qualité, le boulanger doit sélectionner des levures et du sel de qualité, pétrir sa pâte lentement et la laisser lever pendant longtemps.

3 **a.** La différence entre le lait cru et le lait pasteurisé est la durée de conservation.

b. Le rôle de la pasteurisation est de détruire les microbes.

c. Le transport à 4 °C permet de réduire le développement des microbes.

d. Le lait cru contient des microbes. Il faut donc le consommer rapidement avant qu'ils n'aient le temps de se multiplier.

En revanche, le lait pasteurisé ne contient quasiment plus de microbes car ils ont été détruits par la chaleur. Il se garde donc plus longtemps.

9 Le développement des êtres vivants

1 **a.**

Jeune	Adulte
Pas de pattes	4 pattes
Queue en forme de nageoire	Pas de queue
Se nourrit de végétaux	Se nourrit d'insectes
Incapable de se reproduire	Peut se reproduire

b. Le têtard est une larve.

2 **a.** Faux (Une larve peut être très différente de l'adulte dans sa forme et son mode de vie.) • **b.** Vrai • **c.** Vrai • **d.** Faux (Le chiot ressemble beaucoup à l'adulte et a le même mode de vie, donc ce n'est pas une larve.) • **e.** Faux (Les gamètes se forment sur d'autres organes et une fécondation a lieu.)

3 a.

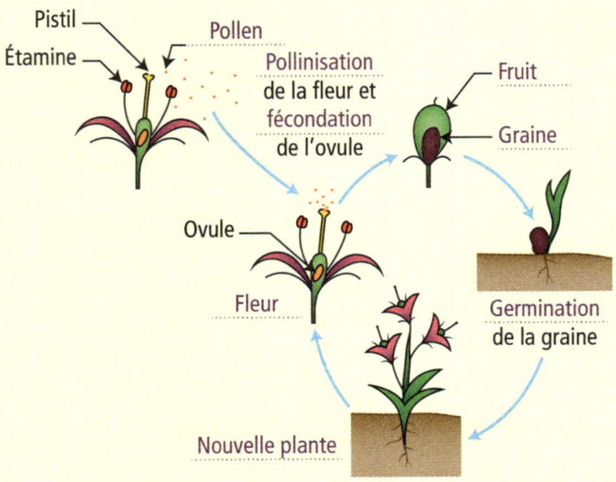

b. Titre du schéma : Le cycle de vie d'une plante à fleurs.

4 a.

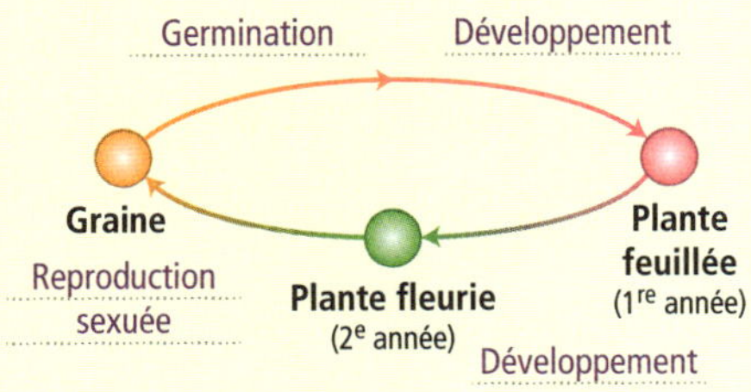

b. Dans le mot « bisannuelle », *bi* signifie « deux » et *annuelle* renvoie à « année ». La pensée accomplit son cycle de vie en deux années (une première année avec une plante à feuilles uniquement et une deuxième année avec floraison).

10 La production de matière par les êtres vivants

1 a.

Âge	Taille	Diamètre
2 ans	30 cm	0,5 cm
25 à 30 ans	12 m	60 cm

b. La production de liège, l'augmentation de la taille et du diamètre de l'arbre sont des indicateurs de la croissance du chêne-liège.

2 a. Il y a plus de matière végétale produite.
b. Les végétaux ont besoin de dioxyde de carbone pour grandir donc son augmentation permet une croissance plus grande d'où une production de matière végétale plus importante.

3 a. La présence des otolithes dans l'estomac des phoques indique qu'ils se nourrissent de morues.
b. zoophage

EXPLICATION
Le régime des phoques se compose uniquement d'aliments d'origine animale.

4 ❶ Dioxyde de carbone (CO_2) dans l'air • ❷ Lumière • ❸ Sels minéraux dans le sol • ❹ Matière organique et minérale en provenance d'autres êtres vivants • ❺ Les animaux peuvent avoir un régime zoophage ou phytophage. • ❻ Eau • ❼ Végétaux et animaux produisent de la matière organique.

11 La transformation de la matière organique dans le sol

1 a. Ordre chronologique de décomposition de la feuille : B, D, A, C.
b. Les filaments blancs enchevêtrés que l'on aperçoit sur la feuille D sont de la moisissure.

2 a. On a passé le pot B au four pour observer le rôle de la terre de la forêt sans les êtres vivants, tués par la chaleur.
b. Dans le pot A, la feuille morte s'est décomposée au cours du temps. Les êtres vivants du sol ont transformé la feuille en matière minérale. (L'hypothèse est validée.)

3 a.

Être vivant du sol	Nourriture
Araignée	Insectes, collemboles, cloportes, lithobies
Lithobie	Acariens, vers de terre, collemboles
Chauve-souris	Araignées, fruits, fleurs
Ver de terre	Débris végétaux
Collembole	Débris végétaux

b. Araignée : zoophage • Lithobie : zoophage • Chauve-souris : mixte • Ver de terre : phytophage • Collembole : phytophage

c.

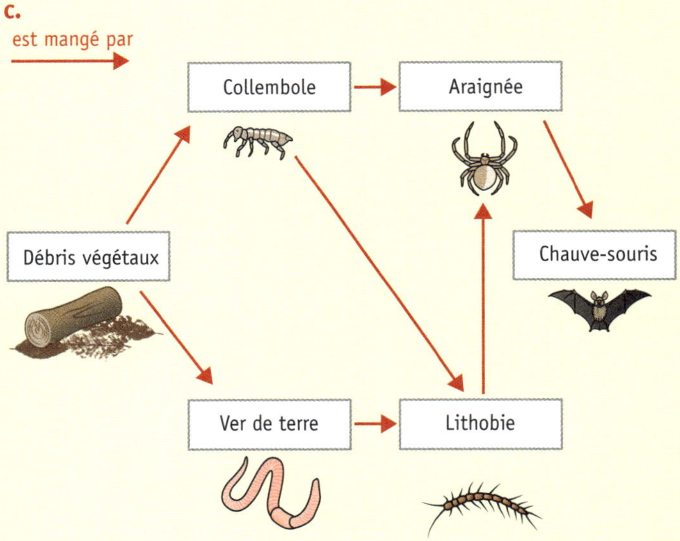

12 Les évolutions d'un objet technique

1 Objets techniques : une moto, un lecteur mp3, une route, une cuillère en bois, une lampe de chevet, un avion, une pile, une trottinette.
Les autres sont des objets naturels : un caillou, un arbre, une rivière, un morceau de bois, une orange.

2 a. couper, limer, visser, sauvegarder des données informatiques
b. smartphone (il sert à téléphoner, prendre des photos, noter ses rendez-vous, etc.) ; imprimante/scanner (imprimer et scanner) ; crayon de papier avec gomme (écrire et gommer) ; règle graduée (mesurer et tracer droit) ; etc.

3 a. ❶ vélo pliable • ❷ vélo couché • ❸ tandem • ❹ BMX • ❺ vélo de course • ❻ VTT
b. vélo de course
c. La fonction « se déplacer rapidement » est une fonction d'usage.
d. Toutes les réponses sont acceptées.
e. La fonction « plaire à l'utilisateur » est une fonction d'estime.

4 a. Ces automobiles ont été fabriquées à des époques différentes mais elles ont toutes la même fonction d'usage.
b. Les différents principes techniques de propulsion sont la machine à vapeur, puis les moteurs à explosion essence et diesel, puis le moteur électrique.
c. roues à rayons, habitacle protégeant le conducteur et ses passagers, pneumatiques, matières plastiques allégeant la voiture, profil aérodynamique, éclairage, etc.
d. nouvelles matières, couleurs, formes
e. L'esthétique de ces automobiles a évolué pour s'adapter aux goûts des automobilistes de chaque époque.

13 Fonctionnement d'un objet technique et choix des matériaux

1 ❶ perspective éclatée • ❷ schéma • ❸ modèle numérique 3D

2

Fonction technique	Éléments qui assurent la fonction
avancer	pédales, plateau, chaîne, pignon, roue arrière
diriger	guidon, potence, fourche, roue avant
freiner	poignées de frein, câbles, étriers de frein, patins, roues avant et arrière

3 a. Le vert symbolise la nature et, par extension, ce qui participe à sa protection.
b. Les matériaux recyclables peuvent être réutilisés à la fin de la vie d'un objet. Les matériaux naturels sont issus de la nature (ils ne sont pas fabriqués par l'Homme). Ils sont à privilégier car leur impact sur l'environnement est faible : ils produisent peu de déchets.
c. Les matériaux renouvelables sont des matériaux qui peuvent être utilisés par l'Homme sans que leurs réserves naturelles ne s'épuisent.

4 a. 1. Matériaux conducteurs : les métaux, le graphite (mines de crayons de papier). Les fils électriques, les filaments d'ampoules, les résistances des grille-pain, etc. utilisent ces matériaux.
2. Matériaux isolants : plastiques, verres, porcelaine, etc. Les gaines des fils électriques, les rubans adhésifs isolants, les gants d'électriciens, etc. utilisent ces matériaux.
b. Plonger les différents matériaux dans un bac d'eau permet de vérifier leur flottabilité.
c.

Objet technique	Matériau	Pourquoi ?
1. cocotte	fonte	bon conducteur thermique
2. pare-brise	verre	transparent
3. pull-over	laine	bon isolant thermique

14 Les conditions de la vie terrestre

1 a. La couleur bleue correspond aux mers et océans.
b. On la surnomme ainsi parce que les mers et océans occupent la plus grande partie de la surface de la Terre (70 %).

2 La planète Neptune est située à une telle distance du Soleil que la température à sa surface est probablement trop basse pour permettre la vie. (En réalité, elle est de – 215 °C environ.)

3 rocheuse • Soleil • orbite • liquide • dioxygène • vie

4 a. Les grands animaux et végétaux aquatiques sont apparus il y a 525 millions d'années.
b. Les dinosaures sont apparus il y a 230 millions d'années, c'est-à-dire avant les mammifères, apparus il y a 220 millions d'années.
c. Non, car les plantes à fleurs sont apparues il y a 150 millions d'années, donc 80 millions d'années après les dinosaures.
d. Grands animaux et végétaux aquatiques : 525 millions d'années ; Homme : 3 millions d'années.
525 – 3 = 522. Donc, il s'est écoulé 522 millions d'années entre l'apparition des grands animaux et végétaux aquatiques, et celle de l'Homme.

15 L'activité interne et externe de la Terre

1

Preuve de l'activité de la Terre	Interne (I) ou externe (E)	Manifestation d'une forme d'énergie
1. séismes	I	Les séismes sont des fractures des roches.
2. volcans	I	La lave des volcans est de la roche en fusion propulsée en surface depuis les profondeurs de la Terre (chaleur et mouvement).
3. sécheresse	E	La sécheresse est causée par une chaleur importante et durable.
4. inondations	E	Les inondations sont un déplacement d'eau venant envahir les zones de surface.
5. cyclones	E	Les cyclones sont un déplacement violent de masses d'air.

2 Les coulées de lave du Kilauea ayant une vitesse de 5 km/h (ce qui correspond à la vitesse de marche rapide d'un adulte),

la population peut facilement s'échapper avant d'être atteinte, même si tous ses biens sont détruits.
En revanche, le caractère brutal d'une explosion et la projection de blocs de roches à de grandes distances (une ville à 15 km a été détruite) rendent la fuite impossible. La montagne Pelée est donc le volcan le plus dangereux.

3 a. **Dégâts aux personnes** (souligné rouge) : 100 victimes ; 25 000 personnes sans abri ; 35 000 sinistrés.
Dommages matériels (souligné bleu) : perte de 60 % de la production de canne à sucre et de toute la production de bananes ; il a anéanti les activités liées à la pêche ; coût des réparations [...] 610 millions d'euros.
b. Outre le décès de nombreuses victimes, le cyclone a eu pour conséquence la ruine de l'activité économique, accentuant la pauvreté de l'île.

4 a. Le bâtiment est disloqué.
b. La destruction du bâtiment est due à la force exceptionnelle du vent lors du passage d'un cyclone.
c. Les forces mises en jeu sont telles qu'il est difficile de s'en préserver. Il est toutefois possible de prévenir certains dégâts en construisant des bâtiments conçus pour résister à des vents violents.

16 Le peuplement des milieux au cours des saisons

1

Saison	Printemps	Été	Automne/Hiver
Forme de vie	adulte	larve	nymphe
Nourriture	sève	feuille	rien
Actif/Inactif	actif	actif	inactif

2 De gauche à droite : d, c, e, b, f, a.

3 a. Elle reste constante. • b. Elle diminue. • c. La marmotte résiste au froid et au manque de nourriture de l'hiver en hibernant dans un terrier, qu'elle prépare au début de l'automne et où la température est constante, et en se nourrissant beaucoup avant l'hiver pour faire des réserves de graisses (qu'elle consomme au cours de l'hiver).

4 a. et b.

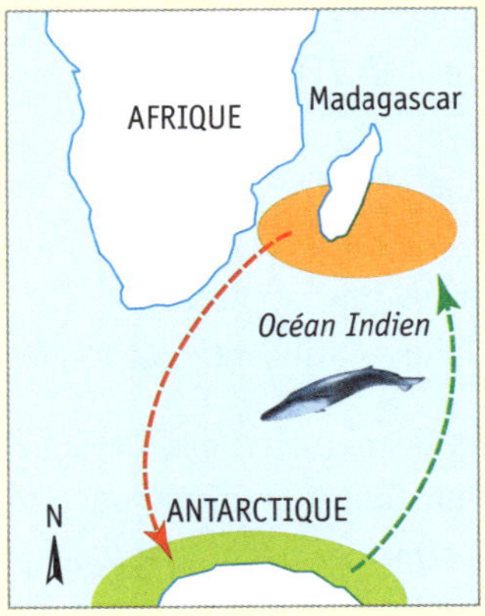

c. La baleine bleue migre vers les eaux froides pour se nourrir et faire des réserves de graisses pour la prochaine migration car le krill (petites crevettes) est plus abondant dans les eaux froides.

17 L'influence de l'Homme sur les peuplements

1

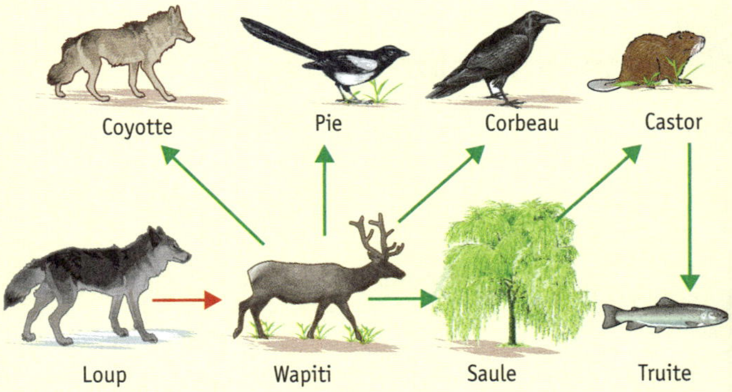

2 Les actions 1, 2 et 4 sont des actions directes (D) de l'Homme sur son environnement car il a prélevé ou introduit volontairement des espèces dans son environnement.
L'action 3 est une action indirecte (I) de l'Homme sur son environnement car il a perturbé un milieu de vie dont les êtres vivants ont alors des difficultés à se multiplier.

3 a. 1. Rôle de la barrière en plastique : faire obstacle à la traversée de la route par les crapauds.
2. Rôle des seaux : récupérer facilement les crapauds.
3. Rôle des bénévoles : faire traverser la route aux crapauds.
b. 1. Il y a plus de crapauds recueillis en 2003 qu'en 2001 donc agrandir la barrière a été efficace.
2. Il y a moins de crapauds recueillis en 2004 qu'en 2003. Il est donc inutile de rallonger encore la barrière.

Cette partie te propose un **entraînement** avec des rappels de cours et des exercices correspondant au niveau A1-A1+ du CECRL :

- le groupe nominal → **page 218**
- le groupe verbal → **page 228**
- la phrase → **page 246**

La partie comprend aussi :

- un **mémento de conjugaison** → **page 250**
- tous les **corrigés détaillés** → **page 252**

Des fichiers audio, signalés par ce pictogramme 🎧, sont disponibles sur le site www.editions-hatier.fr, dans la fiche article de l'ouvrage.

1 Les articles

A ou an ?

- L'article indéfini *a/an* **se traduit par « un » ou « une »**, selon le genre du nom français.
- On utilise :
  - **a** devant un nom (ou un adjectif) commençant par une consonne, un *y* ou un *u* prononcé [ju] ;
    ***a** ball* ***a** year* ***a** university*
  - **an** devant un nom (ou un adjectif) commençant par une voyelle ou un *h* muet.
    ***an** apple* ***an** American man* ***an** hour* ***an** honest man*
- Il faut employer l'article indéfini devant les **noms de métiers** au singulier.
  *Pam is **an** actress.* Pam est actrice.

★★ 1 Quel est le métier de ces personnages célèbres ? Complète les phrases à l'aide des mots suivants : actor – football player – singer – politician.

ATTENTION Quand le nom de métier est au pluriel, pense à employer l'article Ø.

1. Zidane a football player

2. Leonardo DiCaprio an actor

3. Barack Obama a politician

4. Céline Dion and Elton John ~~a~~ singer

SCORE 3 / 4

L'article zéro au pluriel

- L'article indéfini *a/an* **n'a pas de forme au pluriel**. On parle d'« article zéro ». L'« article zéro » peut être noté à l'aide du signe Ø.
  *There is **a** tree in my garden.*
  Il y a un arbre dans mon jardin.
  *There are **Ø** trees in my garden.*
  Il y a des arbres dans mon jardin.

★ 2 Complète avec *a*, *an* ou Ø (pas d'article).

COUP DE POUCE Tu dois employer *an* dans l'une de tes phrases.

1. My mother is ....a........ teacher.
2. He's ..an........ American actor.
3. She's wearing ....a........ yellow dress.
4. There are ....~~an~~...... cars in the street. a
5. They're ....~~an~~.... actors, not ....~~a~~....... singers.
   a an

SCORE 3 / 6

A/an ou the ?

- Observe bien ces deux dessins.

*Take **a** glass.*
Prends un verre.
[n'importe lequel]

*Take **the** glass.*
Prends le verre.
[pas n'importe lequel, celui qui est sur la table]

On utilise l'article défini *the* quand la chose ou l'être désigné par le nom est défini par la situation ou le contexte.

- *The* s'emploie devant un nom singulier ou pluriel. **Il traduit « le », « la », « les ».**

the father → ***the** fathers*   *the girl* → ***the** girls*   *the car* → ***the** cars*

3 Comment dirais-tu que… ?

1. il y a un oiseau dans l'arbre → There's a bird in the ~~the~~ tree
2. l'oiseau chante → The bird sing
3. il y a des dauphins dans la mer → ~~There's~~ They are dolphins in the sea.
4. les dauphins nagent → Dolphins swim.

SCORE .... / 4

COUP DE POUCE
Vérifie que tu as utilisé les noms *bird*, *dolphins*, *tree*, *sea* et les deux verbes *sing*, *swim*.

The ou l'article Ø ?

- Observe ces deux exemples.

*I like **Ø** cakes.* J'aime les gâteaux [en général].

Mais : *I like **the** cakes she makes.* J'aime les gâteaux qu'elle fait [ceux-là].

L'article *the* **ne s'emploie pas** dans les **généralisations**.

- C'est également le cas devant :
  - les noms de **repas** : *Breakfast is ready.* Le petit déjeuner est prêt.
  - les noms de **langues** : *I study English.* J'étudie l'anglais.
  - les noms désignant des **activités** (jeux, sports, matières scolaires) :
    I like tennis. J'aime le tennis.
  - les noms désignant les **jours**, les **mois**, les **saisons** :
    I never work in August. Je ne travaille jamais en août.

4 Complète avec *the* ou Ø (article zéro).

1. I often play ..Ø.. tennis on ..the.. Saturdays.
2. ..the.. dinner is not ready.
3. I like ..the.. music but I don't like ..Ø.. sport.
4. I like ..~~the~~ Ø.. music of this film.

SCORE .... / 6

ATTENTION
Phrases 3 et 4 : selon qu'il s'agisse de la musique en général ou de la musique de ce film, on n'emploie pas le même article.

Corrigés p. 252

TOTAL .... / 20

2 Some, any, a lot of

Some et any

- *Some* et *any* servent à exprimer une **quantité imprécise**.
  On les emploie devant un nom indénombrable ou un nom dénombrable au pluriel.
  Ils se traduisent par « du », « de la », « des ».

- Dans les **phrases affirmatives**, on emploie ***some***.

  *There is **some** water* [indénombrable] *in my glass.*
  Il y a de l'eau dans mon verre.

  *There are **some** sweets* [dénombrable au pluriel] *on the table.*
  Il y a des bonbons sur la table.

- Dans les **phrases interrogatives**, on emploie :
  - ***any*** quand on ne sait pas s'il y a ce que l'on demande ;

    Are there any eggs in the fridge? Y a-t-il des œufs dans le réfrigérateur ?
    Have you got any tea? Avez-vous du thé ?

  - ***some*** quand on sait qu'il y a ce que l'on demande (demande polie) ou lorsque l'on fait une offre. On attend alors une réponse affirmative.

    *Can I have **some** bread, please? – Of course.*
    Est-ce que je peux avoir du pain, s'il te plaît ? – Bien sûr.

- Dans les **phrases négatives**, on emploie ***any***.

  *I **don't** have **any** money.* Je n'ai pas d'argent.
  *There **aren't any** letters for you.* Il n'y a pas de lettres pour vous.

★ 1 Qu'y a-t-il dans ce réfrigérateur ? Complète les phrases.

1. There is ....
2. There is ....
3. There are ....
4. There are ....

SCORE ..../4

COUP DE POUCE
Les phrases sont affirmatives. Vérifie que tu as utilisé les mots *cheese, chicken, eggs, tomatoes*.

★ 2 Complète avec *any* ou *some*.

1. I haven't got .... time.
2. Can I have .... salt, please?
3. Is there .... sugar in the cake?
4. Do you want .... orange juice?
5. Have you got .... friends in London?

SCORE ..../5

COUP DE POUCE
Une des cinq phrases exprime une offre ; une autre, une demande polie.

3 Regarde les dessins et réponds aux questions comme dans l'exemple suivant.

Ex. : *Are there any books on the table?*

– No, there aren't any. There are some cups.

> **COUP DE POUCE**
> Pense à utiliser le verbe au singulier ou au pluriel selon les réponses que tu donnes. « Foulard » se dit *scarf* (plur. *scarves*).

1. Are there any sweets in your pencil case?

– ....

....

....

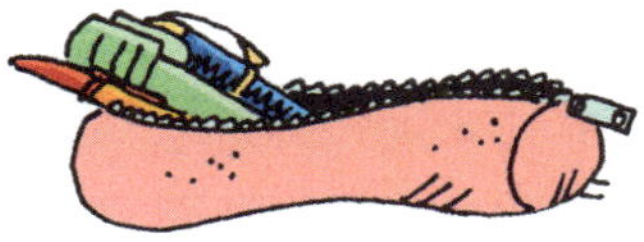

2. Are there any shoes in the box?

– ....

....

....

3. Is there any cake in the plate?

– ....

....

....

4. Are there any cars in the garage?

– ....

....

....

SCORE .... /4

A lot of

- ***A lot of*** exprime l'idée d'une grande quantité, il se traduit par « **beaucoup de** ». Il peut être suivi d'un dénombrable au pluriel ou d'un indénombrable.

  *I've got **a lot of friends*** [dénombrable au pluriel]. J'ai beaucoup d'amis.

  *I've got **a lot of time*** [indénombrable]. J'ai beaucoup de temps.

4 Comment dirais-tu que… ?

> **COUP DE POUCE**
> Utilise le mot *homework* pour parler de tes devoirs.

1. tu as beaucoup de CD → I ....

2. tu as beaucoup d'amis → ....

3. tu as beaucoup de devoirs → ....

4. tu as beaucoup de temps le mercredi → ....

SCORE .... /4

Corrigés p . 252

TOTAL .... / 17

ANGLAIS

3 Les déterminants possessifs

Formes

- En anglais, comme en français, les déterminants possessifs (également appelés adjectifs possessifs) **varient selon le possesseur**.

	Un possesseur	Plusieurs possesseurs
1re personne	my ball	our ball
2e personne	your ball	your ball
3e personne	his, her, its ball	their ball

- Contrairement au français, ils ne varient pas selon le nom déterminé.

*Look at **my** book!* Regarde mon livre !
*Look at **my** dress!* Regarde ma robe !
*Look at **my** shoes!* Regarde mes chaussures !

1 **Complète avec *my*, *your*, *our*, *their*, en observant bien les sujets.**

ATTENTION Prends garde aux sujets au pluriel !

1. Peter and John are with .... cousins.
2. We like .... new classroom.
3. I always take the bus with .... sister.
4. Mr and Mrs Waknin love .... new car.
5. Have you got .... tennis racket?

SCORE ..../5

His, her, its

- Observe le dessin et lis les légendes.

His name is John.
*Look at **his** bike.*

Her name is Mary.
*Look at **her** bike.*

- À la 3e personne du singulier, on choisit ***his*** (masculin), ***her*** (féminin) ou ***its*** (neutre), en fonction du possesseur.

*It's **his** bike.* C'est sa bicyclette [la bicyclette de John].
*It's **her** bike.* C'est sa bicyclette [la bicyclette de Mary].
*I like **its** colour.* J'aime sa couleur [la couleur de la bicyclette].

2 **Complète avec *his*, *her* ou *its*.**

COUP DE POUCE *Lloyd* est un prénom de garçon ; *Allison*, un prénom de fille.

1. The little boy is with .... mother.
2. Look at the house: .... roof is high.
3. Lloyd is in .... room.
4. The girl is playing in .... room.
5. Is Allison working with .... friend?

SCORE ..../5

3 Complète à l'aide de déterminants possessifs de la 3e personne.

1. It's Mary's bag. It's .... bag.
2. It's Elton's piano. It's .... piano.
3. It's Mr and Mrs Brown's car. It's .... car.
4. Look at the bird's nest. Look at .... nest.
5. It's the children's room. It's .... room.

SCORE ..../5

> **COUP DE POUCE**
> Le possesseur est indiqué sous la forme d'un génitif (nom du possesseur + 's + nom de l'objet possédé). Voir l'unité 4.

4 À partir des deux éléments donnés, reconstitue la question et la réponse correspondante, selon l'exemple.

Ex. : *Jim / cat → Whose cat is it? It's his cat.*

1. my friends / bikes

....

2. Maureen / shoes

....

3. Cathy and I / computer

....

SCORE ..../3

> **COUP DE POUCE**
> Pour demander à qui appartient un objet, utilise le mot interrogatif *whose* suivi du nom désignant l'objet. S'il y a plusieurs objets, mets le verbe *be* au pluriel.

His ou *he's* ? *Its* ou *it's* ?

- Fais bien attention à ne pas confondre :
  - *his*, déterminant possessif masculin (utilisé avec un possesseur de sexe masculin) et *he's*, forme contractée de *he is* ;
  - *its* déterminant possessif neutre (utilisé avec un nom d'animal ou d'objet) et *it's*, forme contractée de *it is*.

5 Complète avec *his* ou *he's*.

1. Ben is my uncle. .... very nice.
2. William doesn't brush .... teeth after lunch.
3. Is Michael reading .... book?
4. Look at Stan, ... sad.

SCORE ..../4

> **ATTENTION**
> Vérifie que tu as bien employé deux fois la forme contractée de *he is*.

6 Complète avec *its* ou *it's*.

1. The bird is in .... nest.
2. Look at this baby: .... very small.
3. Look at the car. I like .... colour.
4. Where is the key? .... in my pocket.

SCORE ..../4

> **ATTENTION**
> On utilise généralement *it* pour parler d'un bébé.

Corrigés p . 252

TOTAL ..../ 26

4 Le génitif

Le génitif au singulier

◗ Observe ces dessins.

Oliver's ball
le ballon d'Olivier

my mother's bag
le sac de ma mère

Oliver's et ***my mother's*** sont des génitifs. Le génitif (ou cas possessif) exprime la possession. Au singulier, voici comment il se construit :
nom du possesseur + 's + nom de l'objet possédé sans déterminant.

◗ Le génitif peut aussi exprimer une relation entre les personnes, un lien de parenté.

*Here is **my brother's wife**.* Voici la femme de mon frère.

★ **1** **Observe bien cet arbre généalogique. Indique les liens de parenté entre les personnes.**

Ex. : *Who is Sacha? – He's John's son, Juliet's son, Sydney's brother, Samantha's brother.*

1. Who is Alfred? – ....
2. Who is Mary? – ....
3. Who is John? – ....
4. Who is Samantha? – ....

SCORE ..../4

> **COUP DE POUCE**
> Utilise les noms désignant les membres de la famille : *father, mother, grandfather, grandmother, brother, sister, son, daughter.*

★★ **2** ***Who are they?* Trouve les réponses à ces « devinettes familiales ».**

1. Cameron is my mother's nephew's brother. He is my ....
2. Kate is my father's wife's daughter. She is my ....
3. Jane married my grandfather's son's brother. She married my ....
She is my ....
4. Macho is my brother's daughter's dog. It's my ....'s dog.

SCORE ..../5

> **COUP DE POUCE**
> Vérifie que tu as employé les noms *aunt* (tante), *cousin, niece, sister, uncle.*

Le génitif au pluriel

- Au pluriel, **le s du génitif disparaît**, mais l'apostrophe demeure.
  *the girl**s'** ball* (le ballon des filles)
  *my friend**s'** house* (la maison de mes amis)
- En revanche, lorsque le pluriel est irrégulier, on emploie **'s**.
  ***women's** clothes* (des vêtements de femmes)
  *the **children's** room* (la chambre des enfants)

3 **Comment désignerais-tu… ?**

1. les jouets des enfants → ....
2. la chambre de tes parents → ....
3. des chaussures d'hommes → ....
4. la voiture de tes cousins → ....

SCORE ..../4

ATTENTION
Il y a deux pluriels irréguliers dans cet exercice.

Whose

- *Whose…?* sert à **interroger sur l'appartenance**.
  ***Whose book** is this? – It is **John's book**.*
  À qui est ce livre ? – C'est le livre de John.
- Pour éviter la répétition, on peut répondre par le génitif seul.
  *Whose book is this? – It's **John's**.*
- On peut aussi répondre en utilisant un déterminant possessif suivi d'un nom.
  *Whose bag is it? – It's **my** bag.*
  À qui est ce sac ? – C'est mon sac.

4 **Réponds aux questions comme dans l'exemple.**

Ex. : *Whose bike is it? (Cathy) – It's Cathy's bike. It's her bike.*

1. Whose pen is it? (my mother)
....
2. Whose socks are they? (Philip)
....
3. Whose cat is it? (the Browns)
....
4. Whose glasses are they? (Mrs Barret)
....
5. Whose newspaper is it? (Allison)
....

SCORE ..../5

ATTENTION
Utilise correctement les déterminants possessifs étudiés dans l'unité 3.

ANGLAIS

Corrigés p. 252-253

TOTAL ..../ 18

LE GROUPE NOMINAL

5 Les pronoms personnels

Les pronoms personnels sujets

- En anglais, comme en français, les pronoms personnels sujets permettent de conjuguer le verbe. En voici la liste (ci-dessous).

I
you
he, she, it
we
you
they

- Note bien qu'**à la 3e personne du singulier** :
  - ***he*** fait référence à une personne de sexe masculin ;
    *Dave is my cousin. **He** is 12.*
  - ***she*** fait référence à une personne de sexe féminin ;
    *Chelsea is my sister. **She** is in the kitchen.*
  - ***it*** fait référence à un animal ou à un objet.
    *The lion is big. **It** is in the cage.*

  Cependant, on emploie *he* ou *she* pour un animal domestique.
  Mickey is my dog. He sleeps with me.

★ 1 **Remplace les mots en rose par le pronom personnel sujet correspondant.**

1. His sister is coming to the party. → ....
2. My cousin Peter lives in New York. → ....
3. Your parents are never late. → ....
4. Her brother and I often go to concerts. → ....

SCORE ..../4

COUP DE POUCE
Sauf dans la phrase 4, tu dois remplacer les mots en rose par des pronoms personnels de la 3e personne.

Les pronoms personnels compléments

- Les pronoms personnels compléments se placent toujours après le verbe. En voici la liste.

me
you
him, her, it
us
you
them

- Note bien qu'**à la 3e personne du singulier** :
  - ***him*** fait référence à une personne de sexe masculin.
    *I must help **him**.* Je dois l'aider.
  - ***her*** fait référence à une personne de sexe féminin.
    *He loves **her**.* Il l'aime.

★ 2 Coche le pronom personnel qui convient.

1. These tourists can't speak French. Help ❑ them ❑ they.
2. We're late! Take ❑ us ❑ we to the airport.
3. I'm hungry; give ❑ me ❑ her a sandwich.
4. Those chairs are broken; repair ❑ it ❑ them.

SCORE .... /4

> **ATTENTION**
> On n'attend ici que des pronoms personnels compléments !

★ 3 Remplace les mots en rose par le pronom personnel qui convient.

1. Look at my mother. → Look at ....
2. Where are the children? → Where are .... ?
3. He's playing with my sister and me. → He's playing with ....
4. What colour is your car? → What colour is .... ?

SCORE .... /4

> **ATTENTION**
> • Différencie bien le singulier du pluriel (*it*/*them*) et le masculin du féminin (*him*/*her*).
> • Dans la phrase 3, le groupe *my sister and me* comprend un nom et un pronom de la 1re personne.

★ 4 Forme des phrases à l'aide des mots suivants remis dans le bon ordre.

1. help / you / us / can / ?

....

2. buy / a / car / they / can't / new

....

3. piece / her / give / a / cake / of

....

SCORE .... /3

> **COUP DE POUCE**
> Vérifie que tu as bien placé les pronoms personnels compléments après le verbe.

Les pronoms personnels dans les réponses brèves

- Lorsqu'on répond par *yes* ou *no* en anglais, on reprend le sujet sous forme de pronom personnel suivi de l'auxiliaire.

  *Is Tyrone at home? – **Yes, he is.***
  *Is Martha in the garden? – **Yes, she is.***

★ 5 Relie chaque question à la réponse brève correspondante.

SCORE .... /5

Corrigés p . 253

TOTAL .... / 20

6 Be au présent

Be à la forme affirmative

- Le verbe *be* est d'un **emploi très fréquent**.
  Il permet en particulier de :
  - se présenter ou de présenter quelqu'un ;
    *Hi! I'm Sonia. This **is** James.* Salut, je suis Sonia. Voici James.
  - situer des personnes ou des choses.
    *Your glasses **are** on the table.* Tes lunettes sont sur la table.
- Voici comment il se conjugue à la **forme affirmative.**

Au singulier		Au pluriel	
Forme pleine	**Forme contractée**	**Forme pleine**	**Forme contractée**
I am	I'm	we are	we're
you are	you're	you are	you're
he is, she is, it is	he's, she's, it's	they are	they're

★ 1 **Complète ces phrases en employant le verbe *be*. N'utilise pas de contraction.**

1. You .... English but I .... from Canada.
2. My friend Lucy .... Canadian too.
3. She .... eleven.
4. We .... in Montreal.
5. It .... 3 p.m. in Montreal.
6. My parents .... at work.

SCORE ..../7

COUP DE POUCE
Observe bien chacun des sujets pour choisir la bonne forme de *be*.

Be à la forme interrogative

- Pour obtenir la **forme interrogative** de *be*, on fait passer le verbe avant le sujet (inversion du sujet).

Au singulier	Au pluriel
am I?	are we?
are you?	are you?
is he, she, it?	are they?

★★ 2 **Mets les phrases suivantes à la forme interrogative.**
Ex. : *It's a good book.* → *Is it a good book?*

1. They're from Japan. → ....
2. Bob's American. → ....
3. They're in the classroom. → ....
4. That's her mobile. → ....
5. It's a good CD. → ....

SCORE ..../5

ATTENTION
Dans une phrase interrogative, *be* n'est jamais à la forme contractée.

Be à la forme négative

- Pour obtenir la **forme négative** de *be*, on ajoute la négation après le verbe. Sauf à la 1re personne du singulier, on a le choix entre deux formes contractées.

Au singulier		Au pluriel	
Forme pleine	**Forme contractée**	**Forme pleine**	**Forme contractée**
I am not	I'm not	we are not	we're not / we aren't
you are not	you're not / you aren't	you are not	you're not / you aren't
he is not	he's not / he isn't	they are not	they're not / they aren't

3 **À partir des mots de chaque liste, forme une phrase négative. Attention au mot intrus : barre-le !**

1. boys / in / is / the / garden / are / the / not

....

2. I / not / from / 'm / is / London

....

3. it / an / aren't / isn't / English / bus

....

4. the / sandwiches / bread / aren't / kitchen / the / in

....

SCORE ..../4

ATTENTION
Prends garde à bien placer la négation *not* après le verbe.

Les réponses brèves avec *be*

- En anglais, on répond rarement à une question par *yes* ou *no* utilisés seuls. On reprend le sujet, sous forme de **pronom personnel**, et l'**auxiliaire**.

  Is your mother at home? – ***Yes, she is.***

  Is it an apple? – ***No, it isn't.***

- **Attention !** Dans une réponse affirmative, on ne doit pas employer la forme contractée.

4 **Relie la question et la réponse brève qui vont ensemble.**

Is Elton John a clown? •	• No, they aren't.
Are you American? •	• Yes, it is.
Are we late? •	• No, he isn't.
Is Lucy a pianist? •	• Yes, I am.
Are your parents at home? •	• Yes, we are.
Is it a new book? •	• No, she isn't.

SCORE ..../6

INFO
Dans une réponse brève commençant par *yes*, on n'emploie pas la forme contractée.

Corrigés p. 253

TOTAL ..../ 22

7 Have got

Have got à la forme affirmative

- *Have got* sert à **parler de ce que l'on possède**. Cette forme permet également d'exprimer les liens de parenté.
- *Have* se conjugue et *got* reste invariable.
- À la 3e personne du singulier, ne confonds pas les formes contractées de *be* et de *have*.

*She'**s got** a cat.* Elle a un chat.
*She'**s** a singer.* Elle est chanteuse.

La forme contractée de *be* n'est pas suivie de *got*.

Forme pleine	Forme contractée
I have got	I've got
you have got	you've got
he, she, it has got	he, she, it's got
we have got	we've got
you have got	you've got
they have got	they've got

COUP DE POUCE
On emploie également *have got* pour parler des liens de parenté.
She has got a daughter veut dire : Elle a une fille.

1 Regarde l'arbre généalogique et trouve de qui il s'agit.

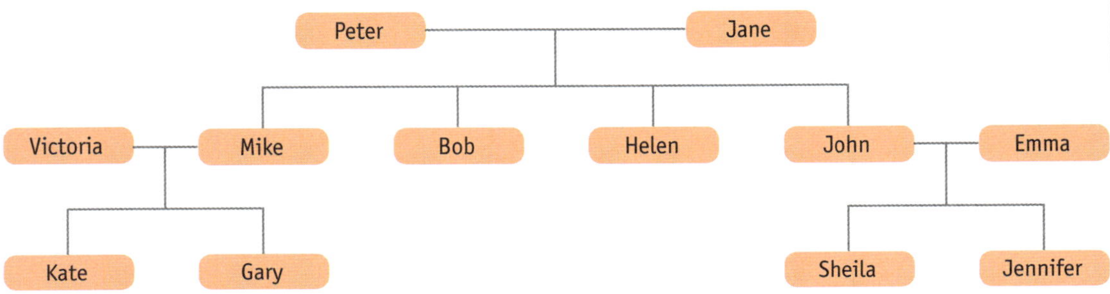

1. She has got three brothers. Her name is ....
2. They have got four children. Their names are .... and ....
3. He has got two children. His wife's name is Victoria.

His name is ....

4. She has got two daughters. Her name is ....
5. He has got two uncles. His name is ....

SCORE ..../6

Have got à la forme interrogative

- Pour construire la **forme interrogative**, on fait passer l'auxiliaire *have* avant le sujet.

have I got?	have we got?
have you got?	have you got?
has he / she / it got?	have they got?

2 Remets les mots dans le bon ordre pour déchiffrer le message que Dave a reçu.

1. got / I've / beautiful / dog / a /.

....

2. you / got / dog / a / have / too / ?

....

3. sister / has / my / hamsters / two / got /.

....

4. got / your / have / any / brothers / pets / ?

....

SCORE .... /4

ATTENTION
N'oublie pas de faire l'inversion lorsqu'il s'agit d'une question.

Have got à la forme négative. Les réponses brèves avec *have got*

- Pour obtenir la **forme négative**, on ajoute la négation *not* après l'auxiliaire *have*.
Les formes contractées sont plus souvent utilisées que les formes pleines.

Forme pleine	Forme contractée
I have not got	I haven't got
you have not got	you haven't got
he, she, it has not got	he, she, it hasn't got
we have not got	we haven't got
you have not got	you haven't got
they have not got	they haven't got

- Voici des exemples de **réponses brèves** avec *have got*.

Have your parents got a piano? – ***Yes, they have.***
Has your sister got a car? – ***No, she hasn't.***

Attention ! Dans une réponse affirmative, on ne doit pas employer la forme contractée.

3 Regarde les dessins et réponds aux questions.

Ex. : *Has John got a cat?*
– No, he hasn't. He has got a dog.

INFO
Utilise le mot *goldfish* (poisson doré) pour désigner le poisson rouge.

1. Has Susan got a bike?

– ....

....

2. Has he got a rabbit?

– ....

....

3. Have they got a small dog?

– ....

....

SCORE .... /3

Corrigés p. 253

TOTAL .... / 13

8 Can et can't

Les auxiliaires modaux

- *Can* est un **auxiliaire modal**. Les auxiliaires modaux modifient le sens des verbes qu'ils accompagnent. Ils peuvent exprimer la capacité ou l'incapacité à faire quelque chose, l'obligation ou l'interdiction de faire quelque chose, etc.
- **Règles générales d'utilisation**
  - Les auxiliaires modaux sont suivis de la base verbale (verbe à l'infinitif sans *to*).
  - Ils ont la même forme à toutes les personnes.
  - Ils se conjuguent sans *do* aux formes interrogative et négative. (À la forme interrogative, l'auxiliaire modal est placé avant le sujet.)

★ **1** **Vrai ou faux ? Coche les bonnes réponses.**

	Vrai	Faux
1. Un auxiliaire modal est toujours accompagné d'un verbe.		
2. Ce verbe est sous la forme V-*ing*.		
3. Un auxiliaire modal est invariable.		
4. À la forme interrogative, il se place avant le sujet.		

SCORE ..../4

COUP DE POUCE
N'oublie pas qu'un auxiliaire modal est toujours suivi de la base verbale.

Can

- Voici les **différentes significations** que peut prendre *can*.

Exemple	Signification
*He **can** carry the big suitcase.* Il peut porter la grosse valise. ***Can** you speak English?* Savez-vous parler anglais ?	capacité physique ou intellectuelle (traduit parfois par « savoir »)
***Can** I go out tonight?* Est-ce que je peux sortir ce soir ?	permission
***Can** you give me a pen?* Peux-tu me donner un stylo ?	demande polie

★★ **2** **Observe l'exemple et continue.**

Ex. : *can / I / tennis / play*
– *I can play tennis.*
Can you play tennis too?

1. swim / can / I

....

.... ?

COUP DE POUCE
On construit la question en faisant passer l'auxiliaire modal avant le sujet.

2. horse / ride / can / I / a

– ....

.... ?

3. I / ski / can / well / very

– ....

.... ?

SCORE .... /3

Can't

- À la forme négative, *can* devient *can't*. *Can't* est la forme contractée de ***cannot***. Dans la conversation courante, elle est beaucoup plus employée que la forme pleine.

Exemple	Signification
*I **can't** call you tonight.* Je ne peux pas t'appeler ce soir. *We **can't** speak English very well.* Nous ne savons pas très bien parler anglais.	incapacité, impossibilité
*You **can't** play in the morning.* Tu ne peux pas jouer le matin.	interdiction

3 **Regarde les réponses de Kevin et Cindy aux questions suivantes et rédige des phrases.**

	Kevin	Cindy
Can you play the piano?	Yes	No
Can you speak French?	No	Yes
Can you dance?	No	Yes
Can you make cakes?	Yes	No

1. Kevin can play the piano. Cindy ....
2. ....
3. ....
4. ....

SCORE .... /4

COUP DE POUCE
Vérifie que tu as employé quatre fois l'auxiliaire *can't* (*can* à la forme négative).

4 **Complète les phrases suivantes en utilisant *can* ou *can't*.**

1. Horses .... fly.
2. Lions .... run very fast.
3. Elephants .... play football.
4. Kangaroos .... jump.
5. Hippos .... ski.
6. Fish .... speak English.

SCORE .... /6

ATTENTION
Entraîne-toi à dire ces phrases à voix haute. *Can* n'est pas accentué, il s'entend à peine, il se prononce [kən]. *Can't* est accentué, il se prononce [kɑːnt].

Corrigés p. 254

TOTAL .... / 17

9 Le présent simple

La forme affirmative

- En anglais, il existe deux formes de présent : le présent simple et le présent en *be* + V-*ing* (ou présent progressif).
- Pour parler des **actions habituelles**, des faits permanents, des vérités générales, on utilise le présent simple.
- Au présent simple, à la forme affirmative, on utilise la **base verbale** à toutes les personnes.
Attention ! La base verbale prend **un *s* à la 3e personne du singulier**. Cette terminaison doit s'entendre et se prononce [s], [z] ou [ɪz].

I work	we work
you work	you work
he, she, it works	they work

1 ★ **Quels sujets peut-on relier à la forme verbale ci-dessous ? Écris les phrases correctes ainsi obtenues.**

The boys •
Jenny • • speaks English • • Mr and Mrs Todd
My sister • • Helen
• My parents

....

....

SCORE ..../6

COUP DE POUCE
Observe bien la terminaison du verbe avant de choisir les sujets.

Les formes interrogative et négative

- Les formes interrogative et négative se construisent à l'aide de l'**auxiliaire *do***. *Do* devient ***does*** à la 3e personne du singulier.

Forme interrogative	Forme négative
do I work?	I don't work
do you work?	you don't work
does he, she, it work?	he, she, it doesn't work
do we work?	we don't work
do you work?	you don't work
do they work?	they don't work

- Sois attentif à l'ordre des mots.

Auxiliaire	Sujet	Base verbale
Do	you	understand?

Sujet	Aux. + négation	Base verbale
He	doesn't	drive.

★ 2 Remets dans l'ordre les mots suivants pour construire des questions correctes.

	Aux.	Sujet	Base verbale	Compléments
1. you / do / hamburgers / like / ?				
2. your / tennis / does / play / sister / ?				
3. their / speak / French / do / children / ?				
4. take / does / he / the / bus / ?				
5. TV / day / do / watch / you / every / ?				

SCORE .... /5

COUP DE POUCE
- La construction ne varie pas.
- Un sujet peut être composé de plusieurs mots.

★ 3 Mets ces phrases à la forme interrogative, puis négative.

1. They get up early.
2. Sandy drinks tea.
3. She likes tea very much.
4. Her parents prefer coffee.
5. They drink white coffee.

Forme interrogative		Forme négative
1. Do they	?	No, ...
2.	?	No, ...
3.	?	No, ...
4.	?	No, ...
5.	?	No, ...

SCORE .... /10

ATTENTION
Rappelle-toi qu'aux formes interrogative et négative du présent simple, c'est *does* qui prend la terminaison s de la 3e personne du singulier.

Les réponses brèves au présent simple

- Pour formuler une réponse brève au présent simple, on reprend le sujet sous la forme d'**un pronom personnel** et l'**auxiliaire *do***.

*Do you like chocolate? – Yes, **I do**!*
*Do they often go to the cinema? – No, **they don't**.*
*Does Albert play football? – No, **he doesn't**.*

★ 4 Trouve la réponse brève correspondant à chacune de ces questions.

1. Does your brother like cheese? – Yes, ...
2. Do you play squash? – Yes, ...
3. Does Peter often wear jeans? – No, ...
4. Do your parents want to sleep? – No, ...
5. Do you help your sister? – No, ...

SCORE .... /5

COUP DE POUCE
Quand le sujet de la question est *you*, tu peux utiliser le pronom *I* ou le pronom *we* dans la réponse.

Corrigés p. 254

TOTAL .... / 26

10 Le présent en *be* + V-*ing*

Le présent en *be* + V-*ing* à la forme affirmative

- Pour parler d'une **action qui se déroule** au moment où l'on parle, on emploie le présent en *be* + V-*ing* que l'on appelle aussi **présent continu** ou **présent progressif**.

I am working	we are working
you are working	you are working
he, she, it is working	they are working

- Voici l'ordre des mots dans une phrase au présent en *be* + V-*ing*.

Sujet	Auxiliaire *be*	Base verbale + *-ing*	Complément
He	is	eating	an apple.

★★ 1 Complète ce texte rédigé au présent en *be* + V-*ing*.

Ex. : *We are in the living room.*

1. I .... listen .... to my Walkman.
2. Ann .... read .... a book.
3. David .... play .... computer games.
4. Mark .... watch .... a DVD.
5. Our parents .... drink .... a cup of tea.
6. We .... wait .... for our cousins.

SCORE .... /6

ATTENTION
Observe bien le sujet de chaque phrase avant de choisir l'auxiliaire.
La terminaison du verbe ne change pas.

La forme interrogative

- Pour obtenir la forme interrogative, on fait passer l'**auxiliaire avant le sujet** (inversion).

Auxiliaire *be*	Sujet	Base verbale + *-ing*
Are	they	working?

- Voici la conjugaison complète.

am I working?	are we working?
are you working?	are you working?
is he, she, it working?	are they working?

★★ 2 Retrouve les questions qui ont appelé les réponses suivantes.

Ex. : *What are you doing? – I'm swimming.*

1. .... ? – I am watching a cartoon.
2. .... ? – We are speaking.
3. .... ? – They are playing golf.

COUP DE POUCE
Observe bien l'exemple et construis les questions sur le même modèle.

4. .... ? – He is drinking.

5. .... ? – She is looking at a photo.

SCORE .... /5

3 Un bruit bizarre t'a empêché d'entendre une partie de la phrase. Pose la question qui te permettra de comprendre de quoi on parle.

1. Peter is eating a ???. → .... ?
2. Lucy is phoning her ???. → .... ?
3. The children are going to ???. → .... ?
4. Bob and Sally are watching a ???. → .... ?
5. Shirley is ??? in her room. → .... ?
6. Lucas is playing football at ???. → .... ?

SCORE .... /6

COUP DE POUCE
Les questions commencent toutes par un mot interrogatif : *who*, *what*, *where*, selon le cas.

La forme négative. Les réponses brèves

▸ Pour obtenir la **forme négative**, on ajoute la négation *not* après l'auxiliaire *be*.

Sujet	Auxiliaire *be* + négation	Base verbale + *-ing*
Peter	isn't	sleeping.

▸ Voici la conjugaison complète.

I am not working	we are not working
you are not working	you are not working
he, she, it is not working	they are not working

▸ Pour former une **réponse brève** au présent en *be* + V-*ing*, on utilise un pronom personnel sujet suivi de l'auxiliaire *be*.

*Are you working? – Yes, **I am**.*
*Is your mother watching TV? – No, **she isn't**.*

4 Trouve la réponse brève correspondant à chaque question.

1. Are the children working? – Yes, ...
2. Is Mary listening to records? – Yes, ...
3. Are you going to the stadium? – No, ...
4. Is it raining? – No, ...
5. Is Philip washing his sweater? – Yes, ...
6. Are Romane and Emma sleeping? – No, ...

SCORE .... /6

COUP DE POUCE
Observe bien les sujets et les auxiliaires pour trouver les réponses brèves.

Corrigés p. 254

TOTAL .... / 23

11 Présent simple ou présent en *be* + V-*ing* ?

L'emploi du présent simple

- Le présent simple sert à exprimer des **actions habituelles**, des faits permanents, des **vérités générales**.

  *John **takes** the bus at eight.* John prend le bus à 8 heures. [action habituelle]
  *The sun **rises** in the east.* Le soleil se lève à l'est. [vérité permanente]

- Il permet en particulier de parler de ses **goûts**, de ses **sentiments** (qui peuvent être considérés comme des faits permanents).

  *I **like** chocolate.* J'aime le chocolat.

INFO
- *every day* : tous les jours
- *always* : toujours
- *never* : jamais

★ 1 Coche les phrases qui évoquent une action habituelle.

1. Helen is playing cards. ❑
2. Gary tidies his room every day. ❑
3. She's phoning her friend. ❑
4. They're listening to the radio. ❑
5. We never watch horror films. ❑
6. He always cooks dinner. ❑
7. Kevin plays football on Sundays. ❑
8. Sandy is sleeping. ❑

SCORE ..../8

L'emploi du présent en *be* + V-*ing*

- On emploie le présent en *be* + V-*ing* pour parler d'**actions qui se déroulent au moment où l'on parle**.

  *What **is** he **doing**?* Que fait-il ? [en ce moment même, pendant qu'on parle]
  *He**'s singing**.* Il chante.

COUP DE POUCE
Selon les phrases, tu dois employer l'auxiliaire du présent simple (*do / does*), ou celui du présent en *be* + -*ing* (*am / is / are*).

★★ 2 a. Complète les questions suivantes avec un auxiliaire.

1. .... you understand?
2. .... Mary coming with us?
3. .... Peter and Jane going to the circus?
4. .... she take the bus every morning?
5. .... you writing a letter?
6. .... Dave making an omelette?
7. .... your parents buy fruit every day?

b. Sous quelle forme est le verbe quand la question est au présent simple ?

....

SCORE ..../8

3 Mets les phrases suivantes à la forme interrogative, comme dans l'exemple.

Ex. : *Stephen is going to the zoo.* → *Is he going to the zoo?*

1. Helen is writing a letter. → ....

2. Bob buys a lot of chocolate. → ....

3. Karen is sitting on the sofa. → ....

4. Jane and Kate watch TV every day. → ....

5. The Browns are going to a party. → ....

SCORE ..../5

ATTENTION
N'oublie pas de toujours commencer tes questions par un auxiliaire.

Quelle information ?

- Note bien que l'on ne donne pas la même information lorsque l'on dit :

  She plays tennis. Elle joue au tennis. [Cela fait partie de ses activités.]
  She is playing tennis. Elle joue au tennis. [Elle joue en ce moment.]

4 Complète ce petit texte en mettant les verbes entre parenthèses au présent simple ou au présent en *be* + V-*ing*.

It is Sunday today.

1. Sally is in the bathroom: she .... her hair (wash).

2. She always .... her hair on Sundays (wash).

3. Peter is in the kitchen: he .... a cake (make).

4. He .... a cake every Sunday (make).

5. Look! The children .... him because they .... cakes very much (help / like).

SCORE ..../6

ATTENTION
Complète chaque espace pointillés avec un ou deux mots. Réfléchis bien à la forme verbale que tu dois employer.

5 Coche les bonnes réponses.

1. On utilise le présent en *be* + V-*ing* pour parler :

- ❑ d'une action habituelle
- ❑ d'une action en train de se dérouler

2. Quelle est la phrase qui parle d'une action en train de se dérouler ?

- ❑ He is reading a magazine.
- ❑ They go to England every year.
- ❑ We watch TV on Sundays.

3. Dans une question au présent en *be* + V-*ing*, l'ordre des mots est :
auxiliaire + sujet + base verbale + -*ing*

❑ Vrai ❑ Faux

He's working hard!

SCORE ..../3

COUP DE POUCE
Reporte-toi aux explications de la page 238 pour trouver les bonnes réponses.

Corrigés p . 255

TOTAL ..../ 30

LE GROUPE VERBAL

12 Be au prétérit

La forme affirmative

- Le prétérit est un temps du passé. On l'utilise pour parler d'**événements passés, détachés du présent**, qui appartiennent à un passé révolu.

  *I **was** in London last week.* J'étais à Londres la semaine dernière.

- *Be* est le seul verbe qui a deux formes au prétérit : ***was*** et ***were***.
  Voici comment il se conjugue à la forme affirmative.

I was	we were
you were	you were
he, she, it was	they were

1 **Oliver raconte sa sortie scolaire à un camarade. Complète son récit avec la bonne forme de *be* au prétérit.**

1. Yesterday we .... at the theatre.
2. The theatre .... in London, at Leicester Square.
3. The play .... very good. It .... funny.
4. The actors .... wonderful.
5. I .... happy to go to the theatre and all my schoolfriends .... happy too.

SCORE .... /7

INFO
- *a play* : une pièce de théâtre
- Leicaster Square est un quartier très animé de Londres où se trouvent la plupart des théâtres londoniens.

La forme interrogative

- Pour obtenir la forme interrogative de *be*, on fait passer l'**auxiliaire avant le sujet**.

was I...?	were we...?
were you...?	were you...?
was he, she, it...?	were they...?

2 **Mets les mots dans le bon ordre pour construire des phrases à la forme affirmative ou à la forme interrogative.**

1. very / afternoon / was / it / sunny / yesterday

....

ATTENTION
- N'oublie pas de faire l'inversion pour construire des phrases interrogatives.
- *Last Tuesday* : mardi dernier.

2. Tuesday / last / your / where / were / parents / ?

....

3. late / was / school / Jimmy / for / ?

....

4. were / my / born / parents / America / in

....

SCORE ..../4

La forme négative

▸ Pour obtenir la forme négative de *be*, on ajoute la négation ***not*** **après l'auxiliaire**.

Au singulier		Au pluriel	
Forme pleine	**Forme contractée**	**Forme pleine**	**Forme contractée**
I was not	I wasn't	we were not	we weren't
you were not	you weren't	you were not	you weren't
he, she, it was not	he, she, it wasn't	they were not	they weren't

3 **Vrai ou faux ? Complète les phrases suivantes avec la bonne forme de *be* au prétérit, à la forme affirmative ou négative.**

1. The Beatles .... English.
2. Christopher Columbus .... a famous painter.
3. Elvis Presley .... a rock singer.
4. Shakespeare .... American.
5. Laurel and Hardy .... famous actors.

SCORE ..../5

COUP DE POUCE
Deux phrases sont fausses. Mets-les à la forme négative.

Les réponses brèves

▸ On utilise un pronom personnel sujet suivi de l'auxiliaire ***be***.

Was Margaret at school? – Yes, ***she was****.*
Was it a good film? – No, ***it wasn't****.*

4 **Donne des réponses brèves aux questions suivantes.**

1. Was the window open? No, ...
2. Was the dog in the garden? Yes, ...
3. Were you on holidays? No, ...
4. Was Jennifer angry? No, ...
5. Were your parents at home? Yes, ...

SCORE ..../5

COUP DE POUCE
Observe bien les auxiliaires et les sujets avant de construire les réponses brèves.

Corrigés p . 255

TOTAL ..../ 21

13 Le prétérit : verbes réguliers et irréguliers

Les verbes réguliers

- Le prétérit est un **temps du passé**. Il sert à évoquer ce qui s'est passé hier, il y a trois mois, dans ton enfance, il y a des siècles…

  *I **played** tennis yesterday.* J'ai joué au tennis hier.

- Le prétérit des verbes réguliers se termine par ***-ed*** à toutes les personnes.

  *live → liv**ed*** [d] *work → work**ed*** [t] *want → want**ed*** [ɪd]

  La terminaison doit s'entendre. On prononce [d], [t] ou [ɪd] selon la voyelle ou la consonne qui précède.

★ 1 Mets les verbes en bleu au prétérit.

1. My friends .... the film. (like)
2. I .... my parents yesterday. (call)
3. Jimmy .... the photos two days ago. (look at)
4. The students .... a lot of questions. (ask)
5. We .... tennis last week. (play)

SCORE ..../5

INFO
- *two days ago* : il y a deux jours
- *last week* : la semaine dernière

Les verbes irréguliers

- Un certain nombre de verbes ne forment pas leur prétérit en *-ed*. Ils ont une **forme irrégulière** qu'il faut apprendre par cœur. Cette forme est la même à toutes les personnes.
- Reporte-toi à la liste de ces verbes irréguliers, page 251.

★★ 2 Pour parler de ce qui s'est passé lundi dernier, utilise les verbes suivants au prétérit : see – buy – go – have – take.

1. Last Monday, I .... to the cinema with my aunt.
2. We .... a detective film.
3. After the film, we .... dinner at a fast food restaurant.
4. We .... some strawberry ice cream.
5. We .... the bus to get back home.

SCORE ..../5

COUP DE POUCE
Consulte la liste des verbes irréguliers, à la fin du livret des corrigés.

Les formes interrogative et négative

- Les formes interrogative et négative se construisent à l'aide de l'**auxiliaire *did*** et de la base verbale. *Did* est le prétérit de *do*.

▸ Elles se construisent de la même façon pour les verbes réguliers et irréguliers.

Forme interrogative			
Auxiliaire	**Sujet**	**Base verbale**	**Compléments**
Did	you	see	John yesterday?

Forme négative			
Sujet	**Auxiliaire**	**Base verbale**	**Complément**
I	didn't	like	the film.

3 **Ronald a fait un très beau rêve. Mais au réveil, il s'aperçoit que tout est faux. Mets le récit de son rêve à la forme négative.**

1. It was my birthday yesterday.
2. My best friends were with me.
3. We played ball games in the garden.
4. My parents made a delicious cake.
5. I had some presents.

1. ....
2. ....
3. ....
4. ....
5. ....

SCORE ..../5

ATTENTION
• Observe bien les phrases 1 et 2 : dois-tu utiliser l'auxiliaire *did* ? Reporte-toi à l'unité 12.
• Pense à remettre le verbe à la base verbale dans les phrases avec *did*.

Les réponses brèves

▸ Pour former une réponse brève au prétérit, on utilise un pronom personnel sujet suivi de l'auxiliaire *did*.

*Did you phone him yesterday? – Yes, **I did**.*
*Did she play tennis yesterday? – No, **she didn't**.*

4 **Donne des réponses brèves aux questions suivantes.**

1. Did your sisters bring their rackets? – Yes, ...
2. Did you like this book? – No, ...
3. Were you tired yesterday? – No, ...
4. Did the teacher talk to you? – Yes, ...
5. Was the window open? – Yes, ...

SCORE ..../5

COUP DE POUCE
Dans la phrase 4, deux réponses sont possibles car le mot *teacher* peut désigner un homme ou une femme.

ANGLAIS

Corrigés p. 255

TOTAL ..../ 20

14 L'expression de l'avenir

Be going to + base verbale

- On peut exprimer l'avenir en utilisant *be going to* + base verbale. Cette construction convient bien pour **exprimer** l'**intention,** la **résolution** ou pour **prédire** un **événement**. Dans cette expression, l'auxiliaire *be* se conjugue au présent, *going to* et la base verbale restent invariables.

  I'm going to buy a motorbike. Je vais acheter une moto.

- Aux **formes interrogative et négative**, on obtient :

Forme interrogative			
Auxiliaire *be*	**Sujet**	***going to***	**Base verbale**
Are	you	going to	sleep?

Forme négative			
Sujet	**Auxiliaire *be* + *not***	***going to***	**Base verbale**
He	isn't	going to	sing.

- Pour formuler une **réponse brève**, on utilise un pronom personnel sujet suivi de l'auxiliaire *be*.

  *Are they going to decorate their room? – No, **they aren't**.*
  *Is he taking the plane tomorrow? – Yes, **he is**.*

★★ 1 Mary-Alice vient de s'inscrire en colonie de vacances. Elle envoie un message à sa meilleure amie pour lui parler de toutes les activités qu'elle va faire. Aide-la à rédiger son message (5 phrases).

1. have tennis lessons **2.** ride a mountain bike **3.** swim in the sea **4.** have picnics on the beach **5.** play basketball.

1. ....
2. ....
3. ....
4. ....
5. ....

SCORE ..../5

COUP DE POUCE
Construis toutes les phrases avec l'expression *be going to.* N'oublie pas de conjuguer l'auxiliaire *be.*

★ 2 Donne des réponses brèves aux questions suivantes.

1. Are you going to take the train? – No, ...
2. Is Tim going to buy a new car? – No, ...
3. Are they going to have a party next Saturday? – Yes, ...
4. Is Shirley going to visit Paris? – Yes, ...

SCORE ..../4

ATTENTION
• On n'emploie pas la forme contractée quand on répond par *yes.*
• N'oublie pas que les *yes-no questions* commencent toujours par un auxiliaire.

3 **Utilise les éléments donnés pour construire une question et lui donner une réponse négative.**

Ex. : *you / play tennis*

→ *Are you going to play tennis? – No, I'm not.*

1. your parents / invite their friends

....

2. Michael / call Laura

....

3. your sister / do her homework

....

4. you / take a taxi

....

5. Sebastian / play ice hockey

....

SCORE .... /5

> **COUP DE POUCE**
> Pense à utiliser l'auxiliaire *be* dans les questions et dans les réponses brèves.

Le présent en *be* + V-ing

- Lorsque le sujet est un être animé et que la phrase contient un **complément indiquant l'idée de futur**, on peut aussi exprimer l'avenir en utilisant le présent en *be* + V-*ing*.

  *He's **leaving** tomorrow.* Il part demain.

  *They're **coming** at five.* Ils viennent à 5 heures.

4 **À partir des éléments donnés, construis deux phrases exprimant le futur.**

Ex. : *I / take the plane / tomorrow.*

→ *I'm **taking** the plane tomorrow.*

→ *I'm **going to take** the plane tomorrow.*

1. He / give a concert / tonight

→ ....

→ ....

2. I / play football / tomorrow

→ ....

→ ....

3. They / have a party / next Saturday

→ ....

→ ....

4. Allison/ come back / at 5

→ ....

→ ....

SCORE .... /8

> **COUP DE POUCE**
> Rappelle-toi que tu as appris à parler de l'avenir en utilisant l'expression *be going to* ou le présent en *be* + V-ing.

Corrigés p . 256

TOTAL .... / 22

LA PHRASE

15 Les questions

Généralités

- Il existe **deux types de questions** :
  - les *yes-no questions* auxquelles on répond par oui ou par non (questions fermées) ;
  - les *wh- questions* qui sont introduites par des mots interrogatifs (questions ouvertes).
- Dans une phrase interrogative, on fait passer **l'auxiliaire avant le sujet**.
  Quand la phrase affirmative ne contient pas d'auxiliaire, on fait appel à *do/does* (au présent) ou *did* (au prétérit) pour construire la forme interrogative.
  Les ***yes-no questions*** **commencent** donc **toujours par un auxiliaire**.

Forme affirmative	Forme interrogative
He is in the bathroom.	***Is*** *he in the bathroom?*
They like chocolate.	***Do*** *they like chocolate?*

★★ 1 Transforme les phrases de ce texte en *yes-no* questions.

1. She is at the cinema. **2.** She is going to see a detective film. **3.** She likes detective films. **4.** She took the bus to go to the cinema. **5.** The film starts at 4 o'clock.

1. ....?

2. ....?

3. ....?

4. ....?

5. ....?

SCORE ..../5

COUP DE POUCE
Les phrases 3, 4 et 5 de ce texte ne contiennent pas d'auxiliaire. Pense à en utiliser un pour construire la forme interrogative.

Les *wh- questions*

On utilise	pour interroger sur	Exemples
what	la chose, l'action	***What*** *are you drinking?* Que bois-tu ? ***What*** *are you doing?* Que fais-tu ?
who	l'identité de la personne	***Who*** *is he calling?* Qui appelle-t-il ?
whose	l'appartenance	***Whose*** *car is this?* À qui est cette voiture ?
when	le temps	***When*** *is he coming?* Quand vient-il ?
where	le lieu	***Where*** *are you going?* Où vas-tu ?
why	la cause	***Why*** *is he angry?* Pourquoi est-il en colère ?

★ 2 Regarde les réponses et trouve le mot interrogatif manquant.

1. .... are they going? – They're going to the country.

2. .... are you coming? – Tomorrow.

ATTENTION
Vérifie que tu as employé cinq mots interrogatifs différents.

3. .... is your brother doing? – He's working.

4. .... MP3 player is it? – It's Daniel's.

5. .... is it? – It's Patrick.

SCORE ..../5

Les questions avec *how*

On utilise	pour interroger sur	Exemples
how	la manière	*How do you make this cake?* Comment fais-tu ce gâteau ?
how old	l'âge	*How old are you?* Quel âge as-tu ?
how many (+ dénombrable au pluriel)	le nombre	*How many DVDs have you got?* Combien de DVD as-tu ?
how much (+ indénombrable)	la quantité	*How much milk do you want?* Combien de lait veux-tu ?
	le prix	*How much is it?* Combien cela coûte-t-il ?

3 **Pose des questions portant sur les mots en orange.**

1. Bob is running because he's late. → ....?
2. He is eleven. → ....?
3. His parents are at the supermarket. → ....?
4. Robert has got two sisters. → ....?

SCORE ..../4

COUP DE POUCE
Tu dois construire des *wh- questions* et des questions avec *how*.

Place de la préposition

- Quand le verbe utilisé se construit avec une préposition, cette préposition doit rester **après le verbe dans la question.**

  *Where **do** you **come from**?* D'où viens-tu ?
  *What **are** you **looking at**?* Qu'est-ce que tu regardes ?

4 **Un bruit bizarre t'a empêché d'entendre la fin de la phrase. Pose la question qui te permettra de comprendre de quoi on parle.**

1. They are looking at some ???. → ....?
2. He comes from ???. → ....?
3. She is waiting for Mrs ???. → ....?
4. They are talking to ???. → ....?

SCORE ..../4

COUP DE POUCE
Toutes les questions doivent avoir la même construction : mot interrogatif + auxiliaire + sujet + verbe suivi de la préposition qui l'accompagne.

Corrigés p. 256

TOTAL ..../ 18

16 Les phrases réduites

Les réponses brèves

- En anglais, on répond rarement par *yes* ou *no* employés seuls. On utilise :
  - *Yes* + pronom pers. sujet + auxiliaire, dans le cas d'une **réponse affirmative**.

    ***Do** you speak French? – Yes, **I do**.* Parlez-vous français ? – Oui.
    ***Can** you play the violin? – Yes, **I can**.* Sais-tu jouer du violon ? – Oui.
  - *No* + pronom pers. sujet + auxiliaire + négation, dans le cas d'une **réponse négative**.

    ***Are** the children sleeping? – No, **they aren't**.* Les enfants dorment-ils ? – Non.
    ***Have** they got a dog? – No, **they haven't**.* Ont-ils un chien ? – Non.
- **Attention !** Dans une réponse brève à la forme affirmative, on ne doit pas employer de forme contractée.

  ***Are** you tired? – Yes, **I am**.* Es-tu fatigué ? – Oui.

1 **Donne des réponses brèves aux questions suivantes.**

ATTENTION Observe bien les sujets et les auxiliaires pour construire les réponses brèves.

1. Can you swim? – Yes, ...
2. Do they like coffee? – No, ...
3. Are you pleased? – Yes, ...
4. Is she reading a book? – Yes, ...
5. Does he play cricket? – No, ...
6. Have you got a computer? – No, ...

SCORE ..../6

Les *question tags*

- Les *question tags* servent généralement à demander confirmation ; ils peuvent aussi exprimer la surprise. Ils sont l'équivalent du français « **n'est-ce pas ?** », mais sont employés beaucoup plus systématiquement que ne l'est cette locution en français.
- Construction des *tags*

  1re **partie affirmative** → *tag* avec une négation : auxiliaire + *not* + pronom personnel

  It's delicious (+), ***isn't it?*** (−) C'est délicieux, n'est-ce pas ?

  1re **partie négative** → *tag* sans négation : auxiliaire + pronom personnel

  My parents aren't late (−), ***are they?*** (+) Mes parents ne sont pas en retard, n'est-ce pas ?
- Tu remarques que le *question tag* est toujours précédé d'une virgule et suivi d'un point d'interrogation. Pourtant, il n'est généralement **pas une vraie question** : on n'attend pas toujours une réponse. Dans ce cas l'intonation des *question tags* n'est pas montante, mais descendante.

2 Très occupé à savourer son plat, monsieur Glouton a une étrange manière de faire la conversation. Il n'attend pas vraiment de réponse. Complète ses phrases avec des *question tags*.

1. It's a very good restaurant, ... ?
2. It isn't a fast food restaurant, ... ?
3. You are hungry, ... ?
4. The meat is good, ... ?
5. The potatoes are delicious, ... ?
6. We are happy, ... ?

SCORE ..../6

ATTENTION
N'oublie pas qu'il faut employer un *tag* négatif lorsque la première partie de la phrase est affirmative.

3 a. **Relie débuts et fins de phrase pour obtenir des phrases complètes.**

Tom's your brother, •	• aren't you?
It isn't cold, •	• aren't they?
Your car's red, •	• are they?
You are American, •	• is it?
His cousins aren't ready, •	• isn't it?
Your parents are at the theatre, •	• isn't he?

b. **Écris ces phrases.**

1. ....
2. ....
3. ....
4. ....
5. ....
6. ....

SCORE ..../6

COUP DE POUCE
Pour choisir le bon *tag*, il faut observer à la fois l'auxiliaire et le sujet employés dans la première partie de la phrase.

4 **Coche les bonnes réponses.**

1. Dans une réponse brève, le sujet est toujours repris sous forme de pronom personnel.

❑ Vrai ❑ Faux

2. Dans un *question tag*, l'auxiliaire est toujours placé avant le sujet.

❑ Vrai ❑ Faux

3. Quand la première partie de la phrase est affirmative, le *question tag* :

❑ est affirmatif aussi.

❑ contient une négation.

SCORE ..../3

COUP DE POUCE
Reporte-toi aux explications de la page 248. Tu y trouveras toutes les réponses à ces questions !

Corrigés p. 256

TOTAL ..../ 21

Mémento de conjugaison

N.B. : Seules les formes pleines figurent dans les tableaux ci-dessous. Pour les formes contractées, reporte-toi aux leçons correspondant aux verbes et aux temps cités.

Be

	Présent	Prétérit
Forme affirmative	I am you are he, she, it is we are you are they are	I was you were he, she, it was we were you were they were
Forme interrogative	am I...? are you...? is he, she, it...? are we...? are you...? are they...?	was I...? were you...? was he, she, it...? were we...? were you...? were they...?
Forme négative	I am not you are not he, she, it is not we are not you are not they are not	I was not you were not he, she, it was not we were not you were not they were not

Have got

	Présent
Forme affirmative	I have got you have got he, she, it has got we have got you have got they have got
Forme interrogative	have I got...? have you got...? has he, she, it got...? have we got...? have you got...? have they got...?
Forme négative	I have not got you have not got he, she, it has not got we have not got you have not got they have not got

Verbe régulier : play

	Présent simple	Présent en *be + V-ing*	Prétérit
Forme affirmative	I play you play he, she, it plays we play you play they play	I am playing you are playing he, she, it is playing we are playing you are playing they are playing	I played you played he, she, it played we played you played they played
Forme interrogative	do I play? do you play? does he, she, it play? do we play? do you play? do they play?	am I playing? are you playing? is he, she, it playing? are we playing? are you playing? are they playing?	did I play? did you play? did he, she, it play? did we play? did you play? did they play?
Forme négative	I do not play you do not play he, she, it does not play we do not play you do not play they do not play	I am not playing you are not playing he, she, it is not playing we are not playing you are not playing they are not playing	I did not play you did not play he, she, it did not play we did not play you did not play they did not play

Verbe irrégulier : come

	Présent simple	Présent en *be* + *V-ing*	Prétérit
Forme affirmative	I come you come he, she, it comes we come you come they come	I am coming you are coming he, she, it is coming we are coming you are coming they are coming	I came you came he, she, it came we came you came they came
Forme interrogative	do I come? do you come? does he, she, it come? do we come? do you come? do they come?	am I coming? are you coming? is he, she, it coming? are we coming? are you coming? are they coming?	did I come? did you come? did he, she, it come? did we come? did you come? did they come?
Forme négative	I do not come you do not come he, she, it does not come we do not come you do not come they do not come	I am not coming you are not coming he, she, it is not coming we are not coming you are not coming they are not coming	I did not come you did not come he, she, it did not come we did not come you did not come they did not come

Verbes irréguliers à mémoriser

Base verbale	Prétérit	Traduction
be	was, were	*être*
buy /aɪ/	bought /ɔ:/	*acheter*
come	came /eɪ/	*venir*
do	did	*faire*
drink /ɪ/	drank /æ/	*boire*
eat	ate /eɪ/	*manger*
fall	fell	*tomber*
fight /aɪ/	fought /ɔ:/	*se battre*
forget	forgot	*oublier*
get up	got up	*se lever*
go /əʊ/	went	*aller*
have	had	*avoir*
make	made /eɪ/	*faire, fabriquer*
read /i:/	read /e/	*lire*
say /eɪ/	said /e/	*dire*
see	saw /ɔ:/	*voir*
send	sent	*envoyer*
sing	sang /æ/	*chanter*
sleep	slept	*dormir*
take /eɪ/	took	*prendre*
think	thought /ɔ:/	*penser*
write /aɪ/	wrote	*écrire*

Corrigés

1 Les articles

1 **1.** Zidane is a football player. • **2.** Leonardo DiCaprio is an actor. • **3.** Barack Obama is a politician. • **4.** Céline Dion and Elton John are singers.

2 **1.** My mother is a teacher. • **2.** He's coming in half an hour. • **3.** He's an American actor. • **4.** She's wearing a yellow dress. • **5.** There are Ø cars in the street. • **6.** They're Ø actors, not Ø singers.

EXPLICATION
Dans les phrases 5 et 6, les noms étant employés au pluriel, on emploie l'« article zéro ».

3 **1.** → There is a bird in the tree. • **2.** → The bird is singing. • **3.** → There are dolphins in the sea. • **4.** → The dolphins are swimming.

4 **1.** I often play Ø tennis on Ø Saturdays. • **2.** Ø Dinner is not ready. • **3.** I like Ø music but I don't like Ø sport. • **4.** I like the music of this film.

EXPLICATION
On omet l'article *the* devant les noms de repas (*dinner*), de disciplines scolaires et de sports (*music, sport, tennis*).

2 Some, any, a lot of

1 **1.** There is some cheese in the fridge. • **2.** There is some chicken. • **3.** There are some eggs. • **4.** There are some tomatoes.

EXPLICATION
Some peut être suivi d'un nom dénombrable au pluriel ou d'un nom indénombrable.

2 **1.** I haven't got any time. • **2.** Can I have some salt, please? • **3.** Is there any sugar in the cake? • **4.** Do you want some orange juice? • **5.** Have you got any friends in London?

EXPLICATION
Dans les phrases interrogatives 2 et 4, on utilise *some* car on attend une réponse affirmative.

3 **1.** – No, there aren't any. There are some pens. • **2.** – No, there aren't any. There are some scarves. • **3.** – No, there isn't any. There are some apples. • **4.** – No, there aren't any. There are some bicycles / bikes.

EXPLICATION
Toutes les réponses brèves sont négatives, il faut donc utiliser *any*, mais en sous-entendant le nom sans le répéter.

4 **1.** → I've got a lot of CDs. • **2.** → I've got a lot of friends. • **3.** → I've got a lot of homework. • **4.** → I've got a lot of time on Wednesdays.

EXPLICATION
Remarque que les noms *homework* et *time* sont indénombrables.

3 Les déterminants possessifs

1 **1.** Peter and John are with their cousins. • **2.** We like our new classroom. • **3.** I always take the bus with my sister. • **4.** Mr and Mrs Waknin love their new car. • **5.** Have you got your tennis racket?

2 **1.** The little boy is with his mother. • **2.** Look at the house: its roof is high. • **3.** Lloyd is in his room. • **4.** The girl is playing in her room. • **5.** Is Allison working with her friend?

EXPLICATION
Devant roof (« toit »), on utilise le déterminant neutre *its*, pour faire référence à la maison (« son toit » = « le toit de la maison »).

3 **1.** It's Mary's bag. It's her bag. • **2.** It's Elton's piano. It's his piano. • **3.** It's Mr and Mrs Brown's car. It's their car. • **4.** Look at the bird's nest. Look at its nest. • **5.** It's the children's room. It's their room.

EXPLICATION
Quand il y a plusieurs possesseurs, il faut penser à utiliser *their*.

4 **1.** Whose bikes are they? They're their bikes. • **2.** Whose shoes are they? They're her shoes. • **3.** Whose computer is it? It's our computer.

5 **1.** Ben is my uncle. He's very nice. • **2.** William doesn't brush his teeth after lunch. • **3.** Is Michael reading his book? • **4.** Look at Stan, he's sad.

6 **1.** The bird is in its nest. • **2.** Look at this baby: it's very small. • **3.** Look at the car. I like its colour. • **4.** Where is the key? It's in my pocket.

EXPLICATION
Dans les phrases 1 et 3, on fait référence à un possesseur neutre (*the bird, the car*); il faut donc employer *its*.

4 Le génitif

1 **1.** → He's John's father, Sydney's grandfather, Sacha's grandfather, Samantha's grandfather. • **2.** → She's John's mother, Sacha's grandmother, Sydney's grandmother, Samantha's grandmother. • **3.** → He's Alfred's son, Mary's son, Sydney's father, Sacha's father, Samantha's father. • **4.** → She's John's daughter, Juliet's daughter, Sydney's sister, Sacha's sister.

EXPLICATION
Ici, le génitif dit le lien entre les membres de la famille.

2 **1.** Cameron is my mother's nephew's brother. He is my cousin. • **2.** Kate is my father's wife's daughter. She is my sister. • **3.** Jane married my grandfather's son's brother. She married my uncle. She is my aunt. • **4.** Macho is my brother's daughter's dog. It's my niece's dog.

EXPLICATION
Note qu'on peut doubler les cas possessifs : *my brother's daughter's dog*, le chien de la fille de mon frère.
L'expression est longue mais possible...

3 **1.** les jouets des enfants → the children's toys
2. la chambre de tes parents → my parents' room
3. des chaussures d'hommes → men's shoes
4. la voiture de tes cousins → my cousins' car

EXPLICATION
Dans les phrases 1 et 3, on utilise les pluriels irréguliers *children* et *men*, suivis de la marque complète du génitif.

4 **1.** – It's my mother's pen. It's her pen. • **2.** – They're Philip's socks. They're his socks. • **3.** – It's the Browns' cat. It's their cat. • **4.** – They're Mrs Barret's glasses. They're her glasses. • **5.** – It's Allison's newspaper. It's her newspaper.

EXPLICATION
Dans chaque phrase, on utilise d'abord le génitif (*mother's pen*) puis un déterminant possessif (*her pen*).

5 Les pronoms personnels

1 **1.** → She is coming to the party. • **2.** → He lives in New York. • **3.** → They are never late. • **4.** → We often go to concerts.

EXPLICATION
- Vérifie que tu as bien mis *we* pour *her brother and I*.
- Attention à *his sister*! C'est *sister* que tu prends en compte pour choisir le pronom personnel qui convient.

2 **1.** These tourists can't speak French. Help them. • **2.** We're late! Take us to the airport. • **3.** I'm hungry; give me a sandwich. • **4.** Those chairs are broken; repair them.

3 **1.** → Look at her. • **2.** → Where are they? • **3.** → He's playing with us. • **4.** → What colour is it?

4 **1.** → Can you help us? • **2.** → They can't buy a new car. • **3.** → Give her a piece of cake.

EXPLICATION
Vérifie que tu as bien placé les pronoms personnels compléments après le verbe.

5 • Are we going to the circus? → Yes we are.
• Can you swim? → No, I can't.
• Is Jane reading? → Yes, she is.
• Is John smoking? → No, he isn't.
• Is it raining? → Yes, it is.

EXPLICATION
Note que les formes négatives sont contractées : *isn't*, *can't*.

6 Be au présent

1 **1.** You are English but I am from Canada. • **2.** My friend Lucy is Canadian too. • **3.** She is eleven. • **4.** We are in Montreal. • **5.** It is 3 p.m. in Montreal. • **6.** My parents are at work.

EXPLICATION
Avec le sujet *you*, on doit employer la forme verbale *are* même si l'on s'adresse à une seule personne.

2 **1.** They're from Japan. → Are they from Japan? • **2.** Bob's American. → Is Bob American? • **3.** They're in the classroom. → Are they in the classroom? • **4.** That's her mobile. → Is that her mobile? • **5.** It's a good CD. → Is it a good CD?

EXPLICATION
Il est impossible de commencer une phrase par une apostrophe. Pour construire la forme interrogative, on remet donc d'abord l'auxiliaire *be* à la forme entière. Puis on le fait passer avant le sujet.

3 **1.** The boys are not in the garden. • **2.** I'm not from London. • **3.** It isn't an English bus. • **4.** The sandwiches aren't in the kitchen.

EXPLICATION
- Phrase 1, mot intrus : *is*. On ne peut pas utiliser *is* car le sujet est au pluriel.
- Phrase 2, mot intrus : *is*. On ne peut pas utiliser *is* car le sujet est à la 1re personne du singulier.
- Phrase 3, mot intrus : *aren't*. On ne peut pas utiliser *aren't* car le sujet est au singulier.
- Phrase 4, mot intrus : *bread*. On ne peut pas utiliser le mot *bread* car le verbe est au pluriel.

4

Is Elton John a clown?	No, they aren't.
Are you American?	Yes, it is.
Are we late?	No, he isn't.
Is Lucy a pianist?	Yes, I am.
Are your parents at home?	Yes, we are.
Is it a new book?	No, she isn't.

EXPLICATION
Note qu'on aurait pu aussi associer la question 2 et l'avant-dernière réponse (*Yes, we are*) : *you* peut désigner plusieurs personnes.

7 Have got

1 **1.** She has got three brothers. Her name is Helen. • **2.** They have got four children. Their names are Peter and Jane. • **3.** He has got two children. His wife's name is Victoria. His name is Mike. • **4.** She has got two daughters. Her name is Emma. • **5.** He has got two uncles. His name is Gary.

EXPLICATION
On emploie les déterminants possessifs *her* quand il s'agit d'un possesseur féminin et *his* pour un possesseur masculin.

2 **1.** → I've got a beautiful dog. • **2.** → Have you got a dog too? • **3.** → My sister has got two hamsters. • **4.** → Have your brothers got any pets?

EXPLICATION
Observe la phrase 2 : lorsque le mot *too* signifie « aussi, également », on doit le placer à la fin de la phrase.

3 **1.** No, she hasn't. She has got a car. • **2.** No, he hasn't. He has got a goldfish. • **3.** No, they haven't. They have got a big dog.

EXPLICATION
Après chaque réponse brève, on aurait pu employer une forme contractée. Phrase 1 : *she's got...*; phrase 2 : *he's got...*; phrase 3 : *they've got...*

8 Can et can't

1

	Vrai	Faux
1. Un auxiliaire modal est toujours accompagné d'un verbe.	☒	❑
2. Ce verbe est sous la forme V-*ing*.	❑	☒
3. Un auxiliaire modal est invariable.	☒	❑
4. À la forme interrogative, il se place avant le sujet.	☒	❑

EXPLICATION
Les auxiliaires modaux sont invariables : ils ne prennent pas de -*s* à la 3e personne du singulier.

2 **1.** – I can swim. Can you swim too? • **2.** – I can ride a horse. Can you ride a horse too? • **3.** – I can ski very well. Can you ski (very well) too?

3 **1.** Kevin can play the piano. Cindy can't play the piano. • **2.** Kevin can't speak French. Cindy can speak French. • **3.** Kevin can't dance. Cindy can dance. • **4.** Kevin can make cakes. Cindy can't make cakes.

EXPLICATION
La forme négative pleine *cannot* est très peu employée, on utilise *can't* pour exprimer la négation.

4 **1.** Horses can't fly. • **2.** Lions can run very fast. • **3.** Elephants can't play football. • **4.** Kangaroos can jump. • **5.** Hippos can't ski. • **6.** Fish can't speak English.

9 Le présent simple

1
The boys • — • Mr and Mrs Todd
Jenny • — speaks English — • Helen
My sister • — • My parents

Jenny speaks English. My sister speaks English. Helen speaks English.

EXPLICATION
On ne peut pas construire de phrases avec les sujets *Mr and Mrs Todd*, *The boys* et *My parents* car ces sujets correspondent à une 3e personne du pluriel.

2

	Aux.	Sujet	Base verb.	Complément
1. you / do / hamburgers / like / ?	Do	you	like	hamburgers?
2. your / tennis / does / play / sister / ?	Does	your sister	play	tennis?
3. their / speak / French / do / children / ?	Do	their children	speak	French?
4. take / does / he / the / bus / ?	Does	he	take	the bus?
5. TV / day / do / watch / you / every / ?	Do	you	watch	TV every day?

3

Forme interrogative	Forme négative
1. Do they get up early?	No, they don't get up early.
2. Does Sandy drink tea?	No, Sandy doesn't drink tea.
3. Does she like tea very much?	No, she doesn't like tea very muc
4. Do her parents prefer coffee?	No, her parents don't prefer coffe
5. Do they drink white coffee?	No, they don't drink white coffee.

EXPLICATION
Au présent simple, on utilise l'auxiliaire *do* aux formes interrogative et négative. *Do* devient *does* à la 3e personne du singulier.

4 **1.** Yes, he does. • **2.** Yes, I do./we do. • **3.** No, he doesn't. • **4.** No, they don't. • **5.** No, I don't./we don't.

EXPLICATION
- On reprend l'auxiliaire dans toutes les réponses brèves.
- Lorsque l'on répond par non, on ajoute la négation à l'auxiliaire.

10 Le présent en *be* + V-ing

1 **1.** I am listening to my Walkman. • **2.** Ann is reading a book. • **3.** David is playing computer games. • **4.** Mark is watching a DVD. • **5.** Our parents are drinking a cup of tea. • **6.** We are waiting for our cousins.

EXPLICATION
L'auxiliaire *be* est conjugué au présent et il s'accorde avec le sujet. La base verbale prend la terminaison en -*ing* et reste invariable.

2 **1.** What are you doing? – I am watching a cartoon.
2. What are you doing? – We are speaking.
3. What are they doing? – They are playing golf.
4. What is he doing? – He is drinking.
5. What is she doing? – She is looking at a photo.

EXPLICATION
- Toutes les questions présentent la même construction que la phrase d'exemple avec inversion du sujet.
- Les questions 1 et 2 sont les mêmes : le sujet *you* permet de s'adresser à une ou à plusieurs personnes.

3 **1.** → What is Peter eating? • **2.** → Who is Lucy phoning? • **3.** → Where are the children going? • **4.** → What are Bob and Sally watching? • **5.** → What is Shirley doing? • **6.** → What time is Lucas playing football?

EXPLICATION
- Phrase 2 : On utilise *who* car on pose une question sur l'identité de la personne. On demande à qui Lucy téléphone.
- Phrase 3 : On utilise *where* car on pose une question sur le lieu.
- Phrase 5 : C'est le verbe qui est caché. On doit donc demander ce que Shirley est en train de faire.

4 **1.** Yes, they are. • **2.** Yes, she is. • **3.** No, I'm not/we aren't. • **4.** No, it isn't. • **5.** Yes, he is. • **6.** No, they aren't.

EXPLICATION
Dans une réponse brève affirmative (avec *yes*), on n'emploie jamais de forme contractée.

11 Présent simple ou présent en *be* + V-ing ?

1 **1.** Helen is playing cards. ☐ • **2.** Gary tidies his room every day. ☒ • **3.** She's phoning her friend. ☐ • **4.** They're listening to the radio. ☐ • **5.** We never watch horror films. ☒ • **6.** He always cooks dinner. ☒ • **7.** Kevin plays football on Sundays. ☒ • **8.** Sandy is sleeping. ☐

EXPLICATION
Every day (tous les jours), *never* (jamais), *always* (toujours), *on Sundays* (tous les dimanches) signalent des actions habituelles.

2 **1.** Do you understand? • **2.** Is Mary coming with us? • **3.** Are Peter and Jane going to the circus? • **4.** Does she take the bus every morning? • **5.** Are you writing a letter? • **6.** Is Dave making an omelette? • **7.** Do your parents buy fruit every day?

EXPLICATION
Phrases 1, 4 et 7 : les questions doivent être construites avec l'auxiliaire do, qui devient does à la 3e personne du singulier.

3 **1.** → Is she writing a letter? • **2.** → Does he buy a lot of chocolate? • **3.** → Is she sitting on the sofa? • **4.** → Do they watch TV every day? • **5.** → Are they going to a party?

EXPLICATION
On a utilisé l'auxiliaire *do* pour les phrases 2 et 4 car elles sont au présent simple, et l'auxiliaire *be* pour les phrases 1, 3 et 5 car elles sont au présent en *be* + V-*ing*.

4 **1.** Sally is in the bathroom: she is washing her hair. • **2.** She always washes her hair on Sundays. • **3.** Peter is in the kitchen: he is making a cake. • **4.** He makes a cake every Sunday. • **5.** Look! The children are helping him because they like cakes very much.

EXPLICATION
- On emploie le présent en *be* + V-*ing* pour parler de ce que Sally, Peter et les enfants font en ce moment.
- On emploie le présent simple pour parler de leurs habitudes et de leurs goûts.

5 **1.** On utilise le présent en *be* + V-*ing* pour parler : ☒ d'une action en train de se dérouler • **2.** Quelle est la phrase qui parle d'une action en train de se dérouler ? ☒ He is reading a magazine. • **3.** Dans une question au présent en *be* + *V-ing*, l'ordre des mots est : auxiliaire + sujet + base verbale + *-ing* ☒ Vrai

12 *Be* au prétérit

1 **1.** Yesterday we were at the theatre. • **2.** The theatre was in London, at Leicester Square. • **3.** The play was very good. It was funny. • **4.** The actors were wonderful. • **5.** I was happy to go to the theatre and all my schoolfriends were happy too.

2 **1.** It was very sunny yesterday afternoon. • **2.** Where were your parents last Tuesday? • **3.** Was Jimmy late for school? • **4.** My parents were born in America.

EXPLICATION
- Les phrases 1 et 4 sont affirmatives ; l'auxiliaire se place donc après le sujet.
- Les phrases 2 et 3 sont interrogatives ; il faut faire l'inversion.

3 **1.** The Beatles were English. • **2.** Christopher Columbus was not a famous painter. • **3.** Elvis Presley was a rock singer. • **4.** Shakespeare was not American. • **5.** Laurel and Hardy were famous actors.

EXPLICATION
- Dans les phrases 2 et 4, on aurait pu employer la forme contractée *wasn't*.

4 **1.** Was the window open? No, it wasn't. • **2.** Was the dog in the garden? Yes, he was. • **3.** Were you on holidays? No, I wasn't./No, we weren't. • **4.** Was Jennifer angry? No, she wasn't. • **5.** Were your parents at home? Yes, they were.

EXPLICATION
- Phrase 1 : *the window* représente un objet. On emploie donc le pronom sujet neutre *it* dans la réponse brève.
- Phrase 2 : pour parler d'un animal domestique, on n'emploie pas le neutre *it*. *The dog* est repris par le pronom personnel *he* dans la réponse brève.

13 Le prétérit : verbes réguliers et irréguliers

1 **1.** My friends liked the film. • **2.** I called my parents yesterday. • **3.** Jimmy looked at the photos two days ago. • **4.** The students asked a lot of questions. • **5.** We played tennis last week.

EXPLICATION
Quand la base verbale se termine déjà par un *e*, on ajoute seulement la lettre -*d* pour former le prétérit (phrase 1 : *like* → *liked*)

2 **1.** Last Monday, I went to the cinema with my aunt. • **2.** We saw a detective film. • **3.** After the film, we had dinner at a fast-food restaurant. • **4.** We bought some strawberry ice cream. • **5.** We took the bus to get back home.

3 **1.** It wasn't my birthday yesterday. • **2.** My best friends weren't with me. • **3.** We didn't play ball games in the garden. • **4.** My parents didn't make a delicious cake. • **5.** I didn't have any presents.

EXPLICATION
- Les phrases 1 et 2 contiennent l'auxiliaire *be*. On accroche la négation directement à *was* qui devient *wasn't* et à *were* qui devient *weren't*.
- Pour les phrases 3, 4 et 5, on utilise *didn't* et on n'oublie pas de remettre le verbe à la base verbale.
- Dans la phrase 5, on emploie *any* au lieu de *some* car la phrase est négative.

4 **1.** – Yes, they did. • **2.** – No, I didn't./we didn't. • **3.** – No, I wasn't./we weren't. • **4.** – Yes, he did./she did. • **5.** – Yes, it was.

EXPLICATION
Phrases 2 et 3 : deux réponses sont possibles car la question contenant *you* peut s'adresser à une ou à plusieurs personnes.

14 L'expression de l'avenir

1 **1.** I am going to have tennis lessons. • **2.** I am going to ride a mountain bike. • **3.** I am going to swim in the sea. • **4.** I am going to have picnics on the beach. • **5.** I am going to play basketball.

EXPLICATION
Pour parler de ce qu'elle a l'intention de faire, Mary-Alice commence toutes ses phrases par *I am going to...* que l'on peut également mettre à la forme contractée *I'm going to...*

2 **1.** – No, I'm not./we aren't. • **2.** – No, he isn't. • **3.** – Yes, they are. • **4.** – Yes, she is.

EXPLICATION
Dans la phrase 1, deux réponses sont possibles car le sujet *you* permet de s'adresser à une ou plusieurs personnes.

3 **1.** Are your parents going to invite their friends? No, they aren't. • **2.** Is Michael going to call Laura? No, he isn't. • **3.** Is your sister going to do her homework? No, she isn't. • **4.** Are you going to take a taxi? No, I'm not. / No, we aren't. • **5.** Is Sebastian going to play ice hockey? No, he isn't.

EXPLICATION
Les questions ont toutes la même construction : auxiliaire *be* + *sujet* + *going to* + *base verbale* + compléments.

4 **1.** He's giving a concert tonight. He's going to give a concert tonight. • **2.** I'm playing football tomorrow. I'm going to play football tomorrow. • **3.** They're having a party next Saturday. They're going to have a party next Saturday. • **4.** Allison is coming back at 5. Allison is going to come back at 5.

EXPLICATION
Pour parler de l'avenir, on peut utiliser : soit le présent en *be* + *V-ing* lorsque la phrase contient un complément indiquant l'idée de futur; soit l'expression *be going to* suivie de la base verbale.

15 Les questions

1 **1.** She is at the cinema. • **2.** She is going to see a detective film. • **3.** She likes detective films. • **4.** She took the bus to go to the cinema. • **5.** The film starts at 4 o'clock.
1. Is she at the cinema? • **2.** Is she going to see a detective film? • **3.** Does she like detective films? • **4.** Did she take the bus to go to the cinema? • **5.** Does the film start at four o'clock?

EXPLICATION
◗ Phrases 3 et 5 : ces phrases sont au présent simple, à la forme affirmative. On utilise l'auxiliaire *do* (*does* à la 3e personne du singulier) pour construire la question.
◗ Phrase 4 : cette phrase est au prétérit, à la forme affirmative. On utilise l'auxiliaire *did* pour construire la question. On remet le verbe à la base verbale (*took* → *take*).

2 **1.** Where are they going? • **2.** When are you coming? • **3.** What is your brother doing? • **4.** Whose MP3 player is it? • **5.** Who is it?

EXPLICATION
◗ Phrase 4 : la réponse contenant un cas possessif (« C'est à Daniel ») nous montre que la question porte sur l'appartenance ; on utilise *whose*.
◗ Phrase 5 : la réponse nous montre que la question porte sur l'identité de la personne ; on utilise donc *who*.

3 **1.** Why is Bob running? • **2.** How old is he? • **3.** Where are his parents? • **4.** How many sisters has Robert got?

EXPLICATION
Phrase 4 : la question porte sur le nombre. On utilise *how many*.

4 **1.** → What are they looking at? • **2.** → Where does he come from? • **3.** → Who is she waiting for? • **4.** → Who are they talking to?

16 Les phrases réduites

1 **1.** Can you swim? Yes, I can. • **2.** Do they like coffee? No, they don't. • **3.** Are you pleased? Yes, I am/we are. • **4.** Is she reading a book? Yes, she is. • **5.** Does he play cricket? No, he doesn't. • **6.** Have you got a computer? No, I haven't.

EXPLICATION
◗ On réutilise dans chaque phrase l'auxiliaire de la question, même s'il s'agit d'un auxiliaire modal (*can* dans la phrase 1).
◗ Phrase 6 : on a l'auxiliaire *have* suivi de *got* ; on ne reprend pas *got* dans la réponse brève.

2 **1.** It's a very good restaurant, isn't it? • **2.** It isn't a fast-food restaurant, is it? • **3.** You are hungry, aren't you? • **4.** The meat is good, isn't it? • **5.** The potatoes are delicious, aren't they? • **6.** We are happy, aren't we?

3

Tom's your brother,	aren't you?
It isn't cold,	aren't they?
Your car's red,	are they?
You are American,	is it?
His cousins aren't ready,	isn't it?
Your parents are at the theatre,	isn't he?

1. Tom's your brother, isn't he? • **2.** Your car's red, isn't it? • **3.** His cousins aren't ready, are they? • **4.** It isn't cold, is it? • **5.** You are American, aren't you? • **6.** Your parents are at the theatre, aren't they?

EXPLICATION
Phrase 2, on emploie le sujet *it* car le mot *car* (voiture) représente un objet.

4 **1.** Dans une réponse brève, le sujet est toujours repris sous forme de pronom personnel. ☒ Vrai • **2.** Dans un *question tag*, l'auxiliaire est toujours placé avant le sujet. ☒ Vrai • **3.** Quand la première partie de la phrase est affirmative, le *question tag* : ☒ contient une négation.

EXPLICATION
L'ordre des mots dans les *question tags* est toujours le même : auxiliaire (à la forme affirmative ou négative) suivi du sujet.

Achevé d'imprimer par Loire Offset Titoulet à Saint-Etienne - France
Dépôt légal : 99774-7/01 - Juillet 2016